빅데이터 시대의 커뮤니케이션 연구

빅데이터 시대의 커뮤니케이션 연구

김성태 외 지음

율곡출판사

들어가는 글

필자는 40대 후반이다. 1980년대 초, 야구경기를 컬러 텔레비전으로 보았던 소름 돋음은 지금도 선하다. 1990년대 중반, 유학을 가기 위해 관심 있는 대학의 인터넷 웹사이트를 처음 방문했을 때는 신기함마저 느꼈다. 지금은 하루의 많은 일들을 모바일 폰을 통해서 하고 있다. 통화하고, 검색해서 물건을 사고, 음악을 듣고, 뱅킹도 하고, 여행 스케줄도 짠다. 문명의 기술이 가져다 주는 변화이고, 거의 모든 사람들이 겪고 있는 일상이기도 하다.

빅데이터는 그 흐름을 대변한다. 엘빈 토플러는 '제4의 물결' 로 정의했다. 정보기술 글로벌 컨설팅사인 '가트너' 는 지난 몇 년간 미래의 성장동력으로 빅데이터를 지목해 왔다. 우리나라 현 정부의 창조경제 패러다임 속에 빅데이터는 핵심 중의 하나이다. 오라클, IBM, 구글, 아마존 등 세계적인 기업의 경영 전략의 중심에 빅데이터가 있다. 이제는 뉴욕타임즈, 가디언, CNN 그리고 넷플릭스(Netflix)와 같은 글로벌 미디어 기업의 생존을 위한 비즈니스 모델이기도 하다.

빅데이터 분석은 가치를 만들어낸다. 우리 사회의 다양한 영역에서 새로운 기술로 인해 생성 · 저장되는 데이터는 무궁무진하다. 사람들의 일상적인 기록 속에서 가장 많이 등장하는 단어를 살펴보면 우리 사회의 단면을 알 수 있다. '커피' 라는 단어가 최근으로 올수록 많아지는 것은 '술' 이 많았던 '술 권하는' 사회에서 '커피 즐기는' 사회로의 변화를 보여준다. 자정부터 새벽까지 사람들의 통화 데이터를 분석해 유동인구가 가장 많은 지역을 중심으로 심야버스 서비스를 시작해서 호응을 받고 있다. 대량의(volume), 다양한(variety) 데이터를 빠른 속도(velocity)로 분석해서 새로운 가치(value)를 찾아내는 작업은 현재 진행형이며 앞으로도 계속 중요해질 것으로 생각된다.

본 저서는 이러한 변화를 목도하고 연구하려는 사회과학자들의 결실이다. 그래서 빅데이터 시대의 커뮤니케이션 연구를 위한 방법적 제안, 빅데이터가 가져오는 저널리즘 영역에서의 영향 그리고 시청률을 포함한 다양한 연구와 함께, 알고리즘이나 시각화와 같은 새로운 방법적 논의도 포함시켰다. 개인정보 보호 문제도 빠질 수 없으며, 빅데이터에 대한 문화론적 비판도 매우 흥미롭다. 이는 컴퓨터 공학 중심의 빅데이터 논의를 확장하고자 하는 노력이며, 커뮤니케이션을 포함한 인문학 분야에서의 새로운 방법적 적용의 탐색적 시도이기도 하다.

우선적으로 각 챕터를 집필한 저자들에게 먼저 감사를 드린다. 본 저서가 빅데이터에 관심을 갖고 있는 많은 독자와 연구자들에게 "이런 연구가 가능하구나" 라는 호기심을 자극하고, "이렇게 할 수 있겠구나" 와 같은 방법적 활용에 대한 조그마한 지침서가 되면 좋겠다. 마지막으로 본 저서를 기획 단계부터 지원해 준 '한국방송학회' 에 감사를 드리고, 다양한 종류의 연구를 엮는 쉽지 않은 상황에서 흔쾌히 출판을 허락해 준 율곡출판사에도 고마움을 전한다.

2015년 8월
저자를 대표해서
김성태

차 례

제2장 전통 저널리즘의 지평을 넘어 : 데이터로 현실을 말하다

제3장 빅데이터로서의 뉴스 콘텐츠 유료화 고찰

제2부 빅데이터 분석방법의 이해

제4장 소셜 빅데이터 크롤링

제5장 하둡과 분석 알고리즘

제6장 데이터 마이닝 : 마인드 마이닝을 중심으로

제3부 빅데이터를 활용한 연구 사례

제7장 드라마에 대한 TV수용자의 트위터 반응 연구

제8장 '강남스타일' 의 유튜브 빅데이터 분석

제9장 방송정책 이슈확산에 대한 빅데이터 분석사례

제10장 TV홈쇼핑 콘텐츠 제작을 위한 빅데이터 활용 연구

제4부 빅데이터를 논(論)하다

제11장 빅데이터와 개인정보보호! 어떻게 접근할 것인가?

제12장 빅데이터를 논하다 : 문화론적 비평과 논의의 확장

제1부
빅데이터! 새로운 물결

빅데이터 시대의 커뮤니케이션 연구

김성태 고려대학교 미디어학부 교수

chapter 01

※ 본 장은 최근 필자가 진행해 오고 있는 "빅데이터와 커뮤니케이션" 에 대한 연구들(참고문헌 : 김성태 외, 2013a ; 김성태, 2013b ; 김성태, 2014a ; 김성태 외, 2014b)의 주요 내용을 중심으로 작성되었다.

1. 빅데이터란?

정보화 혹은 디지털 기술이 놀라운 수준으로 발전하면서, 이들을 활용한 새로운 미디어는 순식간에 우리 사회를 변화시키고 있다. 최근 거의 모든 사람들은 손에 스마트폰을 들고 빠르게 돌아가는 일상의 뉴스를 좇고, 동시에 다양한 어플리케이션을 통해 여러 가지 일들을 한다. 이런 디지털 기술의 발달은 우리에게 전례 없는 데이터의 생성과 접근 그리고 공유를 가능하게 한다. 이런 변화 속에서 방대한 데이터를 수집·분석하여 새로운 부가가치를 창출하는 것은 이 시대의 요구가 되고 있다. 정말로 빅데이터 시대의 도래이다.

지난 2011년 맥킨지는 "Big Data : The Next Frontier for Innovation, Competition and Productivity" 라는 보고서에서 빅데이터 시대를 주목했다. 이어서 2012년 2월 다보스 세계경제포럼은 "Big Data Big Impact" 라는 제하의 슬로건으로 미래 성장동력 중 하나로 빅데이터를 지목했다. 글로벌 트렌드를 반영하듯 우리나라도 2013년부터 야심차게 준비한 창조경제 실현의 핵심 키워드 중의 하나로 빅데이터를 포함시켰다. 세계적인 리서치 자문기업인 가트너(Gartner)는 2013년 이후 미래의 성장동력으로서의 전략기술들을 발표하면서 '모바일', '빅데이터' 등을 지속적으로 제시하고 있다.

그렇다면 빅데이터를 간단하게 정의하면 무엇인가? 용어로만 놓고 보면 일반적인 데이터베이스 및 소프트웨어로는 관리하기 어려운, 향후 엑사바이트 정도의 크기를 넘어설 수 있는 정도의 대용량 데이터를 의미한다고 볼 수 있다. 최근에는 대용량 데이터의 수집, 저장, 분석기법 등의 의미가 포함된 용어로 변모하고 있을 만큼, 그 영역이 더욱 넓어지고 있는 추세이다(강만모 · 김상락 · 박상무, 2012). 하지만 빅데이터가 단순히 대용량의 규모만을 뜻하지는 않는다. 대표적인 정의에 따르면 데이터의 크기(Volume), 데이터의 입출력 속도(Velocity), 그리고 데이터의 다양한 형태(Variety)가 3대 요소에 속한다(OECD, 2013). 데이터의 속도란 기존 아날로그 데이터 환경에서와 달리 디지털화되고 정형 데이터화되는 속도 면에서 향상되는 정도를 의미한다. 형태란 정형, 비정형, 반정형 등 다양한 데이터의 구성형식을 말한다. 최근에는 IBM에서 데이터 진실성(Veracity)을 기존의 3대 요소에 포함시켜 빅데이터의 4V로 정의하기도 한다. 그런가 하면 빅데이터로 인한 결과적 효용측면에서 데이터의 가치(Value)까지도 추가적인 요소로 논의하고 있는 추세이다.

저자는 향후 미래에 이러한 빅데이터의 활용 폭이 더 커질것으로 전망하며, 이런 시대적 맥락에서 우리 사회에서의 다양한 커뮤니케이션을 이해하고 연구하기 위한 빅데이터의 가치와 활용을 강조하고자 한다. 이는 커뮤니케이션을 연구하기 위한 기존의 방법적 접근을 대체하는 것이 아니라, 보완 · 확장하고자 하는 노력의 일환이다. 이를 위해 먼저 빅데이터를 이해하기 위한 최근 흐름을 살펴보고, 다음으로 빅데이터를 좀 더 명확하게 이해하기 위한 인문학/사회과학적 주요 개념을 간략하게 소개하고자 한다. 마지막으로 커뮤니케이션 연구를 위해 다양한 데이터를 통합적, 개방적으로 접근 이용할 수 있는 빅데이터베이스의 구축에 대한 제안과 현재 적용되고 있는 빅데이터 분석에 대한 방법적인 논의를 덧붙이고자 한다. 이를 통해, 앞으로 빅데이터 분석방법이 커뮤니케이션 분야를 포함한 다양한 사회과학 영역에서 활용될 수 있기를 기대한다.

2. 비정형 데이터의 등장과 빅데이터의 가치

빅데이터를 보다 잘 이해하기 위해서는 최근 인터넷과 소셜미디어의 발달로 주목받기 시작한 비정형 데이터에 대한 설명이 필요하다. 최근 자료에 따르면 인간이 소통을 위해 기호나 문자를 쓰기 시작한 지난 5천 년 동안의 모든 인류의 정보 중에서 약 90% 이상이 최근 2년 이내에 작성되었고, 그중에서 80% 이상은 인터넷 댓글, SNS 문자 등 사람들이 올린 사진이나 동영상과 같은 비정형 데이터라고 한다(OECD, 2013). 그런 맥락에서 사람들의 일상적인 삶의 기록들을 중심으로 트렌드를 분석 · 예측하는 빅데이터의 가치는 점점 커지고 있다고 볼 수 있다. 이제는 블로그, 포털, 커뮤니티 사이트, 트위터, 페이스북 등 온라인상의 모든 텍스트는 디지털 기술 발달과 함께 분석이 가능한 데이터로 전환되고 있다. 특히 TGIF(Twitter, Google, I-phone · I-pad, Facebook)로 불리는 미디어들은 엄청난 양의 비정형 데이터를 생산하고 유통시키며 엄청난 파급력을 행사하고 있다. 이러한 점을 고려할 때, 커뮤니케이션 연구는 인터넷과 소셜미디어상에서 생산되는 엄청난 비정형 데이터에 대해 더욱 더 주목할 필요가 있으며, 이에 대한 체계적이고 신뢰성 있는 빅데이터 분석방법이 매우 절실하다고 볼 수 있다.

그런 점에서 빅데이터 활용의 가치는 더욱 커질 수 있다. 우선 소셜미디어가 사회적 관계, 서비스, 기술, 인프라 등 모든 측면에서 변화를 촉진하고 사회 및 문화 전반에 영향을 미치는 도구로 활용되고 있는 현실을 고려할 때, 이를 이용하는 다양한 이용자들의 의견을 반영하여 사회를 발전시킬 수 있는 기초자료로 활용 가능하다. 최근 '소셜플랫폼' 이란 기술과 서비스의 인프라가 정부, 기업, 개인 간의 상호작용을 지원하고, 새로운 사회적 소통양식 및 행동양식을 형성하는 인프라, 기술, 서비스, 사회의 상호작용 체계로 개념화되면서 더욱 그 필요성이 높아지고 있는 추세라고 볼 수 있다.

또한 소셜미디어는 포스퀘어(소셜미디어 + 위치정보), 징가(소셜미디어 + 게임), 티켓몬스터(소셜미디어 + 쇼핑) 등과 같이 위치정보, 게임, 음악, 동영상, 쇼핑 등의 정보와 결합하여 새로운 IT 제품과 서비스를 창출하고 있다. 이를 빅데이터와 결합시킴으로써 새로운 부가가치 창출 및 경제적 활용 효과도 주목받고 있다. 더불어 다양한 정보를 분석함으로 인해 사회의 현상과 흐름을 파악하고 패턴을 인식하여, 다양한 사안에 대한 예측 및 위기 대응까지 가능할 것으로 기대된다.

요즘 저자는 우리 선조들의 위대함에 새삼 놀랄 때가 많다. 조선 후기에 그려진 '대동여지도' 가 그중의 하나이다. 인공위성이나 비행기가 없던 당시에 어떻게 거의 정확하게 한반도 지형을 그릴 수 있었을까? 놀라운 일이다. 백두산을 열 번 이상 오르고, 당시 조선 땅의 구석구석을 수차례 걸어 다니면서 직접 지형을 그렸다고 기록에 전해진다. 하지만 어떻게 한반도를 몇 차례 유람하면서 이 정도로 정밀한 지도를 그릴 수 있었을까 하는 감탄을 할 수밖에 없다. 그럼 과연 어떻게 그 당시에 지금 봐도 거의 정확한 지도를 완성할 수 있었을까?

필자의 궁금증에 대한 답은 데이터 분석이다. 김정호는 국토 구석구석을 돌면서 그 지역에 산재되어 있던 기록과 자료들을 모았을 것이다. 그리고 관청이 소장하고 있던 오래전부터 내려오던 이용 가능한 모든 사료를 참고했을 것이다. 때로는 민가에서 토지전답이나 야산에 대한 지형도를 구했을 것이다. 그리고 정보가 부족한 지역은 본인이 직접 걷거나 말을 타고 가면서 지형도를 그렸을 것이다. 그리고 다양한 노력을 통해 입수한 자료를 밤낮을 가리지 않고 분석했을 것이다. 그런 노력의 산물이 세계적으로도 자랑할 만한 대동여지도로 탄생한 것이다. 그런 점에서 그는 200여 년 전의 위대한 빅데이터 분석가이고 데이터 분석의 가치를 보여준 역사적인 인물이라고 할 수 있다.

그럼 현재 빅데이터는 어떻게 가치를 만들어내고 있는가? 현재 국내외 다양한 분야에서 활용되고 있다. 구글(Google)은 2009년부터 사람들의 검색내용을 활용하여 세계보건기구보다 먼저 신종 플루 가능지역을 알려주는 감기지도(Flu-Map) 서비스를 제공하고 있다. 세계적인 자동차 제조업체인 볼보와 토요타는 센서와 정보수집 장치가 부착된 자사 자동차를 타는 수백만 고객들의 운행정보를 바탕으로 사고 위험을 경고하거나 위급시 보다 빠른 서비스를 제공하고 있다. 또한 고객들의 운전패턴을 분석하여 보다 만족도가 높은 차량을 설계하는 데 이용하고 있다. 아마존(Amazon)은 책을 구입한 회원들의 구매내역 자료를 바탕으로 새로운 서적이 출시될 때 고객들에게 차별화된 정보제공을 통해 매출규모를 확장시키고 있다. 이러한 경우는 모두 빅데이터를 활용한 고객 맞춤형 정보 제공의 대표적인 사례이다.

빅데이터의 활용은 기업에만 국한되지 않는다. 최근 국내 삼성의료원은 기존의 환자정보를 통합 관리하며 빅데이터 분석을 통해 자살 가능성이 높은 환자를 미리 예측하는 시스템을 가동시킨다고 발표하기도 했다. 심지어는 주식시장을 예측하는 데도 매우 효율적이라는 결과도 있는데, 최근 미국의 다우지수와 인터넷이나 소셜미디어상의 대표적인 키워드 연관성을 분석한 결과에 따르면 빚, 가계, 날씨 등과 같은 검색어가 많이 등장하면 곧 주식시장이 위축된다는 분석을 내놓기도 했다(홍상지,

2013.5.23.). 이러한 결과는 많은 사람들의 기록이나 육감(insight)이 반영된 일상적인 자료 속에 다가올 미래현상에 대한 예측정보가 담겨 있다는 얘기이다.

지금은 21세기이다. 위대한 김정호는 없지만 빅데이터가 '신대동여지도' 로 복잡한 세상과 사람들의 마음을 정확히 읽는 새로운 나침반의 역할을 할 것으로 기대할 수 있다. 최근의 한국 사회를 돌아보면, 2014년은 세월호, 2015년은 메르스 사태로 정신 없었다. 그런 점에서 우리 사회의 수많은 위기와 사건을 미리 예측할 수 있으면 어땠을까 하는 생각이 든다. 빅데이터를 활용하면 위기관리가 좀 더 효율적으로 되지 않을까 하는 얘기이다. 최근 정부뿐만 아니라 우리 사회의 다양한 분야에서 빅데이터를 활용하자는 주장이 제기되는 이유이다.

'하인리히 법칙' (Heinrich' s law)이라는 개념이 있다. 미국의 한 보험회사 사고 정밀분석가인 하인리히는 기존 사고정보에 대한 통계분석을 통해 아주 큰 사고가 발생하기 전에 경미한 사고가 전조현상으로 나타나고 있음을 주장했다. 지진이나 쓰나미 등과 같은 자연재해가 오기 전에 작은 곤충이나 동물들이 보이는 행동들이 그 예이다. 구글의 감기지도나 일본의 자연재해 예측시스템 그리고 다양한 분야에서 활용되는 빅데이터 분석은 분명 과거와 현재의 방대한 데이터를 가공 · 처리하면서 미래에 발생할 것을 상당히 정확하게 예측 가능하다는 것이다.

이제 빅데이터를 통해 고객의 마인드나 시장을 더 깊이 이해하고, 이를 경영에 반영하여 효율성을 높이고, 기존 수익을 확장하며, 고객들의 니즈를 발견하여 새로운 비즈니스 모델을 구축하는 일이 훨씬 수월해지고 있다. 다소 구조화된 설문지나 인터뷰를 통해 고객의 생각을 측정하는 것이 기존 방식이라고 할 수 있는데, 사람들의 자발적이고 일상적인 기록들에 대한 분석결과가 훨씬 더 정확하고 중요하다는 점에서 빅데이터 분석의 필요성이 커진다고 볼 수 있다. 빅데이터의 가치는 축적된 방대한 데이터를 가지고 고객의 내면을 분석하고, 미래의 행위를 예측할 수 있다는 점에서 더 중요하다고 할 수 있다.

예를 들면, 고객들이 주로 어떤 장소에서 어떤 시간대에 어떤 장르의 채널이나 콘텐츠를 이용 · 구매하는지에 대한 방대한 자료는 분명 경영 효율성 제고나 매출액 신장에 도움이 될 것이다. 예를 들면, 새로운 영화가 출시되었을 때, 그 영화의 감독이 제작한 기존 영화를 자주 구매한 고객이나, 주연배우가 출연한 기존 영화를 자주 본 고객에게 신작 영화를 추천한다면 분명 상대적으로 구매율이 높아질 수 있다는 얘기이다. 그리고 멜로 영화가 나왔을 때, 기존에 이 장르의 영화를 많이 구매한 고객에게 차별화된 광고를 할 수 있을 것이다. 빅데이터를 활용한 넷플릭스의 '시네매치' 추천 솔루션을 접한 고객들의 재구매율이 75% 정도 된다는 사실이 이를 입증하고 있다.

3. 인문학적 마인드로 빅데이터를 논(論)하다

분명 빅데이터 처리 프로세스 기술이 급속히 발전함에 따라 새로운 데이터 분석의 기회가 생겼다. 하지만 보다 신뢰성 있는 빅데이터 분석을 위해서는 컴퓨터 및 공학 영역 중심의 비정형 데이터 수집기술 및 분석방법 과정 외에도 인문·사회과학적 패러다임에 대한 이해가 매우 중요하며, 이를 통한 접근방법의 유용성이 빅데이터 분석의 활용가치를 더 높여줄 수 있다고 생각된다. 이를 위해 먼저 빅데이터를 보다 잘 이해하기 위한 인문학적 개념들을 몇 가지 간략하게 소개하고자 한다.

3.1 '인간 감각의 확장' 으로서의 데이터

새로운 미디어의 출현과 그로 인해 생성되는 또 다른 형태의 데이터에 대한 논의에서 맥루한의 주장은 의미 있는 준거 틀을 제공한다. 맥루한(McLuhan, 1964)은 인간 역사의 매 시기마다 커뮤니케이션 기술의 발전이 기존 시대에서 새로운 시대로의 전환을 이끌어낸다고 보았다. 사회 변화에 있어 가장 중요하고 직접적인 원동력이 미디어이며, 이러한 맥락에서 미디어를 '인간 감각의 확장(Extension of humam senses)' 으로 정의했다. 미디어가 인간 감각의 확장이라는 것은 인간 신체가 가지고 있는 한계, 다시 말해 감각기관의 한계를 극복할 수 있게 해주는 것을 미디어로 본 것이다(송종현, 2004). 음성의 발달부터 컴퓨터에 이르기까지 모든 미디어는 인간과 그의 환경을 변화시키는 인간의 확장이며, 예를 들면 자전거나 차는 인간 다리의 확장이고, 옷은 피부의 확장이며, 안경이나 망원경 등은 눈의 확장으로 이해했다(McLuhan, 1962). '미디어' 라는 단어 속에 인간의 감각을 확장시킬 수 있는 모든 기술을 포함한 것이다(이동후, 1999).

맥루한은 인쇄물과 같은 초기의 미디어에 의한 인간 감각의 확장과 전자 기술에 기반을 둔 후기의 미디어에 의한 인간의 확장을 구분하여 설명했다. 초기의 확장은 닫힌 체계로 서로 간의 상호작용이 불가능하지만, 후기의 확장은 열려 있고 동시적이므로 감각들 간 상호전환이 가능하다(김상호, 2009). 이러한 확장의 구분은 팔이나 다리와 같은 인간 몸 그 이상의 확장을 논의하고자 한 것으로, 인지적 기능을 수행하는 중앙 신경계와 같은 감각들을 단순히 몸의 부분으로 분류하기 어렵다고 본 것이다(Lawson, 2010). 예를 들면, 컴퓨터와 같은 전자적 미디어는 몸의 부분의 확장이라기보다는 중추신경계 자체의 확장인 것이다. 이처럼 후기 미디어는 시공간의 제약을 폐기시키고 인간의 중추신경계를 전 세계적으로 확장했다(McLuhan, 1964). 결과적으로 모든 개인은 컴퓨터의 발달로 전 세계적 규모로 자신을 확장시켰고, 모두가 서로에 대한 연장으로써 공존하게 되었다(김상호, 2009). 또한 휴대전화와 같은 이동가능한 미디어의 발달은 인간의 귀와 입, 손 등이 수행하는 기능을 시공간적으로 확장했고(송종현, 2004), 스마트 기기의 발달은 다양한 인간 감각의 확장을 동시적으로 수행함으로써 인간 감각의 확장과 융합을 경험하게 해주었다는 얘기이다.

이외에도 인간 감각의 기능적 확장과 더불어 자아의 확장이라는 차원에서 미디어를 논의할 수도 있다. 인간은 세상의 많은 것을 흡수하여 자신을 넓히고자 하는 자기 확장의 동기가 있으며, 최근의 미디어는 인간이 자신을 표현하거나 투사하고, 자기 정체성을 구성하는 도구로 활용된다는 것이다(송종현, 2004). 상호작용성을 특징으로 하는 인터넷과 소셜미디어의 발달이 자신을 드러내고 타인과 교류하는 것을 더욱 유도하고 있다. 인간이 발명한 미디어가 인간을 틀 짓는다는 맥루한의 언급처럼 미디어 기술의 발전이 인간의 능력을 확장시키고 삶을 향상시키고 있다.

한편 최근의 기술은 미디어 자체의 발전뿐 아니라, 이것들을 결합하고 제시하는 방법까지 변화시키고 있다. 미디어 기술의 변화가 수용자에게 정보를 전달하는 방식을 바꿔놓은 것이다(이완수, 2011). 적은 양의 정보에 대한 정확성보다는 거대한 양의 다양한 정보들을 한꺼번에 펼쳐놓을 수 있는 기술의 발전은 인간에게 빠르고 넓은 범위의 트렌드나 시간의 변화를 파악하게 해주었다(Mayer-Schonberger & Cukier, 2013). 빅데이터가 텍스트, 사진, 동영상 등의 모든 정보를 한꺼번에 불러모아 줌으로써, 인간의 정보처리 능력을 향상시켜 준 것이다. 빅데이터가 시공간의 제한 없이 수많은 다양한 정보들을 불러모아 분석하고 처리한다는 것은 인간의 손과 눈, 나아가 중추신경계까지 모든 감각이 시공간적으로 확장됨을 의미한다.

지금까지는 대용량의 데이터 대신 치밀하게 데이터를 거르고 걸러서 인간 감각이 허용하는 적은 양의 스몰데이터(Small data)를 분석하는 것에 매달려 왔다. 인간이 수용 가능한 데이터의 양만큼만 선별해 현상을 기술하고 설명하며, 예측하는 것에 공을 들여온 것이다. 하지만 빅데이터 분석기술의 발전은 인간이 수집할 수 있는 정보의 양을 확대시켰을 뿐 아니라, 분석 및 처리하는 과정에 있어서도 신속성과 정확성을 확보해 가고 있다. 거대한 정보의 양만큼이나 분석의 정확성이나 치밀함의 범위 또한 넓어지고 정교화되고 있는 것이다. 인간의 감각으로는 온전히 이해하기 힘들었던 세상이 이제는 빅데이터 분석을 통해 읽혀지고 보여지기 시작한 것이다. 이런 맥락에서 대용량 정형 · 비정형 데이터를 활용한 빅데이터 분석은 우리에게 새로운 가치나 인사이트(Insight)를 제공해 줄 수도 있다는 믿음이 생길 수 있고, 어떤 이슈를 해결할 때 새로운 대안적 방법을 제공해 줄 수도 있다는 것이다.

한 예로, 우리 사회 구성원들의 생각을 정확하게 읽고 싶을 때 어떻게 접근해야 할까? 기존에는 다양한 이슈에 대한 사람들의 인식을 조사하고자 할 때 설문을 통해 진행하는 것이 보편적인 방법이었다. 그러나 인터뷰를 통한 인위적 과정은 응답자의 편견이나 의견 공유에 대한 두려움이 작용할 여지가 있어 신뢰성 있는 정확한 정보를 도출하는 것이 다소 어려웠다. 이러한 점에서 인터넷이나 소셜미디어상의 여과되지 않은 일상적 삶의 기록은 매우 중요한 참고자료가 될 수 있다. 물론 여기서 중요한 사실은 전체 수용자의 의견인가에 대한 의구심과 대표성의 문제가 여전히 있지만 완벽한 대안이 아니라 기존 방법과 병행을 통해 좀 더 신뢰성 있는 결과를 도출하기 위한 보완적 접근이라면 충분히 가치가 있다는 얘기이다.

3.2 '소유의 종말' 과 '약한 관계의 강함'

최근에는 정보를 소유하는 것보다는 공유하는 것의 가치가 더욱 부각되고 있다. 미디어와 기업에서 제공하는 다양한 서비스 유형도 데이터를 단순히 전달하거나 나열하는 데 그치지 않고 개인에게 최적화된 정보를 제공하는 방식에 대해 고민하고 있다. 이용자 측면에서도 정보의 소유보다는 나에게 필요하고 내가 더 관심 있는 정보를 검색하고 접속할 수 있는 능력이 중요시되었다. 빅데이터의 시대이지만 이제 더 이상 온라인상의 모든 정보를 저장할 필요가 없게 되었다. 다만 수많은 정보 속에서 필요한 정보를 찾아내고 분석하여 새로운 가치를 찾는 능력이 중요해지는 시대가 되었다.

그런 맥락에서 전세계적으로 진행중인 데이터 개방은 매우 의미 있는 트렌드이다. 영국과 미국을 비롯한 대부분의 선진국에서는 공공영역뿐만 아니라 중요한 기업 데이터를 공개하면서 데이터 가공을 통한 새로운 부가가치 창출을 적극 권장하고 있다. 또한 이와 관련된 새로운 고용창출도 추진하고 있는 상황이다. 우리나라도 정부와 행정기관과 같은 공공영역에서 데이터 개방을 2013년부터 추진중인데, 기업이나 일반인과 같은 제3자들도 데이터에 접근하여 분석을 할 수 있는 환경을 조성하고 있다.

제레미 리프킨(Jeremy Rifkin)의 저서 『소유의 종말』의 원제는 '접속의 시대(*The age of access*)' 이다. 소유의 종말과 접속의 시대는 어떤 의미에서 상호호환이 가능한 개념이다. 모든 것이 네트워크로 이어지는 시대에는 생산 과정과 상품 및 서비스의 회전 속도가 빠르기 때문에, 장기적으로 소유하는 것은 불리하고 단기적으로 접속하는 것이 유리하다(채만수, 2001). 수많은 정보가 존재하는 인터넷 공간에서 모든 것을 다 소유하는 것은 불가능에 가깝고, 또한 더 이상 바람직하지도 않음을 의미한다. 네트워크 시대는 상황에 맞게 자신이 필요한 정보에 접근할 수 있는 능력이 강조되어야 한다.

한편, 공유, 접속, 데이터 개방 등이 최근 들어 중요해지는 것과 이들이 빅데이터 분석을 이해하기 위한 중요한 개념들임을 고려했을 때, 즉 인간과 인간 혹은 인간과 기타 대상 간의 네트워크 유형의 변화 또한 주목할 필요가 있다.

이는 인간이 생성해내는 수많은 정보 중에서, 또한 빅데이터 분석에서 가장 중요한 데이터 유형의 하나로 정보주체 간의 관계, 즉 대인관계는 매우 중요한 분석대상이기 때문이다. 이러한 의미에서 그라노베타(Granovetter, 1973)가 제시한 '약한 관계의 강함(the strength of weak ties)' 에 대한 논의는 의미가 있다. 그에 따르면 관계의 정도는 강한 관계와 약한 관계로 구분되며, 강한 관계는 '친구' , 약한 관계는 '아는 사람' 정도로 정의된다. 강한 관계는 작은 범위의 구성원이며, 구성원 간의 연결성의 밀도가 높은 관계인 반면, 약한 관계는 큰 범위의 구성원으로, 구성원 간의 중첩성 정도는 낮은 관계이다. 강한 관계에서는 구성원 간의 상호협조와 조율 및 통제가 쉽지만, 비슷한 종류의 정보를 공유하게 된다. 한편 약한 관계에서는 구성원 간의 규범적 통제의 정도는 상대적으로 떨어지지만 구성원들이 다양한 정보의 습득 기회를 갖고, 빠른 정보, 혁신적 아이디어의 획득 및 확산에 유용하다(이재혁, 2007).

그라노베타에 따르면, 약한 관계의 궁핍은 자신과 거리가 있는 사회 시스템 내의 정보들을 접할 기회를 상실하며, 가까운 친구들의 지엽적인 정보와 견해에 제한됨을 의미한다(Granovetter 1983). 관계를 통해 얻게 되는 정보가 의미 있는 것이 되면서 접속의 시대에 약한 관계의 중요성이 강조되고 있다. 정보 추구를 위한 약한 관계의 활용은 정보에의 접근을 용이하게 하고 수많은 정보 속에서 필요한 것을 선별할 수 있는 개인의 능력으로도 평가된다. 접속의 시대에서는 어떠한 정보를 소유했느냐보다는 개인이 원하는 정보를 얻을 수 있는 관계의 범위가 얼마나 다양한가에 집중한다(Rifkin, 2000/2001). 이런 맥락에서 빅데이터 시대는 분명 기존의 강한 관계 속에서 생성된 '단단한' (hard) 스몰데이터에서, 약한 열린 관계 속에서 만들어지는 느슨한(soft) 빅데이터의 중요성이 커지는 시대로의 전환을 의미하기도 하는 것이다.

3.3 공론장(Public Sphere)

공론장(public sphere)이란 여론이 만들어지는 공간이다(Habermas, 1989). 빅데이터 분석의 중요한 대상이다. 유럽 귀족사회의 살롱문화를 기원으로 하는 공론장은 귀족이나 상인들이 모인 파티장이나 카페에서부터 신문의 공간에 이르기까지 다양한 모습을 띠며, 이야기되는 주제도 초장기의 문예비평에서 정치적 사안에 대한 반응까지 폭넓게 다루어져 왔다. 공론장은 이해관계를 달리하는 집단이나 사람들이 다양한 이슈를 놓고 논쟁하는 과정을 통해 자신의 입장을 관철시키고, 수정하고 발전시켜 온 광장이다(김종길, 2005). 의사소통의 측면에서 공론장을 개념화한 하버마스(Habermas)는 일상의 언어와 상대에 대한 상호이해, 그리고 합리적 이성이 존재하는 의사소통의 관계를 공론장으로 정의했다(김종길, 2005). 하버마스는 의사소통에 있어 모든 사람들이 받아들일 수 있는 결론을 도출하는 것을 목표로 삼는 특정한 대화를 설계했으며, 이를 바탕으로 상호이해를 지향하는 행위자들이 자유롭고 공정하게 주장을 펼치고, 여기에서 합의된 결론은 이성적으로 타당성을 가지게 된다고 보았다(Habermas, 2007).

공론장은 다양한 이해관계를 조율하고 합의를 매개하는 다원주의적인 역할이 강조되면서 발전했다. 특히 인터넷은 자신의 의견을 자유롭게 표출할 수 있는 민주적인 공간으로 주목받으면서 공론장의 역할에 대해 논의되어 왔다. 인터넷의 민주적 잠재력에 집중하면서, 인터넷 토론 공간이 개인의 견해를 표출하고 서로 다른 입장을 인정하고 합의를 모을 수 있는 숙의민주주의가 이루어질 수 있는 공론장으로서의 기능이 부각되었다(이동훈, 2010). 특히 블로그 등의 확산은 누구나 동등한 입장에서 참여하고 자신의 목소리를 내는 수평적이고 민주적인 커뮤니케이션 공간으로서 공론자의 역할을 활발히 수행하고 있다(유용민 · 김성해 · 심영섭, 2011). 최근으로 올수록 대표적인 빅데이터 분석인 소셜텍스트의 중요성이 커지고, 인터넷과 SNS를 통해 생성되는 엄청난 비정형 데이터의 활용적 가치를 논의하는 데 있어 공론장은 매우 의미 있는 개념인 것이다.

때로는 인터넷 공간에서 벌어지는 토론은 비이성적인 경향이 있어 공론장으로서 역할을 완벽히 수행하지 못한다는 지적도 있어 왔다(원용진 · 이수엽, 2009). 인터넷상에서의 공론장은 익명성이 가져다 주는 자유로운 의사표현의 혜택을 받기도 하지만, 익명성을 도구로 집단적 폭력을 행사하는 장으로 악용되기도 한다. 최근 주목받고 있는 소셜미디어의 경우 학교, 직장, 성별, 연령, 지역 등의 인구통계학적 요소뿐만 아니라 정치의식과 성향, 문화적 취향과 사회적 관심에 이르기까지 다양한 정보들이 공유되고, 동일한 성향을 공유하는 집단 내에서 공론이 이루어진다(류정호 · 이동훈, 2011). 이처럼 소셜미디어상의 의사소통은 기존 관계에 기반을 둔 것으로 인터넷의 비이성적 토론의 한계를 어느 정도는 극복할 것으로 기대하고 있다. 누구나 동등한 입장에서 참여하여 자신의 목소리를 내는 수평적이고 민주적인 커뮤니케이션 공간임은 물론이고, 서로에 대한 신상정보를 어느 정도 알고, 상호 관용적 소통이 이루어지기 쉬운 미디어 환경적 특성이 활발한 공론을 유도한다(이동훈 · 류정호, 2009).

분명한 것은 소셜미디어가 양적으로 공론을 확대시키고 있다는 점이다. 시시각각으로 쏟아져 나오는 사람들의 수많은 말 속에는 이성적이고 냉정한 토론 역시 포함하고 있다. 특히나 일상의 언어를 통한 공적 의제에 대한 대화는 소셜미디어 안에서 이루어지는 고유의 숙의과정을 형성해 가기도 한다. 적어도 무분별한 인신공격성 언어표현은 어느 정도 정제된 환경에서 사람들이 실제 이야기를 나누고 있는 것이다. 수많은 일반인들은 그들과 연결되어 그들의 중재 하에서 각자 생각을 피력하면서 합의점을 만들어 가고 있으며, 이러한 논의 과정을 통해 새로운 정치적 공론장 문화가 형성되며 힘을 얻고 있다. 소셜미디어에서 순간순간의 평범한 메시지들이 하나의 거대한 데이터로 저장되고 수집 · 분석됨으로써 공적 의제가 탄생하고 있는 것이다.

그런 점에서 소셜미디어 공론장이 이용자의 연결성을 중심으로 하는 의견의 참여와 공유가 강조되면서 이들 간의 일상의 대화 속에서 숙의과정을 의미 있게 해석할 수 있는 방법론적 접근이 필요하다. 최근 무분별한 소셜텍스트 빅데이터 분석 결과를 너무 맹신해서는 안 된다는 빅데이터 회의론자들의 얘기와 일맥상통한다. 그럼에도 불구하고 드러내지 않는 숨은 의도를 파악함으로써 실제적 공론장의 형성과 생활숙의의 과정을 이해해 보는 시도 역시 의미 있는 작업일 것이다. 또한 다양하고 폭넓은 관계의 사람들이 모여 의사소통하는 소셜미디어 안에서 의견의 중재와 영향력, 그리고 여론의 쏠림을 배제한 성숙한 공론의 모습을 발견할 수 있다면 소셜미디어에서 쏟아지는 수많은 대화가 시대문화를 형성하는 단초가 될 수 있을 것이다.

적극적 수용자의 등장과 기술의 발달은 권력의 패러다임을 생산자에서 수용자에게 이동시킬 만큼 강력한 변화를 이끌었다. 따라서 이들의 생각이나 심리, 행동에 대한 의미를 파악하는 것은 매우 중요한 일이다. 그러나 그간 수용자에 의한 담론은 잠재적으로 존재한다고 가정했을 뿐 실재화하기 어려웠다. 대중에게 동시에 공개되고 반복적으로 재생 가능한 미디어의 텍스트와는 달리, 개인의 커뮤니케이션은 휘발성이 강하기 때문에 이를 감지하는 것조차 불가능에 가까웠다. 이러한 맥락에서 인터넷의 등장은 독립되어 있던 개인을 연결하고, 이들의 메시지를 기록하여 텍스트로서 전환하는 것을 가능케 했다. 즉, 순간적이고 일시적이었던 개인의 감정이나 생각, 경험이 일상 텍스트로서 재현되고 저장됨을 의미한다. 이러한 현상은 트위터나 페이스북, 블로그 등을 통해 손쉽게 발견할 수 있다. 실제로 지난 2006년 이래 현재까지 생성된 트위터 메시지(트윗) 건수는 이미 3천억 건을 넘어섰으며, 하루 평균 생성되는 트윗은 약 5억 건에 이른다(조유진, 2013.10.4.).

물론 파편적으로 존재하는 단일한 메시지나 텍스트를 담론으로 볼 수는 없다. 이들이 담론으로 형성되기 위해서는 의미 있는 집합체로서 관찰되어야 한다. 연구자나 실무자에게 이를 가능케 하는 도구가 빅데이터이다. 그러나 무작정 데이터를 수집하는 것으로는 충분치 않다. 무한에 수렴할 만큼 많은 양을 모은다고 해도 마찬가지이다. 데이터화된 메시지에서 맥락을 읽을 수 있어야 특정 문제나 현상에 대해 대중이 공통으로 동의하고 있는 의미를 파악할 수 있다. 이를 위해 언어의 구조에 대한 충분한 이해를 바탕으로 전략적인 데이터 수집이 이루어져야 함은 물론이고, 분석과정에서는 중심 문제의 역사성과 사회성에 대한 통찰이 수반되어야 한다. 이러한 과정은 기존의 미디어 담론이나 정치 담론을 대상으로 진행되었던 비판적 담론분석(CDA)과 유사한 측면이 있다. 이는 빅데이터 분석을 통해 가치 있는 결과를 얻기 위해서는 기존의 사회과학적인 시각이 전제되어야 함을 의미한다.

3.4 집단지성(Collective Intelligence)

빅데이터를 보다 잘 이해하는 데 또 다른 중요한 키워드 중의 하나가 '집단지성'(Collective Intelligence)이다. 한 개인의 생각보다도 집단, 즉 많은 사람들의 얘기가 더 정확하고 신뢰할 수 있는 정보가 된다는 얘기이다. 영국의 오랜 경매시장에서 가축을 사고팔면서 무게를 맞출 때, 좀 더 많은 경매사들이 참여할수록 예측 평균이 실제 가축의 몸무게에 가까워진다는 실험에서 출발한 개념이다.

레비(Levy, 1997/2002)에 따르면 모든 것을 알고 있는 사람은 없지만 누구나 무엇인가는 알고 있기 때문에, 완전한 지식은 전 인류적으로 펴져 있다고 한다. 즉, 한 개인이 모든 지식을 가지고 있는 것이 아니라, 개개인마다 가지고 있는 분포된 지성들이 모아짐으로써 집단지성이 형성된다는 것이다(윤호성 · 이기동, 2011). 집단지성에서 '집단' 이 어떤 집단이어야 하는지에 관해 주체의 성격이 규정되어 있지는 않는다. 하지만 현재의 집단지성 관련 연구에서는 일반적으로 전문가보다는 대중의 집단에 초점을 맞추어 연구가 진행되고 있다. 대중지성은 전문가 그룹에 들어가지 못하는 평범한 개인들도 나름대로의 지성을 어느 정도 갖고 있으며, 이들의 개별적 능력이 합쳐질 때 그 능력은 각 개인의 개별적 능력의 산술적 합보다 훨씬 더 큰 힘을 갖는다는 인식에서 제기된 것이다(최항섭, 2009).

레비는 지속적으로 가치가 부여되고 재평가되며, 실시간으로 조정되는 지식의 공간에서 구성원들이 맺는 유동적인 관계에 집단지성의 요체가 있다고 했다(황주성 · 최서영, 2010). 예를 들면, 인터넷 공간에서 실시간으로 네이버 지식iN상의 질문에 대해 여러 네티즌들이 답을 하는 것, 인터넷 카페에서 네티즌들이 서로 노하우를 공유하는 것, 위키피디아에서 네티즌들이 자신의 지식과 경험을 기초로 하여 함께 용어 설명을 하는 것 등이 모두 집단지성으로 분류된다(최항섭, 2009). 특히 위키피디아는 집단의 자정능력을 보여주면서 성공적인 집단지성의 세계적인 모범이 되고 있으며(유용민 · 김성해 · 심영섭, 2011), 국내에서는 위키피디아 등의 협업적 집단지성보다는 지식iN 등의 개별적 집단지성이 더욱 발달했다(황주성 · 최서영, 2010).

집단지성이 다양한 개인들이 지속적으로 또 실시간적으로 오류를 수정하고 새로운 정보들을 공유하며 형성되는 것으로, 변화된 미디어 환경과 유기적으로 관련되어 있음을 알 수 있다. 인터넷의 발달로 다양한 견해를 가진 개인이 정보 생산에 손쉽게 참여하고 유통할 수 있게 되면서 이전의 소수 엘리트 전문가 집단에 의해 독점적으로 생산되었던 정보보다 공인된 힘을 얻게 된 것이다(임순미, 2010). 개인들이 운영하는 수많은 인터넷 블로그 및 커뮤니티 게시판의 글은 다양한 관점에서 특정 정보를 제공하고 있으며, 방문자들이 남기는 댓글을 통해 그 정보의 진위를 파악하고 새로운 정보를 업데이트하기도 한다.

최근 소셜미디어의 확산으로 개인은 자신의 일상을 공개하는 일련의 과정을 통해 생활 정보를 공유하는 것이 익숙해졌다. 파워블로거가 아니어도, 딱히 공유하고 싶은 정보가 있는 것이 아니어도, 일상 속에서 경험한 사건이나 이를 통해 얻은 정보에 대해 짧은 글을 올리는 것이 자연스럽다. 소셜미디어가 일반 사람들이 지성을 발휘할 수 있는 환경을 마련해 준 것이다. 게다가 공개된 글에 댓글이 달리고 리트윗되는 등의 상호작용을 통해 정보는 수정되고 보완되면서 객관성을 확보하게 된다.

위키피디어나 지식iN 등을 통해 아마추어 지식과 경험이 공식적인 지식이 되고, 사회문제를 해결하는 중요한 원천으로 활용되고 있는 것처럼(이항우, 2009), 소셜미디어상의 일상의 메시지가 공유되고 수정 · 보완되는 과정을 거치면서 사소하지만 공적인 정보를 생산하기도 한다. 기존의 집단지성은 이용자 스스로 특정 정보를 협력해 가공함으로써 객관성을 담보해 왔지만, 소셜미디어의 들쑥날쑥한 여러 가지 정보들은 빅데이터 그 자체의 거대함으로 유의미한 지성을 만들어내기도 한다. 하지만 보다 체계적이고 신뢰성 있는 크롤링(crawling)과 필터링(flitering), 텍스트마이닝(text mining) 작업을 통해 분산되어 있는 수많은 조각조각을 유의미한 정보로 만들어내는 작업이 분명 필요하다. 단순히 단어 조합을 통한 정보의 단편적 생산을 넘어 하나의 완결된 지성으로서 정보를 창출함으로써 집단지성의 본질인 진정한 통합과 새로운 진화로의 완성을 추구할 수 있을 것이다. 또한 집단지성은 자연생산적인 것이라기보다는 기획되고 조정된 것으로서 처음부터 완벽하게 작위적일 수는 없지만 체계화된 빅데이터 분석을 통해 보다 정교화할 수 있다.

4. 커뮤니케이션 연구를 위한 빅데이터베이스 구축[1]

앞에서 커뮤니케이션 연구를 위한 방법적 제안으로서 빅데이터 활용의 필요성과 인문학 영역에서의 접근을 위한 이해의 폭을 넓히고자 몇 가지 이론적 개념을 소개했다. 다음으로 중요한 것은 구체적으로 어떻게 기존의 커뮤니케이션 연구 틀과 병용하며 방법적 경계를 확장할 수 있을까에 대한 질문이다. 물론 빅데이터 분석 방법에 대한 구체적인 내용과 적용사례는 본 저서의 다른 챕터에서 논의될 예정이다. 그래서 이에 대한 탐색적인 논의는 구체적으로 분석방법을 적용하기에 앞서 연구자가 손쉽게 접근 · 이용할 수 있는 데이터베이스를 마련하는 데서 출발해야 한다고 필자는 생각한다. 다양한 커뮤니케이션 분야의 데이터, 특히 미디어에 의해 생성되는 콘텐츠를 통합적으로 관리하는 빅데이터베이스(BD ; Big Database)의 구축이 필요하다는 얘기이다.

필자는 커뮤니케이션 연구에서 빅데이터의 필요성을 고민할 때, 가장 중요한 분석대상은 미디어 콘텐츠라고 생각한다. 다시 말해 디지털 기술의 발달과 새로운 미디어의 출현으로 생성되는 엄청난 용량의 정형 · 비정형 데이터를 수집 · 분석하기 위해서 가장 선행되어야 할 조건은 분석할 수 있는 데이터를 저장 · 관리하는 데이터베이스의 구축이라고 생각한다. 물론 수용자에 대한 데이터도 중요하지만, 수용자에 대한 데이터는 시시각각으로 변하기 때문에 누적적으로 데이터를 저장 · 관리하기에는 어려움이 따른다고 볼 수 있다. 그래서 미디어에서 생성되는 콘텐츠는 체계적으로 관리할 수 있다면 그 분석의 가치가 더욱 커진다고 생각된다. 그런 점에서 우선 미디어의 콘텐츠를 분석할 수 있는 빅데이터베이스 구축을 위해 어떤 노력이 필요할 것인가에 대한 논의는 중요하다. 물론 완결형의 방법제시가 아니다. 빅데이터 시대 커뮤니케이션 연구를 위한 최소한의 BD 구축을 위한 아이디어라고 봐주기 바

1. 이 부분은 최근 필자가 책임연구자로 진행한 "빅데이터로서의 뉴스콘텐츠 활용방안 연구"(한국언론진흥재단 연구보고서)를 참고하여 작성되었다.

란다.

먼저, 보다 통합적인 미디어 콘텐츠 아카이브 구축에서 출발해야 할 것이다. 최근 전세계 추세는 데이터의 공개이다. 즉, 데이터의 성격이 공적이든 혹은 사적이든 (물론, 개인정보보호의 문제와 첨예하게 대립하고 있지만) 데이터 공개를 통해 창출되는 부가서비스의 가치를 높게 판단하는 추세이다. 이른바 개방형 데이터베이스를 구축하는 것은 단순히 필요한 데이터만을 제공하는 1차원적인 기능을 넘어서며, 그 속에 내재된 가치 또한 제공할 수 있는 가능성을 높이는 것이다. 특히, 오늘날 빅데이터 서비스 모델이 논의되고 있는 데이터 시장에서 개방형 데이터를 통해 다양한 서비스 아이디어를 모으고 실행하는 작업은 산업 전 영역에서 꼭 필요한 비즈니스 요소에 해당한다.

미디어콘텐츠 영역에서도 다르지 않다. 특히 뉴스콘텐츠는 기사내용, 언론사, 기자, 날짜, 시간, 연관 검색내용 등 다양한 데이터를 지니고 있음에도 불구하고 이를 여타 서비스 영역과 결합하기 위한 포맷이 부족한 것이 현실이다. 뉴스콘텐츠의 데이터베이스를 누군가 차용하여 서비스를 만들고자 한다면 인터페이스 규격 등을 담은 소스가 오픈되어야 하는데 현재 그러한 서비스는 없다.

이러한 측면에서 한국언론재단에서 운영중인 〈카인즈(KINDS)〉 역시 대용량의 뉴스데이터를 기반으로 이용자의 인터페이스가 새로운 가치를 창출하는 빅데이터베이스의 성격과는 다소 차이가 있다고 볼 수 있다. 현 포맷으로 여타 서비스와 연계된 가치를 창출하기 힘든 측면이 있는 것이다. 즉, 오픈 API를 제공하지 않고 있기 때문에 〈카인즈〉의 경우는 대부분 1차적인 자료제공의 역할만을 담당하고 있다고 볼 수 있다. 즉, 〈카인즈〉는 뉴스검색 서비스로는 일정 부분 의미가 있을지 몰라도, 뉴스콘텐츠 DB의 다양한 응용과 확장 서비스를 위한 '본격적인 빅데이터 뉴스 아카이브' 라고 보기는 어렵다. 〈카인즈〉는 검색 이외에 다른 사업모델과는 연계되어 있지 않으며, 제3자가 이를 활용하여 제2, 제3의 서비스 모델을 만들 수 있도록 설계되어 있지도 않다. 이는 역사적 자료로서의 뉴스콘텐츠를 영구히 보관하고, 이를 검색을 통해 손쉽게 확인할 수 있도록 하는 데에만 부합하도록 설계되어 구축된 뉴스DB이기 때문이다. 이와 관련하여 최근 한국언론진흥재단을 중심으로 〈카인즈〉의 서비스 모델을 확장하기 위한 검토와 시도가 있는 것은 매우 고무적이다.

네이버의 '뉴스라이브러리'와 뉴스 스크랩 서비스 업체들이 구축한 기사 PDF DB는 해당 기업의 영리사업 목적으로 조성된 DB여서 타 기업이 이를 활용하여 제2, 제3의 서비스 모델을 만드는 것은 불가능하다. 이들 기업이 기사콘텐츠의 생산자 또는 저작권자는 아니지만, 정부 지원 없이 자체 예산으로 뉴스 아카이브를 조성한 만큼 저작인접권자로서의 법적 지위와 함께 해당 DB의 소유권자인 만큼 이는 엄밀히 사적 재산의 범위에 해당하는 것이어서 사회적 공유의 정보 인프라로 개방을 요구할 수는 없는 일이다. 따라서 이러한 DB 시스템도 '빅데이터로서의 뉴스 아카이브'로 확장하여 보다 넓은 범위에서 사회적으로 활용함으로써 부가가치를 높이는데 한계가 있다고 볼 수 있다.

각 언론사의 자체 DB는 그 체계와 관리방법 등에 있어서도 제각각인 것으로 파악된다. 언론사마다, 신문사마다 기사콘텐츠를 분류하는 체계가 다르고, 이로 인해 DB의 테이블 체계가 상이하다. 자체 생산한 기사콘텐츠와 뉴스통신사에서 받은 기사콘텐츠, 외부 기고문의 저작권자는 엄연히 다른 데도 이를 구분하지 않고 한데 뒤섞어 DB화함으로써 향후 다른 서비스에 활용하기가 어려운 사례도 부지기수이다. 사진기자가 여러 장의 사진을 촬영해 제출했다면 이 중 신문에 게재된 사진만 DB화함으로써 다른 사진들을 사실상 버리는 사례도 있고, 원본 사진은 폐기하고 사진의 필요한 장면만 자른 후 선명도(sharpness)를 높여 가공 사본(寫本)만 저장하는 경우도 적지 않은 것으로 파악된다. 언론사별 DB의 구축과 관리체계가 다르다는 점은 언론사 통합 뉴스 DB로서의 빅데이터베이스를 조성하기도 쉽지 않을 것임을 의미한다.

한편, 미디어콘텐츠 빅데이터 활용을 위해 선행되어야 할 점은 개방형 데이터베이스에 대한 기술적 시스템 확보라고 할 수 있다. 우리나라 데이터베이스 시장에서 정보제공서비스가 2013년에 전년 대비 9.4%의 증가율을 보이고 있지만, 이에 못지않게 정보 분석 서비스도 4.3%의 증가율을 보이는 것으로 나타났다(한국데이터베이스진흥원, 2014). 따라서 대량 정보를 활용한 연계서비스 확충을 위해서는 기술적으로 호환이 가능한 개방형 포맷의 기술구현이 매우 시급하다. 그런 점에서 오픈 API

제공의 의무적 도입은 매우 중요하다. 흔히 오픈형 데이터 서비스라고 하면 데이터 자체가 개방형이라고 여겨지는 편견이 있다. 그러나 오픈 API의 기본적인 취지는 서드 파티(3rd party)인 하드웨어나 소프트웨어 관련 업체에게 부가적인 서비스를 창출시켜 산업 활성화나 기업 상생의 목표를 이루는 데 있다. 따라서 오픈 API를 미디어콘텐츠 데이터베이스에 적용할 경우에 API 제공에만 초점이 맞춰져야 하며, 이는 콘텐츠 데이터의 전면적인 무료화를 의미하지는 않는 것이다. 즉, 데이터와 API의 연동체계에 따라 유·무료화에 대한 논의는 별개의 사안에 해당한다는 말이다. 그러므로 서드파티에서 서비스 개발이 활성화될 수 있는 방향으로 소스를 먼저 오픈으로 제공하고 이를 서비스 단계별로 세분화하는 전략이 우선적으로 필요한 시점이다.

다음으로, 통합적 데이터베이스를 구축·활용하기 위해서 중요한 것은 한국형 뉴스표준 전송방식(Korea NewsML(News Mark-up Language)), 콘텐츠 관리 및 식별체계(UCI ; Universal Content Identifier)를 활용한 표준화된 저장·관리 체계 기반이다. News ML의 경우 디지털 뉴스 콘텐츠로 변환 가능한 텍스트, 기사, 사진, 동영상 등 포맷을 수용할 수 있고 이들 콘텐츠에 포함된 다양한 부가 정보도 포맷화 할 수 있는 체계이다. 따라서 이를 빅데이터화된 뉴스콘텐츠 유통체계에 활용할 경우 보다 효율성 높은 데이터 저장 및 유통체계가 확립될 수 있다. 콘텐츠 관리체계인 UCI의 경우에도 포털사이트에 전송된 뉴스콘텐츠를 개별적으로 인식할 수 있는 식별체계이므로 이를 적용할 경우 대용량의 데이터에 포함된 뉴스콘텐츠 식별을 보다 용이하게 할 수 있는 이점이 있다. 빅데이터를 분석하고자 할 때에는 정보의 식별문제가 데이터 크롤링 및 필터링 과정에서 빈번히 발생하고 있으며 알고리즘만으로 이에 대한 해결이 힘들다는 점이 공공연히 밝혀지고 있다. 따라서 UCI의 적용으로 뉴스콘텐츠를 보다 체계화된 데이터로 변환시키는 작업이 용이할 것으로 판단한다.

이를 위해서는 정부, 업계, 학계의 지속적 관심과 노력이 필요하다. 빅데이터 트렌드는 불과 3년 남짓한 기간 동안에 이슈가 되어 사회의 전 영역에서 빅데이터를 활용한 분석기법을 도입하기에 열을 올리고 있다. 또한 정부/공공/산업계 전 영역에서 자금이 확보되기에 상대적으로 용이할 만큼 부각되고 있는 실정이다. 뉴스를 포함한 미디어콘텐츠는 데이터가 지니는 잠재적인 가치에 비해 저평가되어 관련 기술들의

그림 1-1 **뉴스콘텐츠 기반 빅데이터베이스 구축 및 활용방안 요약**(김성태 외, 2014)

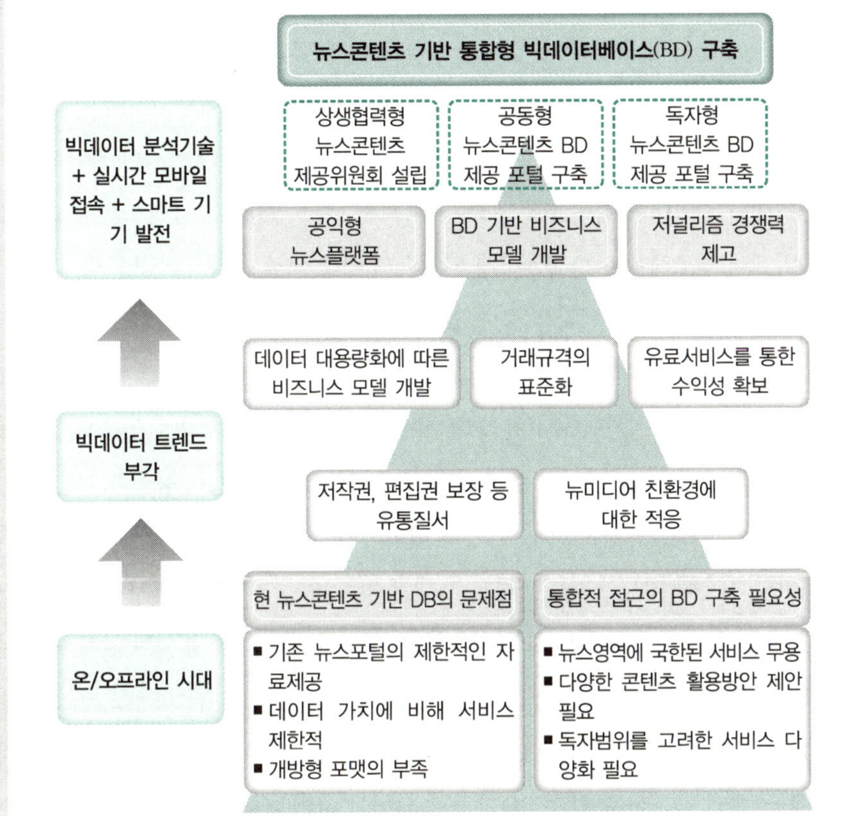

개발이 전방위적으로 이루어지지 않았다고 볼 수 있다. 따라서 기초적인 기술개발에서부터 인문·사회과학 전 영역에 이르기까지 해당 데이터의 활용영역에 대해 숙고할 만한 충분한 기간이 필요하다고 본다.

지금까지 논의한 뉴스콘텐츠 기반 빅데이터베이스 구축 및 활용방안을 종합하여 도식화해 보면 [그림 1-1]과 같이 정리할 수 있겠다.

우선 뉴스콘텐츠가 온/오프라인에서 배포되기 시작하면서 뉴스콘텐츠 기반의 DB의 활용이 다양해졌으며 이로 인한 현 DB 체계의 문제점도 함께 부각된 것이 사실이다. 따라서 현재 구축되어 있는 뉴스포털은 미디어 기술발전 속도에 비해 활용도가 떨어지고 데이터 가치가 수직 상승하는 동안 그에 걸맞는 서비스를 개발하지 못했다. 웹 2.0시대 이후 강조되던 개방 · 공유 · 참여의 철학이 뉴스콘텐츠 유통 영역에서 발현되지 못한 점도 혁신적인 뉴스콘텐츠 DB를 정착시키지 못한 원인이 되었다. 이로 인해 기존 뉴스 영역에 국한된 서비스의 무용론이 대두되기에 이르렀다. 이후 데이터 저장 및 유통에 대한 기술이 발전하고 하드디스크의 가격이 하락하면서 이른바 빅데이터 시대에 접어들게 되었다. 새로운 데이터 환경에서 뉴스콘텐츠 영역에서는 비즈니스 모델개발이 시급하게 되었으며 이를 위해 거래규격 표준화, 유료서비스, 저작 · 편집권 등 유통질서 등에 있어서 대대적인 개편이 필요한 시점으로 돌입하게 된 것이다.

따라서 오늘날 뉴스콘텐츠 기반의 빅데이터베이스(BD)가 제대로 구축되기 위해서는 공익형 뉴스플랫폼, 다양한 비즈니스 모델, 저널리즘 경쟁력 등이 확보되는 기반위에서 통합형 BD가 필요하다. 이는 빅데이터 분석기술이 더욱 발전하고 실시간으로 모바일 접속이 가능해지는 스마트 시대를 맞이해 필연적인 선택지가 될 것이라고 판단된다. 뉴스콘텐츠 기반 통합형 빅데이터베이스(BD)의 방식은 앞서 논의한 바와 같이 다시 세 가지 방식의 모델로 가능하다. 상생협력형 뉴스콘텐츠 제공위원회, 공동형 뉴스콘텐츠 BD 제공 포털, 독자형 BD 제공 포털 등이 그것이다. 결론적으로는 뉴스콘텐츠 기반 통합형 BD가 구축되어야 하며 이를 운영하기 위한 사업모델은 운영주체에 따라 달라진다는 얘기이다. 마지막으로, 이런 노력 속에서 뉴스콘텐츠 기반의 통합형 · 개방형 빅데이터베이스(BD)가 구축되어 다양한 서비스를 통해 다양한 커뮤니케이션을 포함한 다양한 학문분야에서 활용되는 선순환 구조가 만들어져야 할 것이다.

5. 빅데이터 시대 커뮤니케이션 연구를 위한 방법적 제안

5.1 사회과학 통계의 융합적 활용의 필요성

빅데이터 분석은 앞에서도 상기했듯이 수집 가능한 '거의 모든' 데이터를 분석 대상으로 포함시킬 수 있다. 물론 쇤버거와 쿠키어(Schonberger & Cukier, 2013)가 얘기했듯이 '들쭉날쭉한(messy)' 데이터가 많지만, 데이터 수집과 분석기술의 발달은 접근 가능한 다양한 데이터를 분석에 포함시킬 수 있게 되었다는 점이다. 그런 점에서 전체 모수에서 대표성 있는 표본(sample)을 추출하여 일반화하는 추론적 통계를 적용하는 통계를 활용한 사회과학적 방법적 접근 측면에서 위기라는 얘기가 나오는 이유이기도 하다. 그러나 필자는 빅데이터 분석대상에 포함된 모수에서 대표성 있는 표본을 추출하고, 이를 분석한 후 추론적 통계기법을 적용하면 데이터 분석과정에서 좀 더 활용 폭이 넓어질 수 있다고 생각된다. 다시 말해, 알고리즘 기반의 컴퓨터 연산능력에 집중하는 기존방식에서 표본 추출을 통한 정성적인 추가 분석과 추론적 통계 적용은 기존의 빅데이터 분석방법의 활용가치를 높일 수 있는 좋은 기회라고 생각된다.

경험주의 연구의 일환으로서 사회과학이 추구하는 것 중 하나는 일반화를 위한 모집단의 기술(description of population)이다. 모집단이란 변인이나 개념의 전체 집합 혹은 부류를 의미하며, 모집단의 구성원 전부를 조사하여 결론을 도출하는 것을 전수조사라고 한다(Wimmer, 2011). 결과의 다면적 활용이 예측되며 표본오차를 최소 한도로 제한하는 엄밀성이 요구되는 경우 전수조사가 유용하다. 대표적으로 전 영토의 인구 상태를 파악하고자 동시적으로 실시하는 인구주택 총 조사(또는 인구센서스, population census)가 있다. 미국은 10년마다 국토 거주민 전체에 대한 조사를 시행하는데, 조사결과를 토대로 하원의원의 수를 조정하고 지역별 예산을 배정하는 등 행정 업무의 근거로 활용하고 있다.

그러나 비교적 긴 시간을 사이에 두고 진행되는 센서스는 빠르게 변화하는 사회를 반영하지 못한다는 지적을 받았다. 2010년의 센서스 결과를 두고 논란이 일었던 것도 이 때문이다. 이 조사에서 히스패닉 주민들은 5가지 인종 분류(백인, 흑인, 아시안, 아메리칸 인디언, 태평양 원주민) 중 하나를 골라야 했으며 마땅한 분류를 찾지 못한 이들이 자신을 백인으로 기재하거나 기타 인종으로 선택하면서 기타 인종은 미국에서 세 번째로 많은 인종으로 보고되었다(The Economist, 2013.2.9.). 인종(race)과 혈통(origin)에 대한 논란을 차치하고서라도 이는 현실을 왜곡하거나 오판할 수 있는 결론을 도출하고 말았다.

센서스가 지적받는 또 다른 문제는 시간적 차이에서 오는 현실과 조사 결과 간의 괴리이다(Mayer-Schonberger & Cukier, 2013). 2010년 센서스 결과는 다음 조사가 진행되기 전까지 당대의 미국이라고 설명되나 2010년과 2019년의 미국 인구 상태는 상당히 다를 것이다. 이러한 한계를 극복하기 위해서는 조사 간격을 줄이고 되도록 많은 조사원을 활용하여 동시다발적으로 조사를 시행하는 것이나, 이는 모든 전수조사가 겪고 있는 시간과 비용의 제약으로 인해 현실적으로 실행하기 어렵다.

이러한 맥락에서 사회과학의 경험적 연구와 방법론에서는 전수조사 대신 모집단의 일부인 표본을 추출하여 조사를 실시한다. 예를 들어 주로 서베이(survey)에서는 수학적 지침에 따라 구성원을 선출하는 확률표집이나 비확률표집을, 실험연구에서는 무작위 표집(random sampling) 등을 사용한다(오택섭, 2007). 여기서 표본이 얼마나 대표성을 갖느냐는 결과의 신뢰도를 좌우한다. 따라서 연구자들은 층위별 할당제나 통계적 통제 등을 개발하여 표본오차를 줄이는 데 주력한다. 특히 조사의 목적이 일반화를 통한 예측에 있을 때에 이는 더욱 강조된다. 선거 때마다 언론에서 보도되는 여론조사가 대표적이다. 보도가 유권자에게 밴드왜건(Band Wagon)이나 언더독(Under dog) 효과를 유발할 수 있기 때문에 높은 수준의 엄밀성이 요구되는 조사이다. 그러나 설문 구성이나 순서, 표현에서 오는 왜곡 가능성, 모집단에 대한 정의 및 자료 수집 방식, 응답률, 거짓 응답 등 방법론과 관련한 지적이 꾸준히 제기되고 있다(김상민 · 이근우 · 장재혁, 2010.5.14. ; 김효섭, 2010.10.27. ; 백영철,

2012.10.22. ; 정한울, 2013).

이러한 문제점의 면면을 살펴보면, 실제로 사회과학에서 신화적으로 여겨졌던 무작위 표집이라든지 경험적 연구에서 연구자의 객관성이 얼마나 많은 오류의 가능성을 내포하고 있는지와 그 결과를 절대적으로 맹신하여 일반화하거나 예측하는 일이 얼마나 위험한지를 견지할 수 있다. 복수 표본, 설문 내 이중 문답 사용 등 이들을 극복하기 위한 시도가 있었으나 서베이의 자기 보고식 방법이나 연구자 판단에 따른 표현 사용 등의 태생적 특성에서 오는 문제를 극복하기에는 제한이 있다. 또는 대부분의 설문조사에서 사용된 표본 자체가 한쪽으로 기울 가능성이 있기 때문에 그 결과는 의도하지 않더라고 저절로 조작되거나 왜곡될 가능성을 배제할 수 없다(Huff, 1954/2004).

이러한 맥락에서 빅데이터 분석은 사회과학 연구방법에서 나타난 한계를 보완할 수 있는 방법으로 제시될 수도 있는 것이다. 우선 대용량 표본을 확보할 수 있다는 점은 설정된 연구문제에 따라서 전수 조사에 가까운 효과를 낼 수 있음을 시사한다. 또한 빅데이터 분석에서 계량화 또는 구조화된 정형 데이터 외에도 비정형 데이터에 대한 분석이 가능하다는 점은 여러 가지 강점을 가진다. 우선 비정형 데이터로 이루어진 소셜 데이터 분석에서 응답자들에게 연구자가 디자인한 설문을 제공하여 답을 얻는 방식이 아니므로 조사과정에서 개입될 수 있는 연구자의 주관성을 최소화할 수 있으며 현실 그대로에 존재하는 답을 얻을 가능성이 크다. 이를 통해 때에 따라 연구자가 인지하지 못했던 현상이나 개념을 도출할 수도 있다. 고객의 숨은 요구(needs)를 찾아 새로운 상품이나 서비스를 개발하고자 하는 기업들이 빅데이터 분석에 주목하고 있는 것도 이 때문이다. 또한 개인에게 작용하는 모든 변인을 측정하거나 조작할 수 없기 때문에, 인위적 상황을 전면적으로 배제한 상태에서 분석할 수 있다는 점도 가장 큰 강점 중 하나로서 작용한다.

물론 현재의 빅데이터 분석에도 한계는 있다. 수집되는 소셜 데이터를 구축하는 개인을 전체 수용자나 소비자로 확대할 수 있느냐는 지적부터 빈도 중심의 분석방법이 사회 현상의 통찰로 이어질 수 있느냐는 논란까지 해결되어야 할 여러 가지 문제가 있다(오현주, 2013.8.21.). 이들 문제의 해결은 어쩌면 기존의 방법론에서 찾을 수도 있다. 예컨대, 빅데이터 분석을 통해 도출된 변인을 토대로 하여 서베이나 실험 연구를 진행할 수도 있으며, 아니면 도드라진 발화자 혹은 수용자를 대상으로 심층 인터뷰 등을 할 수도 있다.

무엇보다 빅데이터 분석이 사회과학 방법론이나 통계에서 나타난 문제를 극복하기 위한 대체재로서 이해되기보다는 상호보완적인 존재로서 기능할 수 있다는 것이다. 통계적 해석이 없다면 빅데이터는 그저 큰(big) 상태로 존재할 뿐이다. 큰 모집단의 정보들이 단순한 수치 이상의 의미를 갖기 위해서는 통계적 접근이 필요하다는 말이다(신현호, 2013). 전체 모수의 수집 및 저장 이외에 추가적인 과학적 통계 처리를 통해 거대한 현상에 대한 인과관계 및 예측이 가능할 수 있어야 한다. 즉, 빅데이터는 해석을 위한 통계적 접근이 여전히 유효하다고 볼 수 있다.

이런 맥락에서 필자는 기존의 사회과학 통계분석의 방법적 노력들을 빅데이터 분석과정에 적용해 보면 어떨까 하는 고민 속에서 다음과 같은 몇 가지 방법적 제안을 하고자 한다. 이를 통해 우리 커뮤니케이션 연구에서 빅데이터 분석이 좀 더 활용되고, 또한 기존의 연구분석틀과 대립하지 않고 각자의 장점을 극대화하는 방향으로 인식되기를 바란다.

5.2 매체 및 정보원 영향력 지수 포함

먼저, 필자는 매체 영향력 지수 개발 및 이에 대한 적용방식의 개선을 제안한다. 미디어상에 나타나는 커뮤니케이션 연구에 있어 고려해야 할 중요한 변인 중의 하나는 매체에 대한 영향력이다. TV, 라디오, 신문 등 기존의 매체에서 활용되는 시청률, 청취율, 열독률 등은 매체의 영향력을 보여주고 수치화하는 개념이다. 소셜미디어의 공간에서도 동일한 내용의 이슈나 뉴스는 그것이 발화되고 확산되는 매체의 종류에 따라 그 영향력과 효과가 달라질 수 있다고 본다. 따라서 기존 분석 틀에서 고려되지 않은 매체의 영향력에 대한 고려가 필요하다고 본다.

매체의 영향력을 측정하기 위해 뉴스 및 소셜텍스트 정보원 매체에 대한 영향력을 수치화하여 가중치를 선정하는 방식을 고려해 볼 수 있다. 여기에는 기존 신문사,

방송사를 포함하여 포털, 소셜미디어 등의 영향력 수치가 포함될 수 있다. 가령 포털에서 검색되는 동일한 뉴스라고 하더라도 해당 뉴스의 1차 생산자인 신문사 혹은 방송사에 대한 매체 영향력에 포털 사업자 간 검색점유율, 조회 수, 댓글 수, 추천 수 등이 추가적으로 계산되어야 한다는 것이다. 각 포털사이트에서 노출되는 뉴스는 수준별로 접근이 가능한데 'Direct(포털 자체의 서비스인 블로그, 카페에서 생성되는 뉴스)와 Indirect(포털에 공개된 언론사에서 생성되는 뉴스) 뉴스' 로 나누어 분석이 가능하다. 한 예로, Indirect 형태의 뉴스에 대한 매체 영향력은 언론사의 시청률, 청취율, 열독률 등 기존의 수치에 네이버, 다음, 네이트, 구글 등의 검색점유율이 고려되는 형태로 측정된다. 이처럼 소셜미디어상에서 파급되는 뉴스는 기술적으로는 뉴스의 출처(포털뉴스, 블로그, 카페, SNS 등)에 대한 크롤링 및 확인절차를 거쳐 해당 영향력 수치를 계산하는 과정을 거쳐 매체 영향력을 측정한다.

또한 소셜텍스트 정보원 개체에 대한 영향력 측정을 제안한다. 소셜미디어를 굳이 인터넷 기반의 여타 미디어와 구분해 본다면 '소셜 네트워크상에서 영향력 있는 개인의 출현' 을 그 특징으로 볼 수 있다. 이처럼 영향력 있는 소셜미디어 이용자를 소셜텍스트 정보원이라고 한다면, 소셜텍스트 정보원 개체의 중요성을 고려하여 지수를 도출함으로써 보다 의미 있는 소셜텍스트의 수치를 수집할 수 있다.

블로그, 카페, SNS 등 소셜미디어 공간에서는 파워블로거, 파워트위터리안, 우수 카페 등 영향력 있는 이용자 혹은 조직에 대한 순위를 산출하고 있다. 이러한 순위 및 수치 등을 활용하여 해당 정보원에 대한 영향력을 측정할 수 있다. 또한 트윗/리트윗수, 방문자 수, 조회 수 등의 정형화된 정보를 활용하여 영향력을 더욱 구체화할 수 있다.

이런 최근의 상황에서 필자는 커뮤니케이션을 포함한 사회과학 영역에서 빅데이터 분석방법의 장점을 극대화하고, 비판받고 있는 몇 가지 제한점을 극복하기 위해 다음과 같은 방법적 노력을 포함시키고자 한다.

5.3 감성어 형태소 분석 정교화 및 세분화

감성어 형태소 분석을 보다 더 정교화하고 세분화해야 할 것이다. 이제까지 소셜텍스트의 분석 솔루션은 대부분 긍정이나 부정이라는 내용의 이분법적 분류가 활용되었다. 그러나 이러한 방식을 통해서는 이용자들이 실제로 느끼고 있는 감성적 내용을 구체적으로 살펴보기 어렵다. 또한 해당 텍스트에 내포되어 있는 실질적인 의미에 접근해 나가는 데도 한계가 따른다. 다시 말해, 크롤링 단계에서 수집하는 감성어에 대해 정도(값)를 매겨주는 방식이다. 감성어에 대한 분석을 위해서는 감성어 사전이 사전에 별도로 구축되어야 하는데, 감성어 사전을 구축할 당시에 기존의 커뮤니케이션 연구에서 많이 사용해온 리커트 척도 측정방법을 활용하면 분석결과의 타당성과 결과의 활용폭이 훨씬 커질 것으로 기대된다.

5.4 정성적 내용분석 방법 병용 및 분석 전문가 양성

현재의 빅데이터 분석 솔루션이 더욱 신뢰성 있고 다양한 분야에서 적용되기 위해서는 대규모 텍스트 데이터에 대한 신속한 양적 분석과 더불어, 질적 분석도 더욱 정교화하게 이루어져야 한다. 왜냐하면 기계적인 알고리즘으로 걸러지지 않은 의미들에 대한 분석을 통해 전수 데이터에 해당하는 빅데이터에 대한 의미를 더욱 구체적으로 파악할 수 있기 때문이다. 이런 맥락에서 커뮤니케이션 분야에서 데이터의 양적 · 질적 분석을 할 수 있는 데이터 분석가를 양성하는 노력은 매우 중요하다. 데이터 분석가란 단순히 내용에 대한 의미를 분석하는 연구원의 개념이 아니며, 해당 이슈에 대한 전문가적 소양을 바탕으로 하여 공식화된 인사이트를 도출해낼 수 있는 전문적인 분석가를 의미한다. 때에 따라 분석가는 무작위로 확률표본 샘플 텍스트를 도출해내고, 이에 대한 내용분석 및 인사이트를 도출한다. 또한 샘플 데이터가 전체 데이터에 가지는 설명력을 도출할 수 있어야 할 것이다.

5.5 소셜텍스트 작성자 그룹 및 추가분석 패널 활용

소셜텍스트 작성자 그룹 및 추가분석을 위한 패널활용은 매우 중요하다. 특정 시점에 실시되는 소셜텍스트에 대한 분석은 해당 기간에 발화되고 확산되는 이슈의 내용과 수용자에 대한 단편적인 정보를 제시하는 횡단연구에 해당한다. 이 과정에서 해당 이슈의 주요 파급자 대상들을 자료화하여 기존 서베이 및 인터뷰 과정에서 분석 대상자 선정의 어려움 극복할 수 있는 매우 적절한 패널을 구축할 수 있을 것이다. 이를 통해 다양한 연구에서 가장 효용가치가 있는 분석대상을 확보할 수 있고, 이를 통해 특정 그룹의 이슈도출이나 문제해결을 위한 사전 파일럿 연구를 진행할 수 있다는 장점도 있다.

5.6 분석대상의 실질적 빅데이터화 노력

마지막으로, 이러한 빅데이터 이슈의 분석에 있어 대중적인 비정형 데이터 분석뿐만 아니라 전문적인 정형 데이터 분석도 통합적으로 이루어져야 한다고 본다. 상기했듯이 기존의 빅데이터 분석은 소셜미디어 중심의 비정형 데이터 분석에 초점을 맞추어 온 측면이 있기 때문이다. 언론보도 및 소셜미디어에서 논의되는 내용들은 대중적이라는 점에서 현재 논의의 흐름을 파악하는 데 장점이 있지만, 실제 그 논의들이 이루어지게 된 배경으로서의 신뢰성 있는 학술적 통찰력이나 산업적 실용성을 반영하지 못하는 경우가 많다. 따라서 보다 신뢰성 있는 이슈 분석을 위해서는 학술적, 산업적, 대중적 키워드 및 각 키워드 내 세부 토픽에 대한 지형을 각각 파악하고, 이들 간의 공통점 및 차이점을 모두 고려한 종합적인 이슈 도출 작업이 필요하다는 것이다.

특히 학술적 키워드와 산업적 키워드의 융합은 이상적인 이슈 도출을 이끌어낼 것으로 기대된다. 학술 차원의 이론적 견고함과 통찰력, 산업 차원의 실용성이 함께 다루어지는 것이 이상적이나, 기존에는 두 분야에서의 논의가 양분화되어 상호교류 없이 별개로 이루어져 왔다. 빅데이터 솔루션을 활용해 학술적 키워드 및 산업적 키

그림 1-2 연구 분석대상의 실질적 빅데이터화 개선방향

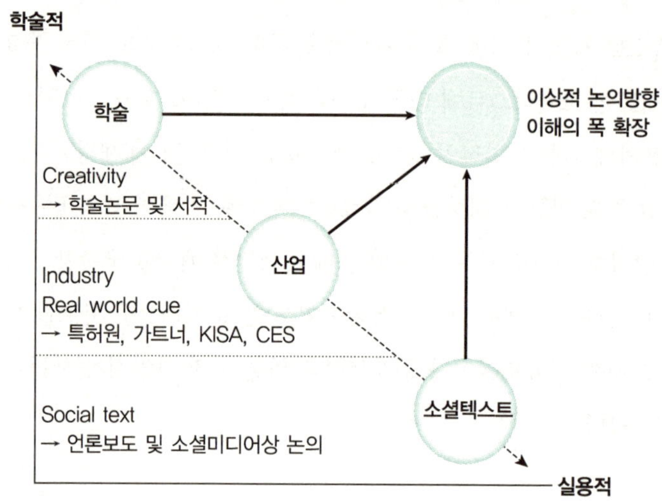

워드를 모두 도출하고, 이와 더불어 연구주체 간 이슈 확산 비교 등을 통해 입체적 분석을 진행해야 할 것이라고 본다. 학술적, 산업적, 그리고 언론 보도 및 소셜미디어상에서 논의되고 있는 대중적 키워드와의 비교와 시간 개념을 추가하는 등의 노력은 다양한 이슈에 대한 입체적인 흐름을 파악할 수 있는 통찰력을 제공하리라 생각된다.

최근 스마트폰의 확산을 통한 사람들의 다양한 정보들은 기업이나 공공기관의 경우 경쟁력을 높일 수 있는 매우 중요한 자료가 되고 있다. 기업의 입장에서 보면 빅데이터를 통해 사람들의 마인드나 시장을 더 깊이 이해하고, 이를 경영에 반영하여 효율성을 높이고, 기존 수익을 확장하며, 고객들의 니즈를 발견하여 새로운 비즈니스 모델을 구축하는 일이 훨씬 수월해지고 있다. 다소 구조화된 설문지나 인터뷰를 통해 사회구성원의 생각을 측정하는 것이 기존 방식이라고 할 수 있는데, 사람들의 자발적이고 일상적인 기록들에 대한 분석결과가 훨씬 더 정확하고 중요하다는 점에서 빅데이터 분석의 필요성이 커진다고 볼 수 있다. 이 과정에서 다양한 분야의 협업이 필요하고, 이를 통해 기존에는 없던 새로운 융합시장이 창출되기도 한다. 최근

종합병원에서 많은 연관 분야의 전문의들이 한 팀을 이루어 환자를 종합적으로 판단하여 치료하거나, 다양한 컨버전스 분야에서 방대한 데이터 활용을 통해 새로운 가치 혹은 고용을 창출하는 노력이 지속되고 있다. 그런 점에서 빅데이터는 매우 창조적인 사회성장 동력이 될 것으로 기대되는 것이다.

6. 글을 맺으며

필자는 앞에서 최근 화두가 되고 있는 빅데이터란 무엇인가를 간략히 소개하고 기존 컴퓨터 기술과 공학적 접근 위주로 진행되어 온 빅데이터 분석의 융합적 접근을 위해 필요한 다양한 인문·사회과학적 개념들을 소개했다. 또한 최근으로 올수록 빅데이터의 중요성이 커지는 상황에서 기존의 사회과학 데이터 분석 접근방법을 차용하여 빅데이터 분석의 타당도와 신뢰도를 높이면서 커뮤니케이션 분야에서의 연구를 위한 탐색적인 방법적 제안을 몇 가지 제시하고자 했다.

마지막으로 강조하고 싶은 점은 향후 빅데이터의 방법적 적용은 다양한 영역에서 수집된 데이터를 분석대상으로 하기에 학문 간의 경계를 허무는 노력이 매우 필요하다고 생각된다. 이는 이질적인 복수 분야의 융합(convergence)과 통섭(consilience)을 통해 가치를 창출하고자 하는 사회적 흐름을 반영한 것이기도 하다.[2] 경제학과 심리학을 가로지르는 행동경제학이나, 철학, 심리학, 언어학, 인류학, 신경과학, 인공지능 등의 분야가 복합적으로 결합한 인지과학이 대표적이다. 이러한 흐름은 비단 학문적 영역에 그치지 않는다. 특히 IT 업계를 중심으로 하여 두드러지게 나타나고 있다.

2. 융합이란 개별체가 녹아서 하나가 되는 화학적 합침을 의미하며 통섭은 이렇게 합쳐진 것에서 완전히 새로운 것이 만들어지는 생물학적 합침을 말한다. 윌리엄 대햄에 의해 처음 등장한 융합이란 용어는 초기에는 빛의 수렴과 발산을 설명하는 데 사용되었지만 이후에는 인접 학문뿐만 아니라 사회과학, 인문학, 공학 등 여러 분야에서 쓰이고 있다.

포털사이트 네이버로 대표되는 NHN은 사회, 기술, 예술 간의 상호작용을 가능하게 하는 융합형 인재 개발을 위해 비영리 공익재단(NHN NEXT)을 설립, 매 학기 학생을 선발하여 소프트웨어 교육을 진행하고 있다. 2014년도 1차 선발결과를 살펴보면, 합격자(학위취득자 한정) 가운데 92%가 비전공자였으며 이들 중 사회과학이 35%, 인문 · 어문이 21%를 차지했다. 한편 인재 양성과 채용을 일직선상에서 진행하는 경우도 있는데 대표적인 예가 삼성이다. 삼성은 인문학적 소양을 갖춘 통섭형 인재 발굴을 목표로 인문학과 출신 인재를 선발하여 소프트웨어 전문가로 육성하는 프로그램(SCSA)을 채용과정에 도입했다.[3]

이와 같은 현상은 기술 개발에서 오는 한계를 절감한 기업의 생존전략으로 볼 수 있다. 혁신적인 기술은 많은 것을 가능하게 하지만 기계적 사고만으로는 그 이상의 부가가치 창출이 불가능하다는 판단이다. 최근에 부상하고 있는 빅데이터 분야에서의 융합과 통섭은 이를 여실히 보여준다. 일반적으로 다차원적인 정형 데이터와 비정형 데이터를 함께 아우르는 빅데이터 분석은 인터넷상의 데이터를 수집하는 과정부터 분류하는 작업 등을 고려하여 컴퓨터 공학이나 통계학, 수학 등의 분야와 인접한다고 여겨진다. 그러나 실제 현장에서는 인문학, 사회학, 언어학 등 여러 가지 분야에 전문성을 가지고 있는 인재들이 활약하고 있다.

독감 지도로 유명한 구글과 애플은 빅데이터를 활용한 소셜 데이터 분석에서 인문학 전공자를 활용하는 것으로 유명하다(류현정, 2012.3.20.). 구글은 이미 2011년 직원 채용에서 전체 6천 명 중 4천~5천 명을 인문학 전공자로 채용했으며, 빅데이터를 통해 왓슨(Watson)이라는 인공지능 소프트웨어를 만들어낸 IBM은 자연과학, 공학 전공자 이외에도 인문학자로 구성된 전담부서를 운영하여 미래 전망에 이용하고 있다(황주성 외, 2011). 이러한 현상은 국내 빅데이터 기업에서도 관찰되고 있다. 단적인 예로 다음소프트의 분석가 중 30%는 인문학자로 구성되어 있다.

이러한 배경에는 빅데이터가 가치를 창출하는 메커니즘으로 작용한다. 기술은 통찰을 위한 도구를 제공하나 결국에는 사람이 확인하고 판단해야 한다. 어떤 데이

3. 삼성 컨버전스 소프트웨어 아카데미(SCSA).

터가 수집되어야 하는지, 수집된 결과에서 어떤 함의를 도출할 수 있는지는 분석가의 역할이다. 따라서 분석가들의 영역이 다양해지고 세분화될수록 빅데이터가 활용될 수 있는 영역은 넓어질 것이다. 다시 말해 21세기 원유라고 칭송받는 빅데이터는 분석가가 어떻게 정유하는지에 따라 가치가 무한대로 확대될 수 있음을 암시한다. 그런 맥락에서 수치화된 데이터에서 사회적 어젠다를 발견하고 이것의 함의를 도출하는 일은 우리 커뮤니케이션 분야에서는 매우 익숙한 작업이다. 빅데이터 분석을 업으로 삼는 데이터 과학자 가운데 커뮤니케이션 전문가의 진출이 두드러지는 것도 이 때문이다.

마지막으로 필자는 커뮤니케이션 연구를 위한 빅데이터의 활용에 매우 적극적인 동조를 했지만 그 전에 수용해야 할 몇 가지 제한점을 제시하며 독자들의 동의를 구하고자 한다. 먼저, 빅데이터가 다양한 사회나 연구문제에 대한 기존 접근방법으로는 얻기 어려운 해답을 제공해 줄 수 있지만, 유일한 방법도 아니고 또한 만병통치약은 더더욱 아니라는 사실이다. 그런 측면에서 쇤버거와 쿠키어(Schonberger & Cukier, 2013)가 얘기한 "인과론의 포기, 상관성의 부활" 로서의 빅데이터의 가치는 의미 있는 메타포이다. 문제해결을 위한 기존 접근에 상호보완적인 방법적 가치를 가져다 줄 수 있다는 얘기이다. 모든 것을 대체하는 것은 아니라는 것이다.

그리고 또한 잊지 말아야 할 것은 최근 빅데이터 분석에서 가장 많이 거론되는 개인정보의 문제이다. 이는 미래의 새로운 경쟁력으로서의 빅데이터의 가치가 절대로 개인의 인권을 침해하면서 우선시되어서는 안 된다는 것이다. 새로운 산업이 출현하면 다양한 영역에서의 새로운 가치가 강조될 수밖에 없지만, 이로 인해 발생되는 부정적 영향을 고려해서 균형잡힌 접근을 할 필요가 있다는 것이다. 그런 점에서 최근 방송통신위원회에서 준비하고 있는 '빅데이터 개인정보보호 가이드라인' 은 매우 시의적절한 논쟁이라고 할 수 있겠다. 혹자는 위기(危機)를 '위험(危險)한 기회(機會)' 로 해석한다. 빅데이터에 대한 무조건적인 신뢰는 위험하지만, 잘 활용하면 새로운 기회가 될 것으로 믿으며 글을 맺고자 한다.

참고문헌

강준만(2003). 『오버하는 사회』. 서울 : 인물과 사상.

김대영(2005). 『공론화와 정치평론 : 닫힌 사회에서 광장으로』. 서울 : 책세상.

김상호(2009). 확장된 몸, 스며든 기술 : 맥루한 명제에 관한 현상학적 해석. 『언론과학연구』, 9권 2호, 167～206.

김성태 · 김여진 · 최홍규 · 김형지 (2011). 뉴미디어를 통한 소통 채널의 확장과 정치참여 변화 연구 : 인터넷과 소셜미디어를 주목하며. 『평화연구』, 5～38.

김성태 · 이영환(2006). 인터넷을 통한 새로운 의제 설정 모델의 작용 : 의제 파급(Agenda-Rippling)과 역의제 설정(Reversed Agenda-Setting)을 중심으로. 『한국언론학보』, 50권 3호, 175～204,

김성태(2013). 디지털시대 신뢰성있는 소셜텍스트 분석 플랫폼 연구. 사이버사회연구서 보고서.

김성태, 최홍규, 김형지, 김민성 & 용미란(2014a). 커뮤니케이션 연구를 위한 빅데이터의 이해와 활용. 한국방송학회 봄철정기학회, 이화여자대학교.

김성태,용미란, 김민성, 김예영 & 정윤경(2014b). 멀티플랫폼 시대 TV 프로그램 평가요소에 대한 탐색적 논의 : 기존 시청률 조사의 문제점과 빅데이터 활용을 중심으로. 미발표 논문, 고려대학교.

김성태,박창신 & 최홍규(2014c). 빅데이터로서의 뉴스콘텐츠 활용방안 연구. 한국언론진흥재단 연구보고서.

김성태 · 최재찬(2013). IT 트랜드 분석. 정보화 진흥원

김종길(2005). 사이버공론장의 분화와 숙의민주주의의 조건. 『한국사회학』, 39권 2호, 34～68.

남재일 · 박재영(2013). 『국내 연예저널리즘의 현황과 품질제고 방안 연구(지정 2013-08)』. 한국언론진흥재단.

류정호 · 이동훈(2011). 소셜 미디어로서 마이크로 블로그 공론장의 정치적 의사소통에 대한 탐색적 연구 : 네트워크 동질성 개념을 중심으로. 『한국언론학보』, 55권 4호, 309～330.

송경재(2010). 특집 : IT기반 소통의 진화 : SNS와 스마트폰이 결합된 소셜 미디어. 『지역정보화』, 64권, 4～9.

송종현(2004). 이동전화와 인간 커뮤니케이션의 확장. 『한국언론정보학보』, 통권 27호, 183～212.

신현호(2013). 『빅데이터를 지배하는 통계의 힘』. 서울 : 비전코리아.

오택섭(2007). 『미디어연구방법』. 서울 : 한국방송통신대학교출판부.

원용진 · 이수엽(2009). 한국 언론학 내 '인터넷 공론장' 개념의 외연과 내포. 한국소통학회 2009 춘계학술대회, 153～173.

유용민 · 김성해 · 심영섭(2011). 블로그와 글로벌 공론장 : '그리스 위기' 담론에서 집단지성의 가능성과 한계. 『사이버커뮤니케이션학보』, 28권 2호, 5～52.

유혜림 · 송인국(2010). 웹 서비스 형태 변화에 따른 소셜 네트워크 서비스의 진화. 『한국인터넷 정보학회』, 11권 3호, 52～62.

윤호성 · 이기동(2011). 소셜네트워크를 이용한 집단지성 측정연구. 『디지털정책연구』, 9권 2호, 53～63.

이기형(2006). 담론분석과 담론의 정치학 : 푸코의 작업과 비판적 담론분석을 중심으로. 『언론과 사회』, 14권 3호, 106～145.

이동후(1999). 기술중심적 미디어론에 대한 연구 : 맥루한, 옹, 포스트만을 중심으로. 『언론과 사회』, 통권 제24호, 6～46.

이동훈(2010). 온라인 개인 미디어 공론장의 구조적 재개념화 연구 : 소셜 미디어화 현상을 중심으로. 『언론과 사회』, 18권 3호, 110～145.

이동훈 · 류정호(2009). 인터넷 선거 캠페인 관련 개인미디어 규제법률의 문제점 연구 : 공론장적 접근을 중심으로. 『사이버커뮤니케이션학보』, 26권 3호, 159～200.

이지연(2013). 『빅데이터가 만드는 세상』(쇤버거 & 쿠기에 저, 번역서). 21세기북스.

이완수(2011). 매체 융합시대 저널리즘의 변동성 연구 : 마샬 맥루한의 '미디어 이해' 에 대한 새로운 이해. 『커뮤니케이션 이론』, 7권 2호, 144～175.

이재혁(2007). 시민사회와 시민적 자본. 『사회와 이론』, 10권 1호, 213～261.

이항우(2009). 네트워크 사회의 집단지성과 권위 : 위키피디어(Wikipedia)의 반전문가주의. 『경제와 사회』, 84호, 278～363.

임순미(2010). '집단지성' (Collective Intelligence)에 대한 언론 프레이밍 연구. 『정치정보 연구』, 13권 2호, 161～189.

정한울(2013). 태생적 한계, 정치적 의도가 혼란 가중. 『신동아』, 641호(2월호), 214～221.

채만수(2001). 말기 신화 집성 : 제레미 리프킨. 『소유의 종말』. 이희재 역. 민음사.

2001. 『진보평론』, 제9호, 483–493.

최항섭(2008). 미디어 패러다임의 변화, 공론장, 그리고 사회적 자본. 『정보와 사회』, 13호, 75~92.

최항섭(2009). 레비의 집단지성 : 대중지성을 넘어 전문가지성의 가능성 모색. 『사이버커뮤니케이션학보』, 26권 3호, 287~322.

황주성 · 김희연 · 유지연 · 문정욱 · 오주현 · 최승훈(2011). ICT · 인문사회 융합 활성화 방안 연구(현안연구 11–06). 정보통신정책연구원.

황주성 · 최서영(2010). 집단지성의 유형에 따른 참여자 특성분석 : 위키백과와 지식에 대한 한미 비교연구. 『사이버커뮤니케이션학보』, 27권 4호, 257~301.

Anderson, C. (2008). *The Long Tail : Why the Future of Business Is Selling Less of More*. New York : Hyperion Books.

Cobb, R. W., & Elder, C. D. (1983). *Participation in American politics : The dynamics of agenda–building*. Boston : Allyn & Bacon.

Denton, F. & Thorson, E. (1998). Effects of a multimedia public journalism project on political knowledge and attitudes. In Lambeth, E. & Meyer, P. & Thorson, E. (eds), *Assessing public journalism* (143~157). Columbia : University of Missouri Press.

Foucault, M. (1982). *Archaeology of Knowledge 31 : The Discourse on Language*. New York : Pantheon Books

Granovetter, M. (1973). The Strength of Weak Ties. *The American Journal of Sociology*, 78(6), 1360~1380

Granovetter, M. (1983). The Strength of Weak Ties : A Network Theory Revisited. *Sociological Theory*, 1(1), 201~233.

Habermas, J. (1989). *The structural transformational of the public sphere*. Cambridge, MA : MIT Press (Original work published 1962).

Habermas, J. (2007). *The structural transformation of the public sphere : An inquiry into a category of bourgeois society*. Cambridge : Polity press.

Hall, S. (1980). "Encoding/Decoding." In Durham, M.G. & Kellner. D. M. (2001) (eds.). *Media and Cultural Studies : KeyWorks*, 166~76.

Hall, S. (1982). "The Rediscovery of 'Ideology' : Return of the repressed in media studies." In Gurevitch, M. and so on. (1982) (eds.). *Culture, Society and the Media*, London : Sage, 56～90.

Huff. D. (1954). *How to lie with statistics*. 박영훈 역(2004). 『새빨간 거짓말, 통계』. 서울 : 더불어책.

Lawson, C. (2010). Technology and the Extension of Human Capabilities. *Journal for the Theory of Social Behaviour*, 40(2), 207～223.

Levy, P. (1997). *L' Intelligence collective : pour une anthropologie du cyberspace*. 권수경 역(2002). 『집단지성 : 사이버 공간의 인류학을 위하여』. 서울 : 문학과지성사.

Mayer-Schonberger, V. & Cukier, K. (2013). *Big Data : A Revolution That Will Transform How We Live, Work and Think*. London : JohnMurrayPublishers. 이지연 역(2013). 『빅 데이터가 만드는 세상』. 서울 : 21세기북스.

McCombs, M., & Shaw, D. L. (1972). The agenda-setting function of mass media. *Public Opinion Quarterly*, 36(2), 176～187.

McLuhan, M. (1962). *Gutenberg Galaxy : The Making of Typographic Man*. Toronto University of Toronto Press.

McLuhan, M. (1964). *Understanding Media : The Extension of Man*. NY : McGraw-Hill.

OECD (2013). Exploring data-driven innovation as a new source of growth : Mapping the policy issues raised by big data. *OECD Digital Economy Papers*, No.222.

Rifkin. J. (2000). *The age of access : the new culture of hypercapitalism, where all of life is a paid-for experience*. 이희재 역(2001). 『소유의 종말』. 서울 : 민음사.

Rogers, E. M. (2000). The Extensions of Men : The Correspondence of Marshall McLuhan and Edward T. Hall. *Mass Communication & Society*, 3(1), 117～135.

Shaw, D. L., McCombs, M., Weaver, D. & Hamm, B. (1999). Individuals, groups, and agenda melding : A theory of social dissonance. *International Journal of Public Opinion Research*, 11(1), 2～25.

Weaver, D. H. (1997). Political issues and voters need for orientation. In D. L. Shaw & M. McCombs (eds). *The Emergence of American political issues : The agenda-setting function of the press*. St. Paul MN : West Publishing.

Wimmer, R. D. (2011). *Mass media research : an introduction*. Boston : Cengage-Wadsworth.

[기사]

김상민 · 이근우 · 장재혁(2010.5.14.). 과학과 불신 사이 줄타기 … 여론조사의 함정. 매일경제.

김효섭(2010.10.27). 여론조사 왜 부정확하나 … "선거결과 예측 아닌 단순한 스냅사진". 서울신문.

백영철(2012.10.22). [대선 여론조사 신뢰도 논란] 선거결과 왜곡시킬 수도 …. 세계일보.

류현정(2012.3.20.). [빅데이터포럼] 한국에는 데이터 과학자가 없다. 조선비즈.

오현주(2013.8.21). 'BIG' 만 보는 빅데이터 … '통계' 없으면 빈 껍데기. 이데일리.

이균성(2008.12.23.). "다음의 꿈과 게이트키핑 혁명". 아이뉴스.

조유진(2013.10.4.). 1일 1억명 하루 5억 트윗 … 숫자로 보는 트위터 IPO. 아시아경제.

The Economist (2013.2.9.). Some other race. *The Economist*.

전통 저널리즘의 지평을 넘어 : 데이터로 현실을 말하다

이완수 동서대학교 미디어커뮤니케이션학부 교수

chapter 02

1. 데이터 저널리즘은 무엇인가?

KBS 디지털뉴스부 김태형 기자는 국내 소형 경차가 수입차인 BMW에 비해 기름값이 더 많이 들어간다는 사실을 밝혀냈다. 김 기자가 이를 밝혀내 보도한 것은 전적으로 데이터의 덕분이었다. 승용차를 이용하는 김 기자는 평소 한 가지 의문이 들었다. 자신이 타는 자동차의 연비가 과연 얼마만큼 경제성이 있는지 궁금했다. 하지만 이를 알아낼 방법이 마땅치 않았다. 그러던 차에 자신이 출입했던 에너지관리공단에 국내 소비자들이 사용하는 모든 차량의 연비가 데이터로 입력되어 있다는 사실을 알게 되었다.

김 기자는 에너지관리공단 사이트에 들어가 등록된 1,016대 차량의 연비 리스트를 뽑았다. 그러나 이 데이터만으로는 자신의 차량 기름값이 과연 적정한지, 또 경제적인지 알기 어려웠다. 고민 끝에 그는 한국석유공사 사이트에 유종별 기름값에 대한 데이터를 추가로 알아냈다. 그는 에너지관리공단의 차량별 연비와 휘발유 · 경유 · LPG 등 유종별 기름값에 대한 한국석유공사 데이터를 갖고 이동거리를 곱해 차종별 기름값의 상대적 수준을 확인했다. 결과는 놀라웠다. 중형 수입차인 BMW에 비해 국내 경차의 기름값이 오히려 더 들어갔다. 몇 개의 축적되어 있는 데이터를 엮어냄으로써 어느 누구도 의문을 갖지 않았던 차량별 기름값의 경제성이 밝혀지는 순간이었다.

숫자는 숫자일 뿐이다. 숫자가 가공되고 해석될 때 정보가 되고, 이야기가 되고, 지식이 된다. 저널리즘은 전통적으로 정보를 이야기로 풀어가는 과정이다. 그 과정에 숫자는 하나의 도구로 활용된다. 데이터 저널리즘은 한마디로 숫자와 저널리즘의 교집합이다. 이야기는 숫자로 증명되고, 숫자는 이야기로 재현된다. 데이터 저널리즘이 최근 언론현장에 관심주제로 부상했다. 그러나 데이터 저널리즘은 혼란스러울 정도로 다양한 의미로 사용된다(신동희, 2014). 컴퓨터 활용취재(Computer-Aided Reporting), 데이터 기반 저널리즘(Data-Driven Journalism), 정밀 저널리즘(Precision Journalism), 탐사 저널리즘(In-Depth Journalism), 오픈 데이터 저널리즘(Open Data Journalism), 빅데이터 저널리즘(Big Data journalism), 데이터 중심 저널리즘(Data-driven Journalism) 등 여러 명칭으로 불린다.

어느 것이든 데이터라는 자료를 활용해 사회문제를 탐색하고, 해석하고, 가치를 부여한다는 점에서는 같다. 멀티미디어 저널리스트인 미르코 로렌츠(Mirko Lorenz, 2010)는 "자료를 깊이 파고들어, 정보를 찾아내고 그래픽이나 멀티미디어 형식으로 정보를 시각화하는 것"을 데이터 저널리즘으로 정의한다. 하지만 데이터를 보기 좋게 시각화하는 것만으로 데이터 저널리즘이 완성되는 것은 아니다. 데이터는 하나의 부호에 지나지 않는다. 중요한 것은 이 부호를 어떻게 해석하고, 표현할 것인가 하는 점이다. 데이터 저널리즘의 주목적은 데이터를 보여주는 것이 아니라, 의미 있고 알기쉽게 이야기를 기술하는 것이다. 독자나 청중에게 의미 있고 가치 있는 이야기 정보로 재가공해 전달할 때 데이터 저널리즘의 가치는 실현된다.

저널리스트이자 컴퓨터 전문가인 조너선 스트레이(Jonathan Stray, 2011)는 데이터 저널리즘을 일반 대중이 느끼는 자료를 찾아내 잘 구성한 뒤 대중들에게 알리는 일련의 과정으로 설명한다. 인터랙션 사이언스 전문가인 신동희(2014) 역시 데이터 저널리즘을 "자료를 수집, 정리해 의미 있는 정보를 만드는 과정"으로 정의한다. 뉴욕타임스가 최근 발표한 혁신보고서(2014)의 정의도 크게 다르지 않다. 뉴욕타임스는 데이터 저널리즘을 데이터를 분석해 그 안에 담겨 있는 이야기를 의미 있게 추출하는 과정이라고 보았다. 데이터 저널리즘은 한마디로 정의하면 자료를 수집, 정리, 분석, 가공, 시각화하고, 이를 스토리텔링으로 구성해 수용자와 소통하는 행위라고 할 수 있다(신동희, 2014, 2013). 데이터 저널리즘은 데이터를 편집하는 관점에서 이해되기도 한다. 김정운(2014)은 오늘날 사회를 정보와 정보를 서로 연결하고 편집하는 '에디톨로지(editology) 사회'라고 규정한다. 데이터 저널리즘은 결론적으로 데이터를 수집, 처리, 분석, 편집, 그리고 해석의 과정을 거쳐 사회의 공론장 기능을 수행하는 것이다.

2. 데이터 저널리즘의 확산배경은 무엇인가?

2.1 기술적 관점

데이터 저널리즘 구현의 필수적 조건은 데이터의 개방성이다. 데이터 저널리즘이 실천되기 위해서는 데이터 확보가 관건이다. 정치, 경제, 사회, 외교, 군사, 환경, 의료, 복지 등 다양한 문제에 대한 정보의 접근과 분석, 그리고 시각화 작업을 위해서는 오픈형 데이터(open data)나 오픈형 소스(open source)가 필수적이다. 누군가가 구축해 놓은 데이터를 제공하지 않으면 데이터 저널리즘의 실현은 처음부터 불가능하다. 그러나 21세기의 첨단기술은 데이터의 개방을 가능케 하는 길을 열었다. 데이터의 전산화가 보편화되면서 누구나 쉽게 필요한 데이터에 접근할 수 있게 되었고, 이를 추출한 뒤 분석이 가능해졌다(신동희, 2014). 개방형 플랫폼이 기술적으로 가능해지면서 데이터 저널리즘이 현실화되었다.

컴퓨터와 인터넷의 등장은 데이터의 가치를 완전히 바꿔 놓았다. 컴퓨터상에 장기간에 걸쳐 엄청난 양의 빅데이터가 저장될 수 있게 되었고, 인터넷을 통해 누구나 자유롭게 이 데이터를 가져다 쓸 수 있게 되었다. 기술적으로 다양한 분석방법이 가능해지면서 지금까지 밝혀지지 않은 사회의 비밀을 하나둘 들춰낼 수 있게 되었다. 데이터는 데이터 저널리즘의 소스이자, 이야기를 만드는 도구이다. 데이터를 수집하고, 거르고, 시각화함으로써 우리가 눈으로 볼 수 없는 세계를 들여다 볼 수 있게 되었다.

데이터 저널리즘이 주목받게 된 원인은 아날로그에서 디지털로의 기술변화이다. 모든 정보는 0이나 1로 부호화되면서 무제한의 정보를 데이터화할 수 있게 되었다. 데이터의 축적은 저널리즘의 새로운 자원으로 부상했다. 기존의 기자들은 보도과정에 깊이 있는 분석, 정확한 기술, 통합적인 해석을 하고 싶어도 마감시간에 쫓기고, 제한된 데이터 정보로 이런 목적을 달성하기 어려웠다. 그러나 컴퓨터가 등장하고, 다양한 과학적 · 통계적 기법이 개발되면서 데이터 분석을 통한 보도가 상시적으로 가능해졌다.

데이터 저널리즘과 연관된 개념들만 보더라도 이것이 기술과 얼마나 밀접한 관련성이 있는지 잘 알 수 있다. 데이터 저널리즘은 크라우드 소싱, 온라인 저널리즘, 컴퓨테이션 저널리즘, 테크니컬 커뮤니케이션과 연결지어 설명된다. 모두 컴퓨터나 네트워크 기술에 기반한다. 데이터의 개방적 접근과 활용 역시 정보기술의 발전에 바탕을 둔다. 데이터의 개방과 접근은 전적으로 정보기술의 발전을 배경으로 한다. 데이터가 저널리즘 영역에서 기술적으로 활용된 것이 바로 컴퓨터 활용취재(CAR : Computer-Aided Reporting)이다. 컴퓨터 활용취재는 온라인상으로 필요한 데이터를 가져와 분석하는 공정의 하나이다. 이 과정에 컴퓨터는 더 나은 기사를 발굴하고 보도하기 위해 자료를 수집하고 분석하는 도구로 활용된다(신동희, 2014). 지금은 언제, 어디에서든 인터넷으로 데이터를 받아 분석하는 것이 가능하다.

데이터 저널리즘이 주목받는 것은 단순히 기술발전 때문만은 아니다. 기술이라는 하드웨어의 발전도 한 이유이지만, 정보의 생산과 확산에 따른 정보해석의 필요성도 원인으로 꼽힌다. 글로벌 네트워크 사회에서는 정보가 한곳에 머물러 있거나 독점되지 않는다. 네트워크의 소통언어가 바로 데이터이다(Gray, Bounegru & Chambers, 2012). 일부 영리하고 재빠른 저널리스트는 곳곳에 흩어져 있는 데이터를 이용해 우리 주변에 일어나는 일들에서 통찰력을 얻고, 그것(데이터)이 우리에게 어떤 의미가 있는지를 알아낸다. 데이터 변형작업은 무엇인가 추상적인 것을 구체적으로 이해할 수 있게 만들어준다(Gray, Bounegru & Chambers, 2012). 글로벌 네트워크로 데이터의 개방과 공유가 가능해졌으며, 데이터 저널리즘이 꽃 필 수 있는 토양이 만들어졌다.

데이터는 이제 특정 지역이나 국가의 독점적 영역이 아니다. 정보망이 전 세계적으로 연결되면서 언제, 어디에서나 데이터 수집과 분석이 가능하다. 데이터의 네트워킹화이다. 대표적인 데이터 네트워킹 활용의 대표적 사례가 위키피디아(Wikipedia)이다. 한국에서 미국이나 영국의 데이터를 가져다 쓸 수 있다. 그 반대도 마찬가지이다. 유엔이나 세계은행 등 세계 기구들이 공개하는 데이터를 자유롭게 가져와 자국의 상황에 맞는 데이터로 재가공하는 것도 가능하다.

2.2 사회적 관점

우리는 지금 '정보과잉 시대' 에 살고 있다고 해도 과언이 아니다. 정보가 부족해서 문제에 부딪히는 것이 아니라 정보가 너무 넘쳐서 혼란을 겪는다. 그러나 이런 정보의 풍요와는 달리 한편에는 정보환경에 소외되고 차별받는 사람도 늘어난다. 역설적이게도 정보의 시대에 정보의 불평등 현상이 빚어진다. 데이터 저널리즘 등장이 정보의 불평등을 해소하기 위해서라는 주장은 결코 과장이 아니다. 정보의 과잉화는 정보의 불평등을 초래했고, 이는 정보를 활용하고 해석할 수 있는 사람의 특권으로 작용한다. 정보의 비대칭성은 정보를 수용해 해석하는 과정에 사람들 간의 차별을 낳는다. 정보를 통해 경제적, 사회적 힘을 가진 사람들과 그렇지 못한 사람들 간에 격차는 더 벌어진다(신동희, 2014). 일종의 '데이터 디바이드(data devide)' 이자 '정보 비대칭 현상' 이다.

정보가 넘치는 상황에서 정보를 빨리 처리하지 못하면 중요한 의사결정을 제때 내리기 어렵다. 오늘날은 정보가 자산인 시대이다. 누가 정보를 더 많이, 더 빨리 확보하는가에 따라 사회적 위상과 영향력이 결정된다. 데이터가 공개된다고 해서 이 데이터가 모든 사람에게 가치 있는 자산이 되는 것은 아니다. 정보가 복잡한 사회일수록 정보처리 대행자를 필요로 한다. 정보 불평등을 느끼는 사람들은 누군가가 자신을 대신해 정보를 분석하고 해석해 주길 기대한다. 이런 사회적 욕구가 커지면서 데이터 저널리즘의 가치가 높아졌다. 데이터 저널리즘은 정보 불평등이나 정보 비대칭성을 해결하는 역할을 한다(Tom Fries, 2013).

또 하나는 정보를 지식으로 가공하는 점에 주목하는 사회적 분위기이다. 데이터 저널리즘은 단순한 정보를 서로 엮는 에디톨로지(editology) 방식을 통해 지식을 생산한다(김정운, 2014). 과거에는 정보를 얻는 것으로 충분했다. 이제는 정보를 새로운 지식의 차원으로 통합하고 확장하는 시대이다. 데이터 정보는 단순한 소비재가 아니라 사회적 자산이다. 데이터 정보를 지식으로 가공하고 이를 판매하는 것은 이

제 자연스러운 현상이다. 기업들이 빅데이터를 활용해 마케팅에 활용하는 것도 이런 사례에 속한다. 언론기업들도 데이터를 가공해 새로운 지식정보를 생산하고, 이를 판매한다. 헤럴드경제가 데이터 가공을 통해 얻은 결과물을 기업 최고경영자에게 판매할 목적으로 데이터 저널리즘을 주창하고 나선 것은 시사적이다. 데이터는 이처럼 중요한 사회경제적 자산으로 바뀌었다.

데이터가 경제적 자산으로만 기능하는 것은 아니다. 데이터는 새로운 현상을 설명하고 예측하는 도구로서 집단적 갈등을 해소하거나 문제를 해결하는 사회적 자산이기도 하다. 데이터 저널리즘은 근거없는 주장과 의견이 확산되는 것을 예방하는 효과도 있다. 데이터는 객관적인 사실의 상징기호로, 오늘날과 같은 주장과 의견이 대립하는 사회에 중요한 기능을 한다.

2.3 저널리즘적 관점

데이터 저널리즘의 등장은 최근의 저널리즘 환경변화와 무관하지 않다. 다양한 정보매체와 플랫폼의 다양화로 저널리즘은 위기에 처했다. 신문, 방송과 같은 전통 매체들은 정보의 다양성, 깊이, 가치 등에서 경쟁력이 떨어졌다. 다양한 정보기술과 매체들이 등장하면서 전통매체가 누려왔던 정보소통시장의 독점권도 와해되었다. 정보의 양적, 질적 측면에서 경쟁력이 떨어진다. 무엇보다 오늘날 저널리즘의 위기는 정보의 신뢰성과 객관성의 상실에서 찾는다. 정보의 신뢰성은 저널리즘의 가치수준을 결정한다. 정보의 일차적 가치는 정보의 깊이이다. 사회문제를 맥락적이고, 복합적으로 설명하기 위해서는 정보의 질은 필수적이다. 정보의 질은 단편적인 정보의 취합과 전달만으로는 인정받기 어렵다. 체계적으로 축적된 데이터를 재가공하고, 분석할때 정보의 수준은 올라간다. 오늘날 저널리즘이 추구하는 목표도 단편적인 정보의 전달이 아니라, 체계적으로 수집되고 분석된 정보의 생산을 지향한다.

사회가 복잡할수록 정보의 설명방식 역시 복잡하다. 복잡한 사회현실은 몇 개의 파편화된 정보로 설명하기는 어렵다. 저널리즘의 신뢰는 정확하고 체계적인 정보가공을 통해 구축된다. 미국 뉴욕타임스나 영국 가디언지가 독자로부터 주목을 받는 것도 정보의 신뢰성 때문이다. 뉴욕타임스와 가디언은 데이터 분석을 통해 사회적 문제를 고발하고 해법을 제시한다. 데이터를 통해 가공된 정보를 수용자들은 일반적으로 더 믿는다. 데이터가 지니고 있는 함축적 의미는 신뢰성이다. "데이터는 정확하고 믿을 수 있다"는 사람들의 자각 위에서 데이터 저널리즘은 꽃이 핀다.

데이터는 이야기의 보고(寶庫)이다. 현대 저널리즘에서 정보는 넘치지만, 이야기는 없다. 이야기 고갈시대이다. 이에 반해 데이터 저널리즘은 이야기를 풍부하게 한다. 이야기는 몇 개의 정보로 만들 수 있는 것이 아니다. 많은 정보들 속에는 많은 이야기가 숨겨져 있다. 데이터 그 자체는 숫자에 불과하지만, 데이터가 연결되고 조합되는 순간 빛나는 이야기가 된다. 데이터 저널리즘의 방점을 스토리텔링에 두는 이유이기도 하다.

빗나간 저널리즘에 대한 반성에서 데이터 저널리즘이 나왔다는 시각도 있다. 기존 저널리즘은 받아쓰기 저널리즘이라는 혹평이 있었다. 발표 자료를 표절하고, 재구성하는 식의 이른바 '처널리즘(churnalism)'의 대안으로 데이터 저널리즘이 주목받는다(신동희, 2014). 데이터 저널리즘은 기존의 받아쓰기 저널리즘과는 달리 분석적이고 사회과학적이다. 데이터를 통해 현상을 과학적으로 분석하고, 종합적으로 해석한다. 뉴스를 대량 생산해야 하는 경쟁시대에 시간과 비용이 많이 들어가는 데이터 저널리즘을 추구하기는 물론 쉽지 않다. 하지만 미디어 간 경쟁이 치열할수록 고품질의 저널리즘이 더 요청된다. 저널리즘의 신뢰가 떨어지면서 위기가 초래되었다는 지적은 타당하다. 오늘날 저널리즘의 위기는 외부환경으로부터 왔다기보다는 언론 내부에서 기인한다. 뉴스 수용자들은 지금까지 공개되지 않은 데이터 정보를 새롭게 재가공해 문제의 본질을 지적하고 해결을 촉구한다.

저널리즘의 객관성에 대한 갈등도 데이터 저널리즘 수요의 한 원인이다. 오늘날 저널리즘 환경은, 사실은 부실하고 주장은 강한 양상을 보인다. 저널리즘에 대한 불신은 사실의 객관성이 결여되어 있기 때문이다. 할 스트라우스(Hall Straus) 전 워싱턴포스트 데이터베이스 편집장은 "사람들은 그들의 주변에서 일어난 일들에 대해 정말로 객관적인 정보를 원한다"고 말한다(White, 2002). 그런 점에서 데이터 저널리즘은 안성맞춤이다. 데이터는 기본적으로 객관성을 전제로 한다. 언어는 함축하는 의미나 문맥에 따라 다른 뜻으로 전달될 수 있지만, 숫자는 그렇지 않다. 숫자 자체는 있는 그대로 해석하면 된다.

물론 모든 데이터가 사실의 전부를 보여주는 것은 아니다. 하지만 저널리즘의 기본원칙인 객관성을 보여주는 좋은 수단인 것만은 사실이다. 인터넷 창시자인 팀 버너스 리(Tim Berners-Lee)는 "세상에서 일어나는 일들을 명확히 보여주기 위해서는 결국 데이터를 사용할 수밖에 없다"고 말한다. 데이터 저널리즘은 저널리즘의 객관성을 강화할 수 있는 수단이다(신동희, 2014). 결론적으로 데이터 저널리즘이 등장해 확산되는 배경은 다양하다. 기술적, 사회경제적, 저널리즘적 배경이 중첩되어 있다는 점에서 종합적으로 관찰할 필요가 있다고 하겠다.

3. 데이터는 저널리즘에서 왜 중요한가?

데이터는 과거에도 있었다. 그런데 왜 지금에 와서 데이터가 주목받는가? 그간의 뉴스는 기자가 발로 뛰어다니면서 얻어낸 단편적인 정보나 몇 개의 파편화된 숫자를 갖고 현상을 설명하는 것이 일반적인 관례였다. 뉴스는 세상에 대해 스토리텔링(storytelling)하기이다. 뉴스는 언어나 숫자로 세상을 설명한다. 데이터에 대한 스토리텔링은 숫자가 지니고 있는 의미와 가치를 사회적 문제와 연결해 언어적으로 재해석하는 과정이다. 이 과정에 객관적이고, 공정하고, 정확해야 한다는 저널리즘의 기본가치가 강조된다. 어떤 사실이라도 언어를 통해 전달되면 그 과정에서 주관적으로 비춰지기 쉽다. 그것은 언어 특성상 전달하는 주체가 누구인가, 또 언어의 표현성이 어떤가에 따라 다르게 의미가 전달되기 때문이다. 데이터는 다르다. 데이터는 객관적이고 정확하다는 느낌을 준다. 가치중립적이다. 데이터는 그 자체로는 아무 의미가 없지만, 가공되고 해석될 때는 정보가 되고 사실이 된다. 그리고 강력한 논거가 된다. 오늘날 저널리즘이 위기를 맞고 있는 이유는 사실의 객관성, 공정성, 정확성이 의심받기 때문이다. 근거와 사실은 부실한데, 주장과 의견은 넘친다.

저널리즘의 위기는 정보를 믿을 수 없다는 불신에서 비롯한다. 저널리즘의 정파성이나 편향성이 문제되는 것도 언어로 전달되는 과정에 오해와 곡해가 개입하기 때문이다. 기자들은 저널리즘에 대한 불신이 커지면서 사실을 증명해 보일 수 있는 데이터에 주목하기 시작했다. 데이터는 불편부당하고 가치중립적이어야 한다는 저널리즘의 전통적 가치에 상대적으로 부합한다. 데이터를 기반으로 사회문제를 맥락적으로 해석하는 것이 적어도 객관적이고 정확하게 보일 수 있다. 저널리즘이 신뢰성을 얻는 데 언어적 묘사보다 데이터의 제시가 더 그럴싸하게 보인다.

데이터는 사회 현상을 구체적으로 설명해 준다. 데이터는 언어가 갖고 있는 모호성을 배제한다. 구체적인 상징기호를 통해 사회적 의미체계를 제시한다. 데이터는 현상을 더 넓고, 더 깊게 보여줄 수 있다는 점에서 사회를 종합적으로 설명해 준다. 데이터 분석을 통해 지금까지 알려지지 않았던 새로운 문제와 현상이 드러나는 것은 우연이 아니다. 데이터는 인간행동이 축적된 결과물이다. 이 데이터를 분석하면 그 사회공동체 구성원들의 행위적 특성을 파악하고 추적해 낼 수 있다. 데이터는 그 사회 구성원들의 '행동 코드(activity code)' 인 셈이다. 사회 구성원들의 행동패턴은 일시적으로, 또 몇 명의 사람이나 집단에 대한 분석만으로는 알 수 없다. 대규모 집단의 통합된 데이터나 누적된 데이터를 분석할 때 가능한 일이다. 데이터 저널리즘은 그 사회가 안고 있는 여러 문제의 원인, 결과, 책임, 영향 그리고 대안을 구체적으로 제시하는 데 유용하다.

오늘날과 같은 복잡한 사회 환경에서는 어떤 현상을 단순히 설명하고 해설하는 것만으로는 부족하다. 상관관계와 인과관계를 통해 현상을 검정하고 예측하는 것이 중요해졌다(김성태, 2014). 사회과학적 방법이 필요하다는 뜻이다. 데이터를 활용해 현상을 과학적이고 체계적으로 분석할 경우 미래의 변화와 전망을 더 정확히 추론해 내는 것이 가능하다. 기자들은 뉴스의 품질을 높이고 탐사적 논거를 제시하기 위해 데이터를 사용한다(Gray, Bounegru, & Chambers, 2012). 또한 데이터가 사회문제 해결에 강력한 도구가 된다는 점도 데이터 저널리즘의 가치를 높여준다. 오늘날은 앞으로 닥칠 예후를 미리 진단하고 예방하는 것이 중요하다. 저널리즘은 나름대로 현상은 잘 설명해 왔으나, 예측은 그다지 성공적이지 못했다. 1987년의 외환위기나

2008년 미국발 금융위기는 언론의 예측실패의 대표적 사례이다. 예측은 물론 쉽지 않다. 복잡한 사회에서 앞으로 다가올 상황을 점치는 것은 생각보다 어렵다. 하지만 데이터는 이러한 예측을 가능케 하는 데 도움을 준다. 그것은 데이터의 특성 때문이다. 데이터는 앞서 설명한 대로 집단적인 행위의 축적물이기 때문에 이를 분석하면 예상되는 인간행동의 패턴을 가늠해 볼 수 있다. 데이터에 나타난 유형분석을 통해 시공간적 차원에서 다가올 문제를 통제할 수 있게 된다.

데이터는 사회적 소요나 정치적 쟁점과 같은 복잡한 상황에 대한 역동성을 분석하는 데도 요긴하다. 상황의 변동성을 측정하고 예측하는 일은 피상적 관찰만으로는 한계가 있다. 연관된 데이터나 누적된 데이터를 활용해 과학적으로 분석할 때 복잡한 현상의 움직임을 발견할 수 있다. 사회적 오류를 밝혀내고, 복잡한 문제에 대한 해결 가능한 방법을 제시해주기도 한다. 데이터를 수집하고, 거르고, 시각화하는 능력을 갖춘 기자는 현실을 덜 추정하고, 덜 인용하게 된다. 주장 대신에 데이터를 통해 강력한 증거를 제시할 수 있기 때문이다. 따라서 사회현상을 규명하고, 해석하고, 예측하는 데 데이터만큼 강력한 도구도 없다.

4. 데이터 저널리즘은 어떤 특징이 있는가?

데이터 저널리즘은 데이터를 갖고 수행하는 저널리즘이다. 달리 말하면, 데이터를 통해 사실을 밝혀내고 현상을 규명하는 것이다. 하지만 데이터와 저널리즘은 서로 잘 어울리는 관계는 아니다(Gray, Bounegru & Chambers, 2012). 데이터는 단지 하나의 숫자에 불과하다. 데이터는 정보를 가공하기 이전의 원재료이다. 이에 반해 저널리즘은 언어를 동원해—물론 가끔씩 숫자를 동원하기도 하지만—사회의 역동적인 변화과정을 탐색하고, 비판하고, 해석하고, 제안한다. 숫자가 언어로 표현되고 해석과 가치가 부여될 때 저널리즘은 구현된다. 따라서 데이터만으로는 저널리즘을 제대로 설명할 수 없다. 데이터는 유의미하게 가공 처리될 때 정보가 되고 지식이 된다(황용석, 2014).

저널리즘을 연구해 온 그래이 등(Gray, Bounegru & Chambers, 2012)에 따르면 데이터 저널리즘은 몇 가지 특징이 있다.

첫째, 데이터는 이야기하기 위한 수단이다. 앞서 설명한 대로 데이터 그 자체는 아무 의미가 없다. 데이터에 숨어 있는 의미를 이야기로 풀어낼 때 가치가 부여된다. 데이터 저널리즘은 데이터에 방점을 두기보다 이야기에 방점을 둔다.

둘째, 데이터 저널리즘(data journalism)은 말 저널리즘(words journalism)과는 다르다. 카메라로 현장을 비춰주듯이 컴퓨터를 이용해 숫자로 세상의 그림(예 : 인포그래픽)을 비춰준다. 숫자를 이용한 일종의 포토 저널리즘(photo journalism)적 성격을 지닌다.

셋째, 데이터 저널리즘은 숫자를 다루는 기술자와 말을 다루는 문장가 간의 간격을 메워준다. 숫자는 사실적이지만 어렵다. 말은 쉽지만 덜 사실적이다. 숫자를 통해 말하고, 말은 숫자로 뒷받침한다.

넷째, 데이터 저널리즘은 전통 저널리즘으로 해결하지 못했던 새로운 기법을 제공한다. 온라인을 통해 데이터를 검색하고, 수집하고, 시각화한다. 인터넷에 접속해 데이터를 언제, 어디에서나 얻을 수 있고, 이를 재가공해 이야기로 만들어낸다.

다섯째, 데이터 저널리즘은 정보의 비대칭성을 해결해 준다. 정보과잉 시대에 정보 비대칭성은 역설적이만, 또한 현실이기도 하다. 정보가 부족해서가 아니라, 너무 많아서 해석하고 이해하는 능력에 격차가 생긴다. 좋은 데이터 저널리즘은 사람들 간의 정보 비대칭성을 해소하는 데 도움이 된다.

여섯째, 데이터 저널리즘은 공식적인 정보에 대한 사실 여부를 확인하는 독자적 해석 능력을 제공한다. 정부가 발표한 공식자료나 데이터가 늘 사실인 것은 아니다. 정부나 전문가가 믿을 만한 데이터를 갖고 있는 것도 아니다. 데이터를 수집하고, 분석하고, 비주얼화하는 능력만 있으면, 정부가 발표한 데이터의 오류를 잡아내는 것도 가능하다. 때로는 정부가 미처 밝혀내지 못한 상황의 심각성을 구체적인 데이터를 통해 밝혀내기도 한다. 일본 후쿠시마 원전 사고 당시 일본 정부가 발표한 데이터가 사실과 다르다는 점을 일본 언론이 데이터를 통해 밝혀냈다.

5. 기자는 데이터에 무엇을 물어야 하는가?

데이터 자체는 속일 수도 없고, 숨길 수도 없다(Parasie & Dagira, 2012). 문제는 믿을 수 있는 데이터인가 하는 점이다. 당신 스스로 데이터의 적절성과 활용성에 대해 자신 있게 말할 수 있어야 한다.

첫째, 당신이 데이터에서 말하려고 하는 이야기가 무엇인가에 대해 명확하게 설명할 수 있어야 한다. 데이터는 궁극적으로 이야기로 이어지기 때문에 자신이 취한 데이터에 이야기를 담아내지 못하면 아무 쓸모가 없다. 데이터는 이야기를 전제로 수집되고 분석되어야 한다.

둘째, 당신의 데이터는 어디에서 가져왔는가, 그리고 믿을 만한가에 대해 확신이 서야 한다. 수많은 정보가운데 쓰레기 정보가 있듯이, 수많은 데이터 가운데 형편없는 데이터도 존재한다. 지난 2009년 미국 LA타임스 기자는 에브리블록(EveryBlock)이 공개한 정부 데이터가 잘못되었다는 사실을 발견했다(Welsh, 2009). 데이터의 오류 가능성은 늘 의심해야 한다. 또 미국 시카코 트리뷴은 시카코 경찰당국이 자동으로 제공하는 범죄 데이터가 조작된 의심이 든다는 이유로 보도취소 결정을 내리기도 했다. 가치 없는 데이터를 수집하고, 분석하고, 해석하는 것은 무의미하다. 잘못된 데이터를 쓰는 것은 위험하다. 데이터의 투명성은 그래서 중요하다.

셋째, 당신이 제시한 정보출처가 모호하다는 이유로 비난받은 사실은 없는가에 대해 자신 있게 해명할 수 있어야 한다. 데이터의 출처가 과거에 문제가 되었거나 의심을 샀다면 그 데이터 사용에 특히 조심해야 한다. 출처가 불분명한 데이터는 저널리즘의 신뢰를 떨어뜨린다.

넷째, 당신이 데이터를 어떻게 발견했는지 증명해 보일 수 있어야 한다. 글로벌 네트워크 시대에는 정체불명의 '쓰레기 데이터' 가 많다. 신뢰할 만한 출처에서 데이터를 가져다 써야 하는 이유이다.

다섯째, 당신이 사용하는 데이터가 저널리즘 실현을 위해 필요하다는 점을 보여줄 수 있어야 한다. 단순히 데이터를 분석해 기사를 썼다고 해서 뉴스의 품질이 보장되는 것은 아니다. 그 데이터가 갖고 있는 가치와 의미가 커야만 저널리즘의 가치는 높아진다. 좋은 저널리즘은 좋은 데이터에서 시작된다. 나쁜 데이터는 절대로 좋은 저널리즘을 만들어낼 수 없다. 신뢰받는 저널리즘이 될 수 없음은 물론이다. 좋은 식재료가 좋은 음식을 만들어낼 수 있듯이, 좋은 데이터가 좋은 저널리즘을 만든다는 사실을 명심해야 한다.

6. 데이터 저널리즘은 어떻게 구현할 것인가?

오늘날은 정보과잉 시대이다. 정보가 부족해서 문제가 되는 시대가 아니라, 정보가 넘쳐서 문제가 되는 시대이다. 우르만(Wurman, 1987)에 따르면 뉴욕 타임스가 하루에 싣는 정보의 양은 17세기 영국의 보통 시민이 평생 소비하는 정보의 양과 엇비슷하다고 말한다. 전 세계적으로 하루에 50억 건 이상의 트윗과 문자 메시지가 오고갈 정도로 우리는 정보의 폭발시대에 산다(이준환, 2014). 그렇다고 모든 데이터가 정보로 전환될 수 있는 것은 아니다. 정보과잉 시대에는 데이터의 필터링 과정이 필수적이다. 무수하게 나열된 데이터는 우리에게 한낱 숫자와 문자의 행과 열에 불과하며, 그 이상의 아무 의미도 없다(이준환, 2014). 따라서 걸러진 데이터 정보를 분석해 시각화하고, 의미구조화하고, 스토리텔링하는 것이 중요하다. 데이터를 의미화(sensemaking)하고 이슈화하는 것이 바로 데이터 저널리즘이 지향하는 목표이다.

데이터 저널리즘의 첫 번째 구현목표는 데이터의 스토리텔링화이다. 데이터 저널리즘은 쉽게 말하면 데이터로 이야기하기이다. 데이터를 서로 연결하고 분석하면서 이야기 구조를 취한다. 사람들이 관심을 기울이는 것은 숫자 그 자체가 아니라, 그 숫자에 숨겨져 있는 이야기이다. 이야기는 우리에게 상황을 둘러싼 맥락을 제공하고, 흥미와 관심을 유발한다. 미국 시애틀 타임스 저널리스트인 알렉스 티존(A. Tizone)은 "이야기가 없으면 어떤 것도 의미가 없다"고 말한다.

두 번째는 데이터의 시각화이다. 시각화하는 복잡한 데이터를 알기 쉽게 단순화시켜 보여준다. 또 언어적 텍스트로는 잘 보이지 않는 큰 그림을 제시해 주는 데 효과적이다. 대표적인 사례 가운데 하나가 1854년 영국 런던에서 발생한 콜레라의 확산경로를 보여준 지도이다. 19세기 중반까지만 해도 유럽인들은 콜레라가 하수나 폐수에서 발생하는 나쁜 공기에 의해 발생된다고 믿었다. 그러나 젊은 의사 존 스노(J. Snow) 박사는 콜레라 집단발병이 작은 벌레에 의한 것일 수 있다고 보고 이를 추적하다가 놀라운 사실을 발견했다. 집집마다 콜레라 환자를 확인한 결과 오염된 우물에 가까울수록 환자가 많이 발생했다는 사실을 알아냈다. 이것을 지도의 형태로 시각화하면서 한눈에 코레라 발병이 하수도망에 따라 규칙적으로 확산되었다는 사실을 확인했다. 이런 이유로 존 스노가 그린 지도는 '역사상 가장 훌륭한 데이터 시각화' 로 꼽힌다. 오늘날 데이터 저널리즘은 많은 경우 숫자가 담고 있는 의미를 인포그래픽으로 구현된다. 데이터의 시각화는 규칙과 패턴을 비교적 간명하게 보여준다.

6.1 데이터 시각화의 유형

데이터 저널리즘은 이처럼 데이터를 단순나열하는 것이 아니다. 데이터를 다양한 형태로 분석하고, 구성하고, 표현하는 것이다. 데이터 저널리즘은 숫자를 언어, 사진, 헤드라인, 오디오, 비디오로 구현하거나 지도, 다이어그램, 타임라인, 차트, 그림으로 나타내기도 한다. 인터랙션, 애니메이션, 연결, GPS(지리위치시스템)로 나타내기도 하고, 이야기, 감정, 비교, 목소리로 나타내기도 한다. 정보의 과잉화는 역설적이게도 정보를 처리해야 하는 현대인들에게 고통스러운 일이다. 사람들은 본능적으로 너무 많은 정보를 처리하는 일로 에너지를 소진하고 싶어하지 않는다. 이때 사람들은 데이터라는 정보를 글자가 아닌, 그림으로 보고 싶어한다. 텍스트 속에 묻혀 있는 데이터는 이해하기 어렵지만, 그림은 그것이 무엇을 의미하는지 쉽게 알려준다. 데이터 시각화는 이야기를 단순명료하게 보여주는 중요한 수단인 셈이다. 데이터를 시각화함으로써 가독성과 함께 강한 기억을 제공한다. 또한 시각화는 현상의 유형과 상관관계를 보여준다. 가령, 소셜 네트워크 시각화를 통해 타인과의 관계, 정보의 확산경로와 같은 범주화와 연결성을 알기 쉽게 보여준다.

데이터의 시각화는 대상 간에 비교를 가능케 해준다. 칼륨이 많은 시리얼과 그렇지 못한 시리얼을 센스메이킹(sencemaking) 방식으로 시각화함으로써 건강에 좋은 시리얼을 한눈에 구분할 수 있게 된다(이준환, 2014). 데이터의 시각화에는 여러 방법이 존재한다.

첫 번째는 시간 시각화이다. 시간 시각화는 시간의 흐름에 따라 추세나 패턴이 어떻게 바뀌는지를 보여준다. 시간에 따라 특정한 값이 증가하는지, 아니면 감소하는지, 또 최고값과 최소값은 무엇인지도 함께 보여준다(이준환, 2014). 일반적으로 시계열 데이터의 경우 시간 시각화로 재현된다. 두 번째는 텍스트 시각화이다. 텍스트는 숫자와는 달리 명목 데이터이기 때문에 몇 가지 처리과정이 필요하다(이준환, 2104). 텍스트 속 단어의 노출빈도를 계산해 시각화하는 태그 클라우드(tag cloud)와 문장 안에서 단어 간 연결구조를 시각화하는 워드 트리(word tree)의 기법이 있다. 세 번째는 사회망의 시각화이다. 최근 언론에서 자주 사용되는 기법 가운데 하나가 사회망 분석이다. 타인과의 관계, 정보확산 경로, 네트워크의 중심인물을 탐색하는 데 유용한다. 네 번째는 지도기반 시각화이다. 지리정보(geographic information)를 통해 문제의 위치를 찾아낸다. 특히 소셜 네트워크가 스마트폰을 중심으로 발전하면서 지리정보(GI)를 활용한 분석 시각화가 활발하다. 영국의 콜레라 이동경로도 GI 시각화의 사례이다. 미국 허리케인 피해가 강풍 때문이 아닌 부실건축과 허술한 법규 때문이라는 사실을 밝혀낸 마이애미 헤럴드의 보도(1992)도 지도기반을 시각화한 사례에 속한다. 2014년 10월 21일 부산일보가 보도한 '1970~2000년 당신은 어디에서 살았습니까' 라는 석면노출 지역도도 지리정보시스템(GIS)에 기반한다. 결론적으로 데이터 저널리즘은 데이터를 어떻게 표현하고 재현할 것인가가 핵심이다.

6.2 데이터 시각화의 구현 기법

데이터 시각화 도구는 다양하다. 데이터 시각화 도구기법은 최근 여러 형태로 제공된다. 첫 번째는 스프레드시트(spreadsheets)이다. 리브레 오피스(Libre Office),

엑셀, 구글닥스(Google Docs) 등이 대표적이다. 두 번째는 지도정보시스템(GIS)이다. 퀀텀(Quantum) GIS, ArcGIS, 그래스(GRASS) 등이 대표적이다. 세 번째는 데이터랭글(data wrngling)이다. 구글 리파인(Refine)과 데이터 랭글러(Datawrangler)가 대표적이다. 네 번째는 비프로그래밍 시각화 소프트웨어이다. 차트방식으로 시각화하는 매니아이즈(ManyEyes), 태블루(Tableau)가 대표적이다. 그 밖에도 구글 퓨전 테이블, 타임라인, 스토리 맵, 지오피디아(Geofeedia), 래이야(Layar), 구글 트렌드(Trends), 구글 디벨로버(Developer), 구글 캘린더(Calender), 구글 북스, 소셜 네트워크 등 다양한 데이터 시각화 기법이 존재한다.

6.3 데이터 작업에서의 기본적인 자세

데이터를 다루는 것을 즐겨야 한다. 데이터를 두려워하거나 따분하게 여겨서는 안 된다. 데이터에 친해지면, 데이터 속에서 비밀스럽고도 놀라운 사실을 밝혀낼 수 있다. 데이터에 대한 의심과 냉소를 구분해야 한다. 데이터를 냉소하거나 무시해서도 안 되지만, 늘 의심하는 것은 필요하다. 데이터에 대한 의심은 좋은 일이지만, 냉소는 바람직하지 않다. 데이터의 적절성에 대해서는 늘 경계해야 한다. 데이터는 비감정적이다. 기분과 신념과 기대감을 말로 표현하기 전에 숫자로 보여주는 것이 보다 객관적이다. 말은 해석의 여지를 남기지만, 데이터는 그렇지 않다. 데이터는 가치 배제적이다. 데이터 수집 전에 당신이 알고 싶은 질문을 작성해야 한다. 그 질문에 답하는 과정이 데이터 수집이고 분석이다. 데이터에 앞서 당신이 말하고 싶은 이야기를 미리 따져봐야 한다. 이야기 속에 담을 데이터 기반 진술문에 대한 리스트를 만드는 것이 중요하다. 데이터의 클리닝 작업이다. 왜곡 또는 오류의 데이터는 당신이 보고자 하는 이야기를 설명할 수 없다. 잘못된 데이터는 기자가 기대했던 추세를 보여줄 수 없다.

7. 데이터 저널리즘은 저널리스트를 어떻게 변화시키는가?

필립 마이어(P. Meyer, 1973)는 일찍이 저널리스트가 사회과학자의 연구도구를 활용하면 오류를 줄일 수 있다고 말했다. 컴퓨터와 통계는 전통 저널리즘을 수행하는 데 효과적인 도구이다. 사실을 발견하고, 원인을 추론하고, 사회적 문제를 해결하기 위한 방법을 찾는 데 효과적이다. 미디어 사회학자인 셧슨(Sshudson, 2001)도 저널리즘의 규범 가운데 하나인 객관성을 실천함에 있어 데이터 분석과 같은 사회과학적 탐구방법의 필요성을 강조했다. 데이터는 사회가 복잡하고 정보가 늘어날수록 기자들에게 유용한 수단으로 간주된다(Parasie & Dagiral, 2012). 마이어의 지적대로 기자들은 데이터 매니저이자 처리자이며, 동시에 데이터 분석가로 직무 역할이 바뀌었다. 하지만 기자들은 그동안 데이터를 통해 저널리즘을 구현하는 데 그다지 관심이 없었다. 정부가 공식 발표하는 자료에 의존하거나 공적으로 접근이 가능한 정도의 평이한 데이터를 다루는 정도였다(Cox, 2000). 이러한 기존의 관행을 바꿔놓은 것이 바로 컴퓨터 활용 보도였다. 컴퓨터 활용 보도기법은 수동적인 자료의존에서 적극적인 자료 탐색으로 전환함으로써 사회의 잘못된 부분을 들춰내고, 사회적 문제의 원인과 해법을 제시하는 것을 가능케 했다. 뉴욕 타임스는 뉴욕 경찰청이 발표한 범죄율과 실제 범죄자 체포 숫자 간에 상당한 간격이 있음을 컴퓨터를 활용해 밝혀냈다(DeFleur, 1997).

1990년대 중반에 접어들면서 데이터에 기반한 저널리즘이 언론사를 중심으로 확산되기 시작했다. 언론사들은 데이터 정보와 컴퓨터 전문가들의 역할에 주목하기 시작했다. 일부 뉴스 조직들은 이른바 '프로그래머-저널리스트' 를 고용하기도 한다. 온라인 프레젠테이션, 인터랙티브 맵, 비주얼화와 같은 혁신적인 데이터 저널리즘 기법은 언론들이 데이터를 수집하고, 처리하고, 분석하고, 시각화하는 과정에 컴퓨터를 폭넓게 활용하기 시작했다. 파래지와 다기랄(Parasie & Dagiral, 2012)은 데이터 저널리즘은 데이터 이동과 공개가 보편화되면서 새로운 유형의 저널리즘으로 부상하고 있다고 말한다. 무엇보다 이들은 민주주의 발전에 기여하는 기법으로서 데이터 저널리즘을 주목했다.

첫째, 데이터 저널리즘은 저널리즘의 객관성을 향상시킨다고 말한다. 기자들은 정보를 얻기 위해 연기가 뿌연 카페에서 누군가를 만나 이야기를 나눌 필요가 없다. 둘째, 사실의 설명력(accountability)이나 공신력을 높이는 데 새로운 기법을 제공한다(Hamilton & Turner, 2009). 사실의 맥락관계를 분석적으로 제시함으로써 사회적 문제를 타당성 있게 제시하는 데 유용하다. 셋째, 훨씬 싼 비용으로 탐사보도를 할 수 있는 길을 열었다. 이전에는 탐사보도 과정에 인력이나 재원이 훨씬 많이 투입되었으나, 컴퓨터 기술발전과 확산은 취재과정에 투입될 재원을 크게 줄였다. 넷째, 데이터 분석방법을 통해 시민들의 정치적 참여를 높일 수 있게 되었다(Cohen et al., 2011 ; Daniel & Flew, 2010). 인터랙티브 방식으로 뉴스 수용자는 언제라도 분석된 데이터를 확인할 수 있고, 자신에게 필요한 데이터로의 변환도 가능하다. 다섯째, 파편화되어 있는 저널리즘의 작업과정(Quandt, 2008)을 보다 정교화할 수 있는 장점을 제공한다. 여섯째, 온라인 저널리즘상에 빈번하게 이뤄지는 콘텐츠 모방을 개선하는 데 도움이 된다. 데이터 저널리즘은 복잡한 데이터를 분석하고 해석한 결과를 보도하기 때문에 다른 매체가 쉽게 모방하거나 재가공하기 어렵다. 언론사 간에 저널리즘 가치의 차별성을 드러낼 수 있다. 일곱째, 사회문제나 권력에 대한 감시견 기능을 하는 데 훨씬 강력한 도구로 활용을 가능케 한다. 데이터 저널리즘은 숫자라는 논거에 기초해 체계적이고 종합적인 결과를 제시하기 때문에 사회적 문제점을 비교적 정확히 짚어낸다. 여덟째, 저널리즘과 컴퓨터 세계의 연결은 데이터 저널리즘이 사회적 공공선에 어떻게 기여하는지에 대한 새로운 시계(視界)를 열었다. 사회적 부조리나 문제를 주장이 아닌 근거에 기초해 제시함으로써 공동체 발전에 도움을 준다.

8. 한국 데이터 저널리즘의 현실은 어떠한가?

한국 저널리스트들에게 있어 데이터 저널리즘은 아직 보편적인 단계가 아니다. 학자들이 생각하는 만큼 취재현장에서 데이터 저널리즘이 이상적으로 실천되고 있는 것도 아니다. 함형건 YTN 기자는 "황무지이다" 라는 말로 국내 데이터 저널리즘의 현실을 진단한다. 우선 취재역량의 한계이다. 데이터 저널리즘을 수행할 취재인력이 절대적으로 부족하다. 데이터 저널리즘을 수행할 수 있는 언론인은 국내에서 거의 손에 꼽을 정도로 적다. 무엇보다 데이터 저널리즘에 대한 깊은 이해도를 갖고 있지 못하다. 데이터 저널리즘을 실행하기 위해서는 데이터에 대한 기본 지식은 물론 컴퓨터를 활용한 통계기법이나 툴(tool)에 대해 어는 정도 이해가 필요하다. 하지만 이를 지도할 만한 사람도 많지 않고, 프로그램이 많은 편도 아니다.

무엇보다 마감시간에 쫓기는 현장의 기자들이 이를 학습하고 숙지하기에는 여유가 없다. 언론사 스스로 이 부분에 대한 필요성을 절실히 느끼고 있지 못하다는 점도 걸림돌이다. 언론사의 데이터 기피문화는 저널리즘을 한단계 끌어올릴 수 있는 기회를 가로막는다. 데이터 저널리즘이 언론사 입장에서는 경제적으로 별로 도움이 되지 않는다는 점도 장애요인이다. 탐사보도팀이 갈수록 줄어들고 있는 것도 같은 맥락이다. 이런 가운데 국내에서는 KBS가 최근 2명의 기자와 1명의 그래픽디자이너로 데이터 저널리즘을 담당하는 디지털뉴스팀을 꾸렸다. 또 헤럴드경제는 2013년 8월 '헤럴드경제 데이터 연구소' 를 설립해 빅데이터 저널리즘을 시도했으나 지금은 유명무실한 상태이다. '수퍼리치(super rich)' 라는 섹션을 통해 외국 언론들이 조사한 데이터를 재가공하는 형식으로 명맥을 이어가고 있으나 실질적인 데이터 저널리즘을 구현하고 있는 것은 아니다.

한겨레도 데이터 저널리즘에 관심을 갖고 있는 신문의 하나이다. 독자들이 직접 참여하는 크라우드 소싱 방식으로 전두환 전 대통령의 재산 찾기를 시도한 것은 데이터 저널리즘의 가능성을 엿보게 한다(신동희, 2014). 그러나 한겨레 역시 지속적으로 데이터 저널리즘을 실천하고 있는 것은 아니다. 그나마 연합뉴스가 비교적 활발한 편이다. 연합뉴스는 2011년 미디어랩을 출범시켜 데이터 저널리즘을 지속적으로 실천해 왔다. 데이터 수집과 처리, 그리고 분석에 이르는 전 과정에 사용자들이 직접 참여 가능한 인터랙티브 방식을 도입했다. 웹 기반 오픈 소프트웨어를 통해 노무현 대통령과 이명박 대통령의 연설문을 분석해 가장 많이 사용한 단어분석이 무엇인지를 시각화한 것이 대표적인 사례이다(신동희, 2014). 탐사보도물을 전문으로 하는 뉴스타파조차 데이터 저널리즘이 제대로 구현되고 있지 못하다. 뉴스타파는 데이터 저널리즘을 맡았던 동아일보 출신인 권혜진 기자가 혼자서 고군분투한다. 그나마 뉴스타파는 국정원이 대선여론에 개입한 사실을 밝혀내 글로벌 탐사저널리즘 컨퍼런스에 초대받았다.

국내 데이터 저널리즘의 수준은 전반적으로 낮은 편이다. 헤럴드경제에서 데이터 뉴스를 책임지고 있는 권남근 기자는 한국 언론 데이터 저널리즘의 유형을 다음과 같이 정리한다.

첫째, 데이터 단일 소스 의존형이다. 데이터를 언론사가 자체적으로 재가공하기보다는 기업이나 공공기관으로부터 가공된 정보를 받아 기사형태로 재구성하는 방식이다. 대표적인 사례가 SK텔레콤의 티맵 데이터이다. 헤럴드경제는 이 데이터를 받아 추석기간에 사람들이 인천공항과 에버랜드에 가장 많이 갔다는 사실을 밝혀냈다. 또 신한카드사로부터 고객 이용실태 데이터를 받아 세종시 거주 공무원들의 카드 이용행태를 분석한 결과, 서울에서는 병원을, 세종시 안에서는 주로 편의점을 이용한다는 사실을 확인했다. KBS가 보도한 경차와 수입차 간의 연료비 상대비교도 특정 기관이 제공한 데이터를 분석해 현상을 밝혀낸 사례이다.

둘째, 데이터 다단계 추적형이다. 사회적 이슈를 기획한 뒤 이와 관련된 다양한 기관으로부터 데이터를 제공받아 현상을 분석하는 방식이다. 일종의 데이터 마이밍(data mining) 기법이다. 국회조사 자료 등 다양한 기관의 자료 데이터를 활용해 적정한 담배값 인상폭을 밝혀냈다.

셋째, 기존 언론자료에 대한 리서치형이다. 기존에 언론들이 조사한 데이터를 리서치해 정보를 재가공하는 식이다. 가령 미국 포보스나 블룸버그가 조사한 데이터를 인터넷 검색을 통해 수집한 뒤 재분류해 가공하는 것이 대표적 사례이다.

한국 기자들은 데이터 저널리즘 구형방식에서 몇 가지 인식을 갖는다. 첫째, 데이터 저널리즘을 인포그래픽 개념으로 이해하고 있는 점이다. 데이터를 스토리로 만들기보다는 이를 보기좋게 그래픽으로 만드는 정도로 이해한다. 기사는 가급적 줄이고, 인포그래픽 방식으로 데이터를 재현한다. 둘째, 데이터의 함의를 제시하기보다, 데이터 자체를 단순 전달하는 방식이다. 데이터의 의미를 재해석하고 조직화하는 관점이 부족하다.

한국 기자들은 국내 데이터 저널리즘 시장형성 이유를 다음과 같이 평가한다. 첫째, 필요한 데이터가 축적되어 왔다는 점에 주목한다. 기업은 마케팅 목적으로, 공공기관은 정책목적으로 빅데이터를 축적왔다. 이런 배경이 데이터 저널리즘 확산의 토대가 되었다. 언론사 입장에서도 데이터 저널리즘의 가치를 중요하게 받아들이기 시작했다. 정보채널이 다양하고 정보의 생산량이 급격히 늘어나면서 단순 정보로는 더 이상 가치를 창출하기 어려워졌다. 가공되고 정제된 데이터의 가치가 커지면서 데이터 저널리즘에 대한 관심이 커졌다. 단편적인 뉴스 대신에 기획, 심층뉴스를 통해 차별화를 시도하는 것도 이런 이유 때문이다. 저널리즘의 기준이 과거에 비해 높아진 점 등을 꼽기도 한다. 과거의 단순 사실전달에서 깊이 있는 분석기사를 원하는 독자가 늘어나고 있는 점이다.

함형건 YTN 기자는 정보 개방이나 청구 그리고 기술확산 관점에서 데이터 저널리즘을 설명한다. 첫째는 정부 등 공공기관들이 데이터를 공개하기 시작하고 있다는 점을 꼽는다. 정보의 온라인화로 그간 미공개로 남아 있던 정보를 제공하기 시작한 것은 긍정적인 변화이다. 정보공개 청구도 최근 조금씩 개선되고 있다. 다양한 데이터 분석 도구가 개발되고 있는 점도 원인의 하나로 꼽았다. 컴퓨터 기술과 기술의 글로벌화로 누구나 쉽게 분석도구를 다운로드 받을 수 있다. 데이터 저널리즘의 확산은 물론 이런 미시적 요인만 있는 것은 아니다. 함 기자는 "데이터 저널리즘은 민주주의 발전과 토론과 대화의 확산에 기여하는 측면이 있다" 고 말한다.

9. 저널리스트는 왜 사회과학자가 되어야 하는가?

지금은 사이언티스트와 저널리스트를 합친 '사이널리스(scinalist)'가 주목받는 시대이다. 저널리스트도 사회과학자와 같은 과학적 방법과 기법으로 정보를 분석하고, 해석하고, 표현해야 한다. 필립 마이어(Philip Mayer, 1973)는 일찍이 기자들도 데이터에 기반한 내용분석이나 서베이를 적극적으로 활용해야 한다는 점을 강조했다. 사회현상을 보다 체계적이고 과학적으로 설명하는 이른바 정밀 저널리즘(precision journalism)을 주창했다. 위버와 맥콤스(Weaver & McCombs, 1980)도 데이터를 이용해 독립된 사건에서 상황과 맥락을 설명하는 시대로 가야 한다고 말했다. 지금까지는 과학자와 저널리스트는 응당 다른 방법으로 사회현상을 설명하는 것으로 여겨왔다. 과학자는 자료를 체계적이고 과학적으로 수집하고 정리하는 방식으로 현상을 설명한다. 그리고 이 자료를 과학적(혹은 통계적) 기법으로 분석한다. 분석결과를 기술하는 과정에서 철저히 개인적인 가치나 의미를 배제하고, 이를 통해 무질서한 현상에 일정한 규칙을 부여한다.

이에 반해 저널리스트의 접근 방식은 좀 다르다. 개인의 직감이나 판단에 따라 정보를 무질서하게 수집하고 정리한다. 많은 경우는 특정 조직의 발표 자료에 전적으로 의존하기도 한다. 정보의 과학적 분석이 거의 고려되지 않기도 한다. 관습적 사고에 기초해 정보를 비판적으로 구성하고 해설하는 식이다. 그러나 컴퓨터와 인터넷의 도입에 따른 기술환경의 변화는 저널리즘에 획기적인 변화를 가져왔다. 정보의 수집과 정리, 평가와 분석, 그리고 제시와 표현방식에 과학적인 방식이 동원되었다(황용석, 2014). 직관에 의존하던 기자들도 데이터의 체계적인 수집과 분석방법에 주목하기 시작했다. 물론 데이터를 활용한 통계적 기법이 도입된 최초의 사례는 훨씬 이르다. 영국 가디언(Guardian)지는 1821년경 멘체스터 지역의 학교당 비용과 학생수에 대한 데이터를 통계적 기법으로 비교분석해 무료교육 학생수를 밝혀냈다.

역사적으로 볼 때 데이터 저널리즘과 가장 근접한 방식이 컴퓨터 활용 보도기법

(CAR)이다. CAR은 뉴스의 품질을 개선하기 위해 데이터를 수집하고 분석하는 데 컴퓨터를 활용하면서 시작되었다. 컴퓨터를 활용한 보도기법은 흩어져 있는 데이터를 하나로 모아, 체계적인 분석을 통해 현상의 객관적 질서를 찾아내는 식이었다. 가령, 경제적 경향, 인구변화, 공중의 태도, 판결문의 의미변화 등을 파악하는 데 활용되었다. CAR은 1952년 미국 CBS 방송이 대통령 선거를 예측하는 데 처음으로 도입되었다.

하지만 저널리즘 영역에 컴퓨터를 활용한 통계적 기법이 널리 사용된 것은 아니다. 저널리즘에 사회과학적 기법이 본격적으로 도입된 시점은 1970년대 초 필립 마이어에 의해 주창된 정밀 저널리즘이 시초였다. 사회과학과 행동과학 연구방법이 저널리즘 실행에 처음으로 적용되었다. 이 같은 과학적 기법은 저널리즘 수행과정에 객관성과 진실성을 실현하는 도구로 주목받았다. 정밀 저널리즘은 보도자료의 지나친 의존, 특정 정보원에 의한 편향성과 같은 저널리즘의 약점을 보완하는 데 크게 기여했다.

그러나 일부 논자는 CAR과 데이터 저널리즘 간에 근본적인 차이가 있다고 말한다(Gray, Bounegru & Chambers, 2012, 2012). CAR은 탐사보도를 수행하기 위한 한 방법으로 데이터를 수집하고 분석하는 기술적 방법(technique)에 무게를 둔다. 이에 반해 데이터 저널리즘은 기자들이 저널리즘을 수행하는 전체 작업과정(working process)에 데이터 자체의 가치를 강조한다. 이야기를 만들기 위해 데이터를 활용하기보다는 데이터가 담고 있는 의미에 더 주목한다. 즉 데이터가 갖고 있는 사회경제적 의미를 해석하는 식이다. 이렇듯 데이터 저널리즘은 데이터를 단순히 기술적 통계방식으로 분류하고 정리하는 것이 아니다. 데이터를 갖고 사회현상을 기술하고, 설명하고, 해석하고, 예측하는 종합적 이야기 구조를 취한다. 데이터의 맥락적 의미체계가 강조된다. 데이터 저널리즘은 기자들이 제한된 경험에 따라 추측이나 인용을 하는 단계에서 벗어나 데이터에 바탕을 둔 논거를 제시하는 것이 목적이다(Klein, 2012 ; Lorenz, 2012). 또한 사회문제의 구조적 패턴을 찾아 원인을 설명하고, 상황을 예측하는 데 도움을 준다. 전통적인 데이터 분석으로는 설명하지 못했던 문제를 빅데이터를 통해 찾아내기도 한다(황용석, 2014).

또 다른 차이는 정보환경과 관련지어 설명된다. 과거에는 정보가 부족했고, 따라서 정보를 탐색하고 수집하는 것이 중요한 일이었다. 컴퓨터를 동원해 체계적으로 정보를 수집하고 분석하는 기법에 의미를 뒀다. CAR은 그 뜻대로 보도과정에 컴퓨터의 기능에 도움을 받는 식이다. 하지만 데이터 저널리즘은 다르다. 정보가 지나치게 많아 정보를 어떻게 거르고, 정리하고, 적절하게 분석하는가 하는 이른바 정보처리과정이 더 중요해졌다(Gray, Bounegru & Chambers, 2012). 데이터 저널리즘에서는 데이터 처리의 테크닉이 중요한 것이 아니다. 정보를 거르고, 체계적으로 분석한 결과에 나타난 정보를 갖고 현상을 설명한다. 그러나 컴퓨터 활용기법이든, 아니면 데이터 저널리즘이든 정보를 체계적으로 수집하고, 정리하고, 분석하고, 이를 이야기로 만들어내는 것이 목적이라는 점에서 본질적으로 큰 차이는 없다.

참고문헌

김성태(2014). 커뮤니케이션 연구를 위한 빅 데이터의 이해와 방법적 적용. 한국방송학회 빅 데이터 방법론 워크숍.

김정운(2014). 『에디톨로지 : 창조는 편집이다』. 서울 : 21세기북스.

신동희(2014). 『빅 데이터와 언론』. 서울 : 커뮤니케이션북스.

신동희 · 김장현 · 최명균(2013). 『데이터 저널리즘을 통한 뉴스 콘텐츠 경쟁력 제고 방안 연구』(연구보고서 2013.11.). 서울 : 한국언론진흥재단.

이준환(2014). 소셜 데이터 마이닝과 빅 데이터 비주얼라이제이션. 한국방송학회 빅 데이터 방법론 워크숍.

황용석(2013). 온라인 저널리즘. 서울 : 커뮤니케이션북스.

Cohen, S., Hamilton, J. T. & Turner, F. (2011). Computational journalism. *Computations of the ACM*, 54(10), 66–71.

Cox, N. (2000). The development of computer–assisted reporting. *Informe Presentado en Association for Education in Journalism end Mass Comunication*. Chapel Hill, EEUU : Universidad de Carolina del Norte.

Daniel, A. & Flew, T. (2010). *The Guardian reportage of the UK MP expenses scandal : a case study of computational journalism*. In Record of the Communication Policy and Research Forum 2010 (pp.186–194). Network Insight Pty. Ltd.

Hamilton, J. T. & Tuner, F. (2009). *Accountability through algorithm, Developing the field of computational journalism*. In A Center for Advanced Study in the behavioral Sciences Summer Workshop. Duke University In Association with Stanford University (pp.27–31).

Gray, J., Bounegru. L. & Chambers, L. (2012). *The data journalism handbook*. CA : O' Reilly Media.

Hamilton, J. T. & Tuner, F. (2009). *Accountability through algorithm, developing the field of computational journalism*. In a Center for Advanced in the Behavioral Sciences Summer Workshop. Duke University in association with Stanford University (pp.27–31).

Lorenz, M. (2012). Business models for data journalism. In J. Gray. L. Bounegru, & L. Chambers (Eds.). *The data journalism handbook : How journalists can use data to improve the news* (pp.58–60). Sebastopol, CA : O' Reilly Media Inc.

Meyer, P. (1973). *The news precision journalism.* Bloomington, IN : Indianapolis, IN : Indiana University Press.

Praise, S. & Dagiral, E. (2012). Data–driven journalism and the public good : Computer–assisted reporters and programmer–journalists in Chicago. *New Media & Society*, 0(0), 1–19.

Quandt, T. (2008). News tuning and content management : An observation study of old and new routines in German online newsroom. In Paterson, C and Domingo, D. (Eds.). *Making Online News : The Ethnography of News Media Production.* New York : Peter Lang, pp.76–97.

Quinn, S. (2014). *Big data journalism data visualization workshop.* Korea Broadcasting Journalist Association.

Weaver, D. & McCombs, M. E. (1980). Journalism and social science : A new relationship?. *Public Opinion Quarterly, 44*(4), 477–494.

Welsh, B. & Smith, D. (2009). Highest crime rate in L. A.? No, just an LAPD map glitch. Los Angeles Times, April 5, 2009. Retrieved from : http://articles.latimes.com/2009/apr/05/local/me–geocoding.

White, C. (2002). Online work to be 'data–driven', journalism.co.uk. Octover 16, 2002. Retrieved from : http://www.journalism. co. uk/news/online–work–to–be–data–driven–/s2/a5493/

빅데이터로서의 뉴스 콘텐츠 유료화 고찰

이정기 한양대학교 교수학습지원팀 책임연구원

chapter 03

※ 본 장은 2012부터 2014년까지 저자가 수행해 온 '온라인 뉴스 유료화' 관련 연구, 특히 이정기(2013a)의 '온라인 뉴스 유료화 전략' (서울 : 커뮤니케이션북스)을 기반으로 재구성된 것이다. 작성된 내용에 대해 더욱 심도 있는 내용(예컨대 심층 인터뷰, 판례분석 결과와 설문조사 결과)을 보고자 하는 이에게는 '온라인 뉴스 유료화 전략(2013)' 을 비롯한 저자가 쓴 논문의 일독을 권한다.

1. 빅데이터 시대 온라인 뉴스 콘텐츠 유료화의 필요성과 과제

'스마트 미디어 시대' 이다. 국내 대부분의 사람들이 스마트폰이라는 단말기를 통해 활자 매체와 영상 매체를 손쉽게 접하고 있다. '미디어 과잉의 시대' 이다. 다양한 언론사들이 뉴스시장에 뛰어들었고, 수용자들의 선택을 갈구하고 있다. 한편, N스크린[1]에서 확인할 수 있듯 스마트 미디어 시대가 도래하면서 신문과 방송, 통신 간의 경계는 급격하게 무너지고 있다. 이에 따라 언론사들 간의 경쟁은 더욱 치열해지는 양상이다. 결과적으로 과거 뉴스 생산 과정에서 독점적인 지위를 구가하던 신문과 방송 등 전통매체는 심각한 경영상의 위기에 봉착한 상황이다.

뉴스 생산의 전통적 강자 신문은 포털과 스마트 미디어에서 유통되는 무료 뉴스들과 경쟁하면서 고전을 면하지 못하고 있다. 매해 감소하는 신문 구독자와 열독자 지표는 신문 시장의 생존을 고민하게 할 정도이다. 지상파 방송기업의 뉴스 채널 역시 종합편성채널, 케이블TV 등과의 무한 경쟁 속에서 서서히 시청률을 잠식당하고 있다. 한편, 신문과 지상파 방송의 위기를 단순하게 일반 기업의 위기로 치부하기에는 그 위험성이 크다. 신문과 지상파 방송은 열독률과 구독률(방송의 경우 시청률)에 의한 광고 효과, 즉 이윤추구라는 일반기업체의 상업적 목적을 가지고 운영되지만 사회감시와 비판, 여론형성이라는 공적 역할을 동시에 가지고 있기 때문이다. 한국언론진흥재단, 지역신문발전위원회 등 국민의 세금으로 운영되는 공적 단체가 신문산업 성장을 위해 직간접적인 지원을 하는 행위, 지상파 방송에게 공공재인 전파사용 권한을 위임하거나 공영방송의 경우 의무적으로 시청료를 납부하는 행위 등은 신문과 지상파 방송이 상업적 기능과 함께 공적 역할을 수행해야 하는 당위성을 말해주는 것이기도 하다.

1. N스크린은 TV나 태블릿PC, 스마트폰 등의 기기에서 하나의 콘텐츠를 끊김없이 이용할 수 있는 서비스를 의미한다(백형근 · 전범수 · 이정기, 2013).

다만, 무한 콘텐츠 경쟁의 시대에 위기에 봉착한 언론사들의 문제는 1차적으로 언론사 스스로 해결할 필요가 있다. 언론사는 기본적으로 이윤을 추구하는 기업의 속성을 가지고 있고, 경영에 대한 정부 개입은 필연적으로 통제를 수반할 가능성이 있기 때문이다. 이러한 상황에서 신문사나 방송사는 자체 생산한 콘텐츠의 OSMU(One Source Multi Use)를 통한 온라인 뉴스 시장 개척에 나설 필요가 있다. 방식의 차이가 존재하겠지만, 빅데이터로 존재하는 뉴스 콘텐츠를 가공하여, 정보성 높은 상품으로 재구조화하는 방식의 온라인 뉴스 콘텐츠 유료화는 언론사들이 자생적으로 경영상의 위기를 극복하기 위한 대표적인 전략으로 평가받고 있다. 국내외 신문사들과 지상파 방송사들이 앞다투어 뉴스를 비롯한 콘텐츠에 대한 유료화를 계획하거나 추진하고 있는 이유도 뉴스 콘텐츠 유료화의 수익성에 대한 기대심리가 반영된 결과라고 하겠다. 그러나 뉴스의 경우 기획과 생산 과정에서 비용과 노력이 수반되는 저작물임에도 불구하고 수용자들 사이에 무료라는 인식이 강하다. 인터넷 등장 이후 포털 등을 통해 뉴스를 무료로 이용할 수 있는 환경이 조성되었기 때문이다. 실제로 많은 언론사들이 온라인 뉴스 콘텐츠에 대한 유료화를 진행해 왔지만, 성공사례는 많지 않다. 포털 등을 통해 얼마든지 무료로 뉴스를 이용할 수 있는 환경에서 온라인 뉴스 콘텐츠 유료화에 대한 명분이 분명치 않고, 이를 둘러싼 법, 제도, 수용자 환경이 아직 조성되지 않았기 때문일 것이다. 그렇다면 온라인 뉴스 콘텐츠 유료화를 위한 명분은 무엇인가? 또한 언론사들은 어떻게 해야 온라인 뉴스 유료화를 새로운 수익사업으로 정착시켜 낼 수 있을까?

온라인 뉴스 콘텐츠 유료화의 필요성에 대해 보다 구체적으로 살펴보자. 신문의 구독자 감소는 신문사 수익 비율 중 광고 수익 비율의 기형적 증가로 이어진다. 국내 신문기업 수익 총액 중 구독료와 광고료의 비율은 2:8을 넘어선 지 오래이다. 물론 신문사는 국내에 존재하는 많은 기업 중 하나이다. 수익의 구성이 어떠한 식으로 구성되던 그것은 1차적으로 신문기업의 문제이다. 다만, 신문은 저널리즘의 구현을 통해 공적 역할을 수행해야 할 책무가 있다. 정치권력과 자본권력에 대한 감시견(watch dog) 기능을 통해 우리 사회가 보다 건전하게 발전해 갈 수 있도록 할 책무가 신문기업에게는 부여되고 있는 것이다. 만약 신문기업의 수익 가운데 광고가 압도적인 비율을 차지하게 된다면, 신문기업의 광고주에 대한 비판, 즉 자본권력에 대한 비판은 약화될 수밖에 없을 것이다. 또한 신문 구독자 수의 감소는 경영총액 중 정부 보조금의 비율 증가를 의미할 수 있기 때문에 정부나 정치권력에 대한 감시 기능도 상당부분 약화될 수밖에 없을 것이다. 이러한 문제를 개선하고, 제4부라 불리는 언론을 정상화하기 위해서는 신문 구독자 수를 늘려야 하고, 경영 총액에서 구독 수익을 높이는 방안을 모색해야 한다. 그러나 포털의 시대, 스마트 미디어 시대에는 뉴스를 이용하는 수용자들의 뉴스 이용행태가 변했다. 많은 젊은 세대들이 종이신문을 읽으려고 하지 않는다. 많은 경우 뉴스는 모니터와 스마트폰을 통해 소비된다. 신문기업들이 온라인 뉴스에 관심을 기울여야 할 이유이다. 또한 이는 온라인 뉴스 유료화가 신문기업의 경영 총액 중 구독료 비중을 높이는 전제조건이 될 수 있음을 예측케 한다. 그러나 아쉽게도 사람들은 온라인 뉴스가 무료라는 인식이 강하다. 포털을 통해 얼마든지 뉴스를 접할 수 있는 상황에서 비용을 지불하라고 요청하는 것이 과연 가능한 일일까. 어떻게 하면 가능한 일이 될까.

한편, 뉴스의 시청률 감소 역시 광고 수익의 감소와 직결된다. 아울러 지상파 뉴스 광고 수익의 감소는 지상파 뉴스의 공영성의 문제를 초래할 가능성이 있다고 판단된다. 최근 종합편성채널의 성장과 뉴스 전문 케이블TV의 약진에 의해 지상파 뉴스의 시청률이 감소하고 있다는 조사결과가 속속 나타나고 있다. 지상파 3사의 시청률 감소는 지상파 3사만이 경쟁하던 뉴스 시장에 종합편성채널 4사가 추가적으로 시청자들의 선택을 기다리는 환경이 조성된 결과이기 때문에 당연한 결과로 볼 수 있다. 더욱이 최근 지상파 방송의 신뢰도는 일부 종합편성채널의 신뢰도보다 낮은 수준을 기록하기도 했다. 예컨대 시사인의 2014년 미디어 신뢰도 조사에 따르면, JTBC(8.8%)는 KBS(16.4%)에 이어 신뢰도 2위를 기록했다. 이는 MBC(5.9%), SBS(3.5%) 등의 지상파 방송은 물론, 네이버(7.5%), 다음(4%)에 비해서도 높은 것이었다(고제규, 2014.9.5). 그동안 뉴스 시장에서 독점적 지위를 누리던 지상파 뉴스 시장이 신규로 진입한 종합편성채널에 시청률과 신뢰도 측면에서 고전을 면치 못하게 된 것이다. 순수하게 시청률만으로 운영되고 있지 않은 국내 공영방송의 특성상 지상파 뉴스의 시청률 감소와 신뢰도 감소는 지상파 뉴스의 공영성의 위기를 의미하는 지표일 수 있다고 판단된다. 지상파 방송이 온라인 뉴스 등 새로운 시장에서 시청자를 확보하기 위한 의미 있는 노력이 필요한 이유이기도 하다. 예컨대 JTBC는 포털사인 네이버 등 포털과 유튜브를 통해 생중계되고 있고, 팟빵이라는 팟캐스트를 통해서도 서비스되는 등 방송통신 융합을 위한 다양한 시도를 진행 중에 있다. 이에 비해 지상파 방송의 방송통신 융합 전략은 매우 부족한 편이다. 스마트미디어 시대 뉴스 시청자들, 특히 젊은 뉴스 시청자들의 뉴스 이용행태가 상당 부분 변화했고, 다양한 언론사들이 디지털 퍼스트(Digital First)를 주창하고 있는 상황이다. 이러한 환경에서 지상파 방송사들이 후발 사업자인 종합편성채널 4사에 비해 과학적인 온라인 뉴스 콘텐츠를 통한 수익모델을 구성하고 있지 못한 현실은 반성이 필요한 부분이라고 하겠다. 한편, 전술했듯 이미 포털이 뉴스 시장을 장악한 상황에서 '온라인 뉴스는 공짜' 라는 인식은 사회 전반적으로 퍼져 있다. 이러한 사회적 분위기는 방송의 온라인 뉴스 유료화를 가로막는 핵심 원인으로 지적되고 있다. 그렇다면 지상파 방송은 어떠한 방식으로 온라인 뉴스 콘텐츠 사업을 진행할 수 있을 것이며, 온라인 뉴스 유료화를 이끌어낼 수 있을까. 과연 가능할까.

필자는 빅데이터로서 뉴스 콘텐츠를 정보원으로 활용하여 수용자들의 욕구를 충족하는 가치 높은 정보로 가공하거나 수용자들이 원하는 맞춤형 뉴스 콘텐츠를 생산하고 유통시키는 것이 신문과 방송사 온라인 뉴스 콘텐츠 유료화의 성공 열쇠가 될 수 있을 것이라고 생각한다. 또한 언론사와 언론학계 간의 산학협력을 통해 온라인 뉴스 콘텐츠 유료화를 위한 법, 제도 개선 방안을 찾아내고, 온라인 뉴스 콘텐츠 유료 모델을 제안하는 실용적인 정책안을 구성하는 것이 필요하리라고 생각한다. 이러한 차원에서 본고는 필자가 수행해 온 뉴스 콘텐츠 유료화에 대한 연구들과 뉴스 콘텐츠 유료화에 대한 학계의 다양한 고민들을 통합적으로 살펴보고자 했다. 아울러 이러한 연구결과들을 종합하여 온라인 뉴스 콘텐츠 유료화를 위한 조건과 과제를 제시하고, 한국형 온라인 뉴스 콘텐츠 유료화 모델을 위한 전략을 제시하고자 했다. 이 글이 수용자들이 빅데이터 시대 온라인 뉴스 유료화 모델의 필요성을 이해하는 데 도움을 제공하고, 언론학계와 언론사 간 산학협력을 통해 온라인 뉴스 유료화를 성공적으로 이끌어 내는 데 도움을 제공할 수 있기를 기대한다.

2. 뉴스 콘텐츠 유료화에 대한 학계의 고민

빅데이터로서 온라인 뉴스 콘텐츠 유료화를 통한 새로운 수익창출에 대한 언론사들의 폭발적인 관심과는 달리 언론학계의 학술적인 고민은 매우 부족한 상황이다. 뉴스 콘텐츠 유료화에 대한 연구 수 자체가 적고, 일부 진행된 뉴스 콘텐츠 유료화에 대한 논의는 신문을 중심으로 이루어져 왔음을 확인할 수 있다. 그동안 진행되어 온 온라인 콘텐츠 유료화에 관한 선행연구 목록은 〈표 3-1〉과 같다.

우선, 논문 유형으로 구분해 보면, 학위 논문이 5편(27.78%), 학술지 논문이 13편(72.22%)으로 총 18편의 논문이 발표되었음을 확인할 수 있다. 주목할 만한 점은 온라인 뉴스 유료화 모델을 제안하려는 시도는 학위 논문부터 시작되었다는 것이다. 뉴스 콘텐츠 유료화 모형에 관한 연구는 2002년 황상석의 석사논문(서강대학교 언론대학원)부터 시작된 것으로 보인다. 후속 학위 논문은 2010년 전병득의 석사논문(성균관대학교 언론정보대학원)이다. 두 논문은 모두 신문업계의 경험을 가지고 있는 저자들에 의해 작성된 논문이다. 이는 학계보다 업계에서 온라인 뉴스 유료화에 대한 관심을 먼저 가지고 있었다는 점을 보여주는 결과이다. 실제로 학계에서 온라인 뉴스 유료화에 대한 최초의 논문은 김균수와 송진의 '누가 돈을 내고 뉴스를 이용할 것인가?' 라는 제목으로 2011년에서야 발표된다. 다만, 2002년에 시작된 학위논문과 2011년 시작된 학술논문 이후의 후속 연구가 활발하게 이루어진 편은 아니었다. 예컨대 2002년 시작된 학위논문의 후속 논문은 2010년에야 이루어졌고, 4편 정도에 불과했다. 또한 2011년 시작된 학술논문의 후속 논문은 1년 후인 2012년에야 이루어졌다. 이후 이루어진 연구는 10여 편에 불과했다. 2010년은 한국언론진흥재단에 의해 '신문산업 위기 극복을 위한 대토론회(위원장 한양대 김정기, 2010년 6월 14일 개최)' 가 개최된 해였고, 온라인 뉴스 유료화도 논의 의제로 일부 다루었던 시점이었다. 따라서 학계의 관심은 온라인 뉴스 유료화에 대한 업계의 필요성 인식이 어느 정도 확산된 이후에 이루어졌다는 점을 확인할 수 있다. 다만, 12편의 논문 중 9편의 논문이 저자에 의해 작성된 논문이라는 사실을 확인할 수 있다. 이는 학계 차원에서 온라인 뉴스 유료화에 대한 관심이 매우 제한적으로 이루어지고 있음을 확인케 한다.

다음, 그동안 발표된 논문을 미디어 유형으로 구분해 보면, 신문을 기반으로 한 연구가 15편(83.33%)으로 나타났다. 2편은 N스크린(11.11%), 1편은 웹툰(5.56%)로 나타났다. 신문 관련 연구 중 일반 온라인 뉴스 유료화에 대한 연구는 10편, 모바일 뉴스 유료화에 대한 연구는 4편으로 나타났다. 한편, 일반 종이신문 유료 구독에 관한 연구는 2편으로 나타났다. 이상의 결과는 온라인 콘텐츠 유료화에 대한 연구가 신문의 뉴스 콘텐츠에 한정하여 편중적으로 이루어지고 있다는 점을 보여준다. 특히 N스크린 연구 2편을 제외한다면, 빅데이터로서 콘텐츠의 유료화의 핵심 사업 분야가 될 수 있는 방송 콘텐츠에 대한 유료화는 부족한 상황이었다. 특히 2편의 N스크린 연구 역시 뉴스를 상정하고 있는 연구가 아니라는 측면에서 뉴스 유료화에 대한 연구의 경우 학계에서 전혀 연구되고 있지 않다는 사실을 확인할 수 있다.

연구목록 18편을 분석 방법론으로 구분해 보면, 양적인 연구가 12편(A3, A4, B1, B2, B3, B4, B7, B8, B9, B10, B11, B12, 이상 66.67%), 질적인 연구가 3편(A1, B5, B6, 이상 16.67%), 양적 · 질적 연구가 융합된 복합 연구가 3편(A2, A5, B13, 16.67%)으로 나타났다. 이상의 결과는 온라인 콘텐츠 유료화에 대한 연구가 양적인 연구, 즉 수용자 설문조사를 중심으로 이루어지고 있음을 보여주는 결과이다. 양적인 연구의 대부분은 유료 온라인 콘텐츠 수용자 또는 잠재적 수용자들을 대상으로 수용 가능성을 파악하고 수용의도 결정요인을 파악하는 방식으로 이루어지고 있었다. 질적인 연구는 유료화 사례에 대한 사례분석(A1), 업계 종사자들에 대한 심층 인터뷰(B5, B6), 언론학계 전문가들에 대한 심층 인터뷰(B6) 등을 통해 온라인 뉴스 유료화를 위한 전제조건과 가능성 있는 모형의 청사진을 제시하는 방식으로 이루어지고 있었다. 복합 연구는 양적 서베이와 질적 인터뷰, 제도 분석 등을 통해 보다 현실성 있는 유료화 모델을 제시하고자 한 연구들로 구성되었음을 확인할 수 있다. 주목할 만한 점은 신문을 기반으로 한 온라인 콘텐츠 유료화 관련 연구는 양적 연구, 질적 연구, 복합 연구가 비교적 활발하게 적용되고 있었다는 점이다. 이는 신문 기반 온라인 뉴스 유료화 관련 연구가 적기는 하지만, 조금씩 누적되면서 다양한 방법론이 적용되고 있는 과정으로 설명될 수 있을 것이다. 그러나 N스크린 등 기타 콘텐츠 유료화와 관련된 연구는 양도 적지만, 모든 연구가 양적 연구, 즉 수용자 대상 서베이를 통해 연구가 진행되고 있었다.

결과적으로 온라인 콘텐츠 유료화에 관한 우리 학계의 고민들을 선행연구를 통해 확인한 결과는 다음과 같다. 첫째, 온라인 콘텐츠 유료화에 관한 연구가 양적으로 매우 적었다. 다만, 2011년 이후 학계에서 온라인 콘텐츠 유료화에 대한 관심을 가지는 경향성이 도출되었다. 둘째, 연구자가 편중되어 있었다. 일부 연구자에 의해 온라인 콘텐츠 유료화 관련 연구가 진행되다 보니 온라인 콘텐츠 유료화 관련 다양성과 확산에 다소 한계를 노출하고 있었다. 셋째, 신문 관련 연구에 편중되어 있다. 방송 콘텐츠 유료화 등 기타 미디어의 유료화 연구는 거의 이루어지지 않고 있다. 넷째, 양적인 연구, 즉 수용자 대상 서베이 연구에 편중되어 있다. 다만, 이마저도 대학생 관련 연구에 편중되어 일반화의 한계를 보이고 있었다. 더욱이 온라인 콘텐츠 유료화를 위한 법, 정책적 연구는 절대적으로 부족한 상황이라는 점을 확인할 수 있다.

표 3-1 온라인 콘텐츠 유료화에 관한 선행연구

번호	유료화 대상	제목	학보(학위 논문)	저자	방법론	핵심 내용
A1	온라인 뉴스 (신문)	국내 인터넷 신문 컨텐츠 공급 유형 및 유료화 모형 연구	서강대학교 언론대학원 석사논문	황상석 (2002)	질적 연구 (문헌연구, 사례분석)	국내 중앙언론사가 운영하는 10개 인터넷 신문을 대상으로 인터넷 신문의 콘텐츠 카테고리를 분류한 사이트맵을 비교조사, 현재 서비스되고 있는 국내외 인터넷신문의 유료화 현황 비교 분석, 유료화 모형 탐색. 이 논문은 이후 콘텐츠 유료화 전략(2003, 커뮤니케이션북스)으로 출판됨
A2	온라인 뉴스 (신문)	신문산업의 뉴스 콘텐츠 유료화 방안에 대한 연구 : 전문가와 이용자 인식조사를 중심으로	성균관대학교 언론정보대학원 석사논문	전병득 (2010)	질적, 양적 (인터뷰, 설문)	전문가들은 뉴스 콘텐츠 전문화가 필요하다는 의견 제시, 뉴스 콘텐츠 이용자들은 뉴스 콘텐츠 유료화에 대한 거부감 표시, 신문 정기구독하고, 하루 1시간 이상 열독자의 구매의도가 높음. 따라서 사회적 읽기 문화의 확산과 심층 콘텐츠 개발이 필요

A3	스마트폰용 모바일 뉴스페이퍼 (신문)	모바일 뉴스페이퍼 이용 및 구매의사 결정요인에 관한 연구	서강대학교 언론대학원 석사논문	최정훈 (2011)	양적 연구 (수용자)	혁신확산이론과 이용과 충족 이론의 관점에서 모바일 뉴스 페이퍼 수용자 연구, 모바일 뉴스 페이퍼 수용자의 성향, 뉴스 페이퍼의 혁신적 특성은 이용에 어떤 영향을 미치는지, 수용자의 모바일 뉴스 페이퍼 이용동기와 이용행태는 어떠한지, 이용 후 만족도가 유료 서비스 구매의향에 어떤 영향을 미치는지 분석한 연구
A4	모바일 뉴스 콘텐츠 (신문)	모바일 뉴스 콘텐츠 이용자의 지불의사에 관한 연구	고려대학교 언론학과 석사논문	정유진 (2013)	양적 연구 (수용자 설문)	20~50대 모바일 뉴스 콘텐츠 이용자 225명 대상 설문, 문화추구 취향을 가진 사람들일수록, 모바일 뉴스 콘텐츠의 저널리즘적 가치를 높게 인식할수록, 유료화에 대한 긍정적인 태도를 가지고 있을수록 높은 지불의사를 보임. 모바일리터러시가 높은 사람들은 지불의사가 낮음. 태도와 지불의사 사이에는 비용에 대한 부담감이 낮을수록 지불의사가 높음, 저작권인식과 타인인식이 높을수록 지불의사가 높음. 타인인식이 저작권인식보다 더 큰 영향력을 가짐
A5	온라인 뉴스 (신문)	온라인 뉴스 콘텐츠 유통 융합모델 연구	한양대학교 신문방송학과 박사논문	이정기 (2013)	질적, 양적 (심층 인터뷰, 판례 분석, 수용자 설문)	온라인 뉴스 콘텐츠 유료화의 조건 탐색 위해 전문가(전국지, 지역지, 학계) 인터뷰, 판례분석 및 사례분석, 전국지와 지역지 수용자 대상 서베이를 수행함. 이 논문은 이후 온라인 뉴스 유료화 전략(2013, 커뮤니케이션북스)으로 출판됨
B1	온라인, 모바일 뉴스	누가 돈을 내고 뉴스를 이용할 것인가? : 디지털 뉴스 콘텐츠 지불의사에 대한 탐색적 연구	한국언론학보, 55(4)	김균수 외 (2011)	양적 연구 (수용자)	인구사회적 속성, 뉴스 미디어 이용 특성, 뉴스기관의 차원이 디지털 뉴스지불의사에 영향을 미치는지 확인, 20~59세 295명 대상 설문, 뉴스에 대한 관심 영역이 특화될수록 온라인 지불의사 높음, 전통적 뉴스미디어 이용과 최신 미디어 채택 여부가 디지털 뉴스 지불의사를 설명하는 핵심 변인, 대안적 기능과 정보 전달 기능 중시할수록 디지털 뉴스 지불의사가 높음, 뉴스의 편향성과 정확성 인식도 종속변인과 관련성 있음
B2	온라인 뉴스 (신문)	대학생들의 종합일간지 유료 온라인 뉴스 콘텐츠 이용의도에 관한 연구	한국언론학보, 56(1)	최믿음 외 (2012)	양적 연구 (수용자)	환경 변인인 뉴스 저작권 인식, 개인차 변인인 뉴스 가치 평가 변인, 사회심리적 변인인 계획행동이론 변인이 대학생들의 종합일간지 유료 온라인 뉴스 콘텐츠 수용의도에 미치는 영향 확인, 뉴스 저작권 인식, 뉴스 선호도, 태도, 주관적 규범, 인지된 행위통제, 동료집단 규범이 종속변인에 영향을 미침

B3	모바일 뉴스콘텐츠 (신문)	대학생들의 신문 이용동기와 기술수용모델 변인이 유료 모바일 뉴스 콘텐츠 수용의도에 미치는 영향	미디어 경제와 문화, 10(3)	이정기 외 (2012)	양적 연구 (수용자)	이용과 충족 이론(신문 이용동기)과 기술수용모델 변인과 외생변인(혁신성, 사회적 동조, 기술적 장애/장벽, 비용)이 대학생들의 유료 모바일 뉴스 콘텐츠 수용의도에 미치는 영향 확인, 분석결과 일상생활 도움 동기, 여가 즐거움 동기, 사회적 동조, 유용성 변인이 수용의도에 직접적 영향 미침
B4	온라인 뉴스 (신문)	지역신문의 지속적 구독의도 및 유료 온라인 뉴스 콘텐츠 이용의도에 관한 연구	한국언론학보, 56(3)	금현수 외 (2012)	양적 연구 (수용자)	환경 변인인 연고주의, 지역 정체성 변인, 개인차 변인인 지역신문 이용동기, 지역신문 가치평가, 사회심리적 변인인 계획행동이론이 부산 지역 대학생들의 지역신문의 구독 및 유료 온라인 뉴스 콘텐츠 이용의도에 어떠한 영향을 미치는지 규명. 지역신문 유료 온라인 뉴스 콘텐츠 이용의도에 영향을 미치는 변인으로 태도, 주관적 규범, 습관 및 시간 보내기, 정서적 유대감/관여도 변인이 도출
B5	온라인 뉴스 (신문)	디지털 미디어 생태계에서 디지털 뉴스 콘텐츠의 유료화 방안에 관한 통합 연구	한국언론학회 가을철 학술대회	임종섭 외 (2012)	질적 연구 (심층 인터뷰)	한국언론진흥재단(2012)의 과제 : “한국 신문의 디지털 콘텐츠 유료화 전략 연구”의 결과물, 국내 10개 주요 신문사 디지털 콘텐츠 담당자 11명 인터뷰, 분석결과 뉴스 생산조직의 측면에서 뉴스 유료화를 위해서는 전문기자, 온라인 우선주의 등의 인식 보완과 개선이 필요함, 뉴스의 상품성을 높여야 함, 지불방식의 다양한 시도 필요, 뉴스는 공짜라는 인식 등의 개선이 필요
B6	온라인 뉴스 (신문)	한국형 유료 온라인 뉴스 콘텐츠 모형에 관한 탐색적 연구	한국언론학보, 57(2)	이정기 (2013)	질적 연구 (심층 인터뷰)	뉴스 콘텐츠 전문가(전국지 9명, 경제지 2명, 지역지 12명, 학계 7명)에 대한 심층 인터뷰 수행, 온라인 뉴스 콘텐츠 유료화(B2B, B2G, B2C)에 대한 평가, 기존 유료화 모형(뉴욕타임즈, 월스트리트저널, 파이낸셜타임즈)의 적용 가능성 평가, 분석결과 B2B, B2G의 수익성 평가가 긍정적, B2C형은 지역지에 적용 가능성 높을 것으로 평가됨, B2B와 B2G는 파이낸셜타임즈형이, B2C는 뉴욕타임즈 수정 모델이 적용 가능성 높다고 평가됨
B7	온라인 뉴스 (신문)	융합모델(IMTBPT)을 활용한 지역지 유료 온라인 뉴스 콘텐츠 이용의도 결정요인 연구	스피치와 커뮤니케이션, 20	이정기 (2013)	양적 연구 (수용자)	수정된 뉴욕타임즈형 모델이 부산지역 대학생들에게 수용 가능성이 있는지에 대해 IMTBPT, 즉 이용과 충족 이론, 기술수용모델, 확장된 계획행동이론의 융합 모델을 통해 규명함. 안정적인 적합도와 설명력을 이끌어냄
						1학기 동안 지역신문 활용 NIE 수행하는 유사실험 설계 상황(매주 오프라인 신문 읽

B8	신문구독	NIE 수강 대학생의 유료 지역신문 정기 구독의도 결정요인	미디어, 젠더 & 문화, 27	이정기 (2013)	유사 실험 연구 (수용자)	고 사설 쓰기, 관련 내용 수업 중 토론), 대학생 329명 중 수업 종료 후 지역신문을 계속 읽을 의향을 가진 학생 119명(36.2%), 지역신문 지속적 이용 예정자는 비이용 예정자에 비해 정보 관련 동기가 강하게 나타남, 다만, 오락 동기에서는 차이가 나타나지 않음. 양 집단의 차별적 유료 지역신문 구독의도 결정요인 파악
B9	N스크린	대학생들의 N-스크린 유료 서비스 이용의도 결정요인	한국방송학보, 27(1)	백형근 외 (2013)	양적 연구 (수용자)	기술수용모델과 혁신성, 사회적 영향력(사회적 이미지, 주관적 규범), 비용(비용 합리성, 비용 민감성) 변인이 N스크린 유료서비스 이용의도에 미치는 영향 확인, 유용성, 사회적 이미지, 비용 합리성은 용이성에, 용이성은 유용성에 정적 영향 미침, 주관적 규범과 혁신성, 비용 합리성은 용이성과 유용성에 매개되어 이용의도에 간접적인 영향을 미침
B10	N스크린	N-스크린 서비스 구매의도에 관한 연구	한국방송학보, 27(1)	양명자 (2013)	양적 연구 (수용자)	만 20~56세의 스마트폰 이용자 700명 대상 서베이, 구매의도에 영향을 미치는 요인 도출, 결과 N-스크린 서비스의 기능적 특성이 가장 큰 영향 미침, 다양한 네트워크에서의 동일한 콘텐츠 접근이라는 N-스크린 서비스 고유의 특성과 함께, 이용자가 선호하는 콘텐츠의 유무, 제공 콘텐츠 수량, 네트워크 품질, 단말기 사양 등이 영향을 미침, 한편, N-스크린 서비스의 기능을 부분적으로 수행하고 있는 기존 서비스들은 대체성 또는 보완성 여부에 따라 부정적 또는 긍정적 영향을 미침. 개인적 특성 중 연령 이외에는 성별, 교육, 결혼여부, 가족수, 소득은 영향을 미치지 않음
B11	웹툰	웹툰 이용동기와 계획행동이론 변인이 웹툰 관련 행동의도에 미치는 영향	커뮤니케이션 학연구, 22(2)	이정기 외 (2014)	양적 연구 (수용자)	이용과 충족 이론(웹툰 이용동기)과 계획행동이론이 유료 웹툰 전환시 이용의도에 어떠한 영향을 미치는지 규명, 분석 결과, 정보추구 동기, 웹툰의 장르적 특성 동기, 태도, 주관적 규범, 인지된 행위통제는 정적으로, 오락 및 접근 용이성 동기는 부적으로 웹툰 유료 전환시 수용의도에 영향을 미침
B12	온라인 뉴스 (신문)	온라인 뉴스 유료화에 대한 대학생 독자 인식제고를 위한 NIE의 탐색적 효과 연구	사회과학연구, 30(3)	이정기 (2014)	유사 실험 연구 (수용자)	NIE를 통한 객관적 정보 제시가 특정 쟁점에 대한 수용자 인식의 변화 이끌어낼 수 있는지 조사, 대학생 45명에 대한 유사실험 설계, NIE와 온라인 뉴스 유료화에 대한 찬반 학습 후 반대한 26명 중 3명은 찬성, 5명은 보통으로 인식 변화

B13	온라인 콘텐츠 (신문)	지역신문의 수익성 평가요인의 상대적 중요도 및 우선순위 분석 : 계층분석과정을 중심으로	언론학연구, 18(1)	김영수 외 (2014)	AHP분석 (기자 대상 조사)	지역신문 기자를 대상으로 계층분석방법인 AHP를 통해 지역신문의 수익성 활동의 우선순위를 종합적으로 분석함, 분석결과 온라인 콘텐츠 유료화가 가장 중요하게 평가됨, 다음으로 유료 구독자 가입 캠페인, 포털사이트 뉴스 제공 수입 등의 중요도가 높게 평가

3. 온라인 뉴스 콘텐츠 유료화를 위한 조건과 과제

3.1 언론사의 '혁신'

온라인 뉴스 유료화 전략은 언론사들의 새로운 수익 창출 방안 중 하나이다. 따라서 온라인 뉴스 유료화 전략을 성공적으로 정착시키기 위해서는 수용 가능성이 있는 유료 온라인 뉴스를 생산하고 유통시키기 위한 언론사 차원의 지원과 투자 의지가 전제되어야 한다. 보다 근본적으로 온라인 뉴스 유료화를 진행할 것인가 말 것인가에 대한 것 역시 언론사 차원에서 결정할 문제이기 때문에 온라인 뉴스 유료화의 성공조건은 언론사의 '혁신' 이라고 해도 과언이 아니다.

한편, 2014년 뉴욕타임즈(NewYork Times)의 '혁신' 보고서는 이른바 잘 나가는 '언론사' 가 스마트미디어 시대에서 생존하기 위해 어떠한 고민과 노력을 하고 있는지에 대한 시사점을 제공해 준다. 혁신 보고서에서 뉴욕타임즈는 "저널리즘 영역에선 가장 앞선 기업이다", 그러나 "우리가 만든 저널리즘을 독자에게 전달하는 기술에서는 경쟁자들에게 뒤처져 있다" 고 밝힌다(NewYork Times, 2014). 그들이 이야기하는 것처럼 뉴욕타임즈는 저널리즘 영역에서는 세계적으로 앞선 기업이다. 그러나 우리나라의 언론사와 비교할 때, 뉴욕타임즈는 저널리즘을 독자에게 전달하는 기술에서도 매우 앞서 있는 언론사이다. 예컨대 뉴욕타임즈는 미래형 수익모델인 온라인 뉴스 유료화 모델을 성공적으로 정착시키고 있다고 평가받고 있으며, 우리나라를 비롯한 많은 국가의 온라인 뉴스 유료화 모델 구성의 기초자료가 되고 있다(이정기, 2013a). 또한 뉴욕타임즈는 패키지 매퍼(Package Mapper) 등 타 기업의 독자 분석 프로그램에 비해 진일보한 수용자 분석 프로그램을 갖추고 있다. 뉴욕타임즈의 탐사보도 역시 미국 내 경쟁사는 물론 전 세계 경쟁사들을 압도하고 있다고 평가받고 있다. 그럼에도 그들은 '혁신'을 말한다.

뉴욕타임즈의 혁신의 명분은 2013년 뉴욕타임즈 구독자 수가 감소했고, 웹사이트 방문자 수 뿐만 아니라 스마트폰 애플리케이션 독자도 줄어들었다는 데이터에 근거한다. 더욱이 디지털 미디어 시장에 진입하는 회사들이 증가하고 있고, 경쟁사들의 디지털 전략이 성공적으로 이루어지는 등 위기 상황에 직면했기 때문에 이러한 위기 상황을 해결하기 위한 혁신이 필요하다는 것이다. 뉴욕타임즈 '혁신'의 핵심은 '수용자의 확대'와 '뉴스룸의 강화'이다. 아울러 혁신 보고서의 핵심을 관통하는 키워드는 '수용자와의 교감', '디지털 퍼스트(Digital First) 전략'에 있다. 뉴욕타임즈는 다양한 사례분석과 인터뷰(수백 명) 결과를 종합하여 자사의 '혁신' 방향에 대해 논했다. 혁신 보고서 이후 유발된 여러 가지 문제는 차치하자. 필자가 주목한 것은 세계 최고의 언론사가, 그것도 온라인 뉴스 유료화 모델을 성공적으로 정착시켰다고 평가받고 있는 언론사가 디지털 시대에 '혁신'만이 생존할 수 있는 수단이라고 생각하고 있다는 점이었다.

그렇다면 뉴욕타임즈 모델을 참고하여 온라인 뉴스 유료화 모델을 구성하고자 아등바등하고 있는 우리 언론사는 무엇이 되는가? 그나마 온라인 뉴스 유료화 모델을 상업적으로 성공시킨 전국 규모의 메이저 언론사도 없는 상황 아닌가? 뉴욕타임즈보다 강한 수준의 내적 혁신 작업 없이는 온라인 뉴스 유료화 역시 요원한 일이 되지 않겠는가? 여기서는 대체로 디지털화와 관련하여 보수적인 경영을 하고 있는 국내 언론사들이 참고할 수 있을 만한 혁신 사례 몇 가지를 제시하고자 한다. 이를 통해 온라인 뉴스 유료화 성공을 위한 내적 혁신의 방향성에 도움을 제시하고자 한다.

3.1.1 해외의 사례 : 뉴욕타임즈

뉴욕타임즈(NewYork Times, 2014)의 '혁신' 전략은 '수용자 확대'와 '뉴스룸 강화'로 구분된다. 이 가운데 수용자 확대 전략의 내용은 이후의 '수용자 전략 구축' 부분에서 자세히 설명하고자 한다. 다만, 본 챕터에서는 '뉴스룸 강화' 부분에 방점을 두고 설명하고자 한다.

뉴욕타임즈는 디자인과 기술, 고객인사이트그룹, 연구개발(R&D), 제품개발 등 사업부문에 해당하는 부서들의 초점이 독자의 경험에 맞추어져 있다. 독자 경험을 중시하는 사업 부문과 협력하는 것이 언론사 혁신의 기초가 될 것이라는 판단을 하고 있는 것이다. 또한 뉴욕타임즈는 뉴스룸을 디지털 퍼스트(Digital First) 조직으로 전환하기 위한 전략 로드맵을 수립해야 한다고 주장한다.

이를 위해 뉴욕타임즈는 미래에 종이신문이면서 질 높은 디지털 기사를 생산하는 곳에서 디지털 신문이면서 질 높은 종이신문을 발행하는 곳으로의 전환을 시도해야 한다고 주장한다. 이는 뉴욕타임즈 광고와 구독료 수익의 3/4은 종이신문에서 나오지만, 대다수의 독자가 이제는 디지털인 상황이라는 판단에 근거한다. 이를 가능케 하기 위해선 유능한 디지털 인력을 확충하기 위한 노력을 기울여야 하고, 디지털 관련 직원들에게 더 많은 권한을 부여할 수 있는 방법을 찾아야 한다. 또한 현재의 디지털 역량과 개선이 필요한 부분을 이해하려는 노력이 필요하다. 아울러 MIT나 미디어랩(Media Lac) 등의 대학과 제휴하여 펠로우십 프로그램을 구축하려는 노력도 필요하다. 디지털 퍼스트 조직으로의 전환을 위해서는 인력과 조직 구조, 사업과 사업방식 등의 재평가 등 뉴스룸 전체의 혁신 작업이 필요하다는 것이다.

뉴욕타임즈의 '디지털 퍼스트' 전략은 여전히 오프라인 신문에서 대부분의 수익을 창출하는 뉴욕타임즈의 수익 환경에 근거하여 생각해 본다면, 다소 공격적이고 실험적인 부분이 강하다. 이는 스마트미디어 시대 뉴스 수용자들의 이해 플랫폼이 오프라인에서 온라인으로 변했다는 상황 인식과 온라인 뉴스 유료화[2] 전략에서의 일

2. 2014년 11월 현재, 뉴욕타임즈 온라인 뉴스 콘텐츠 구독 가격은 다음과 같다. 첫째, 웹사이트(NYTIMES.COM) + 스마트폰 앱(처음 4주 99센트, 이후 주당 3.75달러), 둘째, 웹사이트 + 태블릿 앱(처음 4

정 부분 성공을 거두었다는 자신감, 경쟁기업과 후발기업이 파괴적 혁신을 통해 디지털 시장을 공략하려는 시도를 진행하고 있다는 위기감이 동시에 반영된 결과일 것이다. 앞으로 뉴욕타임즈의 디지털 퍼스트 전략이 어떠한 방향으로 운영되고, 어떠한 결과를 이끌어낼지에 대해서는 조금 더 지켜볼 필요가 있을 것이다. 다만, 뉴욕타임즈의 혁신 사례는 수용자들의 뉴스 이용 환경이 완전히 변해 버린 현재, 우리나라의 언론이 어떠한 방향으로 대응 전략을 모색해야 하는지에 대한 함의를 제공해 주고 있다.

3.1.2 해외의 사례 : 워싱턴 포스트

2013년 8월 5일, 워싱턴 포스트(The Washington Post)가 아마존(Amazon)의 창업자 제프 베조스(Jeff Bezos)에게 인수되었다. 제프 베조스가 워싱턴 포스트를 인수한 이후 혁신 목표가 제시되었고, 조직이 개편되었으며, 이를 위해 막대한 자본이 투입되었다. 워싱턴 포스트의 혁신 전략은 크게 3가지로 구분된다. 첫째, 디지털 퍼스트(Digital First) 전략이다. 이를 위해 종이신문과 디지털 데스크를 융합시키는 조직의 변화가 이루어졌다. 아울러 인터넷에 게재된 기사 중 종이신문에 게재될 기사를 논의하는 방식, 즉 디지털 회의를 우선적으로 하는 방식으로 회의 구조에 변화가 나타났다. 또한 비주얼성이 강하다고 판단되는 스토리텔링 형태의 기사를 중심으로 기사 구성이 변화했다. 둘째, 네트워킹(Networking)이다. 워싱턴 포스트는 유료 온라인 뉴스 상품[3]을 구성하여 서비스하고 있다. 다만, 유료 뉴스사이트를 운영하고 있는

주 99센트, 이후 주당 5달러), 셋째, 모든 디지털 액세스(처음 4주 99센트, 이후 주당 8.75달러), 넷째, 뉴욕타임즈 종이신문 구독자는 추가결제 없이 이용가능, 한편, 뉴욕타임즈는 2014년 4월 NYT Now라는 서비스를 선보였다. 모바일 고객을 겨냥하여 뉴스를 새롭게 포장한 방식의 서비스인데, 월 구독료는 8달러이다. 담당 편집자가 뉴스를 직접 선택, 요약하여 제공하는 방식이다. 2013년 기준 뉴욕타임즈의 유료 온라인 뉴스 구독자 수는 2012년 대비 19% 증가한 76만 명이다. 수익은 1억 4,910만 달러로 2012년 대비 33.5% 증가했다. 반면, 2013년 종이신문 판매와 광고 수입은 2012년 대비 각각 3.9%, 6.3% 하락했다(최익호, 2014.2.7.). 2014년 6월 현재 유료 온라인 뉴스 구독자 수는 83만 1천 명이다.

3. 2014년 11월 현재, 워싱턴 포스트의 유료 모델은 다음과 같다. '디지털(웹과 모바일 엑세스)' 상품은 초기 4주 99센트, 이후 1주당 2.5달러, 1년 99달러(18% 세일), '디지털 프리미엄'(웹과 모바일 엑세스, 태블릿, 스마트폰 애플리케이션) 상품은 초기 4주 99센트, 이후 1주당 3.75달러, 1년 149달러(18% 세일), '오프라인 일

지역신문 115개사와의 파트너십을 통해, 지역신문 사이트에 접속한 수용자들이 워싱턴 포스트를 볼 수 있도록 하는 협업 관계를 유지하고 있다. 우선 지역신문사와의 네트워킹을 통해 고객을 확대하겠다는 전략인 것이다. 셋째, 세계화(World Wide, Borderless)이다. 워싱턴 포스트는 워싱턴 지역의 로컬 신문이지만, 전국과 국제 뉴스를 강화하여 전국지, 국제지로 도약하겠다는 비전을 가지고 있다(양선희, 2014.8.29., 4쪽, 재인용).

워싱턴 포스트의 '디지털 퍼스트' 전략 역시 오프라인 신문에서 70% 이상의 수익을 창출하는 워싱턴 포스트의 수익 환경을 고려할 때, 실험적인 성격이 강하다. 특히 워싱턴 포스트의 온라인 뉴스 유료화 전략은 뉴욕타임즈에 비해 성공적인 성과를 거두고 있지 않은 상황이기도 하다. 다만, 워싱턴 포스트 역시 뉴욕타임즈와 마찬가지로 온라인 공간에서 수익을 창출하는 것이 신문의 새로운 성장 동력이라는 확고한 인식을 가진 상황에서 다양한 혁신 전략을 구축하고 있다는 측면에서 시사점이 있다.

3.2 저널리즘 가치에 충실한 뉴스 콘텐츠의 생산

유료 온라인 뉴스 콘텐츠는 온라인상에서 제공되는 뉴스 콘텐츠를 상품화하여 구독료를 받겠다는 것을 의미한다. 이를 위해서는 상품성 있는 뉴스 콘텐츠를 수용자들에게 제공해야 한다. '뉴스 콘텐츠는 공짜' 라는 인식이 강하게 형성되어 있는 수용자들의 지갑을 열기 위해서는 크게 두 가지 방법이 있을 수 있다. 첫째, 빅데이터로서 존재하는 뉴스 콘텐츠를 활용하여 정보성이 높은 새로운 상품으로 구성하는 것이다. 둘째, 오프라인 공간에서 제공되는 뉴스 콘텐츠와는 전혀 다른 가치 높은 뉴스 콘텐츠를 생산해 내는 것이다. 결국 온라인 뉴스 콘텐츠 유료화의 성공 열쇠는 뉴스 콘텐츠 경쟁력이다. 필자는 언론사가 저널리즘의 가치에 충실한 뉴스 콘텐츠를

요 신문 + 디지털 프리미엄' 은 초기 12주는 주당 79센트, 이후 주당 1.85달러, 1년 39.99달러(52% 세일), '오프라인 일간 신문 + 디지털 프리미엄' 은 초기 12주는 주당 1.79달러, 이후 주당 7.55달러, 1년 89.99달러(72% 세일).

생산해 낼 때, 수용자들이 뉴스 콘텐츠에 비용을 지불할 명분과 당위성을 가질 수 있을 것이라고 생각한다. 여기에서는 저널리즘 가치에 충실한 뉴스 콘텐츠를 생산하려는 노력을 기울이고 있는 언론사의 사례를 소개하고자 한다.

3.2.1 뉴욕타임즈의 인터랙티브 뉴스 '스노우폴(Snowfall)'

뉴욕타임즈의 '스노우폴(Snowfall)'은 2012년 미국 워싱턴주 케스케이드산의 눈사태를 다룬 특집기사를 지칭한다. 스노우폴은 텍스트 위주의 전통적 기사(1만 7천자) 안에 66개의 멀티미디어 비디오와 모션 그래픽을 포함하여 워싱턴주 캐스케이드 산맥을 덮친 눈사태를 생동감 있게 보고 이해할 수 있도록 했다. 뉴욕타임즈의 스노우폴은 정보기술과 뉴스의 결합을 시도하는 새로운 포맷의 뉴스, 즉 인터랙티브 뉴스의 대표적 사례로 평가받는다. 문자, 동영상, 그림을 유기적으로 융합하여 작품을 연상케 하는 새로운 방식의 온라인 뉴스를 생산해 내고 있는 것이다(최원형, 2014. 3.6.). 스노우폴은 2013년 퓰리처(기획보도 부문) 상(2014년 4월 14일 발표)을 수상하기도 했다. 아시아경제의 〈그 섬 파고다, 2013.11.〉, 경향신문의 〈그 놈 손가락 : 국가기관 2012 대선개입 사건의 전말, 2014.1.〉, 한겨레의 〈수첩 인사의 비극, 2014.2.〉, 매일경제의 〈당대불패, 2014.1.〉, 한국경제신문의 〈loT빅뱅〉, 민중의 소리의 〈내란 : 이석기 내란음모 사건의 모든 것 : 2014.2.4.〉 등은 스노우폴의 영향을 받은 인터랙티브 뉴스들이다.

3.2.2 메디아파르트(Mediapart)의 '탐사, 데이터 저널리즘'

프랑스의 '메디아파르트(Mediapart)'는 2008년 창간한 비영리 탐사보도 매체이다. 메디아파르트는 "가치 있는 정보는 무료일 수 없다"는 상식적 사고에서 뉴스사이트 유료화를 선언하여 운영 중에 있다. 메디아파르트는 소수 전문 기자들이 생산한 탐사보도를 핵심으로 하고 있다. 정보의 가치가 디지털 저널리즘의 미래라는 기치 아래 정치, 경제, 사회, 문화 분야 등에서 차별성 있는 콘텐츠 제공을 특성으로 하고 있는 것이다. 메디아파르는 처음 15일 동안은 1유로로 사이트를 이용할 수 있게 하고, 이후에는 기사의 일부만 접근할 수 있도록 했다. 시범적 이용 기간 이후 기사 전체에 접근하기 위해서는 월 9유로, 우리 돈 1만 3천원 정도의 구독료를 지불해야 하는 구조이다. 현재 이 회사는 95% 독자의 구독료에 의존하는 경영 구조를 가지고 있다. 유료 구독자 수는 2008년 13,000명, 2012년 12월 60,000명, 2014년 6월 현재 90,000명으로 급증하고 있다. 메디아파르트가 유료화에 성공한 이유는 정치와 자본 권력의 비리 폭로에 있는 것으로 평가되고 있다. 한편, 메디아파르트는 '프렌치리크스' 라는 서비스를 운영 중에 있다. 이 서비스는 정치, 자본 권력에서 독립적으로 운영되는 민주적 토론 공간을 형성, 데이터 저널리즘의 구축을 목표로 하는 서비스이다. 언론사는 자사가 생산한 모든 데이터에 대한 접근이 무료로 가능하게 플랫폼을 제공한다. 또한 시민들이 참여하여 데이터를 축적하는 데이터 저널리즘의 구축을 위해 언론사는 시민들이 공공이익 관련 정보를 제공할 수 있게 이끌고, 기자들은 데이터의 진실성 여부를 확인하는 일을 한다. 독자와 언론사가 커뮤니케이션함으로써 지적인 역동성을 구축하고 있는 것이다(진민정, 2014, 2~6쪽, 재인용).

3.2.3 경남도민일보의 지역밀착형 공공저널리즘, 하이퍼로컬리즘, 스토리텔링 사업

경남도민일보는 지역밀착형 뉴스의 생산, 국내 최초의 온라인 뉴스 유료화[4] 전략 등으로 알려져 있는 지역일간지이다. 경남도민일보는 소유주와 전문직 기자로 이원된 신문사 경영 관리구조가 아니라 전문직 기자를 중심으로 하는 일원적인 형태의 조직 운영 체계를 구축하고 있다. 경남도민일보는 '지역밀착형 공공저널리즘', '하이퍼로컬리즘', 고객 중심의 '네트워크 저널리즘' 을 통해 콘텐츠 경쟁력을 갖추고

4. 경남도민일보는 2011년 9월 1일 유료화를 단행했다. 부분적 유료화로 기획이나 특종, 단독, 분석기사 등 하루 10여 개의 기획기사가 유료로 게재되는 방식이다. 경남도민일보의 'idomin'은 하루 500원, 월 1만원, 6개월 5만원, 1년 9만원의 유료화 모델을 가지고 있다. 2012년 12월 기준 1,500명의 결제, 수익은 500여 만원으로 알려져 있다(김주완, 2012).

있다고 평가받고 있다(김영수 · 강경수, 2013).

경남도민일보는 "신문이 기계적인 균형과 객관적인 관찰자의 입장에서 나아가 지역의 공공 의제나 과제에 직접 개입하는 보도방식"(김주완, 2012, 73쪽), 즉 공공저널리즘(public Journalism)과 관련한 다양한 실험을 진행 중이다. 대표적인 사례가 2010년 10월 29일 '가고파 국화축제 특별판' 사례이다. 지역 국화축제와 관련한 기사(먹을거리, 주변 명소 등)를 4면으로 구성하여 축제 현장에 배포했고, 지역 신민들의 많은 관심을 이끌어낸 것이다. 이 사례는 2011년 경남 지역신문 발전 조례 시행 후 공익 지원사업으로 채택되기도 했다(김주완, 2012). 또한 경남도민일보는 지역성에 충실한 기사 발굴을 위해 다양한 해외사례에 대한 벤치마킹을 진행해 왔다. 아울러 지역의 소소한 이야기를 뉴스로 발굴하고, 지역인물을 핵심취재원으로 다루며, 지역의 문화자원과 기사를 결합하는 방식의 경남도민일보의 지역성 구현 프로젝트는 업계와 학계에서 성공적이라고 평가받고 있다. 경남도민일보는 독자 중심의 뉴스 생태계를 조성하려는 다양한 시도도 수행하고 있다. 예컨대 독자와의 전화인터뷰(이른바 '독자와 톡톡'[5])를 통해 수용자들의 참여를 이끌어내는 콘텐츠를 생산해 내기 위해 노력하고 있다. 독자와의 인터뷰 결과를 분석하여 콘텐츠 생산에 반영하려는 노력을 기울이고 있는 것이다(김영수 · 강경수, 2013). 경남도민일보의 핵심 콘텐츠(killer content)는 지역인물, 바로 '사람'이다. 경남도민일보는 지역인물 스토리텔링에 강점을 가지고 있다. 지역의 평범한 사람들에 대한 다양한 기사가 생산되었고, 지역민들의 열렬한 호응을 얻었다. 스마트폰이 확산되기 시작한 시점인 2011년 10월, 사람 중심의 월간잡지 '피플파워'를 창간한 것도 경남도민일보의 콘텐츠에 대한 자신감이 반영된 결과로 볼 수 있을 것이다. 권당 5,000원, 연납 5만원으로 구성된 피플파워는 창간 1년 만에 유료독자 3,500명, 구매독자 1,500명 규모로 성장했다(김주완, 2012).

경남도민일보는 온라인 뉴스 생산의 선두주자로서의 면모를 보이고 있기도 하

5. '독자와 톡톡'는 "아침 당직자가 매일 의무적으로 독자 1명의 독자와 톡톡 인터뷰를 당직 마감시간(오전 10시)에 출고"하는 방식으로 이루어진다(김주완, 2012, 43쪽). 경남도민일보는 '독자와 톡톡' 기사를 칭찬, 제안, 지적 등으로 구분, 칭찬에 비해 지적과 제안이 많다는 결과를 도출했다(김영수 · 강경수, 2013).

다. 예컨대 경남도민일보는 지역 파워블로거들과의 협력 사업, 이른바 '갱블' (갱상도 블로그)을 운영 중에 있다. 2012년 12월 기준 140명의 블로거가 갱블에 가입해 있고, 이들은 하루에 60~70건의 콘텐츠를 생산한다. 매주 2~3건의 포스트를 선별하여 경남도민일보 지면에 게재하기도 한다(김주완, 2012). 갱블은 지역 수용자들의 참여를 유도하고, 지역사회 구성원들의 다양한 목소리를 지속적으로 반영할 수 있는 기회를 제공했다는 측면에서 긍정적으로 평가받고 있다(김영수 · 강경수, 2013).

3.3 수용자 전략 구축

2014년 뉴욕타임즈의 '혁신' 보고서는 '수용자의 확대' 를 핵심 내용으로 하고 있다. 구체적으로 수용자의 확대는 저널리즘을 포장하고 유통시키는 방법의 발견, 즉 새로운 플랫폼의 '발견' , 독자의 관심을 이끌어낼 수 있는 '프로모션' , 독자의 충성도를 높여주는 '연결' 로 구성된다. 자타공인 최고의 신문사 뉴욕타임즈가 지속가능한 성장을 위해 혁신을 주장하고 있고, 그 혁신의 핵심에 수용자 전략이 있다고 판단하고 있다는 것이다. 연장선에서 정상윤(2014) 역시 현재는 "수용자가 전부인 시대" 라며, 수용자 분석을 통한 세부적인 마케팅 전략의 수립이 스마트미디어 시대 지역신문의 성장 동력이 될 것이라고 주장한다. 구체적으로 그는 독자들의 행동을 조사 · 분석해 미래전략을 짜는 과정 자체가 브랜딩이라고 주장한다. 또한 신문기업은 독자들과의 쌍방향 커뮤니케이션을 채널을 확보, 독자들이 원하는 모습으로 변해야 한다고 주장한다. 이러한 정상윤(2014)의 주장은 신문사뿐만 아니라 방송사에서도 적용 가능할 것으로 보인다. 다매체 다채널, 스마트 미디어의 시대에 수용자들의 욕구를 충족시키지 못하는 콘텐츠는 신문과 방송을 막론하고 외면받을 수밖에 없는 상황이기 때문이다. 그러나 우리나라에서 독자들의 의견을 수렴할 수 있는 기구가 존재하는 신문사는 51.5% 정도에 불과한 상황이다(한국언론진흥재단, 2012). 이마저도 수용자를 과학적으로 분석할 수 있는 인력을 갖춘 언론사는 극소수에 불과하다. 수용자가 전부인 시대를 살고 있지만, 정작 수용자를 과학적으로 분석할 수 있는 언론사는 많지 않다는 것이다.

한편, 언론사들이 온라인 뉴스 유료화를 시도하는 이유는 언론사들이 제공했던 뉴스 콘텐츠가 독자나 시청자들의 선택을 받고 있지 못한 상황에 기인한다. 언론사의 입장에서 보면, 언론사는 고객인 수용자들의 욕구에 부합하는 콘텐츠를 생산해 지속적으로 생산해 내야 하고, 수용자들의 선택을 받지 못하는 언론사는 도태될 수밖에 없다. 다시 말해 빅데이터로서의 유료 온라인 뉴스 상품을 구매하는 주체, 온라인 뉴스를 보고 돈을 지불할 주체는 수용자이다. 따라서 온라인 뉴스 유료화를 위한 수용자 전략의 중요성은 아무리 강조해도 지나침이 없다. 그러나 국내에서 온라인 뉴스 유료화 모델을 제시한 몇몇 언론사 중 수용자들을 대상으로 사전 조사를 통해 맞춤형 뉴스 콘텐츠를 개발하고자 노력했던 언론사는 거의 없다. 온라인 뉴스 유료 모델이 수용자가 아닌 생산자 중심으로 기획·운영되고 있는 것이다.

3.3.1 수용자 분석 현황과 한계

모든 언론기업이 자사의 수용자를 분석할 수 있는 프로그램을 가지고 있다면, 온라인 뉴스 유료화 전략 구축은 한결 편해질 것이다. 그러나 실제로 수용자 분석 프로그램을 가지고 운영하고 있는 언론사는 많지 않다.

2014년 4월 개최된 제15회 국제 온라인 저널리즘 심포지엄(ISOJ : International Symposium Online Journalism)은 '데이터를 통해 독자를 이해하고 그들에게 맞는 기사를 만드는 법'이라는 세션을 포함했다. 어떻게 해야 수용자들을 잘 이해할 수 있을지에 대한 세션을 만든 것은 ISOJ 역사상 최초였다. 이 세션에서 소개된 몇 가지 수용자 조사 프로그램을 소개하면 다음과 같다(김현, 2014, 재인용).

첫째, 미국 뉴욕타임즈(NewYork Times)의 '패키지 매퍼(Package Mapper)'이다. 패키지 매퍼는 독자들이 어떠한 기사를 읽기 시작하여 어떠한 기사로 옮겨가는지 측정할 수 있는 프로그램이다. 일종의 뉴스 트래픽 분석도구이다. 이 프로그램을 통해 특정 기사를 읽은 독자가 어떤 기사에 관심을 가지고 있는지 등을 분석할 수 있다(정상윤, 2014). 둘째, 미국 움벨(Umbel)은 기사 작성 과정에서 빅데이터를 활용하는 것에 주목하고 있다. 움벨의 대표인 히기노 메이코트는 빅데이터 이해없이 언론사를 운영하기는 어려울 것이라고 말한다. 미래에는 모든 산업이 개인 맞춤형이 될 것이고, 따라서 빅데이터가 중요하다는 것이다. 다만, 모든 데이터가 유용하지는 않다. 데이터가 유용성을 갖기 위해서는 데이터 분석 과정이 중요하다는 것이다(김현, 2014, 재인용). 셋째, USC(The University of Southern California)의 경우 미디어 효과 측정 프로젝트(Media Impact Project)를 진행하고 있다. 프로젝트는 미디어의 영향을 평가하기 위해 데이터를 수집하고 분석해 개발 · 분배하는 국제적 허브 구축을 목표로 한다. USC에 따르면 수용자들은 소비–확대(콘텐츠 공유)–기여(콘텐츠에 덧붙임)–구독(콘텐츠 수용)–행동(콘텐츠 구매)과 같은 단계를 거친다고 한다. 아울러 수용자들이 실제로 취하게 되는 행동을 기반으로 수용자를 분석하는 것은 온라인 행동 분석으로 지칭한다. USC는 미디어 효과 측정 뉴스라는 웹사이트를 활용하여 미디어 효과 측정 관련 정보를 수집 · 제공하고 있다(김현, 2014, 재인용).

그러나 과학적인 수용자 분석 프로그램을 통해 수용자 맞춤형 콘텐츠를 제작하는 일이 온라인 뉴스 유료화 전략의 핵심이 될 것은 어쩌면 당연한 일일 수 있다. 문제는 당연한 일을 어떻게 구현해 내느냐 하는 것이다. 예컨대 국내의 모든 신문사, 방송사들이 트래픽 분석 프로그램, 빅데이터 분석 시스템, 수용자 행동 분석 프로그램을 운영하기란 쉽지 않은 일이다. 비용상의 문제가 개입될 수 있기 때문이다. 전술했듯 우리나라에서 독자들의 의견을 수렴할 수 있는 기구가 존재하는 신문사는 51.5% 정도이며(한국언론진흥재단, 2012), 수용자들의 콘텐츠 수용행동을 과학적으로 분석할 수 있는 인력을 갖춘 언론사는 극소수에 불과하다. 따라서 언론사들이 자사의 수용자 또는 잠재적 수용자들의 뉴스 콘텐츠 수용 행동을 과학적으로 분석하고, 이러한 데이터를 바탕으로 온라인 뉴스 유료화 전략을 성공시키기 위해서는 장기적으로 정부와 학계 차원에서 수용자 분석 프로그램을 개발 · 보급하기 위한 노력을 기울일 필요가 있다. 이 과정에서 국제 온라인 저널리즘 심포지엄(ISOJ)의 사례는 핵심적 참고 사례가 될 것이다. 다만, 수용자 분석 프로그램의 개발이 비용상의 문제 등으로 단기적 성과를 거두기 어렵다고 한다면, 업계 차원에서 스스로 자사의 콘텐츠 수용자들의 콘텐츠 수용행동을 분석하는 방법론을 학습하고, 데이터를 수집하여 분석하는 방식을 활용하는 것이 도움이 될 수 있을 것이다.

3.3.2 수용자 분석을 위한 모델(IMTBPT-REI)

문화체육관광부, 미래창조과학부, 한국언론진흥재단, 한국방송통신전파진흥원, 정보통신정책연구원, 한국콘텐츠진흥원 등 공공기관은 변화된 미디어 환경에 부합하는 언론정책을 만들어내기 위해 다양한 노력을 기울이고 있다. 언론사에 대한 경제적 지원 프로그램을 운영함은 물론, 연구개발(R&D : Research & Development) 과제를 발주하거나 질 높은 뉴스 콘텐츠를 제공하기 위해 언론인들을 대상으로 교육 프로그램을 운용하는 등의 노력을 기울이고 있는 것이다. 다만, 언론사가 자신들의 위기를 극복하기 위한 수용자 전략을 구축할 수 있게 하기 위한 과학적 방법론에 대한 교육은 거의 이루어지지 않고 있다.

수용자 조사를 위한 과학적 방법론에 대한 교육은 언론산업 위기 극복의 주체인 언론기업이 자사의 문제점을 확인하고, 자사 콘텐츠의 수용자가 원하는 맞춤형 콘텐츠를 생산하기 위한 기초자료라는 측면에서 개별 언론사들이 반드시 습득해야 할 내용이다. 예컨대 연구 예산과 인력의 한계에 의해 대부분의 연구개발(R&D) 과제는 특정 언론사에 최적화된 맞춤형 비즈니스 전략 또는 수용자 전략을 제시하지 못하는 경우가 많다. 정부의 연구개발 과제가 거시적 미디어 정책의 방향을 제시한다면, 거시적 미디어 정책 과제를 자사의 수용자들이 어떻게 생각하는지에 대한 미시적 수용자 전략을 구축하려는 노력은 기본적으로 언론사들을 중심으로 이루어져야 마땅하다. 이에 언론사들은 조사방법론에 능통한 석·박사 출신 전문인력을 채용하여 스스로 수용자 분석을 할 수 있어야 한다. 이것이 불가능하다면, 내부 인력을 조사전문인력으로 양성하거나 산학협력을 통해 학자들의 힘을 빌리는 방식도 대안이 될 수 있을 것이다. 또한 정부 각 기관은 각 언론사의 전문인력에 대한 교육 프로그램 운영을 통해, 언론사들이 스스로 자사 콘텐츠 수용자들을 이해하고, 그들의 콘텐츠 수용 욕구를 파악할 수 있는 최신 방법론과 비즈니스 모델에 대한 교육을 수행할 필요가 있다. 이것이 불가능하다면, 산학협력 프로그램을 개발하여 특정 언론사가 연구자들과 연계하여, 수용자 조사를 수행할 수 있도록 지원을 하는 방식도 고려해 볼 수 있을 것이다.

이 과정에서 언론사들을 위해 정부 기관과 언론학자들의 노력은 핵심적이다. 예컨대 언론사 종사자들이 자사의 수용자, 잠재적 수용자들을 대상으로 자사의 비즈니스 모델의 수용 가능성을 확인할 수 있게 하는 모델을 개발하고, 이 모델의 활용법을 교육시킴으로써 각 언론사의 온라인 뉴스 유료화 모델의 수용 가능성과 수용자 인식을 언론사 차원에서 확인할 수 있게 하려는 노력이 필요하다는 것이다.

필자는 2013년에 출간된 저서 『온라인 뉴스 유료화 전략』(이정기, 2013a)을 통해 개별 언론사들이 자사의 수용자들의 행동을 예측할 수 있는 모델을 제안한 바 있다. IMTBPT-REI(Integrated Model of Technology Based Behavior Protection Theory Reflecting Environment and Individual difference ; 환경과 개인차가 반영된 기술기반 행동 의도 예측 이론의 통합 모델)가 그것이다. 여기에서 IMTBPT는 이용과 충족 이론(Uses & Gratification), 기술수용모델(Technology Acceptance Model), 계획행동이론(Theory of Planned Behavior)의 융합모델을 의미한다. IMTBPT는 수용자의 능동성에 주목하고 있는 이용과 충족 이론과 인간의 합리성에 근거하여 사람들의 사회문화적 행동의도 예측에 유용성을 보이는 계획행동이론, 특정 기술이나 기술에 기반한 서비스 수용의도에 유용성을 보이는 기술수용모델을 물리적으로 융합하여 기술에 기반한 인간의 행동을 예측하는 데 설명력을 극대화한 모델이다. 이 모델은 전국지와 지역지 유료 온라인 뉴스 콘텐츠 수용의도의 예측은 물론(이정기, 2013a), 팟캐스트 수용의도(이정기 · 금현수, 2013), 스마트폰 웹툰 수용의도(이정기 · 주지혁, 2014) 등의 연구에서 안정적인 모형 적합도와 높은 설명력을 이끌어낸 바 있다. 다만, 언론정책과 관련된 인간의 사회문화적 행동의 예측을 위한 틀인 IMTBPT는 대체로 사회심리적 변인에 치중한 이론들이라고 할 수 있다.

그러나 아직 시행되지 않고 있거나 특정 언론정책에 근거하여 시범적으로 제안된 서비스나 상품, 예컨대 유료 온라인 뉴스 콘텐츠와 같은 상품은 개인의 환경과 법, 제도, 정책적 환경과 같은 질적이고 거시적인 환경에 좌우될 수밖에 없다. 인간의 사회심리적 속성을 반영한 이론 이외에 구조적인 환경 변인을 포괄한 수용자 행동 예측이 필요한 이유이다. 예컨대 온라인 뉴스 유료 모델을 중심으로 생각해 봤을 때, 환경 변인은 유료화를 둘러싼 저작권 환경, 포털과의 관계 설정, 업계의 동향, 정부의 지원 등 법 · 제도적 움직임과 내부 뉴스 콘텐츠에 대한 속성에 대한 고려가 필요하다. 아울러 이러한 환경에 대한 고려는 학계와 업계의 전문가들에 의해 이루어져야하고, 수용자들이 이러한 환경에 어떠한 영향을 받을지에 대한 예측을 위해 양적 변인화되어야 한다. 자사의 고객이나 잠재적 고객이 어떠한 개인차(특성)를 가지고 있는지에 대한 고려도 마찬가지이다. 이러한 측면에서 IMTBPT-REI는 질적 분석과 양적 분석이 통합된 형태의 모델로 볼 수 있다. 즉 IMTBPT-REI는 특정 법, 제도, 정책 시나리오별로 온라인 뉴스 콘텐츠 수용의도를 극대화는 수용자 전략이 무엇인지를 찾아내어 맞춤형 정책과 맞춤형 캠페인 전략을 구축하는 데 최적화된 모델이다. 간단한 프로세스를 가지고 있기 때문에, 일부 이론에 대한 학습과 방법론에 대한 학습이 전재된다면, 개별 언론사가 주도적으로 수용자 분석을 수행할 수 있다. 질적 분석 과정이나 결과의 해석 등은 학계의 자문을 구하는 방식으로 충분히 보완 가능하다는 것이다.

물론 추후 더욱 정교한 수용자 분석 틀이 구성되어야 할 것이다. 그러나 그 이전에 언론사가 자신의 고객과 잠재 고객에 대해 능동적으로 분석을 하는 데 IMTBPT-REI는 유용성과 용이성을 동시에 제공해 줄 수 있을 것이다. 언론사의 생존을 고민하고 있는 정부 기관은 언론사가 능동적으로 자사를 둘러싼 정책 환경과 수용자를 분석할 수 있는 IMTBPT-REI를 비롯한 다양한 수용자 분석 모델과 방법론을 교육시켜야 한다. 이를 통해 언론사들이 보다 과학적으로 수용자들을 분석하고, 이를 통해 경영 혁신을 이끌어낼 수 있도록 자생력을 함양시키기 위한 노력을 기울일 필요가 있다. 이는 경제적인 지원보다 훨씬 강력한 언론사 생존 전략이 될 수 있을 것이다. 특히 '온라인 뉴스는 공짜' 라는 인식이 강하고, 뉴스 저작권에 대한 인식이 일천한 국내 상황에서 온라인 뉴스 유료 모델을 성공적으로 정착시키기 위해서는 수용자의 이용욕구를 자극하는 가치 있는 콘텐츠가 생산되어야 한다. 수용자들이 원하는 뉴스가 무엇인지, 어떠한 환경에서 온라인 뉴스에 돈을 지불할 의향이 있는지에 대한 과학적이고 면밀한 검증이 필요하다. 이러한 수용자 분석 없이 언론사가 일방적으로 뉴스 콘텐츠를 유료화해 놓고 수용자들에게 이용을 강요하는 방식의 유료화 모델은 결코 성공할 수 없다.

3.3.3 NIE(Newspaper in Education)와 미디어 교육

온라인 뉴스 유료화를 성공적으로 정착시키기 위한 방법은 간단하다. 무료로 뉴스를 이용하는 것에 익숙한 수용자들의 지갑을 열면 된다. 이는 온라인 뉴스 유료화의 열쇠가 '수용자' 라는 것을 의미한다. 다시 말해 온라인 뉴스 유료화의 핵심은 수용자 전략의 구축이다. 다만, 보다 원활한 수용자 전략의 수립을 위해 정책 결정론자는 수용자 전략 구축의 타깃이 되는 핵심 전략 대상을 설정할 필요가 있다.

필자는 온라인 뉴스 유료화를 위한 핵심 연령대가 10～20대로 설정되어야 한다고 생각한다. 이 연령대는 타 연령대에 비해 유료 신문 구독률이 낮다. 대신 뉴스를 포털이나 스마트폰을 통해 이용하는 경향이 높다. '뉴스는 공짜' 라는 인식이 높고, 뉴스에 대한 저작권 인식이 낮은 연령대이기도 하다. 그러나 이들의 상당수는 진학(고입, 대입)이나 취업이라는 목적의식을 가지고 있거나 학교(일부는 직장)라는 공간에서 생활하고 있다. 이는 역설적으로 10～20대를 대상으로 한 뉴스 저작권 교육, 미디어 교육이 그만큼 쉽다는 점을 의미하는 것이다. 뉴스 저작권 인식의 제고가 온라인 뉴스 유료화의 전제조건이라고 할 때(이정기, 2013a), 아울러 10～20대가 진학과 취업, 승진 등을 위해 고도의 전문성 있는 정보를 필요로 한다고 가정할 때, 비록 유료로 제공된다고 하더라도 온라인 뉴스 콘텐츠를 정보원으로 활용하는 방식은 상당히 매력적일 수 있다고 생각될 수 있기 때문이다. 특히 정부와 지방자치단체는 청소년들과 대학 구성원을 대상으로 무료로 신문을 제공하거나 신문활용 교육 강사를 제공하는 등 다양한 NIE(Newspaper in Education) 사업을 진행하고 있다(이정기, 2013b ; 2014). NIE는 비판적 사고 능력, 미디어 리터러시 능력 등 교육적 효과(이화행 · 이정기, 2011)와 함께 신문 구독을 이끌어내는 마케팅 효과(이정기, 2013b ; 2014 ; 한국언론진흥재단, 2010)를 가지고 있다고 알려져 있기 때문이다.

따라서 비교적 정부와 지방자치단체의 교육 지원이 활발하게 10대와 20대를 대상으로 NIE를 수행하고, 이를 통해 온라인 뉴스 저작권 인식을 함양시키고, 유료 온라인 뉴스 이용의 필요성에 대한 인식을 제고할 수 있다면, 장기적인 관점에서 온라인 뉴스 유료화는 가능성이 있을 것으로 보인다. 중요한 것은 어떠한 방식으로, 어떠한 메시지를 전달하는 NIE를 진행했을 때, 수용자(학습자)들의 온라인 뉴스 유료화에 대한 인식이 제고될 수 있을지 파악하는 것이다.

그동안 필자는 NIE 수업이 온라인 뉴스 유료화의 전제조건이 될 수 있는지에 대한 유사 실험연구를 몇 차례 진행해 왔다. 1차 실험의 결과는 2013년 '미디어, 젠더 & 문화' 27호에 게재된 'NIE 수강 대학생들의 유료 지역신문 정기구독 의도 결정 요인' 이라는 논문을 통해 소개한 바 있다. 1차 실험은 2012년 2학기 수업시간을 통해 이루어졌다. 실험자는 응답자들에게 1학기 동안 매주 오프라인 신문을 읽게 하고, 사설을 매주 1개씩 쓰게 요청했다. 사설을 쓴 이후에는 신문을 통해 읽은 내용을 자신의 시각으로 분석한 내용을 추가적으로 작성하여 제출하게 했다. 분석 과제는 매주 수업시간에 토론하는 방식으로 검증이 이루어졌다. 한 학기 동안 수업을 진행한 후 학기 종료 직전, 수업이 끝난 이후에 신문을 끊을 의향이 있는지 파악하고, 신문을 끊을 의향을 가진 사람과 그렇지 않은 사람의 사회심리적 속성, 뉴스에 대한 가치평가 정도의 차이를 확인했다. 분석결과 응답 대상자 329명 중 119명(32.6%)의 대학생들이 수업 종료 이후 신문을 읽겠다고 응답했다. 모든 응답자들은 수업 이전에 신문을 정기적으로 읽지 않았다. 따라서 이는 대학에서의 NIE가 신문 구독효과를 유발할 수 있음을 보여주는 결과로 볼 수 있다. 한편, 두 집단 간의 속성 비교 결과, 지속적 구독 예정자는 비이용 예정자에 비해 신문의 유용성에 대한 인식이 높았다. 다만, 오락적 효과에 대한 인식은 높지 않았다. 한편, 지속적 구독 예정자 역시 경제적 문제 등에 의한 신문 구독 비용에 부담감을 가지고 있음을 확인할 수 있었다. 이상의 결과는 대학생들을 대상으로 한 NIE가 마케팅적 효과를 충분히 가질 수 있음을 실증적으로 보여주는 결과이다. 그러나 문화체육관광부, 한국언론진흥재단 차원의 대학생 NIE 지원은 매우 부족한 상황이다. 조사 시점인 2013년 1학기 기준 대학 신문 읽기 강좌 지원 사업의 수혜 대학은 21개 대학에 불과했고, 지원 금액(3학점 6백만원, 2학점 5백만원) 역시 신문의 유용성을 가지고 있는 집단에 대한 구독료 등의 지원이 아니라 연구개발비, 강의료, 조교비, 운영비 등으로 책정되어 있었다. 2014년 2학기 현재, 대학 신문 읽기 강좌 선정 대학은 13개 대학에 불과하다. 한국언론진흥재단은 읽기 문화 확산과 신문산업 진흥을 위한 NIE의 효과성을 과학적으로 파악하고, 효과 높은 분야에 국민의 세금을 투입하려는 정책적인 노력을 면밀하게 기울일 필요가 있다.

2차 실험의 결과는 2014년 '사회과학연구' 30호에 게재된 '온라인 뉴스 유료화에 대한 대학생 독자 인식 제고를 위한 NIE의 탐색적 효과 연구' 라는 논문을 통해 소개된 바 있다. 2차 실험은 2013년 9월 2일부터 11월 18일까지 11주 동안 신문 읽기 및 사설쓰기(보수신문 중 1사, 진보신문 중 1사를 골라 동일 주제의 사건을 다룬 사설 2개를 읽고, A4 1장 분량의 분석문과 자신의 생각 정리, 제출), 관련 내용 수업 시간에 토론(시의적, 논쟁적 사건에 대한 찬반의견에 대한 정보 제공 후 토론) 등의 NIE 수업을 진행한 45명의 대학생들을 대상으로 진행되었다. 연구자는 11월 18일 실험 종료 후 온라인 뉴스 유료화에 대한 찬반 의견을 학생 상호간 논의케 했다. 논의 결과는 칠판에 정리하여 제시했다. 이후 연구자는 대학생들에게 찬반 의견을 듣고 난 이후 온라인 뉴스 유료화에 대한 생각이 변했는지, 현재 온라인 뉴스 유료화에 대한 생각은 어떠한지, 그렇게 생각하는 근거가 무엇인지 정리하게 했다. 응답이 종료된 후 내용 분석을 수행한 결과 온라인 뉴스 유료화 찬성자는 12명(26.67%), 반대자는 21명(46.67%)으로 반대자의 비율이 높았다. 한편, 기존에 온라인 뉴스 유료화에 대해 반대하는 사람 26명 중 8명(30.77%)은 찬반 근거 제시 이후 비교적 찬성의 방향으로 인식의 변화가 있었다. 이는 온라인 뉴스 유료화에 대한 찬반 근거의 객관적 제시와 NIE가 온라인 뉴스 유료화 반대자의 인식 전환에 도움을 줄 수 있다는 점을 보여주는 결과이다. 온라인 뉴스 유료화를 왜 해야 하는지에 대한 충분한 설득의 작업 없이는 온라인 뉴스 유료화에 대한 인식 제고가 이루어지지 않을 것이라는 점을 보여주는 결과이기도 한다. 한편, 이 연구의 결과에 의하면, 온라인 뉴스 유료화에 찬성하는 대학생들은 신문산업의 활성화라는 산업적 관점보다 온라인 뉴스 유료화를 통한 뉴스 가치의 질적 제고, 공적 기능의 강화라는 저널리즘 기능의 강화라는 전제에서 온라인 뉴스 유료화에 찬성하고 있었다. 반대하는 대학생들은 온라인 뉴스 유료화가 정보 격차를 심화시킬 수 있고, 정치적 편향성의 문제를 심화시킬 수 있으며, 충분히 뉴스를 무료로 읽을 수 있는 환경에서 돈을 낼 필요성을 느끼지 못하고, 온라인 뉴스 유료화 진행 기업이 수용자들의 뉴스 이용특성을 고려하지 않기에 반대한다는 의견을 제시하고 있었다.

이상의 실험 결과들은 대학생들을 대상으로 한 NIE가 온라인 뉴스 유료화나 오프라인 뉴스 콘텐츠 구독을 이끄는 마케팅적 효과가 있음을 실증적으로 규명한 결과이다. 아울러 이상의 결과는 수용자들이 온라인 뉴스 유료화에 찬성하는 이유가 무엇이며, 반대하는 이유가 정확히 무엇인지에 대한 과학적인 분석이 필요하며, 찬성자들의 경우 온라인 뉴스 유료화 전환시 그들이 원하는 정보가 충분히 제공될 수 있다는 믿음을 제공할 필요가 있음을 예측케 한다. 또한 온라인 뉴스 유료화 반대자들의 경우 그들이 우려하는 온라인 뉴스 유료화의 역기능의 문제를 해결하기 위해 업계가 어떠한 노력을 기울이고 있는지에 대해 끊임없이 설명하고 소통하려는 노력을 기울일 필요가 있다고 판단된다. 중요한 것은 온라인 뉴스 유료화에 대한 과학적 인식 제고 프로그램을 구비하는 것이다. 찬성하는 사람과 반대하는 사람, 아무런 정보가 없는 사람을 구분하고, 서로 다른 그들의 욕구에 맞춘 뉴스 혁신 전략과 설득 전략을 이끌어내려는 노력이 필요하다는 것이다.

3.4 뉴스 저작권 환경의 정비

언론사들은 하루에도 수많은 뉴스를 생산해 낸다. 따라서 온라인 뉴스 유료화를 통해 수익을 창출하고자 하는 언론사들은 경쟁 언론사들과는 다른 가치 있는 뉴스를 생산해 내야 한다. 예컨대 수용자들의 욕구(needs)에 소구할 수 있는 맞춤형 뉴스 콘텐츠를 생산해야 하고, 때로는 빅데이터로서 존재하는 '뉴스' 를 가공하여 밀도 높은 '정보' 로 승화시키기 위한 노력이 필요하다. 다만, 이러한 언론사들의 피나는 노력이 있더라도 온라인상에서 저작권이 보호되지 않는다면, 온라인 뉴스 유료화는 성공을 거두기 어렵다.

이는 빅데이터로서 정보의 원천인 온라인 뉴스에 대한 저작권 보호가 온라인 뉴스 유료화의 핵심 선결과제라는 점을 의미한다. 다시 말해 온라인 뉴스 유료화를 성공적으로 정착시켜 내기 위해서는 뉴스 콘텐츠 저작권법을 정비하는 등 법 · 제도적 환경을 개선할 필요가 있다. 물론 뉴스 수용자들에 대한 저작권에 대한 인식 제고를 통해 온라인 뉴스에도 저작권성이 있다는 점을 알리고, 자율적으로 온라인 뉴스 저작권을 존중하는 문화를 조성하는 것이 온라인 뉴스 유료화를 위한 최선의 방법일 것이다. 그러나 뉴스 수용자들은 '온라인 뉴스는 무료' 라는 인식이 강하다. 이에 자율 규제에 의한 온라인 뉴스 유료화 모델의 구축은 매우 더디게 작동할 수밖에 없다. 이러한 문제를 개선하기 위해서는 뉴스 저작권 인식 제고를 위한 자율규제 캠페인의 전개와 함께 현재의 뉴스 생산과 유통 상황에 부합하지 않는 낡은 법 · 제도를 정비하고, 공적 주체에 의해 뉴스 저작권이 침해될 경우 처벌을 강화하는 방식의 타율규제를 적절하게 융합시킬 필요가 있다. 그러나 언론학계에서 뉴스 저작권에 대한 학술적 접근은 활발히 이루어지지 못했다. 이번 장에서는 필자가 1989년부터 2013년까지 발생한 8개 사건 19개의 뉴스 저작권 관련 판례를 분석한 결과(이정기, 2013a)를 통해 국내 뉴스 콘텐츠 저작권 소송의 현황과 문제점, 개선방안에 대한 함의를 제시하고자 했다. 판례분석을 통해 도출한 핵심 연구결과와 함의는 다음과 같다.

첫째, 현실공간에서 뉴스 콘텐츠 저작권 침해는 매우 빈번하게 이루어지고 있으나 뉴스 콘텐츠 저작권 침해가 소송으로 비화된 사례는 매우 적었다. 대부분의 판례는 동종이나 이종 언론사 사이에서 이루어지고 있었고, 일반 기업이나 정부 기관을 대상으로 제기된 판례는 없었다. 이는 언론이 광고주이자 취재원, 독자인 기업, 정부에 대해 가지는 역학관계가 반영된 결과로 보인다. 소송에 의해 기업이나 정부 등 유력 광고주와 불평등한 관계가 형성될 경우 이후의 광고 수익 등에 문제가 발생할 가능성이 있기 때문이다.

둘째, 뉴스 콘텐츠 저작권 소송은 장기간에 걸쳐 이루어지고 있었다. 재미 있는 결과는 소송이 장기간 지속될 경우 뉴스 저작권의 침해가 인정되더라도 손해배상 금액이 적어지는 경향성이 발견되었다는 것이다. 이는 뉴스 저작권 침해에 따른 보상보다 뉴스 저작권 소송 과정에서 발생하는 시간적 · 비용적 소비와 스트레스가 클 수 있음을 짐작케 하는 부분이다. 언론사들이 적극적으로 저작권 침해 소송을 제기하지 못하는 물리적 구조가 존재한다는 것이다. 한편으로는 저작권법 제7조 5호, 즉 '사실 전달에 불과한 시사보도' 에서 확인할 수 있듯 뉴스 저작권에 대한 정의 자체에 명확성이 결여된 측면도 있었다. 이러한 문제를 개선하기 위해서는 저작권법 제7조 5

호 '사실 전달에 불과한 시사보도' 의 유형과 범위를 분명하게 규정할 필요가 있다. 어떠한 내용이 시사보도에 해당하는지에 대한 적시가 필요하다. 예컨대 단순 전달 위주의 뉴스라고 하더라도 많은 독자(시청자)들의 관심을 받고 있는 기사이거나 기사 작성 과정에서 시간과 비용이 소비된 현장 기사, 단독이나 특종 보도일 경우 뉴스 콘텐츠의 저작권을 인정하는 방식 등으로 저작권 보호 대상 뉴스를 확대하는 방식이 뉴스 저작권 보호에 도움이 될 수 있을 것이다. 또는 국가가 뉴스 콘텐츠 저작권 모니터링 센터와 저작권 분쟁조정 기구 등 공적 기관을 운영함으로써 중립적 기구에 의한 뉴스 저작권 침해 감시, 보호 시스템을 구축하는 것도 뉴스기업 차원의 뉴스 저작권 침해에 대한 언론사의 문제제기 및 뉴스 저작권 보호에 도움이 될 수 있을 것이다(한국언론진흥재단, 2010 ; 이정기, 2013a). 또한 뉴스 콘텐츠의 특수성을 감안하여 소송 기간을 단축시킬 필요가 있다. 아울러 뉴스 콘텐츠 저작권 위반에 대한 처벌 기준을 강화할 필요가 있다. 뉴스 저작권 침해자에 대한 벌금을 강화하고, 저작권 침해 언론사에 각종 정부 지원상의 불이익을 주는 등의 기준 적시를 통해 뉴스 저작권 침해율 자체를 줄이고, 뉴스 저작권 침해시 법률상의 구제가 쉬운 구조를 조성해야 한다.

〈표 3-2〉는 이정기(2013a)가 제시한 뉴스 콘텐츠 저작권 보호를 위한 가이드라인이다. 이 가이드라인은 뉴스 콘텐츠 전문가(업계 종사자 및 학자)에 대한 심층 인터뷰와 판례 분석 결과를 종합하여 도출한 것이다. 가이드라인을 요약하면 다음과 같다.

첫째, '뉴스 콘텐츠 저작권 보호의 범위' 는 사실보도의 저작권성을 포괄적으로 인정하는 방식으로 범위가 확대되어야 한다. 예컨대 모방 기사, 부고, 인사, 일기예보와 같은 단순 정보를 제공하는 기사의 저작권성은 저작권법 제7조 5호에 의해 인정되지 않을 수 있다. 그러나 부고나 일기예보 등 단순 기사로 분류되는 뉴스라고 하더라도 뉴스의 가공성 정도(정보의 밀도)나, 시의성, 창작성, 회사의 경비 투입 등 노력의 정도를 포괄적으로 고려하여 사실보도의 저작권성을 확대 인정하려는 노력이 필요하다.

둘째, '뉴스 저작권의 보호 기간' 은 일반 온라인 저작물의 보호기간에 준하되,

시의성 있는 시사보도라고 한다면, 온라인상에서 뉴스가 시의성을 가질 수 있는 기간을 과학적으로 산출하여 그 기간 동안 저작권을 보호하고, 기간 만료시 저작권성을 약화시키는 방식이 필요할 수 있다. 이른바 핫뉴스 독트린(Hot News Doctrine)[6]의 수정 적용이다.

셋째, '뉴스 콘텐츠 저작권 보호 대상자 범위'는 공인(public figure)이론과 공정이론(fair use)의 기준에 준할 필요가 있다. 예컨대 공인은 사인에 비해 사회의 법과 제도를 더욱 성실하게 보호해야 할 의무를 가지면서, 사인에게 모범이 되어야 할 집단이다. 따라서 정치인, 공무원/공직자, 공공기관, 기업/기업인 등 공인은 여느 저작권과 마찬가지로 온라인 뉴스 콘텐츠 저작권을 구조적으로 보호해야 할 구조적 유료화의 대상이 되어야 한다. 다만, 사인, 즉 일반인은 자발적 유료화의 대상으로 설정하여 다양한 저작권 인식 제고 홍보와 교육 활동을 통해 스스로 뉴스 저작권을 보호할 수 있도록 해야 한다. 이 과정에서 사인의 비영리적 뉴스 콘텐츠 이용행위는 가능한 허용하는 방식이 필요하다. 이는 갑작스러운 온라인 뉴스 유료화에 대한 사인의 거부감을 최소화할 수 있는 방안이 될 것이다. 물론 여기에서 공인의 범위에 대한 기준은 국민적 합의와 법 · 제도의 검토를 통해 수렴되어야 한다. 한편, 공정이용 기준의 적용은 영리적 뉴스 콘텐츠 이용행위에 대한 처벌의 강화를 골자로 한다. 예컨대 공인의 영리적 뉴스 저작권 침해의 경우 처벌 기준을 대폭 강화, 가장 강력한 처벌을 수행할 필요가 있다. 아울러 사인의 영리적 뉴스 저작권 침해의 경우 역시 처벌을 강화해야 한다. 그러나 공인의 비영리적 뉴스 저작권 침해 행위는 공사인의 영리적 저작권 침해에 비해 낮은 단계의 처벌 기준을 설정할 필요가 있다. 결과적으로 뉴스 콘텐츠 저작권 보호의 공인유형별, 공정이용 여부별 처벌기준의 정비는 뉴스 저작권 보호에 대한 인식을 제고하고, 온라인 뉴스화 모델의 구성을 용이하게 해 줄 수 있을 것이다.

---

6. 미국 연방거래위원회(FTC)의 저널리즘 강화를 위한 정책 권고안. 핵심은 언론사의 뉴스가 인터넷에서 대량으로 유통되지 못하도록 하는 것에 있다. 언론사의 뉴스가 일정 시간이 지난 이후 배포될 수 있게 하자는 것이다. 핫뉴스 독트린은 뉴스의 생산자가 인터넷 포털에 비해 먼저 뉴스를 유통시킬 수 있도록, 유통의 주도권을 갖게 하는 것에 있다. 또한 핫뉴스 독트린은 뉴스 저작권 보호와 언론사 경영 개선, 무차별적인 뉴스 복제와 확산, 왜곡을 막는 것을 핵심 내용으로 한다(매일경제 용어사전).

표 3-2 뉴스 콘텐츠 저작권 보호를 위한 가이드라인

구분	뉴스 콘텐츠 저작권 보호 내용
뉴스 콘텐츠 저작권 보호 범위	사실보도의 저작권성을 포괄적으로 인정 1. 모방 기사, 부고, 인사, 일기예보 등 단순 정보 제공 기사의 저작권 인정 없음. 2. 뉴스 가공성 정도, 창작성, 회사 및 종사자의 관점, 경비 투입 정도 등 고려 사실보도의 저작권성을 포괄적으로 인정 3. 단, 단순 정보 제공 기사라 하더라도 정보의 밀도, 시의성, 단독, 특종 보도 여부를 고려해 저작권성 인정
뉴스 콘텐츠 저작권 보호 기간	온라인 뉴스 콘텐츠 저작권 보호 기간은 일반 온라인 저작물의 보호 기간에 준함 1. 다만 시의성이 있는 시사보도의 경우 온라인상에서 뉴스 콘텐츠가 시의성이 존재할 수 있는 기간을 과학적으로 산정해 기간 만료시 가격을 할인하거나 저작권 보호의 대상에서 제외하는 방법 고려(핫뉴스 독트린의 수정 적용) 2. 뉴스 콘텐츠 저작권 보호 기간은 학계 및 업계 차원에서 설정한 후 모든 온라인 기사에 적시함으로써 뉴스 콘텐츠 저작권 보호 홍보 효과를 제고하고, 소송 발생시 참고 자료로 활용할 수 있음
뉴스 콘텐츠 저작권 보호 대상자 범위	공인(public figure) 이론 및 공정이용(fire use)의 기준에 준함 1. 공인은 구조적 유료화의 대상 : 모든 뉴스 콘텐츠 저작권 보호 의무 지님 2. 사인은 자발적 유료화의 대상 : 비영리적 뉴스 콘텐츠 이용 행위는 저작권 침해로 규정하지 않음 3. 공인의 범주의 확정 필요 : 국가 및 지방자치단체, 정치인, 공무원/공직자, 기업/기업인, 언론사/언론인, 사회운동단체, 종교 지도자, 경제사회 지도자, 연예인, 스포츠 선수 등 공적 인물 및 공적 기관을 공인의 범위로 설정하되, 추후 학술적인 논의를 통해 공인 범주의 확정 필요 4. 공정이용 기준의 적용 : 영리적 뉴스 콘텐츠 이용 행위에 대한 처벌 강화. 단, 공인의 영리적 뉴스 콘텐츠 이용 행위를 사인의 영리적 뉴스 콘텐츠 이용 행위에 비해 엄중하게 처벌. 공정이용과 공인 이론의 융합 이론의 적용 5. 뉴스 콘텐츠 저작권 위반시 처벌의 차별적 기준은 다음과 같음 : 공인의 영리적 이용(처벌 기준 대폭 강화) > 사인의 영리적 이용 > 공인의 비영리적 이용(사안별 판단) > 사인의 비영리적 이용(처벌 없음) 6. 공인의 시사보도를 위한 이용(공정이용) 기준은 사안별로 판단(뉴스 저작권 보호 범위 고려)
뉴스 콘텐츠 저작권 침해에 대한 대응 : 업계	법률적-공식적 영역에서 뉴스 콘텐츠 저작권 침해에 대응 1. 뉴스 콘텐츠 저작권 전담 부서 설립(저작권 침해 모니터링 및 침해 대응 위함) 2. 모든 온라인 뉴스에 저작권 보호 혹은 이용 가이드라인 문구 삽입 예) 영리 목적 이용 허용, 비허용, 저작권 보호 기간 등에 대한 메시지 삽입 저작권 인식 제고 효과 및 소송 발생시 참고자료로 활용할 수 있을 것임 3. 뉴스기업별 저작권 보호 위한 공동 대응 예) 포털의 저작권 침해 및 뉴스 이용요금 설정에 대한 공동 대응 메이저 기업의 뉴스코리아의 대승적 참여 후 분배 구조 논의

	군소 기업의 뉴스코리아 진입 장벽 완화 공동뉴스 포털 운용 실험 등 4. 뉴스의 공정이용, 사회적 배려 대상자의 뉴스 이용 촉진 위한 공익 활동 전개 예) 사회적 배려 대상자 대상 뉴스 무료 제공, NIE 등 공익적 활동 활성화
뉴스 콘텐츠 저작권 침해에 대한 대응 : 제도	뉴스 콘텐츠 저작권 보호를 위한 중립적 기구 설립 1. 뉴스 콘텐츠 저작권 분쟁 담당을 위한 제3의 기구 설립 : 뉴스 콘텐츠 저작권 침해에 대한 이의제기가 어려운 구조적 원인 제거 2. 뉴스 콘텐츠 저작권 홍보 및 교육을 위한 기구 설립 3. 뉴스코리아 사업의 개선 및 활성화 : 뉴스기업 참여 확대, 가입자 확대, 이중대행 구조, 비용 분배 구조 등의 개선
뉴스 콘텐츠 저작권 침해에 대한 대응 : 입법 및 사법	1. 입법부 : 저작권법 제7조 5호의 사실보도 기준의 조건부 확대를 위한 입법 2. 입법부 : 공인 및 공적 인물의 뉴스 콘텐츠 저작권 보호 예산 확보를 위한 입법온라인상 뉴스 이용자 수의 과학적 산정 기준 마련, 뉴스코리아 이용가격의 현실화 3. 입법, 사법부 : 뉴스 콘텐츠 저작권 소송시 배상금액의 현실화 4. 입법, 사법부 : 뉴스 콘텐츠 저작권 소송 기간(재판 기간) 단축 5. 사법부 : 정보의 밀도를 고려한 판례 도출 6. 사법부 : 뉴스 콘텐츠 저작권 소송 공인 이론의 적용 7. 사법부 : 2 × 2 모델(공인이론 × 영리성)을 적용한 판례 도출

출처 : 이정기(2013a), 405~407쪽

3.5 산학협력을 통한 과학적 · 실용적 연구개발(R&D ; Research & Development) 과제 집행

온라인 뉴스 유료화는 언론사들의 미래 생존을 위한 전략이다. 따라서 온라인 뉴스 유료화를 위한 전략은 1차적으로 언론사의 주도 하에 이루어져야 한다. 그러나 언론사의 위기는 필연적으로 민주주의의 위기로 귀결될 수 있다. 언론학자들과 문화체육관광부, 미래창조과학부, 한국언론진흥재단과 한국신문협회, 지역신문발전위원회 등 학자들과 공적 기관이 새로운 언론사의 수익모델인 온라인 뉴스 유료화에 관심을 기울여야 할 이유이다. 즉 빅데이터 시대에 산재해 있는 뉴스(데이터)를 고도의 정보원으로 활용하는 방식의 과학적인 온라인 뉴스 유료화 모델을 구축하기 위해서는 관산학(官産學) 간의 긴밀한 협력 관계가 필요하다. 물론 정부와 산하기관들은 매년 다양한 연구개발(R&D) 과제를 발주하고 있고, 전문성을 가진 연구자들이 이들

과제를 수행함으로써 업계에서 활용될 수 있는 정책안을 제시하고 있다. 그러나 온라인 뉴스 유료화 모델을 구축하기 위한 관산학 간의 협력은 원활하게 이루어지고 있지 않은 실정이다. "실천이 없는 이론은 어둡고, 이론이 없는 실천은 위태롭다(學而不思則罔, 思而不學則殆)" 라는 논어 위정편의 명제가 언론정책 연구에서는 적용되고 있지 못하고 있는 실정인 것이다.

예컨대 온라인 뉴스 유료화 모델과 같이 새로운 언론정책 개발을 위한 정부의 연구개발(R&D) 과제는 기획 과정에서 업계의 의견을 충분히 반영치 못하고 있다. 그러다 보니 정부의 연구개발 과제가 실용성을 결여한 경우가 종종 목격될 수밖에 없다. 물론 정부의 연구개발 과제는 내부 연구진들의 치밀한 현안 분석과 고민 끝에 만들어진 산물이다. 또한 최근에는 일부 정부 기관에서 연구 과제를 사전 공모하는 등 연구 과제의 실용성을 높이려는 다양한 시도를 기울이고 있기도 하다.

다만, 정부의 연구개발 과제는 내부의 연구진에 의해 구성된다. 내부 연구진은 연구개발 과제의 설정 단계에서 당면 정책 과제에 대한 과학적 분석과 업계의 요구 등을 다각적으로 조사한 후 연구개발 과제를 기획할 것이다. 그러나 이 과정에서 연구진들이 업계의 모든 요구를 수용해 내기에는 현실적 어려움이 있다. 예컨대 온라인 뉴스 유료화 전략은 신문, 방송 등 언론사 유형, 전국 규모의 언론, 지역 규모의 언론 등 언론사 발행 규모, 언론사 자본 규모 등에 따라 차별적으로 나타날 수밖에 없을 것이다. 그렇다면 온라인 뉴스 유료화 전략 구축을 위한 정부의 연구개발 과제는 언론사의 속성에 대해 잘 파악하고 있는 현장 전문가들의 목소리를 반영, 적어도 언론사의 속성별 유료화 전략의 모델의 초안을 제시하는 방식으로 제안될 필요가 있을 것이다. 그러나 시간이나 자본 등의 한계로 정부의 연구개발 과제는 이러한 언론사들의 속성을 포괄적으로 고려하기가 어려울 수 있다. 따라서 내부 연구진들은 언론사의 목소리 반영을 극대화하지 못하는 우를 범할 수밖에 없다. 즉 연구개발 과제의 주제 선정 과정에서 현장의 요구가 반영되지 못하거나 일부 왜곡될 가능성이 존재한다는 것이다.

한편, 연구개발 과제는 공모의 과정을 통해 전문성 있는 연구 수행 팀이 선발되는 과정을 거치게 마련이다. 특정 분야에 고도의 전문성을 가진 언론학계의 학자들이 연구 과제를 수행하는 방식인 것이다. 그러나 고도의 전문성은 이론적 전문성을 의미하는 경우가 많은 것이 현실이다. 물론 연구를 수행하는 학자들은 자신이 주로 활용하는 방법론(예컨대 심층 인터뷰와 전문가 설문조사 등)을 통해 업계의 의견을 반영하려는 노력을 기울이고자 하고, 현장의 목소리는 연구결과 보고서를 통해 표출되곤 한다. 그러나 많은 경우 연구개발 과제의 설계는 과제의 책임연구자에 의해서 단독으로(혹은 연구팀에 의해) 이루어지는 경우가 많다. 업계의 목소리는 연구자들이 설계해 놓은 프레임 안에서 표출될 수밖에 없는 구조인 것이다. 그러다 보니 전문가들의 의견은 연구결과의 도출에 핵심적인 도움을 주는 경우가 많지만, 그러한 결과가 진정 업계에서 원하는 결과인지에 대해서는 확신할 수 없는 경우도 많은 편이다. 즉 연구자들의 연구 기획과 설계 과정에 업계의 의견이 충분히 포함되지 않을 경우 업계 전문가들이 참여한 연구결과가 도출되더라도 정작 업계에서 활용되지 못하는 경우가 존재할 수 있다는 것이다. 실제로 필자가 정부의 연구개발 과제를 수행하거나 논문 집필을 위해 만난 언론사 관계자들 중 상당수가 정부의 연구개발 과제와 학계의 정책연구들이 이론적인 측면에 치우쳐 현실성을 결여한 경우가 있다고 인식하고 있었다. 정부의 연구개발 과제의 실용성에 문제가 있다는 것이다.

마지막으로 정부의 연구개발 과제의 결과물이 도출되더라도 연구결과를 업계와 공유할 수 있는 공론장이 부족하다. 대부분의 연구결과물은 결과물로서 끝나는 경우가 많다. 일부 정부 기관은 연구결과 제출시 보도자료의 제출을 요구하고 있지만, 언론을 통해 보도되는 자료보다 보도되지 않는 자료가 많다. 또한 연구결과의 정책적 활용방안에 대한 학계와 업계 차원의 진지한 고민도 보이지 않는다. 예컨대 특별한 경우가 아니면 정부의 연구개발 과제는 업계 종사자들과 토론할 수 있는 기회를 갖기 어렵다. 국민의 세금으로 집행되는 정부의 연구개발 과제물이 연구자들의 학술적 노력에 의해 생산되더라도 업계 종사자들과 공유할 수 있는 기회가 제한적인 것이다. 그러다 보니 학계의 정책 연구성과는 언론업계의 의견이 반영되어 현실성을 겸비할 수 있는 기회를 잃게 되고, 언론사들 역시 새로운 사업전략에 이론적 기반을 겸비할 수 있는 기회를 갖지 못하는 문제를 유발하고 있는 것이다.

이러한 문제의식에 의해 필자는 실용적 연구개발 과제, 실용적 온라인 뉴스 유료화 정책 연구를 위해 몇 가지 제언을 하고자 한다. 첫째, 이론연구가 아닌 정책연구의 경우 연구개발 과제 제안 요청서 기획 단계(RFP : Research for Proposal)에서부터 업계의 의견을 수렴할 수 있는 제도를 갖춤으로써 정책연구의 실용성을 제고하기 위한 노력이 필요하다. 둘째, 정책연구는 산학협력을 통해 실용성을 제고하려는 노력이 필요하다. 특히 온라인 뉴스 유료화와 같이 현장에서의 활용성이 중요한 정부 과제의 공모 과정의 경우 학계와 업계의 인원이 적절히 조화를 이룬 팀(혹은 자문위원단을 적절히 활용하여 실용성을 높이고자 한 연구 기획서)에 가점을 주는 방식 등을 통해 산학협력과 결과물의 실용성을 제고하려는 노력을 기울일 필요가 있다. 셋째, 국민의 세금으로 진행된 연구결과를 관산학의 이해당사자들에게 홍보하고 토론하여 심화시킬 수 있는 '홍보와 공론화' 의 마당이 필요하다. 그동안의 정부 연구개발 과제는 수행 그 자체에 방점이 찍혀 있었다. 이러한 결과를 홍보하고, 연구결과를 둘러싼 이해당사자들이 연구의 결과를 공유하려는 노력은 비교적 부족했다고 판단되는데, 이를 개선하기 위한 적극적인 노력이 필요하다는 것이다. 특히 온라인 뉴스 유료 모델과 같은 정부 과제가 완료될 경우 관산학이 한자리에 모여 과제의 성과를 공유할 수 있는 공론의 장이 반드시 마련되어야 한다. 연구결과를 현실에 적용하기 위해 필요한 업계의 혁신방안 및 실행전략, 정부 및 지방자치단체 등의 지원 방안, 학계의 후속 연구 방향에 대한 충분한 논의가 이루어지지 못할 경우 연구는 그야말로 연구로 끝나 버리는 문제가 발생할 수밖에 없기 때문이다. 이러한 과정에서 연구개발 과제를 발주하는 정부 기관은 자연스럽게 새로운 후속 연구개발 과제에 대한 아이디어를 얻을 수도 있을 것이다.

3.6 주목할 만한 사례 : 로컬 콘텐츠 연구원(비영리, 산학협력 방식의 뉴스 유료화 모델)

2014년 11월 1일 로컬 콘텐츠 연구원(www.loci.re.kr)이 출범했다. 한국과 미국, 일본에서 언론학과 광고학 등을 전공한 젊은(30~40대) 박사급 연구자 8명에 의해 출범했고, 일부 구성원은 방송사와 신문사, 광고회사에서의 근무 경험을 가지고 있다. 필자도 로컬 콘텐츠 연구원의 일원으로 참여하고 있다. 이 단체는 '언론사의 위기가 민주주의의 위기' 라는 인식 아래 언론학자들이 언론의 경영 위기에 적극적으로 접근해야 한다고 주장한다. 다만, 언론의 기능과 역할에 대한 이론적인 접근 못지않게 산학협력을 통해 언론사들이 필요로 하는 실용적 연구가 중요하다고 주장한다. 이제 막 출범한 단체이기 때문에 운영의 성과는 지켜볼 필요가 있겠지만, 학자들이 언론사들의 위기 극복을 위해 전면에 나섰다는 점, 학자들이 언론학계와 업계가 함께 하는 비영리 산학협력 모델을 제안하고, 업계의 참여를 요구하고 있다는 측면에서 고무적이라고 평가된다.

예컨대 지역신문과 방송은 중앙일간지와 방송사들에 비해 더욱 심각한 위기 상황에 봉착해 있다. 이들이 자생적으로 위기를 극복해 내기 위해서는 기존 구독자들과 시청자들을 충성도 높은 독자와 시청자로 만들어 내야 하며, 가치 있는 수용자 맞춤형 콘텐츠 개발과 새로운 수익모델 개발을 통해 새로운 구독자와 시청자를 창출해 내야 한다. 그러나 맞춤형 뉴스와 정보 생산을 위한 수용자 조사나 온라인 뉴스 유료모델과 같은 새로운 수익 사업을 진행하기 위해서는 많은 비용과 노력이 필요하다. 업계 스스로의 힘으로는 이러한 문제의 해결이 어려울 수 있다. 이론에 정통한 학계에서 다양한 연구를 통해 혁신에 따른 위험비용을 최소화시키려는 노력이 필요한 이유이다. 그러나 학계에서 전통매체(신문과 방송)에 대한 연구는 인터넷과 스마트미디어, 소셜미디어 관련 연구에 비해 현저히 부족한 편이다. 이마저도 현실성이 결여된 연구라는 평가를 받기도 한다. 그러나 저널리즘의 근간은 신문과 방송이다. 결과적으로 신문과 방송에 대한 학계의 지속적인 관심이 필요하며, 업계의 현실에 부합하는 저널리즘 연구와 정책 연구가 활발하게 이루어질 때, 신문과 방송 산업의 위기는 극복될 수 있을 것이다. 개별 신문과 방송사 차원의 새로운 수익모델에 대한 정부나 학회 차원의 과제(이른바 프로젝트)가 전무한 상황이다. 이러한 상황에서 로컬 콘텐츠 연구원은 개별 신문사나 방송사가 생존하기 위한 전략을 개발하기 위해 언론사 입장에서는 박사급 미디어 연구자들의 전문성을 비영리로 활용하는 방식, 학자의 입장에서는 상아탑의 이론을 현실에 투영시키는 동시에 현장의 목소리를 데이터베이스화하여 공론의 장에서 논문으로 승화할 수 있는 비영리 산학협력 모델이 핵심적이라고 주장한다.

> "아무리 좋은 뜻과 이상을 가지고 있는 지역 미디어라고 해도, 자신의 뜻을 현실화하기 위한 행동을 하는 것은 어려운 일입니다. 콘텐츠의 질과 저널리즘의 가치 회복을 위한 프로그램의 기획과 행동에는 비용이 따르기 마련입니다. 이미 상당수 지역 미디어 기업은 그러한 비용을 마련할 여력마저 없습니다. 아울러 경제적인 능력이 있는 일부 지역 미디어 기업 역시 수익성이 검증되지 않는 새로운 프로그램의 기획에 비용을 투자하는 공격적 경영보다 현재의 상태를 유지하려는 방어적인 경영을 하는 것에 관심이 많아 보입니다.
>
> 저희 '로컬 콘텐츠 연구원'은 풀뿌리 민주주의의 구현과 저널리즘의 가치에 여전히 관심을 가지고 있는 지역 미디어 기업이 슬기롭게 경영상의 위기를 극복하는 데 이론적인 도움을 제공하기 위해 구성된 학술 재능기부 그룹입니다. 구체적으로 '로컬 콘텐츠 연구원'은 지역 미디어의 현황과 문제점을 파악하고, 지역 미디어 기업의 문제 개선을 위해 필요한 새로운 사업에 대해 제안하는 컨설팅 그룹입니다. 또한 지역 미디어 기업과 공동으로 지역의 각종 정치 · 경제 · 사회 · 문화적 현안에 대한 지역민들의 인식을 조사분석함으로써 지역밀착형 콘텐츠 생산에 도움을 제공하는 산학협력형 지역조사 그룹이기도 합니다."
>
> – 로컬 콘텐츠 연구원 공식 홈페이지 인사말 중 일부 발췌

구체적으로 로컬 콘텐츠 연구원은 첫째, 공익적 차원에서 지역언론사의 문제를 분석하고 해결을 고민하는 비영리 연구 조직, 둘째, 지역언론과 학계 간 산학협력을 통해 지역언론의 미래를 설계하는 'Think Tank', 셋째, 로컬 콘텐츠와 지역성에 대해 전문성을 가진 학술 연구 기관을 지향한다. 결과적으로 하이퍼 로컬리즘과 공공저널리즘의 실현을 통해 풀뿌리 민주주의 정착에 기여하려는 비전을 가진 단체이다.

로컬 콘텐츠 연구원은 박사급 연구인력 8명과 중진 학자급 자문위원단 5명으로 구성된다. 이들의 주된 사업 방향(관심사)은 첫째, 지역신문 독자에 대한 조사, 둘째, 지역방송 시청자에 대한 조사, 셋째, 지역언론의 현안에 대한 여론조사 설계 및 분석 대행, 넷째, 지역신문의 생존전략 모색, 다섯째, 지역방송의 생존 전략 모색, 여섯째, 지역 언론 밀착형 콘텐츠 연구 등이다. 주목할 만한 점은 로컬 콘텐츠 연구원의 핵심 사업 가운데 온라인 뉴스 유료화를 위한 조건 탐색이 포함되어 있다는 점

이다.

로컬 콘텐츠 연구원은 온라인 뉴스 유료화를 지역 언론의 위기 극복을 위한 새로운 성장 동력으로 파악하고 있다. 이는 온라인 뉴스 유료화에 대한 인식이 전국 규모의 언론에 비해 지역 규모의 언론에 적합하다는 연구 성과(이정기, 2013a) 등에 근거한 것이다. 아울러 온라인 뉴스 유료화는 강력한 지역성과 지역 밀착형 콘텐츠를 기반으로 하는 지역 언론에서 성공 가능성을 가진다고 판단하고 있다. 다만, 일부 학자들에 의해 진행되고 있는 뉴스 유료화 담론은 현장성의 결여라는 한계를 지닐 수밖에 없으며, 수용자에 대한 과학적 조사와 콘텐츠 경쟁력에 대한 학술적 진단과 개발 전략 없이 이루어지는 업계의 뉴스 유료화 실험 역시 성공하기 어렵다는 것이 이들의 진단이다. 따라서 로컬 콘텐츠 연구원은 학자들의 재능기부를 핵심으로 하는 비영리 모델과, 학계와 업계의 지혜를 포괄하는 방식의 산학 모델이 뉴스 유료화 모델의 방법론이 되어야 한다고 주장한다. 2014년 9월 15일 발기인이 확정되고, 2014년 12월 본격적인 사업에 돌입하는 로컬 콘텐츠 연구원의 도전이 성공할지의 여부는 장담할 수 없다. 다만, 전통매체에 대한 학계의 관심이 사라지고 있고, 이론적 담론에 대한 논의에 치우친 언론학계의 분위기 속에서 비영리, 산학협력형 뉴스 유료화 모델, 개별 언론사 맞춤형 뉴스 유료화 모델 구축의 필요성을 제기했다는 점은 신선한 시도로 평가될 수 있다.

4. 한국형 온라인 뉴스 콘텐츠 유료화 모델을 위한 전략 제언

2014년의 뉴스 시장은 포털이 여전히 뉴스 이용의 중심으로 굳건한 지위를 차지하고 있다. 여기에 개인이 제작하는 형태의 팟캐스트는 여전히 마니아들의 인기를 얻고 있다. 뉴스타파, 국민TV 등 진보성향의 독립언론과 보수신문을 기반으로 한 종합편성채널 4사, 연합뉴스TV, YTN 등 뉴스 전문 케이블TV, 인터넷 언론 등 다양한 뉴스 미디어가 수용자들의 선택을 기다리고 있다. 과거 독점적인 지위를 구가하던 신문과 지상파 뉴스의 영향력(구독률(열독률) 또는 시청률, 신뢰도)은 지속적인 감소 추세에 있다.

신문과 지상파 뉴스의 위기는 스마트미디어 환경에서 다양한 미디어의 등장과 뉴스 수용자들의 뉴스 이용행태의 구조적인 변화, 그리고 뉴스 이용환경의 변화에 적극적으로 대응하지 못한 언론사의 혁신 의지 부족 등의 문제에 기인한 결과일 것이다. 자본주의 사회에서 수용자들의 선택을 받지 못하는 상품을 생산하는 기업이 도태되는 과정을 겪는 것은 당연한 일이다. 신문과 지상파 방송 또한 기업이다. 그러나 신문과 지상파 방송의 위기는 민주주의의 위기로 귀결될 가능성이 있다는 측면에서 문제의 심각성이 있다. 신문 구독자(열독자)의 감소는 신문이 광고주와 정부에 종속될 가능성을 높인다. 신문의 공적 기능인 감시견 기능이 상실될 여지를 줄 수 있기 때문이다. 지상파 뉴스도 마찬가지이다. 지상파 뉴스가 안정적인 수익을 창출하지 못하고, 무한 시청률 경쟁에 휩싸일 경우 뉴스의 공정성이 훼손되고, 선정성이 강화될 수 있다. 그러나 다양한 매체가 등장한 오늘날, 지상파 뉴스의 시청률 감소와 광고 수익의 감소는 필연적인 일이다. 결과적으로 신문과 지상파 방송이 공정성을 유지하기 위해서는 안정적인 수익 창출이 필요하다. 이러한 상황에서 학계는 신문사와 지상파 방송사가 가지고 있는 빅데이터, 즉 뉴스를 고도의 상품으로 만드는 방식의 유료화가 새로운 비즈니스 모델이 될 수 있다고 평가한다. 그러나 전술한 바와 같이 국내에서 온라인 뉴스 유료화는 성공 사례를 찾기 어려운 일이다.

빅데이터로서의 온라인 뉴스 유료화를 위해서는 언론사의 혁신 의지가 전제되어야 하고, 온라인 뉴스와 저작권에 대한 수용자들의 인식 전환이 필요하다. 또한 법 · 제도적 환경의 정비와 함께 산학협력형 연구를 통한 온라인 뉴스 유료화 모델의 구축이 필요하다. 즉 필자는 온라인 뉴스 유료화의 성공 조건은 온라인 뉴스 유료화를 구성하기 위한 과학적인 전략 수립에 있다고 생각한다. 본 절에서는 필자가 '온라인 뉴스 콘텐츠 유료화 모델' (2013, 커뮤니케이션북스)을 통해 제안했던 7단계 온라인 뉴스 유료화 전략 모델을 소개하고자 한다.

1단계는 '명분 설정 및 홍보의 단계' 이다. 국민적 합의가 없는 정책은 국민들의 포괄적 지지를 이끌어내기 어렵다. 온라인 뉴스 콘텐츠 유료화와 관련된 정책도 마찬가지이다. '온라인 뉴스는 무료' 라는 인식이 지배적인 상황에서, 국민에 대한 최소한의 설득 작업도 없이 온라인 뉴스 유료 모델을 출시한다는 것은 어불성설이다. 그 동안 국내에서 온라인 뉴스 유료화를 진행한 많은 언론사가 실패를 거듭한 것도 수용자들이 왜 유료로 온라인 뉴스를 이용해야 하는지에 대한 충분한 설득이 부족했기 때문이라고 판단된다. 단순히 신문사나 지상파 방송사가 경제적 어려움에 처해 있고, 이러한 문제를 개선하기 위한 사업 다각화 전략의 일환으로 온라인 뉴스 유료화를 진행한다는 명분은 수용자들의 동의를 이끌어낼 수 없다. 공익적 관점에서 온라인 뉴스 유료화가 필요하다는 명분을 개발하여 수용자들을 설득하는 작업이 전제될 때 온라인 뉴스 유료화에 대한 수용행위가 이루어질 수 있을 것이다. 필자는 뉴스 콘텐츠 전문가들에 대한 심층 인터뷰를 통해 '저널리즘 가치와 공익성 가치 제고' 를 위한 온라인 뉴스 유료화의 필요성과 '자본주의 시장경제 원리 원칙의 적용' 을 위한 온라인 뉴스 유료화의 필요성을 온라인 뉴스 유료화의 명분으로 설정, 국민들을 대상으로 한 홍보 전략을 구축해야 한다는 연구결과를 도출한 바 있다. 온라인 뉴스를 이용하는 것에 비용을 지불하는 행위는 언론의 감시견 기능을 보호하기 위해서 필요한 행위인 동시에 뉴스 저작권 보호는 자유시장 경제의 원칙에 부합하는 당연한 행위라는 점을 강조할 필요가 있다는 것이다. 다소 이질적으로 보이는 이원적 뉴스 콘텐츠 유료화의 당위성 설정은 공동체적인 가치를 지향하는 사람들과 경제적인 가치를 지향하는 사람들 모두에게 설득 효과를 나타낼 수 있을 것이다.

2단계는 '전제 조건 구축의 단계' 이다. 1단계를 통해 거시적 유료화 환경이 조성되었다면, 2단계에서는 언론사는 뉴스룸 등 조직 개편, 정책 기조의 변화 등 내적 '혁신' 을 통해 비용 지불 가치가 있는 뉴스 콘텐츠를 생산해 내야만 한다. 무료 뉴스에서 접할 수 없는 킬러 콘텐츠 생산에 대한 고민, 빅데이터로서의 뉴스 콘텐츠를 어떠한 방식으로 재구성하여 정보성 있는 신상품으로 창조해 낼 것인지, 이른바 '뉴스의 정보화' 에 대한 고민도 이 단계에서 이루어져야 한다. 한편, 내적 혁신과 함께 2단계에서 중요한 것은 '뉴스 콘텐츠 저작권 보호 환경 구축과 뉴스 콘텐츠 유료화의 차별적 기준을 설정' 하는 것이다. 예컨대 저작권법 제7조 5호의 정비를 통해 뉴스 저작권 보호 환경을 구축하기 위한 제도적 노력이 필요할 것이다. 또한 언론사 저작권 침해시 법률적–공식적 영역에서 해결할 수 있도록 정부 차원의 중립적인 제3의 기구를 발족시키는 것, 뉴스 콘텐츠 저작물에 저작권 보호 가이드 라인과 경고 문구를 삽입하여 뉴스 콘텐츠 저작권 소송을 예방하고, 소송 발생시 비교형량의 기준으로 삼으려는 구조적인 노력도 필요할 것이다.

3단계는 '정책기조의 구축 단계' 이다. 1～2단계를 통해 뉴스 저작권을 보호하기 위한 최소한의 구조적 노력(명분 설정, 법 · 제도적 환경 정비)이 이루어진 이후의 단계이다. 정책기조 구축에서 핵심적인 개념은 언론법의 '공인이론(public figure theory)' 개념이다. 뉴스 이용의 주체를 공인과 사인으로 구분하고, 정치인, 공무원/공직자(정부 및 산하기관), 언론사/언론인, 사회운동단체, 종교 지도자, 경제사회 지도자(기업, 기업인) 등 공인과 사인을 대상으로 차별적인 온라인 뉴스 유료화 정책을 구성할 필요가 있다는 것이다.

3단계 '정책기조의 구축 단계' 는 1～2단계가 얼마나 충족되었느냐에 따라 차별적으로 나타날 수 있다. 예컨대 1～2단계의 목표를 달성하기 위한 다양한 노력이 진행되었음에도 불구하고 현재 상황과 같이 온라인 뉴스 저작권 보호에 대한 사회적 인식이 부족한 상황이라고 가정해 보자. 이 경우 사인, 즉 일반인을 대상으로 한 온라인 뉴스 유료화는 진행될 수 없다. 설령 진행된다고 하더라도 성공을 거두기가 어려울 것이다. 그렇다고 온라인 뉴스 유료화를 포기할 수도 없는 일이다. 이 경우 공인을 대상으로 먼저 온라인 뉴스 유료화를 추진할 필요가 있다. 이른바 공인을 대상으로 '구조적 유료화' 를 수행하는 것이다. 공인은 사인에 비해 법과 도덕, 사회제도를 보다 엄격하게 보호해야 할 의무를 가지는 집단이기 때문이다. 즉 온라인 뉴스 유료화를 위한 전제 조건이 충족되고, 온라인 뉴스 저작권이 법적인 보호를 받는 구조라면, 공인은 이러한 사회적 합의를 사인에 비해 선도적으로 준수해야 할 입장에 있다. 따라서 공인이 뉴스 저작권을 침해할 경우 사인이 뉴스 저작권을 침해할 경우에 비해 엄격하게 처벌이 이루어져야 한다. 아울러 공인이 유료 온라인 뉴스를 이용할 경우 공적 기관에서 인센티브(온라인 뉴스 저작권을 침해하거나 비이용시 인사승진 과정의 도덕성 평가 등의 항목에서 불이익을 주는 방식, 보조금을 지원하는 방식 등 고려)를 부여하는 방식으로 구조적 유료화를 이끌어낼 필요가 있을 것이다. 공인과 공적 주체를 대상으로 한 '구조적 유료화'는 언론사로 하여금 단기적인 수익의 증대를 이끌어 낼 수 있을 것이고, 사인의 온라인 뉴스 유료화 환경을 조성하는 이중적인 효과를 유발할 수 있을 것이다. 이 경우 사인은 '자발적 유료화'의 대상으로 설정한다. 즉 사인을 대상으로는 온라인 뉴스 유료화의 당위성, 프리미엄 콘텐츠의 차별성과 유용성에 대한 인식 제고 활동(NIE를 포함), 뉴스 콘텐츠 저작권에 대한 교육과 홍보활동 등을 수행함으로써 사인 스스로 온라인 뉴스 유료화의 필요성을 자각할 수 있도록 접근할 필요가 있다는 것이다. 이 과정에는 진학, 취업, 승진 등에 유료 프리미엄 콘텐츠가 활용되는 환경을 조성하여, 사인들이 유료 온라인 콘텐츠의 필요성을 함양케 하는 다양한 정책적 노력도 병행될 필요가 있다.

4단계는 '거시 모델 수익성 평가의 단계'이다. 1～3단계의 경우 장기적 안목에서 신문, 방송사 등 언론사들이 공동의 노력을 기울여야 하는 단계에 해당한다. 반면, 4단계는 개별 언론사가 자사에 적합한 모델 수익성을 검토하는 단계라는 측면에서 차이가 있다. 구체적으로 4단계는 학계와 업계 전문가가 산학협력을 통해 특정 언론사의 유형과 현황에 따른 수익성 평가 시스템을 구축해야 하는 단계이다. 선택과 집중을 통해 온라인 뉴스 유료화에 드는 투자손실을 최소화하기 위한 단계인 것이다. 보다 구체적으로 4단계를 통해서는 B2B(Business to Business), B2G(Business to Government), B2C(Business to Consumer) 영역 가운데 어떠한 영역의 수익성이 높을 것인지 수익성을 검토하고, 수익성 검토 이후 그 분야에 대한 집중투자와 전문화를 모색한다. 예컨대 기업이나 정부 기관 등 B2B와 B2G 대상 뉴스 콘텐츠에 강점을 가지는 언론사라면, 이 영역에 대한 온라인 뉴스 유료화 모델을 개발할 필요가 있다. 반면, 지역주민이나 일반인 독자를 대상으로 한 뉴스 콘텐츠에 강점을 가지는 언론사라면, B2C에 치중한 온라인 뉴스 유료화 모델을 개발할 필요가 있다. 필자의 연구에 의하면, 전국 규모의 언론사는 B2B(일반 기업)와 B2G(정부와 산하기관)의 수익성을, 지역 규모의 언론사는 B2G(지방자치단체)와 B2C(지역 수용자)의 수익성을 상대적으로 높게 평가하고 있는 것으로 나타났다. 다만, 이는 일반적인 뉴스 발행 규모에 근거한 평가이기 때문에 일반화 가능성의 문제를 노출할 수 있다. 각각의 기업은 자사의 경영상태, 특성화된 콘텐츠 등을 종합하여 산학협력을 통해 자사에 최적화된 거시 모델이 무엇인지에 대한 구체적인 평가를 수행한 후 투자를 하는 방식의 노력이 필요할 것이다.

5단계는 '언론사별 유료화 모델 적용 가능성 탐색의 단계' 이다. 4단계를 통해 거시 모델의 수익성이 평가되었다면, 언론사는 보다 구체적으로 자사만의 유료화 상품을 구성해야 한다. 5단계는 뉴욕타임즈, 월스트리트 저널, 파이낸셜타임즈, 메디아파르트 등의 유료화 성공 사례나 국내의 사례 등을 벤치마킹하거나 산학협력을 통해 자사가 강점을 지닌 뉴스를 빅데이터로 활용하여 상품화하는 방식 등 자사만의 독특한 온라인 뉴스 유료화 모델을 상품으로 구성하는 단계이다. 한편, 5단계는 언론학자를 비롯한 경제 · 경영학자 등 학계와의 산학협력이 그 어느 단계에 비해 중요하다. 우선 개별 언론사는 플랫폼, 이용자 인터페이스에 대한 고려, 상품의 구성(번들링, 타 언론사와의 협력, 이벤트 상품, 프로모션), 지불금액 및 지불방법 등을 포괄적으로 고려하여 자사에 최적화된 유료 모델을 구성해야 한다. 이후 이러한 유료 상품을 이용할 대상자들을 대상으로 수용 가능성에 대한 조사를 수행해야 한다. 이 과정에서 연구방법론에 익숙한 학자들과의 협업은 절대적일 수 있다. 아울러 수용자 대상 설문 과정에서 자사의 유료 온라인 뉴스 콘텐츠 모델의 수용 촉진 요인과 억제 요인을 파악할 수 있다면, 이를 활용한 마케팅 전략을 구축해야 한다. 이 과정에서 필자가 제안한 IMTBPT-REI 모델은 현실적인 도움을 제공할 수 있을 것이다.

6단계는 '최종 모델 구축의 단계' 이다. 4～5단계를 통해 자사에 최적화된 상품을 구성하는 단계이며, 이 과정에서 실제 유료화를 진행할 온라인 뉴스 모델이 선정된다. 필자의 연구에 의하면, 뉴스 콘텐츠 전문가 30명(업계, 학계)은 전국 규모의 언론사의 경우 B2B와 B2G 등 공인을 대상으로 하는 수정된 파이낸셜타임즈형 모델(파이낸셜타임즈형 모델의 현지화 형태)이, 지역 규모의 언론사의 경우 B2G와 B2C 영역의 수정된 뉴욕타임즈형 모델(월스트리트저널형과 파이낸셜타임즈형의 장점 융합)[7]의

7. 스마트미디어 시대에 부합하게 스마트 플랫폼을 통해 제공되는 뉴스 상품을 세분화(웹사이트만 이용시 월 4,000원, 웹사이트 + 스마트폰 애플리케이션 월 9,000원, 웹사이트 + 태블릿 애플리케이션 월 9,000원, 모든 디지털 액서스 이용시 월 10,000원, 조건 : 오프라인 신문 구독자는 단계적 무료화(1년 이하 구독자 이용료 50%, 2년 이

수익성이 높을 것이라고 평가하고 있었다. 다만, 이는 일반적인 뉴스 발행 규모에 근거한 평가이기 때문에 일반화 가능성의 문제를 노출할 수 있다. 따라서 개별 기업은 자사의 자산규모, 특성화된 콘텐츠 등을 종합하여 산학협력을 통해 자사에 최적화된 미시 모델이 무엇인지에 대한 구체적인 평가 과정을 거쳐 최종 모델을 선정할 필요가 있다.

7단계는 '언론사별 유료화 실험의 단계'이다. 말 그대로 실패를 감수하더라도 새로운 수익창출을 위해 과감하게 온라인 뉴스 유료화를 실험하는 단계이다. 7단계는 언론사들이 보수적 경영에서 벗어나 '혁신'을 실행하는 단계인 것이다. 투자와 행동 없는 성공은 있을 수 없다는 측면에서 언론사들의 적극적인 혁신 의지가 필요하다.

5. 결론을 대신하여 : 빅데이터로서의 온라인 뉴스 콘텐츠 유료화를 위한 후속 연구 과제

필자는 그동안 자체적으로 진행해 온 온라인 뉴스 유료화 관련 연구성과를 요약 · 정리했다. 예컨대 온라인 뉴스 콘텐츠 유료화의 필요성과 학계의 고민들, 유료 온라인 뉴스 콘텐츠 모델의 성공을 위한 전제 조건, 한국형 온라인 뉴스 콘텐츠 유료화 모델을 위한 전략 등에 대해 논의했다. 필자가 작성한 논문들과 다른 학자들이 작성한 논문들을 검토하면서 느낀 것은 온라인 뉴스 유료화에 대한 언론학계의 관심이 매우 부족하다는 것이었다. 더불어 필자의 제한된 역량만으로는 온라인 뉴스 유료화 연구의 발전을 이끌어낼 수 없다는 결론에 이르렀다. 온라인 뉴스 유료화에 대한 학계의 무관심이 언론사들이 온라인 뉴스 유료화를 성공적으로 정착시키지 못하는 하

하 30%, 3년 이하 20%, 5년 이하 10%, 5년 이상 전액 무료 등(이정기, 2013a, 323쪽). 인터뷰에 참여한 전문가들은 오프라인 신문 구독자들의 부담을 최소화하면서 신규 온라인 유료 독자의 유입을 모색할 수 있다는 측면에서 적용 가능성을 높게 평가했다.

나의 원인이 될 수도 있을 것이라고 생각했다. 언론의 공익성과 저널리즘 가치의 중요성을 인식하고 있는 많은 학자들이 온라인 뉴스 유료화 연구에 관심을 가질 때, 성공적인 한국형 온라인 뉴스 유료화 모델이 구축될 수 있을 것이다.

결론을 대신하여 빅데이터 시대, 빅데이터로서의 온라인 뉴스 콘텐츠 유료화 연구와 실험의 활성화를 위해 몇 가지 후속 연구 과제를 제안하고자 한다. 첫째, 빅데이터로 존재하는 뉴스 가운데 재구성을 통해 밀도 높은 정보로 상품화할 수 있는 뉴스 유형이 무엇인지에 대한 산학협력형 연구가 필요하다. 물론 전혀 새로운 온라인 뉴스 유료 모델을 연구하여 상품화하려는 노력이 좋다. 그러나 그 경우 너무 많은 인력과 비용, 시간이 필요하다. 다행히 신문사와 지상파 방송사는 수십 년 동안 뉴스라는 빅데이터를 축적해 왔다. 뉴스는 그 자체로 사료적인 가치를 지니기도 한다. 수용자들의 수요를 파악하여 방대한 양의 뉴스를 어떻게 재구성하는지에 따라 과거의 뉴스가 전혀 새로운 정보로 재탄생할 가능성이 있다는 것이다. 실제로 경남도민일보의 지역인물 OSMU 사례, 뉴욕타임즈 등의 인터랙티브 뉴스 사례는 과거의 뉴스를 활용한 새로운 뉴스의 재창조 가능성을 보여준다. 특정 지역의 수용자 또는 특정 인구통계적 속성을 지닌 수용자들의 수용 가능성이 높은 정보가 무엇인지 파악하고, 자사의 강점을 파악하여(혹은 부족한 점은 타 언론사와 협업을 통해) 빅데이터로 존재하는 뉴스를 유료화한다면 적은 비용으로 높은 상품성을 이끌어낼 수 있을 것이다.

둘째, 빅데이터 시대의 수용자 특성을 온라인 뉴스 유료화 과정에 십분 활용할 필요가 있다. 물론 이는 스마트폰과 애플리케이션 사이에서 작동하는 클라이언트 시스템(박민영 · 권혁철, 2012), 개인의 위치 정보 활용 프로그램(안순태, 2011) 등 수용자 빅데이터 분석 프로그램의 활용이 요구된다. 클라이언트 시스템은 수용자들의 단순한 스마트폰 이용행태(인구통계적 속성, 접속 빈도 등)를 파악하여 고도정보를 예측하여 맞춤형 스마트 광고를 제공할 수 있는 시스템을 의미한다. 이 시스템을 응용 · 활용한다면, 수용자들의 무료 스마트폰 뉴스 이용행태와 관심사 분석을 통해 맞춤형 유료 온라인 뉴스 콘텐츠 제공이 가능할 것이다. 또한 개인 위치 정보 활용 프로그램의 활용은 특정 위치에 있는 수용자들에게 필요한 맞춤형 유료 온라인 뉴스 콘텐츠를 제공하는 데 유용성이 있을 것이다. 다만 이 과정은 프라이버시 침해의 문제, 개인정보 보호의 문제와 위치정보법 등의 재정비 등 법·제도적 환경 개선이 선행되어야 한다. 또한 프로그램 개발과 운영에 따르는 비용에 대한 정부 차원의 지원도 필요하다. 산학협력형 R&D 역시 여전히 핵심적 선행과제일 것이다. 빅데이터로서의 온라인 뉴스 유료화에 대한 진전 있는 산학협력형 연구와 논의가 활성화되길 기대해 본다.

참고문헌

고제규(2014.9.5.). 신뢰도 조사… '손석희 1위. JTBC 고공비행'. 『시사인』.

금현수 · 이화행 · 이정기(2012). 지역신문의 지속적 구독의도 및 유료 온라인 뉴스 콘텐츠 이용 의도에 관한 연구 : 부산 지역 대학생 집단을 중심으로. 『한국언론학보』, 56권 3호, 134~161.

김균수 · 송진(2011). 누가 돈을 내고 뉴스를 이용할 것인가? 디지털 뉴스 콘텐츠 지불의사에 대한 탐색적 연구. 『한국언론학보』, 55권 4호, 134~161

김영수 · 강경수(2014). 지역신문의 수익성 평가요인의 상대적 중요도 및 우선순위 분석 : 계층분석과정을 중심으로. 『언론학연구』, 18권 1호, 5~30.

김주완(2012). 『SNS시대 지역신문 기자로 살아남기』. 부산 : 산지니.

김현(2014). 『모바일 시대의 저널리즘 : 소셜미디어와 빅데이터가 주는 도전과 기회(ISOJ 보고서)』. 서울 : 한국언론진흥재단.

박민영 · 권혁철(2012). 스마트폰 사용자를 위한 사용자 맞춤형 광고 서비스 모델. 『정보과학회논문지』, 39권 8호, 621~630.

백형근 · 전범수 · 이정기(2013). 대학생들의 N-스크린 유료 서비스 이용의도 결정요인. 『한국방송학보』, 27권 1호, 94~130.

안순태(2011). 스마트폰 위치기반광고와 상업적 표현의 자유. 『방송통신연구』, 76호, 196~219.

양선희(2014.8.29.). 제프 베조스의 워싱턴포스트. 『편집인협회보』, 371호, 4.

이정기(2013a). 『온라인 뉴스 유료화 전략』. 서울 : 커뮤니케이션북스.

이정기(2013b). NIE 수강 대학생의 유료 지역신문 정기 구독의도 결정요인. 『미디어, 젠더 & 문화』, 9권 3호, 192~230.

이정기(2014). 온라인 뉴스 유료화에 대한 대학생 독자인식제고를 위한 NIE의 탐색적 효과 연구. 『사회과학연구』, 33권 3호, 73~98.

이정기 · 금현수(2013). 융합모델(IMTBPT)을 활용한 팟캐스트 수용의도 결정요인 연구. 『사회과학연구』, 29권 2호, 217~245.

이정기 외(2014). 웹툰 이용동기와 계획행동이론 변인이 웹툰 관련 행동의도에 미치는 영향 : 영화관람, 유료 콘텐츠 전환시 이용, 캐릭터 상품 구매의도의 비교. 『커뮤니케이션학 연구』, 22권 2호, 89~121.

이정기 · 주지혁(2014). 융합모델(IMTBPT-REI)을 활용한 스마트폰 웹툰 수용의도 결정 요인 연구. 『방송과 커뮤니케이션』, 15권 3호, 55～96.

이정기 · 최믿음 · 박성복(2012). 대학생들의 신문 이용동기와 기술수용모델 변인이 유료 모바일 뉴스 콘텐츠 수용의도에 미치는 영향. 『미디어 경제와 문화』, 10권 3호, 129～172.

이화행 · 이정기(2011). 청소년기 NIE(Newspaper in Education) 경험여부에 따른 대학생의 신문 이용동기와 효과에 관한 연구. 『언론과학연구』, 11권 4호, 456～488.

정상윤(2014). 지역신문 독자 사례연구. 한국언론학회 2014년 가을철 정기학술대회 발표문.

진민정(2014). 유럽 비영리 저널리즘의 현황과 시사점. 한국언론학회 2014년 가을철 정기학술대회 발표문.

최믿음 · 이정기 · 박성복(2012). 대학생들의 종합일간지 유료 온라인 뉴스 콘텐츠 이용의도에 관한 연구 : 뉴스 콘텐츠 저작권 및 유료화 인식, 뉴스가치평가, 확장된 계획행동이론 변인을 중심으로. 『한국언론학보』, 56권 1호, 340～363.

최원형(2014.3.6.). 새로운 온라인 저널리즘 시도 '봇물'. 『한겨레』.

최익호(2014.2.7.). 뉴욕타임즈 온라인 유료 구독자 꾸준히 증가. 『매일경제』.

한국언론진흥재단(2010). 『신문의 위기 극복을 위한 대토론회 보고서 : 한국신문의 미래전략 : 디지털 시대의 건강한 뉴스 생태계를 위하여』. 서울 : 한국언론진흥재단.

한국언론진흥재단(2012). 2011 신문산업 실태조사.

한준호(2014.7.30.). 뉴욕타임즈(NYT) 광고수입 줄어 2분기 실적 순이익 54% 감소. 『아주경제』.

NewYork Times (2014). *Innovation*. 조영신 · 박상현 역(2014). 『뉴욕타임즈 혁신』. 서울 : 커뮤니케이션북스.

제2부
빅데이터 분석방법의 이해

소셜 빅데이터 크롤링

이준환 서울대학교 언론정보학과 교수

chapter 04

1. 빅데이터 수집기술

빅데이터는 내부데이터와 외부데이터로 나뉜다. 정부, 기업, 학교 등과 같은 조직 내에서 생성된 정형화된 데이터를 내부데이터라고 부르며, 특정 기업이나 기관 등에서 제공하는 데이터를 외부데이터라고 부른다. 일반적으로 내부데이터는 조직 내의 인력이나 도구를 통해 손쉽게 수집이 가능하고, 데이터의 변환이나 가공에도 큰 어려움이 없다. 그러나 외부데이터는 웹페이지, 소셜네트워크, 공공데이터 등 다양한 형태로 제공되고 정형화되어 있지도 않기 때문에 데이터의 수집과 가공에 특별한 기술이 필요한데 이를 데이터 크롤링(data crawling)이라고 부른다.

과거와 달리 최근의 IT기업들은 내부데이터의 외부 공개를 활발하게 추진하고 있다. 트위터, 페이스북 등과 같은 대표적인 소셜네트워크 서비스 회사들은 가입자가 생성한 데이터를 공개API(Application Programming Interface)를 통해 수집할 수 있도록 하고 있다. 개발자들은 이를 이용하여 루비(Ruby), 파이선(Python), 자바(Java) 등의 프로그래밍 언어로 크롤링 애플리케이션을 작성한 후, 각 회사가 허용하는 범위 내에서 데이터 수집을 한다.

본 장에서는 루비[1]라는 프로그래밍 언어를 사용하여 트위터와 페이스북에서 데이터를 수집하는 방법에 대해 다루고자 한다. 루비는 스크립트 기반의 간단한 프로그래밍 언어로 전문적으로 학습을 받지 않은 초보자도 손쉽게 사용할 수 있어 빅데이터 크롤링에 요긴하게 사용될 수 있다. 본 장에서는 먼저 루비에 대해서 간략하게 살펴본 후, 루비를 이용한 트위터 데이터 수집과 페이스북 데이터 수집방법을 설명할 것이다.

1. https://www.ruby-lang.org

2. 루비(Ruby)

루비는 일본의 프로그래머 마츠모토 유키히로가 개발한 객체지향 스크립팅 언어이다. 루비는 1995년 공개되었는데, 배우기 쉽고 유연한 문법으로 많은 개발자들에게 애용되고 있다. 특히 루비온레일스(Ruby on Rails)라는 웹 개발 프레임워크의 등장 이후 루비를 이용한 웹 사이트 개발이 활발하게 이루어지면서 루비의 사용자는 매우 증가하는 추세이다. 루비의 강력한 텍스트 처리 능력은 데이터 크롤링과 분석 작업에서 큰 도움이 된다. 루비는 다음과 같은 특징을 가지고 있다.

객체지향 프로그래밍 언어

루비는 객체지향 프로그래밍 철학이 가장 잘 구현되어 있는 언어이다. 루비에서는 모든 것을 객체로 취급한다. 예를 들어 대부분의 프로그래밍 언어에서 원시타입으로 취급하는 숫자의 경우도 루비에서는 객체로 취급한다. 따라서 다음의 예와 같이 숫자나 문자열도 메소드를 가질 수 있다.

```
10.times {puts "hello, ruby"} => "hello, ruby"를 열번 출력
"hello, ruby".length => "hello, ruby"의 길이를 출력 (11)
```

블럭(Block)

루비의 가장 큰 특징은 프로그램의 코드를 데이터처럼 취급하게 해주는 블럭 기능을 들 수 있다. 다음의 예처럼 함수를 정의하듯이 코드 내에서 블럭을 정의해서 다른 메소드에 이를 인자로 넘겨준다. 아래의 코드는 배열 안의 문자열을 블럭을 이용해서 os.length 메소드에 넘겨주고 os.length 메소드는 이를 처리하여 다시 배열

형태로 반환해 준다. 블럭의 사용은 데이터 처리시의 코드의 양을 획기적으로 줄여준다.

```
["mac", "windows", "linux"].map {|os| os.length}
=> [3, 7, 5]
```

텍스트 처리 기능

루비는 강력한 텍스트 처리 기능을 가진 펄(Perl)을 참고하여 만들어졌다. 펄이 가진 장점을 객체지향형으로 구현하고 있어서 편리하게 사용할 수 있다. 이러한 장점이 바로 데이터 크롤링과 분석에 루비를 사용하는 이유이다. 다음의 예제는 문자열에서 숫자를 찾아 반환해 주는 정규식을 루비로 구현한 예이다. 이 예제에서 /…/ 부분은 펄에서 사용하는 정규식과 동일한데 이를 객체지향으로 구현해 놓아서 아래와 같이 match라는 메소드와 함께 사용하는 것이 가능하다.

```
/[0-9a-f]/.match('hello, ruby')
```

루비는 개발자 커뮤니티를 중심으로 다양한 학습 문서와 자료들이 공유되고 있다. 특히 온라인 사이트 등을 통한 학습도구도 루비를 배우는 데 큰 도움이 된다. 다음은 루비를 배우는 데 도움이 되는 사이트의 목록이다.

https://www.ruby-lang.org/ko/documentation/

http://pine.fm/LearnToProgram/

http://www.codecademy.com/

3. 트위터(Twitter) 데이터 크롤링

3.1 Twitter와 Twitter API

트위터는 대표적인 소셜네트워크 서비스로 트윗(twee)이라고 불리는 140자의 짧은 문장을 공유하는 마이크로블로그 서비스이다. 트위터에서 사용자는 다른 사람을 팔로우(follow)하여 그 사람이 자신의 타임라인에 올린 글을 읽을 수 있다. 메시지가 매우 빠른 속도로 전달되는 매체로 알려져 있어 일반적인 뉴스의 전달은 물론, 지진과 같은 긴급 재난 뉴스와 같은 경우에 기존의 매체보다 현저히 빠른 메시지의 전파력을 보여주고 있다. 특히 스마트폰과 같은 모바일 디바이스가 지난 몇 년간 급속도로 보급되면서 트위터의 사용자 또한 크게 늘어났다. 트위터가 가지는 정보의 전파력 때문에 기업의 홍보나 정치 캠페인 등에도 적극적으로 활용이 되고 있어 트위터 데이터를 활용한 연구 또한 최근 들어 활발하게 이루어지고 있다.

트위터는 외부에서 트위터의 기능을 이용하여 제3자 어플리케이션을 개발하거나 트위터 데이터를 수집할 수 있도록 공개API(OpenAPI)를 제공하고 있다. 트위터의 API를 사용하기 위해서 사용자는 먼저 트위터 개발자로 등록하여 제작할 어플리케이션의 정보를 등록하고 해당 어플리케이션이 트위터 서비스에 접속할 수 있도록 인증키를 받아야 한다. 트위터 API를 사용하기 전에 우선 트위터가 제공하고 있는 API에 대해 살펴보자.

트위터 API에 대한 설명은 다음의 주소에서 확인할 수 있다. 이 페이지에서는 트위터가 제공하는 API의 종류와 사용방법에 대한 자세한 설명이 있어 트위터와 관련한 개발 작업을 수행할 때 큰 도움이 된다.

https://dev.twitter.com/docs

트위터가 제공하는 API는 크게 REST API와 Streaming API로 나눌 수 있다.

① REST API

트위터가 제공하는 기본 API로 트위터의 대부분의 기능을 제공한다. 개발자는 REST API를 사용하여 트위터 사용자의 메시지, 프로필 정보 등을 수집하거나 사용자의 타임라인에 트윗을 남길 수 있다. 사용자 정보의 수정이나 검색 등의 기능 또한 REST API를 사용하여 만들 수 있다.

② Streaming API

트위터에 올라오는 트윗들을 실시간으로 스트리밍해 주는 API로 public stream, user stream, site stream의 세가지 스트리밍 모드를 제공한다. 트위터의 모든 메시지를 제공하는 것은 아니고 public streaming의 경우 전체 트윗의 1%를 스트리밍해 준다.

3.2 트위터 개발자 등록

트위터 API를 사용하기 위해서는 트위터 개발자로 등록을 해야 한다. 트위터 개발자로 등록을 하기 위해서는 본인의 트위터 사용자 계정으로 로그인한 후, 다음의 주소를 방문하여 트위터 API를 사용할 어플리케이션 정보를 간단히 입력하여 어플리케이션을 생성한다.

https://dev.twitter.com/apps/new

어플리케이션이 생성된 후에는 [그림 4-2]와 같이 Consumer key, Consumer secret, Access token, Access token secret 등의 네 개의 OAuth 키가 생성된다. 이들 키는 앞으로 트위터 API를 사용한 어플리케이션을 만들 때 트위터 서비스 인증을 위해 사용된다.

그림 4-1 트위터 어플리케이션 생성 페이지

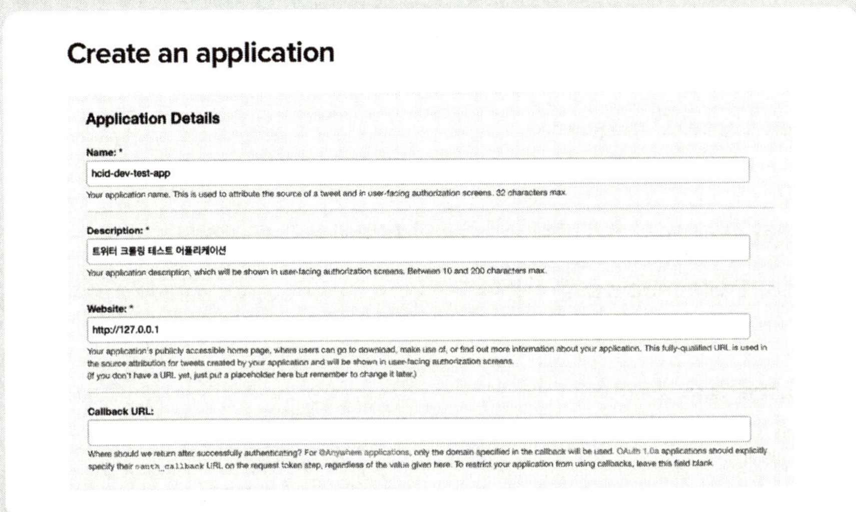

그림 4-2 OAuth 인증코드

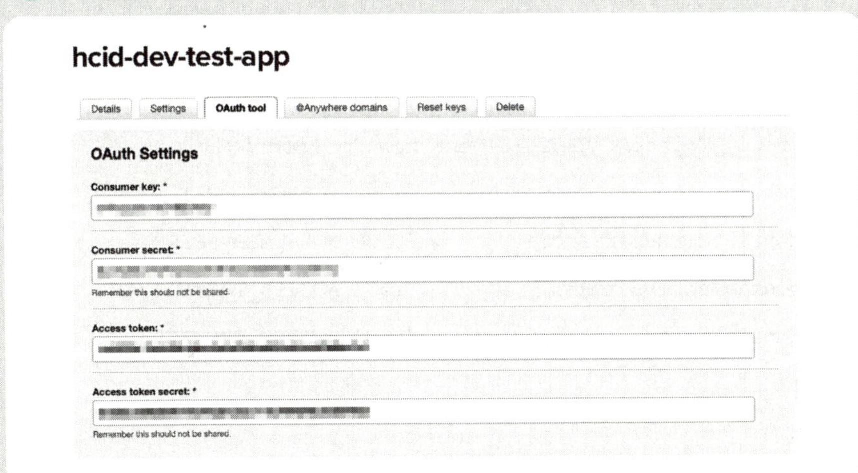

3.3 REST API를 이용한 데이터 크롤링

REST API는 트위터가 제공하는 기본 API로 트위터 사용자의 메시지, 프로필 정보 등을 수집하거나 사용자의 타임라인에 트윗을 남길 수 있다. Ruby에서 REST

API를 사용하기 위해서는 터미널을 열고 다음과 같이 Twitter Gem을 설치한다. Twitter Gem의 사용 방법은 개발문서(http://rdoc.info/gems/twitter)를 참고한다.

```
> gem install twitter
```

Twitter Gem의 설치가 끝난 후, 다음의 명령어를 통해 작성하고자 하는 어플리케이션에서 Twitter Gem을 불러온다.

```
require 'twitter'
```

Twitter REST API를 사용하기 위해서는 인증절차를 밟아야 한다. 앞에서 개발자 등록을 할 때 생성된 인증코드를 이용하여 앞으로 개발할 어플리케이션이 트위터 서비스에 접속할 수 있도록 초기화 작업을 수행한다. 초기화 방법은 다음과 같다. 따옴표 안의 내용을 자신의 코드로 대체한다.

```
client = Twitter::REST::Client.new do |config|
  config.consumer_key        = "YOUR_CONSUMER_KEY"
  config.consumer_secret     = "YOUR_CONSUMER_SECRET"
  config.access_token        = "YOUR_ACCESS_TOKEN"
  config.access_token_secret = "YOUR_ACCESS_SECRET"
end
```

Twitter Gem은 트위터 기능을 이용할 수 있는 다양한 메소드를 제공한다. 그 중, user_timeline(user_id)는 특정한 사용자의 최근 20개의 트윗을 가져온다. 예를 들어 파워트위터 유저인 소설가 이외수 씨의 최근 트윗 20개를 가져오기 위해서는 다음과 같이 작성한다. 수집된 트윗 메시지는 어레이 형태로 저장이 되므로 모든 어레이에 담긴 트윗을 출력하기 위해서는 each 함수를 사용한다.

```
client.user_timeline("oisoo").each do |t|
  puts t.text
  puts " "
end
```

(출력 예)

이미 많은 화제를 몰고 오기는 했습니다만 개봉관 문제로 적지 않은 곤란을 겪고 있다는 소식입니다. 이 영화에도 지대한 관심을 기울여 주시기를. RT @catsfilm: <또하나의 약속>개봉관이 서서히 열리... http://t.co/tqd1HOdzcb
RT @catsfilm: <또하나의 약속>개봉관이 서서히 열리고 있습니다. 여러분이 도와주시면 더 많이 열릴 수 있답니다... 현재 개봉관 현황. http://t.co/b5LJAMD4Bx
...

사용자의 프로필 정보를 가져오기 위해서는 user라는 메소드를 사용할 수 있다. user 메소드는 하나의 파라미터를 가지는데, 트위터 사용자의 username 혹은 uid를 사용한다.

```
user = client.user("oisoo")
user = client.user(48661131)
```

user 메소드는 Twitter::User 오브젝트를 반환해 주는데, Twitter::User 오브젝트는 트위터 사용자가 사용자 정보 페이지에 입력하는 다양한 프로필 정보를 제공해 준다. 예를 들어, 사용자의 이름, 사는 지역, 트위터 계정을 생성한 날짜, 팔로워 숫자, 친구 숫자 등의 정보를 수집하기 위해서는 다음과 같이 작성한다.

```
user.name
user.location
user.created_at
user.followers_count
```

```
user.friends_count
```

Twitter Gem이 제공하는 모든 클래스와 메소드에 대한 설명은 도큐멘테이션 웹사이트를 참고하자.

http://rdoc.info/gems/twitter

트위터 API는 특정한 클라이언트로부터의 과도한 데이터 수집을 방지하기 위해 API를 통한 접근을 제한하고 있다. 예를 들어 REST API v1.1에서는 클라이언트가 15분간 180개 이상의 데이터를 요구했을 때 "Rate limit exceeded" 라는 메시지를 보여주며 접근을 차단한다. 따라서 클라이언트에는 어플리케이션이 종료되지 않고, 잠시 쉰 후 데이터 수집을 계속할 수 있도록 에러메시지 예외처리를 해주어야 한다. 다음의 코드는 rate limit 에러가 발생했을 때 잠깐 쉬었다가 다시 시작하는 예제이다.

```
begin
  f = Twitter.user(uid)
  puts "processing '#{f.screen_name}'..."
rescue Twitter::Error::TooManyRequests => rate_limit_error
  puts "you have reached the rate_limits."
  sleep rate_limit_error.rate_limit.reset_in
  retry
end
```

REST API v1.1의 접근 제한과 관련한 내용은 다음의 문서에서 보다 자세히 설명하고 있다.

https://dev.twitter.com/docs/rate-limiting/1.1

실습 1 REST API를 이용한 데이터 크롤링 예제

특정 트위터 사용자가 팔로잉하는 친구의 정보를 수집하고 팔로워 숫자가 많은 순서대로 출력한다.

풀이

특정 사용자가 팔로잉하는 친구의 리스트를 가져오기 위해서는 friend_ids(name) 메소드를 사용한다. 이 메소드는 주어진 트위터 사용자(name)가 팔로잉하는 모든 친구들의 uid를 수집하여 반환한다. 다음과 같이 코드를 작성해 보자.

```
friends = client.friend_ids("oisoo")
```

위의 코드에서 friend_ids 함수는 친구 아이디를 Twitter::Cursor 오브젝트 형태로 반환한다. 이 오브젝트에서 트위터 아이디만 추출하기 위해선 Cursor 클래스가 제공하는 attrs 메소드를 사용한다. 즉, 반환된 Twitter::Cursor 오브젝트에서 트위터 아이디의 어레이인 :ids만 추출하기 위해서는 다음과 같이 코드를 작성한다.

```
friends.attrs[:ids]
```

이 코드는 결과를 어레이 형태로 반환한다. 따라서 반환된 어레이에는 친구들의 uid가 저장되어 있다. 이 uid를 사용하여 친구들의 정보를 가져오기 위해선 어레이의 each 메소드를 사용한다. 친구들의 팔로워 숫자를 수집해 보도록 하자.

```
friends.attrs[:ids].each do |uid|
  f = client.user(uid)
  if (f.protected.to_s != "true")
    puts f.followers_count
  end
end
```

위의 코드는 어레이인 friends로부터 개별 uid를 추출하여 이를 이용해 사용자 객체 f를 생성했다. 객체 f의 팔로워 숫자를 가져오기 위해서는 f.followers_count 메소드를 사용한다. 그러나 사용자 중에서는 개인정보를 공개하지 않은, protected 상태인 사용자가 있을 수 있기 때문에 사용자 계정의 상태가 protected인 경우 사용자 정보를 수집하면 안된다. 따라서 다음의 코드는 사용자 계정이 protected가 아닌 경우에만 follower_count 메소드가 실행될 수 있도록 한다.

```
if (f.protected.to_s != "true")
  user[f.screen_name.to_s] = f.followers_count
end
```

앞 절에서 살펴보았듯이, 트위터의 REST API는 너무 과도한 접속을 제한하기 위해서 rate limit을 두고 있다. 따라서 클라이언트가 데이터 수집 중 접근 제한에 걸려 종료되지 않게 하기 위해서는 서버에서 접근 제한 메시지가 발생되었을 때 잠시 쉬었다가 데이터 수집을 계속하도록 프로그램을 수정하여야 한다. 다음의 코드는 접속 제한 에러가 발생했을 때 데이터 수집을 잠시 멈추어 준다.

```
begin
  f = client.user(uid)
rescue Twitter::Error::TooManyRequests => rate_limit_error
  puts ">>> you have reached the rate_limits. wait a minute..."
  sleep rate_limit_error.rate_limit.reset_in
  retry
end
```

수집된 데이터를 팔로워 숫자 순으로 정렬하기 위해서는 사용자 아이디와 팔로워 숫자를 저장하기 위한 Hash 오브젝트를 하나 만든다. 만약에 사용자 계정이 protected가 아닌 경우에 다음과 같이 Hash 오브젝트에 사용자의 username과 팔로워 숫자를 저장한다.

```
user = Hash.new
...
friends.attrs[:ids].each do |uid|
...
  if (f.protected.to_s != "true")
    user[f.screen_name.to_s] = f.followers_count
  end
end
...
```

Hash로 저장된 사용자 아이디와 팔로워 숫자는 다음과 같이 팔로워 숫자 순으로 정렬하여 출력한다.

```
user.sort_by {|k,v| -v}.each {|user, count| puts "#{user}, #{count}"}
```

완성된 코드

```
require "twitter"

client = Twitter::REST::Client.new do |config|
  config.consumer_key        = "YOUR_CONSUMER_KEY"
  config.consumer_secret     = "YOUR_CONSUMER_SECRET"
  config.access_token        = "YOUR_ACCESS_TOKEN"
  config.access_token_secret = "YOUR_ACCESS_SECRET"
end

name = "KihaChang"

user = Hash.new
friends = client.friend_ids(name)

rq_count = 1
friends.attrs[:ids].each do |uid|
  begin
    f = client.user(uid)
    puts "#{rq_count}: processing '#{f.screen_name}'"
    rq_count = rq_count+1
  rescue Twitter::Error::TooManyRequests => rate_limit_error
    puts ">>> you have reached the rate_limits. wait a minute..."
    sleep rate_limit_error.rate_limit.reset_in
    retry
  end

```

```
    if (f.protected.to_s != "true")
      user[f.screen_name.to_s] = f.followers_count
    end
end

user.sort_by {|k,v| -v}.each {|user, count| puts "#{user}, #{count}"}
```

3.4 Streaming API를 이용한 데이터 크롤링

Streaming API는 트위터의 메시지를 실시간으로 전송해 주는 API이다. REST API의 경우 요청한 데이터만 한 번 가져올 수 있는 반면, Streaming API는 요청한 데이터를 서버에서 계속 보내준다. 따라서 특정 키워드를 모니터링하거나 특정 인물의 트윗을 지속적으로 받아보고 싶을 때 유용하게 사용할 수 있는 API이다.

https://dev.twitter.com/docs/streaming-apis

Streaming API는 다음과 같은 세 가지 모드를 지원한다.

① Public Streaming API

전체 트윗 데이터 중 1%를 무작위로 실시간 전송한다. 하루에 평균 400만 건 정도 수집 가능하며 트랜드 분석 등에 유용하게 사용할 수 있다.

② User Streaming API

지정된 한 트위터 계정의 모든 정보를 실시간으로 전송한다. 특정 트위터 계정의 활동을 모니터링할 때 사용한다.

③ Site Streaming API

User Streaming API와는 달리 여러 트위터 계정의 활동을 실시간으로 전송한다.

Streaming API를 Ruby에서 사용하기 위해서는 터미널에서 Tweetstream Gem을 설치한다. 설치 방법은 다음과 같다.

```
> gem install tweetstream
```

앞서 사용한 Twitter Gem과 마찬가지로, Tweetstream Gem을 사용하기 위해서는 개발자 인증코드를 이용하여 Tweetstream 클라이언트를 초기화해 주어야 한다. 초기화 방법은 다음과 같다.

```
require 'tweetstream'

TweetStream.configure do |config|
  config.consumer_key       = "COMSUMER_KEY"
  config.consumer_secret    = "CONSUMER_SECRET"
  config.oauth_token        = "OAUTH_TOKEN"
  config.oauth_token_secret = "OAUTH_TOKEN_SECRET"
  config.auth_method        = :oauth
end
```

Public Streaming API를 사용하는 방법은 다음과 같다. TweetStream을 이용하여 클라이언트 오브젝트를 하나 생성하고 track 메소드를 사용하여 관심 있는 키워드를 트래킹한다.

```
client = TweetStream::Client.new
client.track('term1', 'term2') do |status|
```

```
  puts "#{status.text}"
end
```

Site Streaming API를 사용하기 위해서는 TweetStream의 follow 메소드를 사용한다. 아래 코드와 같이 모니터링하고 싶은 트위터 계정의 uid를 follow 메소드의 파라미터로 사용한다.

```
TweetStream::Client.new.follow(14252, 53235) do |status|
  puts "#{status.text}"
end
```

TweetStream Gem의 사용방법은 다음의 페이지를 참고한다.

https://github.com/tweetstream/tweetstream

실습 2 Streaming API를 이용한 데이터 크롤링 예제

TweetStream Gem을 이용하여 다음의 데이터를 수집해 보자.

1. **'apple'과 'samsung' 키워드를 포함한 트위터 메시지**
2. **파워 트위터 사용자의 모든 메시지**(예 : 48661131 – oisoo, 163171634 – kangfull74, 76295962 – wonsoonpark, 128154362 – congjee)

풀이 1

TweetStream의 track 메소드의 파라미터로 'apple'과 'samsung'을 사용한다. track 메소드는 반복해서 실행하는 루프이기 때문에 매번 실행될 때마다 스트리밍된 메시지를 Twitter::Tweet 오브젝트로 반환한다. 오브젝트에 담긴 내용은 Twitter::Tweet 클래스에서 정의된 메소드를 사용하여 처리할 수 있다. 예를 들어 트윗 오브젝트에서 메시지만 추출하고 싶으면 text 메소드를 사용하고, 리트윗 카운트를 수집하고 싶으면 retweet_count 메소드를 사용한다. 다음의 문서를 참고하자.

http://rdoc.info/gems/twitter/Twitter/Tweet

다음의 코드는 키워드를 추출한 후, 트윗의 내용을 출력하는 예제이다.

```
client.track('apple', 'samsung') do |status|
  puts "#{status.text}"
  puts
end
```

완성된 코드의 15, 16행은 출력 결과가 보다 충분한 데이터를 보여줄 수 있도록 사용자 이름과 트윗 메시지가 포스팅된 시간을 포함한 것이다.

완성된 코드 1

```
1: require 'tweetstream'
2:
3: TweetStream.configure do |config|
4:     config.consumer_key         = "YOUR_CONSUMER_KEY"
5:     config.consumer_secret      = "YOUR_CONSUMER_SECRET"
6:     config.oauth_token          = "YOUR_ACCESS_TOKEN"
7:     config.oauth_token_secret = "YOUR_ACCESS_SECRET"
8:     config.auth_method          = :oauth
9: end
10:
11: client = TweetStream::Client.new
12:
13: count = 0
14: client.track('apple', 'samsung') do |status|
15:     puts "[#{count} - #{status.user.screen_name}] #{status.
        text}"
16:     puts "#{status.created_at}"
17:     puts
18:     count += 1
19: end
```

풀이 2

파워 트위터 사용자 네 명이 포스팅하는 모든 메시지를 수집하기 위해서는 TweetStream이 제공하는 follow 메소드를 사용한다. follow 메소드 역시 루프를 만들어 주는 메소드이기 때문에 위의 예제에서 사용한 track 메소드와 동일한 방법으로 사용한다. follow 메소드도 Twitter::Tweet 오브젝트를 반환한다.

```
client.follow(48661131, 163171634, 76295962, 128154362) do |status|
  puts "#{status.text}"
end
```

follow 메소드는 모니터링하는 트위터 계정에 올라오는 메시지를 모두 수집하기 때문에 다른 사용자가 해당 계정에 멘션의 형태로 올린 메시지까지 모두 수집해 준다. 따라서 트윗 메시지를 올린 사용자의 트위터 계정 정보까지 수집하기 위해서는 완성된 코드 2의 14행처럼 코드를 수정해 보자.

완성된 코드 2

```
 1: require 'tweetstream'
 2:
 3: TweetStream.configure do |config|
 4:   config.consumer_key       = "YOUR_CONSUMER_KEY"
 5:   config.consumer_secret    = "YOUR_CONSUMER_SECRET"
 6:   config.oauth_token        = "YOUR_ACCESS_TOKEN"
 7:   config.oauth_token_secret = "YOUR_ACCESS_SECRET"
 8:   config.auth_method        = :oauth
 9: end
10:
11: client = TweetStream::Client.new
12:
13: client.follow(48661131, 163171634, 76295962, 128154362)
    do |status|
14:   puts "[#{status.user.screen_name}] #{status.text}"
15: end
```

4. 페이스북(Facebook) 데이터 크롤링

4.1 Facebook Graph API

페이스북은 트위터와 더불어 대표적인 소셜네트워크 서비스이다. 단문의 마이크로블로깅을 지원하는 트위터와는 달리 메시지, 사진, 동영상 등 다양한 정보를 공유할 수 있으며, 트위터가 불특정 다수를 상대로 한 정보의 공유와 확산에 보다 특화되었다면 페이스북은 사용자의 친밀한 그룹을 중심으로 정보가 공유되는 특징을 보인다. 따라서 트위터에서의 빅데이터 연구가 정보의 확산 효과에 초점이 맞추어진 반면, 페이스북에서의 빅데이터 연구는 사용자의 소셜네트워크상에서의 행위에 보다 초점이 맞추어져 있다.

트위터와 마찬가지로 페이스북의 여러 기능과 자료에 접근하기 위해서는 페이스북이 제공하는 API를 사용해야 한다. 페이스북 API는 개발자 등록을 마친 후에 사용할 수 있으며, 페이스북 API를 사용할 어플리케이션을 생성한 후에 이용이 가능하다. 페이스북 개발자 등록은 다음의 페이지에서 가능하다.

https://developer.facebook.com

개발자 등록을 마친 후에는 [그림 4-3]과 같이 Facebook API를 사용할 어플리케이션을 생성한다.

어플리케이션이 생성된 후, 어플리케이션의 대시보드에서 여러 설정을 변경할 수 있다. 어플리케이션이 웹사이트의 형태인지, 아이폰 혹은 안드로이드 앱인지 등을 설정할 수 있고, 어플리케이션이 접근 가능한 페이스북 데이터의 범주를 정의할 수 있다. 또한 앞으로 만들게 될 어플리케이션의 페이스북 인증에 필요한 App ID와 App Secret 또한 대시보드에서 확인 가능하다. [그림 4-4]는 페이스북 어플리케

그림 4-3 Facebook App 생성 화면

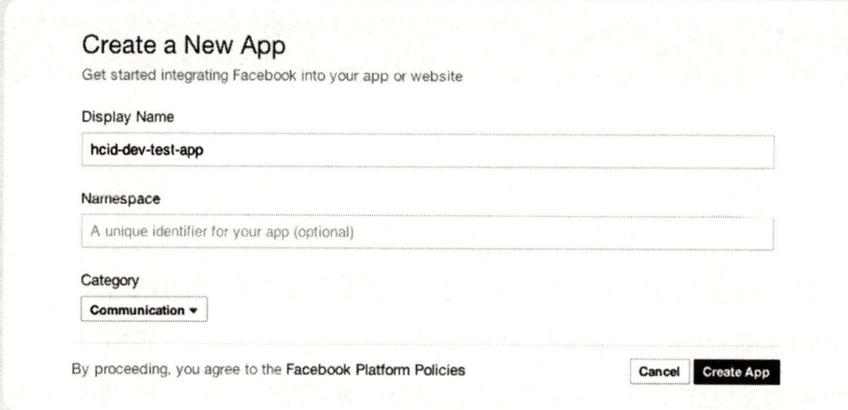

그림 4-4 페이스북 어플리케이션 대시보드

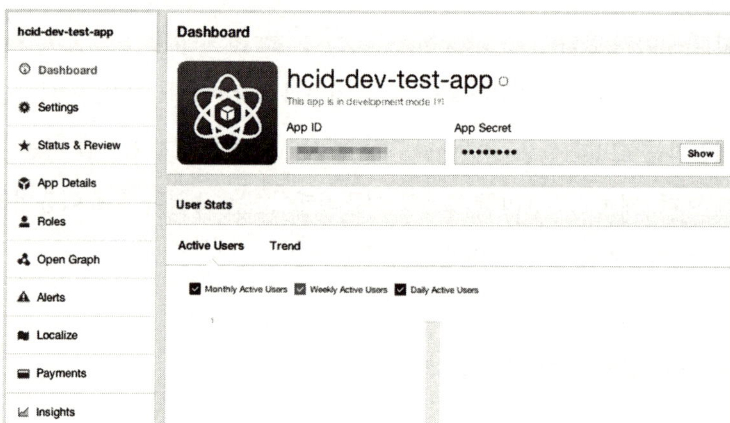

이션의 대시보드의 예이다.

페이스북은 트위터와 유사한 Graph API를 제공하는데, 개발자들은 이를 통해 페이스북이 제공하는 여러 기능과 데이터에 접근할 수 있다. Graph API를 통해 개발자들은 사용자의 프로필 정보, 타임라인에 올라오는 메시지를 수집하거나 변경, 추가할 수 있다. 대개 Graph API는 페이스북 계정을 활용한 어플리케이션의 개발에 사용되지만, 이를 이용하여 페이스북 사용자의 데이터를 수집하는 것이 가능하다. 페이스북의 Graph API의 도큐멘테이션은 다음의 웹페이지에서 확인할 수 있다.

https://developers.facebook.com/docs/graph-api/

이 페이지는 Graph API를 사용하는 방법, 페이스북이 제공하는 데이터의 범위와 구조, 특정 데이터에 접근하기 위한 개별 메소드 등의 설명을 담고 있다. 따라서 페이스북에서 원하는 정보를 수집하기 위해서는 개발 문서의 내용을 잘 이해하고 있어야 한다.

페이스북은 또한 Graph API가 제공하는 다양한 메소드를 직접 테스트해 보고 이를 통해 얻을 수 있는 데이터의 종류와 구조를 손쉽게 파악할 수 있도록 Graph API Explorer를 제공하고 있다([그림 4-5] 참조). Graph API Explorer에서 개발자는 사용할 수 있는 페이스북의 기능과 수집할 데이터의 범위를 지정할 수 있다. [그림 4-6]은 Graph API로 가능한 기능의 permission의 리스트를 보여주는데, 이 중

그림 4-5 페이스북 Graph API Explorer

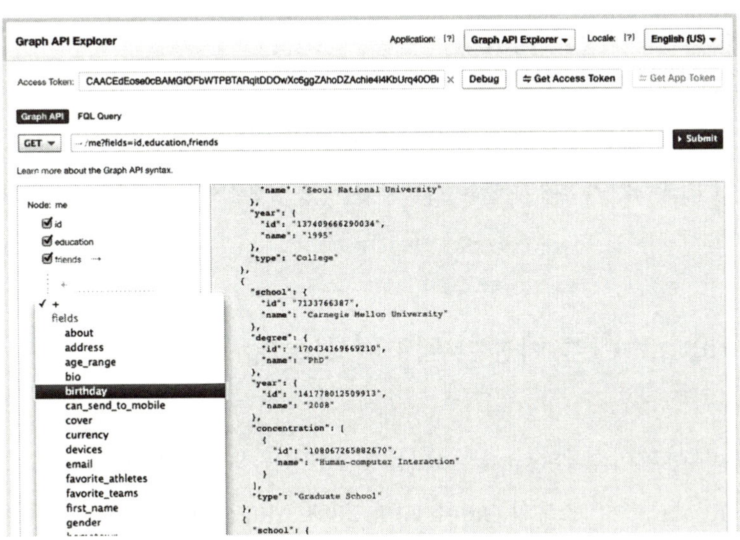

그림 4-6 Permission 선택창

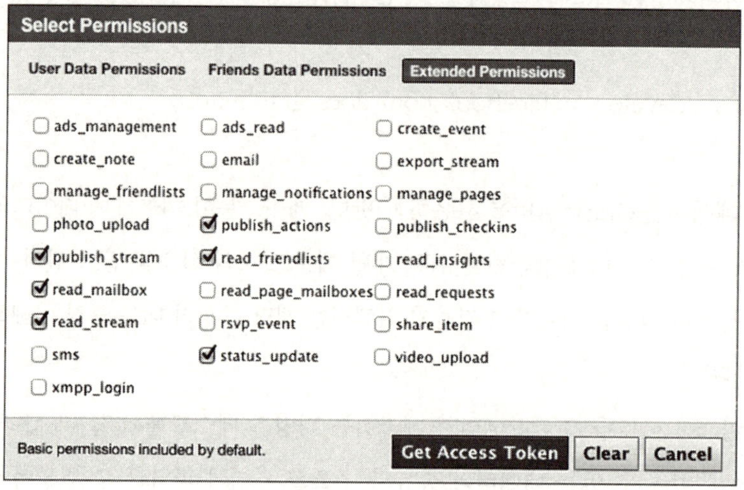

publish_stream을 선택하면 개발자는 Graph API를 이용해 사용자의 타임라인에 메시지를 올릴 수 있고, read_mailbox를 선택하면 페이스북 사용자가 친구들과 주고받은 개인 메시지를 수집할 수 있다. 이와 같이 페이스북은 매우 다양한 permission 리스트를 제공하는데 각각의 구체적인 내용은 Graph API 도큐멘테이션에 자세하게 설명되어 있다. 물론 개발자가 특정한 permission을 사용하여 데이터를 수집하겠다고 해도 원하는 대로 모든 데이터를 수집할 수 있는 것은 아니다. 사용자가 어플리케이션을 승인할 때, 어떤 데이터가 수집될 수 있는지 확인하는 절차가 있어 사용자의 선택에 따라 어플리케이션의 인증을 거부하면 해당 사용자의 데이터로의 접근은 불가능하다.

4.2 Graph API를 이용한 데이터 크롤링

Ruby에서 페이스북의 Graph API를 이용하기 위해서는 먼저 Koala Gem을 설치한다. Koala는 페이스북의 Graph API, REST API, OAuth 인증 등을 위한 라이브러리이다.

https://github.com/arsduo/koala

Koala의 설치는 다른 gem의 설치와 동일하다. 터미널에서 다음의 명령어로 Koala를 설치하자.

```
> gem install koala
```

Koala를 사용하여 데이터 수집을 하기 위해서는 해당 계정의 access token이 필요하다. Access token은 앞서 등록한 페이스북 어플리케이션이 페이스북에 로그인을 할 때 App ID와 사용자의 로그인 쿠키 등이 조합되어 생성된다. 따라서 여러 사용자의 데이터를 수집하기 위해서는 access token을 수집할 수 있는 페이스북 어플리케이션을 따로 만들어야 하나, 본 예제에서는 샘플 프로그래밍을 위해 Graph API Explorer에서 access token을 가져와서 사용해 보도록 하자. Graph API Explorer로 들어가서 [그림 4-7]에 보이는 것과 같이 "Get Access Token" 버튼을 누르면 수집할 데이터의 permission을 묻는 창이 나타난다. 원하는 permission의 범위를 지정한 후 창을 닫으면 선택한 permission 내에서 데이터 수집이 가능한 access token이 만들어진다. Graph API Explorer에서 만든 access token은 몇 시간 후에는 만료되기 때문에 프로그램을 짜는 동안 여러 번 access token이 필요할 것이다. Access token을 사용하여 다음과 같이 Graph API에 접속 가능한 graph 오브젝트를 생성한다.

```
require 'koala'

access_token = "YOUR_ACCESS_TOKEN"
graph = Koala::Facebook::API.new(access_token)
```

graph 오브젝트가 생성된 후엔 Graph API가 제공해 주는 다양한 메소드를 사

그림 4-7 Access Token 생성

용할 수 있다. 예를 들어, 사용자의 프로필 정보를 수집하기 위해서는 다음과 같이 코드를 작성한다.

```
graph.get_object("me")
```

(출력 예)

```
=> {"id" => "4812958", "name" => "Joonhwan Lee", "first_name" =>
"00000000", "last_name" => "0000", "link" => "https://www.
facebook.com/0000", "birthday" => "00/00/0000", "hometown" =>
{"id" => "108259475871818", "name" => "Seoul, Korea"}, "location"
=> {"id" => "108259475871818", "name" => "Seoul, Korea"}, "work"
=> [{"employer" => {"id" => "104038622966911", "name" => "Seoul
National University"},
...
```

위의 예제에서 볼 수 있듯이, get_object 메소드는 사용자의 프로필 정보를 Ruby의 hash 형태로 반환한다. 따라서 반환된 값 중에 필요한 정보를 추출하기 위해서는 다음과 같이 hash 데이터를 처리해 주어야 한다.

```
profile = {"school" => {"id" => "104038622966911", "name" => "Seoul
National University"}, "year" => {"id" => "137409666290034",
"name" => "1995"}, "type" => "College"}

profile["school"]
```

```
=> {"id" => "104038622966911", "name" => "Seoul National University"}

profile["school"]["name"]
=> "Seoul National University"
```

페이스북의 Graph API는 connection 정보를 제공한다. [그림 4-8]은 Graph API Explorer에서 확인할 수 있는 connection 정보들이다. 이들 메소드를 사용해서 페이스북의 특정 사용자의 활동 데이터, 또는 다른 사용자와 관계를 맺으며 만들어진 데이터를 수집할 수 있다. 예를 들어 connection 메소드들 중, feed는 페이스북 사용자의 타임라인 feed 데이터를 반환해 주고 friends 메소드는 사용자의 친구의 리스트를 반환해 준다. 이들 데이터는 모두 hash 형태로 반환된다. 이를 코드로 표현하면 다음과 같다.

```
friends = graph.get_connections("me", "friends")
feeds = graph.get_connections("me", "feeds")
```

다음의 코드는 친구의 리스트를 가져와서 friends에 저장한 다음, 데이터 레코드 하나씩을 불러내 이름과 facebook id를 출력하는 프로그램이다. get_connections가 반환하는 friends나 feeds 등은 이와 같이 루프를 사용하여 데이터를 한 줄씩 처리한다. 페이스북에서 수집하는 데이터 중에는 사용자가 입력하지 않은 데이터가 다수 있을 수 있기 때문에 에러를 방지하기 위해 반드시 수집하고자 하는 해당 키가 있는지 확인한 후에 데이터를 수집한다. 예를 들어 아래의 코드에서 사용자의 이름이 입력되어 있는지 확인하기 위해서 if f.has_key?("name")이라는 코드가 추가되었다.

그림 4-8 Connection 메소드

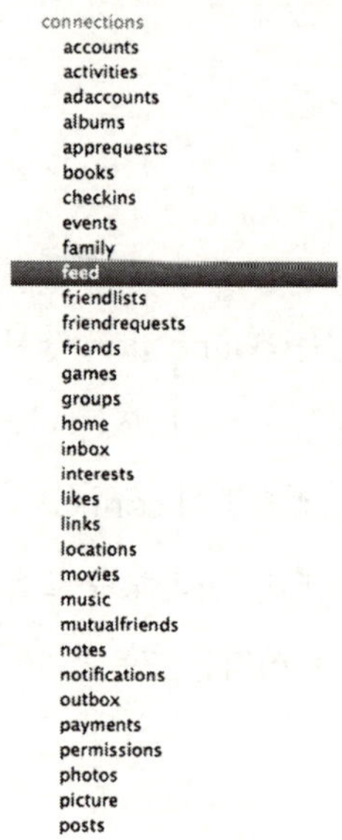


```
graph = Koala::Facebook::API.new(oauth_access_token)
friends = graph.get_connections("me", "friends")
no = 1
friends.each do | f |
  name = ""
  if f.has_key?("name")
    name += f["name"]
  end
  if f.has_key?("id")
    name += ", " + f["id"]
  end
  puts no.to_s + ": " + name
  no+=1
end
```

이 밖에 유용하게 사용 가능한 메소드는 다음과 같은 것들이 있다.

- graph.get_connections("me", "mutualfriends/#{friend_id}")
  나와 다른 사람 사이의 공통된 친구 리스트를 가져온다.
- graph.get_connections("me", "feed")
  나의 타임라인 피드를 가져온다.
- graph.get_connections("me", "feed", :limit => 30)
  나의 타임라인 피드 30개를 가져온다.
- graph.get_connections("me", "feed", {:since => @date, :limit => 1000})
  지정된 날짜 이후부터 나의 타임라인에서 피드를 1000개까지 가져온다.

위의 코드를 사용하여 타임라인에서 feed를 가져오면 아무리 limit을 1000개까지 지정해 주어도 25개만 수집된다. 그 이유는, 페이스북이 너무 많은 데이터가 한꺼번에 로딩되는 것을 막기 위해 데이터를 25개씩 잘라서 페이지 처리를 해두었기 때문이다. 따라서 25개의 수집이 끝나면 다음 페이지로 자동으로 이동하여 계속 데이터를 수집해야 한다. Koala Gem은 이를 위해 next_page라는 메소드를 제공하는데, 이를 이용하여 손쉽게 다른 페이지로 이동할 수 있다. 다음은 next_page 메소드를 사용하여 페이지를 이동하며 데이터를 수집하는 코드의 예이다.

```
first_page = graph.get_connections("me", "feed")
temp = first_page
begin
  # process temp page
  temp = temp.next_page
end while(!temp.nil?)
```

이 코드에서는 먼저 get_connections 메소드를 사용하여 사용자의 feed를

first_page에 저장하고 이를 temp 변수에도 저장한다. 그런 다음, temp에 저장된 모든 feed 데이터를 처리한 후, temp.next_page를 이용해 다음 페이지로 넘어간다. 현재의 temp에는 이동할 다음 페이지가 저장된다. 이 과정을 반복하다가 더 이상 temp 페이지가 존재하지 않으면 (!temp.nil?) 프로그램을 종료한다.

Koala Gem의 사용법은 https://github.com/arsduo/koala에 자세히 설명되어 있다.

실습 3 Facebook 데이터 크롤링

페이스북 타임라인에서 100개의 feed를 수집하여 각 feed의 종류(예 : link, photo, status)**와 like 숫자를 계산하여 출력해 보자.**

풀이

먼저 페이스북의 Graph API Explorer에서 퍼미션을 지정한 후, access token을 얻는다. Access token이 생성되었으면 다음의 코드에 넣고 Koala::Facebook::API를 이용하여 graph 오브젝트를 생성한다.

```
oauth_access_token = "YOUR_ACCESS_CODE"
graph = Koala::Facebook::API.new(oauth_access_token)
```

타임라인에서 feed를 수집하기 위해서는 get_connections 메소드를 사용한다. 수집하고자 하는 feed의 갯수를 100개로 제한하기 위해서 :limit => 100이라는 파라미터를 추가한다. get_connections 메소드를 이용해 가져온 페이지를 first_page에 저장한다.

```
first_page = graph.get_connections("me", "feed", :limit => 100)
```

우리가 가져온 페이지는 여러 페이지 중 첫 번째 페이지이다. 한 페이지에는 모두 25개의 feed가 수록되어 있는데, 모든 feed를 다 수집하기 위해서는 페이지를 계속 넘겨가며 데이터를 수집해야 한다. 이를 위해 Koala는 next_page 메소드를 제공하고 있다. 먼저 현재의 페이지를 temp에 저장하고, temp 페이지를 next_page 메소드를 사용해 계속 다음 페이지로 넘겨 아무 내용도 없을 때까지 루프를 반복한다.

```
temp = first_page
```

```
begin
  # temp 페이지의 내용을 처리
  temp = temp.next_page
end while(!temp.nil?)
```

temp 페이지의 내용을 처리하는 부분은 기본적으로는 hash 오브젝트를 해석하는 과정이다. 다음의 코드를 살펴보자.

```
temp.each do |f|

  # like 키가 있는지 확인하고 like 키의 내용을 처리
  if f.has_key?("likes")
    ...
  end

  # story 키가 있는지 확인하고 story 키의 내용을 처리
  if f.has_key?("story")
    ...
  end

  # message 키가 있는지 확인하고 message 키의 내용을 처리
  if f.has_key?("message")
    ...
  end
end
```

모든 키는 has_key? 메소드를 사용하여 키가 존재할 때만 내용을 처리하고 있다. 페이스북 API는 데이터가 없는 경우 해당 키를 생성하지 않는다. 따라서 에러를 방지하기 위해서는 항상 키가 존재하는지를 먼저 확인하여야 한다. 어떠한 키를 수집할 수 있는지 확인을 하려면 Graph API Explorer가 제공해 주는 JSON 파일을 참고하는 것이 도움이 된다.

이 과제에서 우리는 feed만 수집하지 않고, feed에 포함된 like 숫자를 모두 세어 보여주길 원한다. 하지만 feed와 마찬가지로 like의 경우도 한 페이지에 모두 25개밖에 보여주지 못한다. 따라서 like의 페이지 처리를 하지 않으면 가장 많은 like를 받은 feed의 like 숫자는 항상 25가 될 것이다. 따라서 if f.has_key?(" likes ") ~ end 사이에 like의 페이지 처리를 해주는 코드를 넣어주어야 한다.

```
first_page_of_likes = graph.get_connections(feed_id,'likes')
templikes = first_page_of_likes
likes_of_feeds = Array.new
begin
  # concaternate the two array.
  likes_of_feeds.concat(templikes)
  templikes = templikes.next_page
end while(!(templikes.nil?))
```

Koala는 크롤링한 데이터를 hash 오브젝트로 제공해 주기 때문에 hash 데이터를 다루는 방법만 잘 익히고 있으면 크롤링한 페이지에서 원하는 내용의 데이터를 수집하는 것은 별로 어려운 일은 아니다. 하지만 페이스북은 데이터를 항상 페이지로 나누어 전달해 주기 때문에 페이지를 넘겨가며 데이터를 처리하는 방법에 대해 숙지하고 있어야 한다. 이 실습에서는 feed와 like만 페이지 처리를 해보았으나, comment를 비롯, 많은 양의 데이터를 전달해야 하는 키는 항상 동일한 방법으로 데이터가 페이지화되어 있기 때문에 위의 방법을 적용하여 데이터 수집을 한다.

완성된 코드

```
require 'koala'

oauth_access_token = "YOUR_ACCESS_CODE"

graph = Koala::Facebook::API.new(oauth_access_token)

first_page = graph.get_connections("me", "feed", :limit => 100)
temp = first_page
no = 1
begin
  temp.each do |f|
    line = ""
```

```
    line += "#{no}: #{f['type']}"

    if f.has_key?("likes")
      feed_id = f['id']
      first_page_of_likes = graph.get_connections(feed_id, 'likes')
      templikes = first_page_of_likes
      likes_of_feeds = Array.new
      begin
        # concaternate the two array.
        likes_of_feeds.concat(templikes)
        templikes = templikes.next_page
      end while(!(templikes.nil?))

      line += ", #{likes_of_feeds.size} Likes"
    else
      line += ", 0 Likes"
    end
    if f.has_key?("story")
      line += ", #{f['story'].slice(0..100)}"
    end
    if f.has_key?("message")
      line += ", #{f['message'].slice(0..100)}"
    end
    puts line
    no += 1
  end
  temp = temp.next_page
end while(!temp.nil?)
```

chapter 05

하둡과 분석 알고리즘

박대근 KAIST 대우교수

1. 하둡 개요

하둡을 한마디로 정의하면, 방대하고 복잡한 데이터, 즉 빅데이터를 안정되고 빠르고 용이하게 분석하게 하는 플랫폼이라고 정의할 수 있다. 여기서 빅데이터라고 하면 사회나 자연현상을 이해하기 위해 실시간으로 수집되는 실제 데이터뿐만 아니라, 제한된 시간 내에 수많은 실험이 필요한 가상데이터까지 포함한다고 이야기할 수 있다.

위키피디어(http://ko.wikipedia.org/wiki)에서는 하둡을 "High Availability Distributed Object-Oriented Platform"으로 소개하고 있다. 이 정의에는 세 가지 내용을 내포하고 있는데, 그중 첫 번째는 고가용성(High Availability)이다. 고가용성이라 함은 장애가 발생하지 않거나 혹은 장애가 발생한다고 하더라도 신속하게 정상화될 수 있다는 것을 뜻하며, 플랫폼의 안정성을 의미한다고 할 수 있다. 두 번째는 분산처리(Distributed)인데, 이는 처리해야 할 방대한 계산을 분산하여 처리한다는 의미로서, 플랫폼의 신속성을 의미한다고 할 수 있다. 마지막으로 세 번째는 객체지향(Object-Oriented)으로서, 사용자가 용이하게 시스템의 재원을 활용하여 업무를 처리할 수 있다는 내용으로 플랫폼 편의성 혹은 용이성을 의미한다고 할 수 있다.

그림 5-1 하둡의 플랫폼으로서의 정의 및 특성

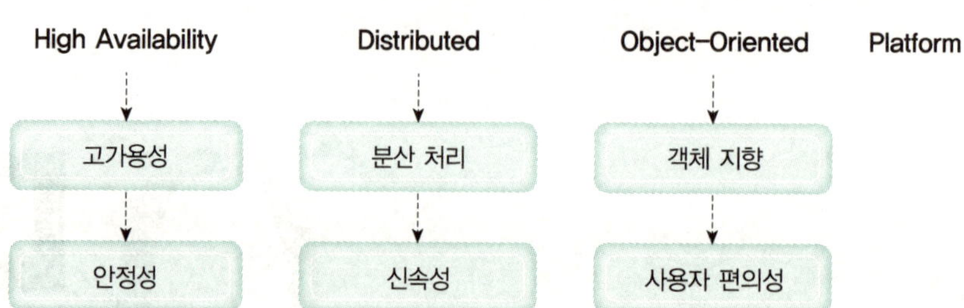

출처 : http://ko.wikipedia.org/wiki

요약하여 정리하면, 안정되고 신속하고 용이하게 업무를 처리할 수 있는 플랫폼이라는 의미로, 빅데이터 시대의 적합한 플랫폼이라고 할 수 있다. 이러한 특성과 더불어, 다른 고가의 분산 처리 플랫폼에 비해 경제적으로 효율적인 플랫폼으로서, 이는 FaceBook 같은 소셜 네트워크 서비스나 eBay 같은 온라인 커머셜 업체들이 하둡을 데이터 분석 플랫폼으로서 도입하고 있는 또 다른 이유가 되기도 한다.

본 장에서는 하둡에 대한 기술적인 설명보다는 하둡에 내장된 데이터 입수, 저장 및 처리 알고리즘 중에서 맵리듀스로 알려진 데이터 처리 알고리즘을 소개하고, 기존의 데이터 처리에서 활용하고 있는 알고리즘을 하둡으로 구현하는 방안을 소개하고자 한다. 하둡과 관련한 저서나 번역서가 다수 출간되고 있고, 하둡 관련 사이트나 전문가 블로그에서 하둡이 많이 언급되고는 있지만, 실제로 이를 활용하고자 하면, 어려운 난관에 부딪히는 경우가 많다. 이러한 점을 감안하여, 하둡 환경을 구축하는 방안도 함께 언급하고자 한다.

R에서는 R 환경에서 하둡의 맵리듀스를 활용할 수 있도록 지원하는 "RMR" 이라는 패키지가 있는데, 기존의 R에 친숙한 사용자들은 R을 통해 맵리듀스를 쉽게 배울 수 있는 장점이 있으므로, 이 글에서는 RMR을 통해 맵리듀스를 설명하고, 이를 통해 "do loop", "while", "for", "if condition", "where", "select", "count", "sum", "mean"과 같은 간단한 처리에서부터 "Counting and Distribution"과 "Regression"을 구현하는 방안을 소개할 것이다. 마지막으로는 한국은행의 기사분석에 적용한 사례를 소개하고, 향후 하둡이 어떠한 분야에 어떻게 활용될 수 있을지를 정리하며 마치고자 한다.

2. 하둡 환경 구축

하둡 환경을 구축하기 위한 첫 번째 단계는 리눅스 운영체제의 서버를 준비하는 것이다. 실제로 비즈니스에 이용하지 않고, 지식 혹은 스킬 습득이 목적이라고 한다면, 실제로 서버를 구매하기보다는 가상화나 클라우드 기술을 활용하는 것을 추천한다. 가상화나 클라우드는 실제로 가상화 기술의 제약으로 인해 네트워크 속도나, RAM 및 CPU 재원 활용에 한계가 있기는 하지만, 시간적 혹은 금전적 측면에서 신속하고 저렴하게 하둡을 습득할 수 있으므로, 실제 서버를 활용하기 위한 준비 단계로서는 적합하다고 볼 수 있다.

필자는 두 가지 유형으로 하둡 환경을 구축해 보았는데, 성능과 컴퓨터의 개수를 차별화하여, 첫째는 4대의 컴퓨터에, 둘째는 12대의 컴퓨터에 가상화 기술을 활용하여 적용해 보았다. 가상화 기술이라는 것이 실제로 컴퓨팅 재원을 공유하는 형태인지라, 컴퓨터의 재원을 모두 활용하지는 못하고, 첫째는 Quad Core에 4 GB RAM, 100 GB HDD, 둘째는 Dual Core에 2 GB RAM, 100 GB HDD, 그리고 모두 100 Mbps로 구축했다. 네트워크 연결 방식으로는 "Bridged" 방식을 사용함으로써, 가상화된 컴퓨터 간의 통신이 될 수 있도록 했다. "NAT 방식" 에 "포트포워드 방식" 을 통해서도 구현은 할 수 있는데, 일일이 포트를 등록해야 하는 불편함이 있어서 "Bridged" 방식을 선택했다. 네트워크와 관련해서는 실제 컴퓨터가 있는 네트워크 환경은 1 Gbps라 하더라도, 가상화 기술로는 최대 100 Mbps까지만 활용할 수 있는 제약이 존재한다.

하둡 환경을 구축하기 위한 두 번째 단계는 하둡을 비롯한 R 및 RMR 등 필요한 소프트웨어 및 패키지를 설치하고, 기본 Configuration을 수행하는 과정이다. 이 단

그림 5-2 가상화 기술 활용 사례

case 1 컴퓨터 4대	case 2 컴퓨터 12대
Vmware Workstation 10.0, Centos 5.8 64 bit	Vmware Workstation 10.0, Centos 5.8 64 bit
Quad Core, 4 GB RAM, 100 GB HDD	Dual Core, 2 GB RAM, 100 GB HDD
네트워크 연결 방식 및 속도 : Bridged, 100 Mbps	네트워크 연결 방식 및 속도 : Bridged, 100 Mbps

계는 상당히 복잡하고 어려운 부분이 존재하지만, 상위 수준에서 골자만 설명하면, 서버 1대를 대상으로 우선 독립모드로 구현하고, 이 서버를 기반으로 다른 서버들과 함께 분산모드로 구현하는 것이다.

독립 모드로 구현한다는 것은 서버 1대에 하둡 설치에 필요한 네임노드, 보조네임노드 및 데이터노드를 모두 설정하는 방식이다. 실제 분산 효과 처리가 발생하지는 않으나, 분산 모드를 구축하기 위한 준비 단계로 이해하면 된다. 호스트 파일에 IP를 등록하고, SSH(Secured Shell) 통신을 위해 Key를 생성하고, 자신 및 이후 다른 서버와의 통신을 위해서 Key를 복사한다. 하둡을 설치하고, 하둡에 제반 필요한 환경파일들을 생성하는데, 주요한 내용은 각 서버들의 역할 정의, 파일 디렉토리 및 모니터링을 위한 포트 지정 등이다. 네임노드를 포맷하고 실행하면 독립 모드로 하둡을 활용할 수 있다.

다음은 분산 모드로 구현하는 것인데, 패키징하여 복사하기 이전에 다수 서버의 IP 및 역할을 고려하여 호스트 파일 및 하둡 환경 파일을 미리 수정한다. 이를 패키징하여 개별 서버에 복사하고, 개별 서버에서 독립 모드 서버에 맞추어진 호스트 이름을 개별 서버명에 따라 수정한다. 마지막으로 독립 모드에서처럼 네임노드를 포맷하고 실행하면 여러 대의 서버들을 기반으로 하둡을 활용할 수 있다.

그림 5-3 **소프트웨어 설치 및 기본 Configuration**

1

독립 모드 구현(컴퓨터 1대, 네임노드 = 보조네임노드 = 데이터노드)

- 호스트 & IP 등록(호스트파일 생성)
- SSH(Secured Shell) 통신을 위한 Key 생성 및 복사
- 하둡 설치 및 환경 파일 생성(Path, 각 서버 역할 정의, 파일 디렉토리, 모니터링 Port 정의 등)
- 네임노드 포맷, 실행

2

분산 모드 구현(네임노드 1대, 보조네임노드 1대, 데이터노드 여러 대)

- 호스트 파일 및 하둡 환경 파일 수정
- 패키징 & 복사, 개별 서버 수정
- 네임노드 포맷, 실행

3. 하둡 분석 알고리즘

하둡에서의 데이터 처리 알고리즘을 설명한다고 하면 이는 맵리듀스를 설명하면 된다. 맵리듀스는 "맵" 프로시저와 "리듀스" 프로시저로 구성되어 있으며, 비록 간단한 알고리즘이지만, 병렬 및 분산처리에 광범위하게 활용될 수 있다. 이를 [그림 5-4]의 미디어 기사들로부터 Top Keyword들을 Count하는 분석 업무를 가지고 설명한다.

오늘의 경제기사를 여러 미디어로부터 웹크롤링을 통해 입수한다고 가정했을 경우, 형태소 분석을 통해 Keyword들을 추출했다고 하자. Top Keyword가 되기 위해서는 얼마나 비미디어 기사에 자주 언급되었느냐를 파악하는 것이 필요하므로, Count를 위해 모든 Keyword를 새로운 Key로 정의하고 해당 Keyword에 1을 매핑한다. 이 부분이 "매핑" 프로시저가 적용된 것이고, 다음은 "리듀스" 프로시저 적용을 위해 정렬과 병합이 수행된다. 병합된 1로 이루어진 스트링의 길이(Lengh)나

그림 5-4 미디어 기사 Top Keyword Count 예시

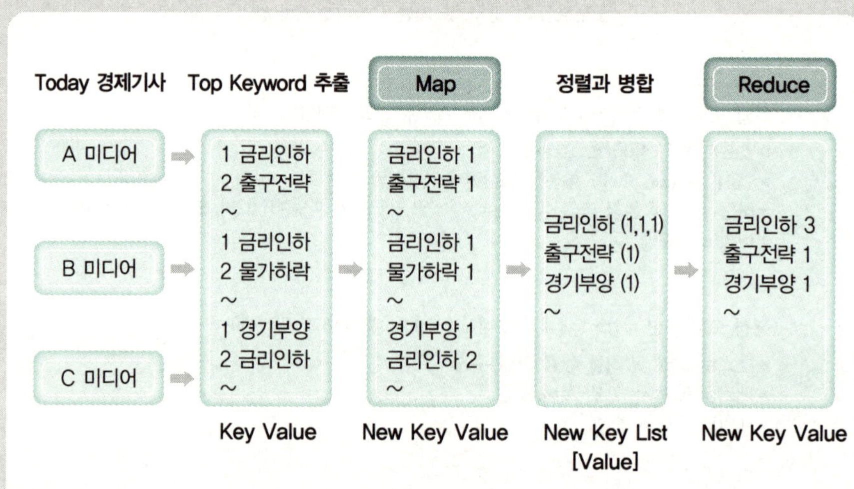

그림 5-5 Regression [GDP & TAX] 예시

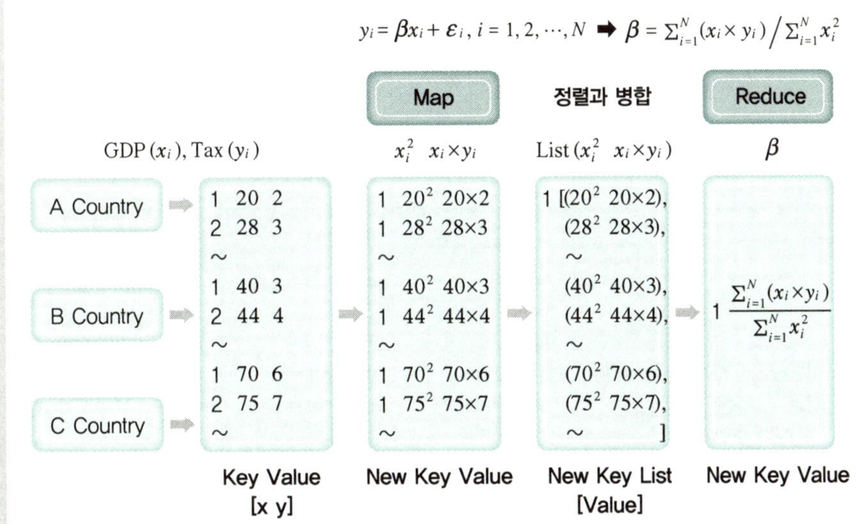

합(Sum)을 통해 Keyword별로 숫자를 구하게 된다. "리듀스"는 프로시저 이름대로 방대한 양의 정보를 축약하는 프로시저로 이해하면 된다.

위의 설명과 같이 간단한 알고리즘이지만, 동일한 방식으로 상당히 복잡한 문제에 적용될 수 있다. 회귀분석을 맵리듀스로 구현한다면 [그림 5-5]와 같이 구현된다.

개별 국가로부터 GDP와 TAX 정보를 입수했다고 가정하면, 우선 개별 값들은 Value가 된다. 모두 하나의 Key로 정의하고, GDP의 제곱과 GDP와 TAX의 곱을 Key에 매핑하는 "매핑"을 수행한다. 해당 값들을 병합한 뒤에 GDP의 제곱합과 GDP와 TAX의 곱합을 구하고, 나눔으로써 "리듀스"를 수행하면 회귀식에서의 Beta가 추정된다. 만약 GDP와 TAX처럼 국가 수가 제한된 경우가 아닌, 전 세계의 금융자산 수익률들 간의 모든 Pair에 대해 회귀식을 추정한다고 하면, 계산량이 방대해지게 된다. 만약 하둡 맵리듀스를 이용하면 이를 신속하게 처리함으로써, 투자에 필요한 정보를 적시에 활용할 수 있게 될 것이다.

지금까지는 개념적으로 맵리듀스를 설명했고, 이를 아키텍처 관점에서 설명하면 [그림 5-6]과 같다. 앞에서 설명한 Case1에 해당하는 아키텍처인데, 우선 서버 4

그림 5-6 Case 1 : 아키텍처 구현 예시

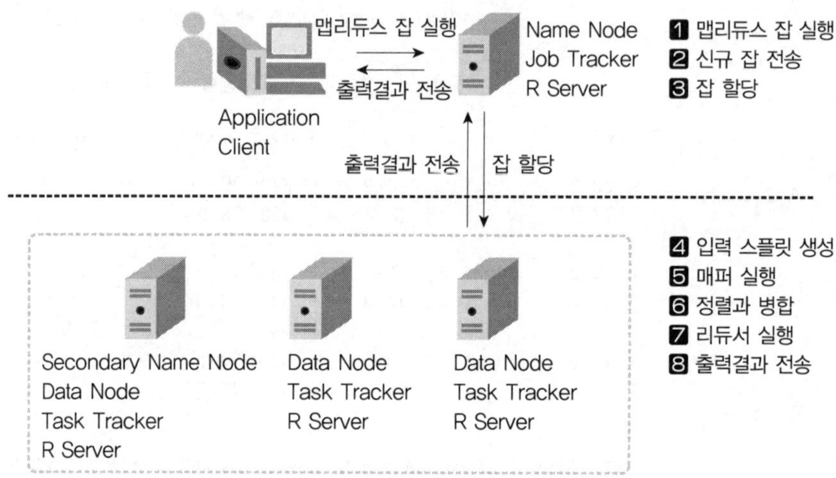

대로 구성되어 있고, 개별 서버는 각각 네임노드, 보조(Secondary)네임노드, 데이터노드들로 구성되어 있다. 개별 서버는 R서버로서의 기능도 수행한다. 사용자(Application Client)가 맵리듀스 잡을 실행하면 잡 전송 및 데이터노드로 잡 할당이 수행된다.

잡 할당이 수행되면 개별 업무처리 단위는 입력 스플릿 생성, 개별 데이터노드이자 태스크 트랙커에서의 매퍼 실행, 정렬과 병합, 리듀서 실행, 그리고 마지막으로 출력결과를 다시 사용자에게 전달하게 된다.

이러한 아키텍처는 일일이 외부로부터의 데이터를 입수하기 위한 절차가 별도로 존재하게 되며, 실제로 인더스트에 적용되기 위해서는 데이터 입수 및 데이터 저장 장치들과의 결합이 필요하게 된다.

[그림 5-7]은 Case 1에서 설명한 아키텍처 전후로 웹크롤링 서버 및 데이터 연계서버, 별도의 분석 서버 및 데이터 저장, 그리고 웹서버로 이루어져 있다. 소셜 네트워크 분석을 실시간으로 수행하기 위해서는 대량의 비정형 데이터가 실시간으로 입수되어야 하고, 원천 데이터, 형태소 분석 데이터 및 분석을 통해 파악된 비즈니스 인사이트 정보(그림 및 표)들을 저장해야 하는 공간이 필요하게 된다. 또한 이를 잘

그림 5-7 **Extended 아키텍처 구현 예시**

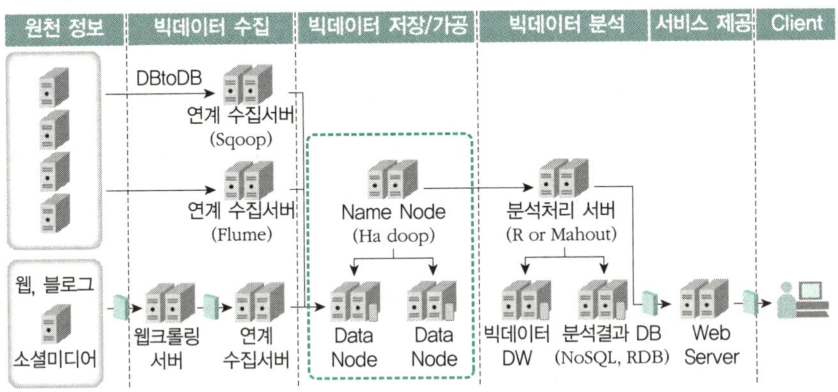

보여줄 수 있는 Visualization 기능을 가진 서버들과 연계가 된다.

정교한 성능 실험은 아니지만, 실제 단독 서버에서 분석하는 하는 경우와 Case 1에서처럼 4대의 서버를 연결해서 사용하는 경우, 데이터 용량에 따라 데이터 처리 및 출력까지의 시간을 비교했다. 700MB 지점까지는 독립 모드가 오히려 빠르지만,

그림 5-8 **하둡 맵리듀스 처리속도 비교**

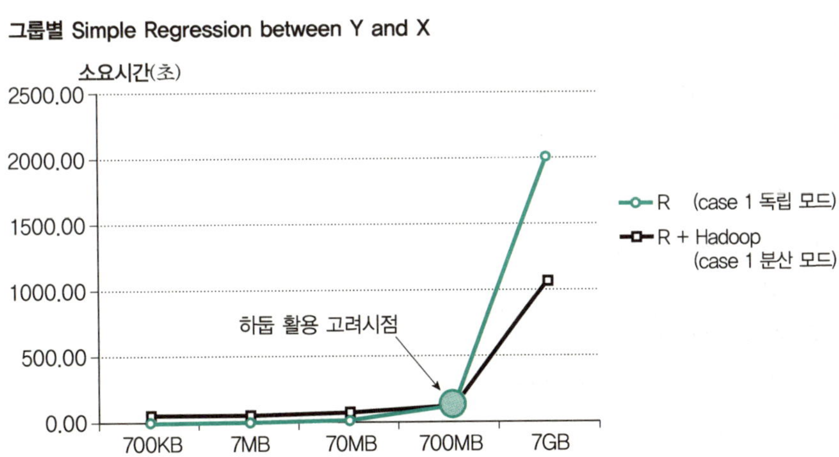

700 MB를 초과하면서부터는 분산 모드가 더 효력을 발생하게 됨을 알 수 있다.

이는 일정한 잡 배분 및 할당을 위한 기본적인 서버들 간의 통신 시간이 필요해서 발생하는 현상이고, 이는 연결 서버가 많아질수록 처리에 소요되는 기본시간이 커진다. 데이터의 용량이 커질수록, 서버를 계속 추가하게 되면 일정한 속도를 유지하며 데이터 분석업무를 수행할 수 있게 된다. 아래 eBay나 Facebook 사례를 보면 기하급수적으로 증가하는 커머셜 데이터나 소셜 텍스트 증가에 대응하기 위한 서버들의 규모가 대충 어느 정도인지를 짐작할 수 있다.

사례 1 eBay 하둡 시스템 구성 예(2012년 6월 자료)

서버수 : 532대 – 1,008대

스토리지 : 5 – 18 PB

네트워크 스위치 : 1 Gpbs and uplink 40 Gbps

서버 스팩

–Cent OS 4 64 bit

–Intel Dual Hex Core Zeon 2.4 Ghz

–72 GB RAM

–24 TB HDD

–SSD for OS

사례 2 Facebook 하둡 시스템 구성 예(2010년 5월 자료)

서버수 : 2,000대

스토리지 : 21 PB

네트워크 스위치 : 1 Gpbs and uplink 40 Gbps

서버 스팩

–Cent OS 4 64 bit

–8 core : 1,200대, 16 core : 800대

–32 GB RAM

–12 TB HDD

지금까지 맵리듀스, 맵리듀스가 구현된 환경, 그리고 간단한 실험을 통해 하둡의 처리 성능에 대하여 언급했다. 맵리듀스는 간단한 알고리즘이지만 다양한 병렬 및 분산처리에 활용될 수 있다. 여기에서는 Counting 및 Distribution, Regression, 그리고 이후에 Association까지 설명하지만, 맵리듀스 자체를 하나의 큰 분석 체계로 활용하고 다수의 프로시저들을 포함할 수도 있고, 전체 분석 프로세스에서 계산량이 많은 영역을 식별하여 이를 맵리듀스로 구현할 수도 있으므로 분석 문제에 적합하게 활용하면 된다.

맵리듀스 및 하둡분석 플랫폼은 웹크롤링 및 데이터 입수 및 연계서버, 그리고 데이터 저장서버 및 Visualization 서버가 모두 연결된 아키텍처에서 그 진가를 발휘할 수 있다는 사실과 데이터 처리에 필요한 시간에 따라 서버의 개별 성능과 대수가 고려되는 것이 필요하다는 사실을 설명했다.

4. RMR을 통한 Map Reduce 구현

RMR은 R의 하나의 패키지로서 RMR의 함수들을 이용하여 하둡의 맵리듀스를 활용할 수 있다. 기본적인 데이터 분석들을 대상으로 R에서의 RMR을 통한 시뮬레이션을 통해 이를 설명한다.

4.1 Counting and Distribution

[그림 5-9]는 Counting을 위한 시뮬레이션 프로그램이다. 상단은 우선 기존의 하둡과 서버의 로컬 디렉토리에 존재하는 파일들을 제거하는 것이다. 이는 처음 수행할 경우에는 필요 없지만, 재분석을 할 경우에는 동일한 이름의 파일을 미리 제거하는 것이다. 첫 번째는 하둡 파일시스템의 case0이라는 디렉토리를 "hadooop fs -rmr" 이라는 명령어를 통해 제거하라는 명령어이다. 이는 하둡 서버에서 수행할 수

그림 5-9 Counting 예제(1/2)

```
############################################################################
#                              data generation                             #
############################################################################

하둡 및 로컬 디렉토리 및 파일 삭제
system("/home/hadoop/hadoop/bin/hadoop fs -rmr case0" )
system("rm -r /home/hadoop/extra/case0_*.csv" )

데이터 생성 [ 100번 시행, "콩" 출현 확률 0.5, 20 횟수, 시행수와 횟수가 증가함에 따라 용량 증대 ]
for (i in (1:20)) {
 cont <-file( sprintf (' ("/home/hadoop/extra/case0_%d.csv', i))
 write.table( ifelse( rbinom(100,1,0.5)==1, "콩", "팥") cont, row.names=FALSE, col.names
=FALSE, sep=",")
}
하둡 디렉토리 및 파일 생성
system("/home/hadoop/hadoop/bin/hadoop fs -mkdir case0" )
system("/home/hadoop/hadoop/bin/hadoop fs -put /home/hadoop/extra/case0_*.csv case0/" )
```

있는 명령어이지만, R의 system()이라는 명령어를 통해 수행할 수 있다. 마찬가지로 두 번째 명령어는 로컬 디렉토리에 있는 case0으로 시작되는 csv 파일들을 모두 지우라는 것이다.

다음은 전형적인 R 명령어들인데, Case0_1.csv부터 Case0_20.csv까지의 파일들을 로컬 디렉토리에 저장하라는 명령이며, 각 파일은 100개의 "콩" 혹은 "팥"으로 이루어져 있는데, "콩" 혹은 "팥"이 출현할 확률은 "rbinom(100,1,0.5)"에서처럼 0.5로 주어져 있다. 이렇게 생성된 csv파일들을 하둡 분산 파일시스템에

그림 5-10 Counting 예제(2/2)

```
############################################################################
#                                  rhadoop                                 #
############################################################################
패키지 및 PATH 정의
library(rmr2)
Sys.setenv("HADOOP_CMD"="/home/hadoop/hadoop/bin/hadoop")
Sys.setenv("HADOOP_STREAMING"="/home/hadoop/hadoop/contrib/streaming/hado
op-streaming-1.0.3.jar")

result <- from.dfs(
 mapreduce(
   input = "/user/hadoop/case0", input.format= make.input.format("csv", sep=","),  INPUT
   map = function(., v) keyval( v[,1], 1),     MAP
   reduce= function(k, v) keyval(k, sum(v))       REDUCE
 )
)
```

case0이라는 디렉토리에 모두 저장하는 것이다. 이렇게 되면 Counting 예제에 맵리듀스를 적용하기 위한 데이터가 로컬에서 만들어져서 하둡 파일시스템에 저장되게 된 것이다. 추가적으로 데이터 사이즈를 늘리고 싶을 경우에는 실행횟수를 나타내는 데이터 사이즈 100보다는 파일들의 개수 20을 더 추가하는 것이 R이 RAM의 제약을 받는 것을 고려한다면 더 속도를 개선할 수 있는 방법이 된다.

다음은 맵리듀스를 실행하는 명령어들이다. 우선 rmr 관련 패키지를 부착하고, 환경 관련 path를 지정해 준다. 그리고 맵리듀스를 실행하는데, 우선 from.dfs란 맵리듀스를 통해 만들어진 파일시스템에 있는 결과파일을 R에서 사용할 수 있는 데이터로 변환하는 역할을 수행한다. 다음은 맵리듀스인데, input 디렉토리와 input format을 지정한다. 디렉토리만 지정하면 디렉토리 내에 있는 모든 파일을 다 지정하게 된다. 이는 예를 들어 다수의 기사들을 수집할 경우, 그대로 파일시스템에 보관하기만 하면, 해당 디렉토리를 선언함으로써 그 디렉토리에 있는 모든 기사들을 분석할 수 있게 된다는 의미이다. "No SQL"이라고 하는 것은 이러한 파일시스템이 관계형 DB가 아니고, Key와 Value의 형태로만 존재하기 때문에 이렇게 명칭되어

그림 5-11 R을 이용한 Counting 구현

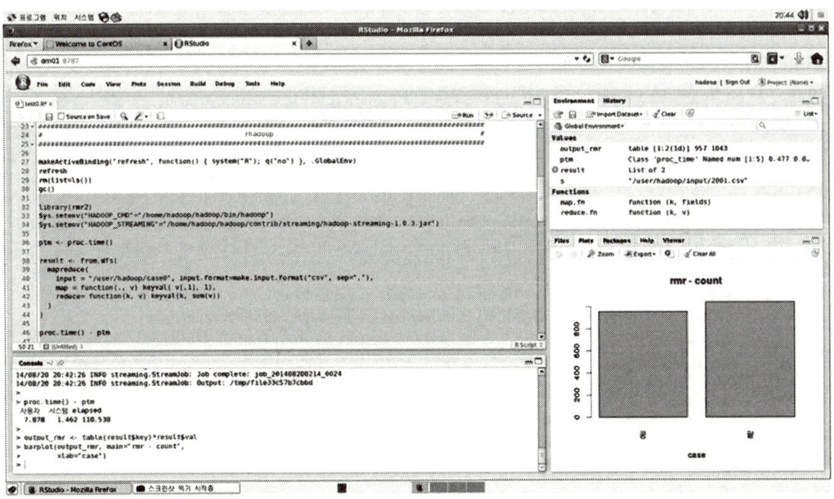

진 것임을 알 수 있다.

다음은 맵 함수인데, 입수된 파일들은 모두 "콩" 아니면 "팥"이기 때문에 1열 행렬이며, "v[,1]"으로 정의할 수 있다. 이에 RMR에서 제공하는 keyval 함수를 통해 "1"이라는 값을 매핑한다. 이는 '3. 하둡 분석 알고리즘'에서 설명한 바와 같이 count를 위해 "콩", "팥"을 새로운 Key로 정의하고, 이 Key에 "1"이라는 값을 매핑하는 것이다. 다음은 "sum(v)"를 통해 새로운 Key에 count를 부여하게 된다.

실제 R(정확히는 R Studio)를 통해 구현된 화면은 [그림 5-11]과 같다. 생성된 결과 파일을 "table" 명령어와 "barplot" 명령어를 통해 테이블을 만들고 차트가 보여

그림 5-12 Distribution 예제(1/2)

```
########################################################################
#                          data generation                             #
########################################################################

하둡 및 로컬 디렉토리 및 파일 삭제
system("/home/hadoop/hadoop/bin/hadoop fs -rmr case1" )
system("rm -r /home/hadoop/extra/case1_*.csv" )

데이터 생성( 100번 시행, "콩" 출연 확률 0.5, 20 횟수, 시행수와 횟수가 증가함에 따라 용량 증대)
setwd("/home/hadoop/extra")
for (i in (1:20)) {
  write.table(rbinom(100, n = 5000000, prob = 0.5), sprintf('case1_%d.csv', i),
row.names=FALSE, col.names=FALSE, sep=",")
}
하둡 디렉토리 및 파일 생성
system("/home/hadoop/hadoop/bin/hadoop fs -mkdir case1" )
system("/home/hadoop/hadoop/bin/hadoop fs -put /home/hadoop/extra/case1_*.csv case1/" )
```

그림 5-13 Distribution 예제(2/2)

```
########################################################################
#                              rhadoop                                 #
########################################################################
패키지 및 PATH 정의
library(rmr2)
Sys.setenv("HADOOP_CMD"="/home/hadoop/hadoop/bin/hadoop")
Sys.setenv("HADOOP_STREAMING"="/home/hadoop/hadoop/contrib/streaming/hado
op-streaming-1.0.3.jar")
경우의 수 Count
result <- from.dfs(
  mapreduce(
    input = "/user/hadoop/case1", input.format="csv",   INPUT
    map=function(.,v) keyval(v,1),   MAP
    reduce=function(k, v) keyval(k, sum(v))   REDUCE
  )
)
```

그림 5-14 R을 이용한 Distribution 구현

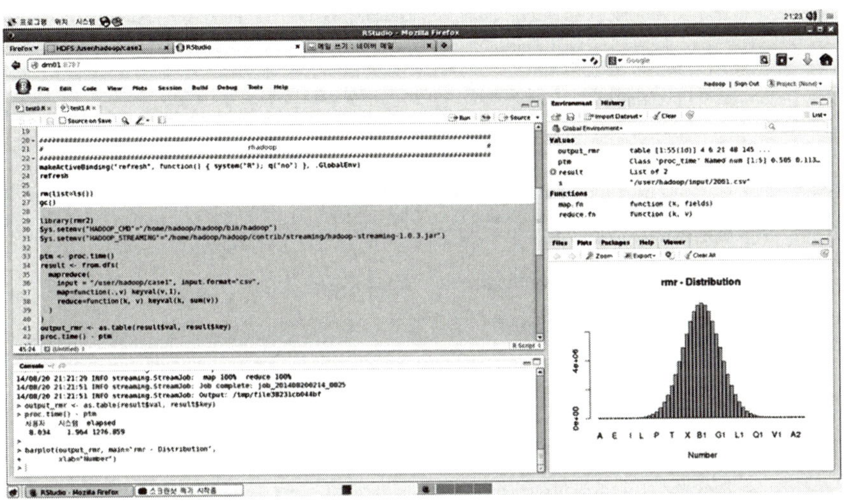

지고 있다. "proc.time()"을 통해 처리시간을 계측해 볼 수 있다.

간단한 Counting 예제를 R과 RMR을 활용하여 구현한 것이며, 이는 Distribution 문제로 확장해 볼 수 있다.

앞의 Counting 예제와 비교해 볼 때 시행횟수 100은 같지만, 다른 점은 1이 아니라 5,000,000개의 random number가 나오게 되는 것이다. 즉, 기댓값 50을 중심으로 random number가 만들어지게 되는데, 이 값들에 대한 도수를 파악하여 확률분포를 도출해 보는 것이다.

맵리듀스 함수는 앞의 Counting 예제와 같으며, 다만 차이점은 v값이 "콩"과 "팥" 2개의 Case만 존재하는 것이 아니라, 1에서 100까지의 숫자로 나오게 되는 것이다.

4.2 Regression

'3. 하둡 분석 알고리즘' 에서 설명된 바와 같이 맵리듀스로 Regression을 구현

그림 5-15 Regression 예제(1/3)

```
########################################################################
#                            data generation                            #
########################################################################

데이터 생성 [ 1천만번 시행, 20 횟수, 시행수와 횟수가 증가함에 따라 용량 증대 ]

regr <- function(a,b){    Regression function 생성
 group <- a               그룹변수 1~20
 x <- rnorm(b, mean = group, sd = 1)   그룹변수를 기대값으로 b(~10,000,000) 만큼 x 표본 추출
 beta <- sample(1:5, 1, replace=T)     계수는 1~5에서 임의 추출
 y <- beta*x + rnorm(b, mean = 0, sd = 1)    종속변수 y 생성
 vx <- cbind(group,y,x)
}
                         시행횟수 10000000 → 7GB,  x10 → 70GB, ….
for (i in (1:20)) {
 write.table(regr(i,10000000), sprintf('case2_%d.csv', i), row.names=FALSE,
col.names=FALSE, sep=",")
}
```

그림 5-16 Regression 예제(2/3)

```
########################################################################
#                                rhadoop                                #
########################################################################
Regression
result <- from.dfs(
 mapreduce(
  input = "/user/hadoop/case2", input.format=make.input.format("csv", sep=","),
  map = function(., v) keyval( v[,1], cbind( v[,2]*v[,3], v[,3]*v[,3] )),    Group ~ X·X, X·Y Mapping
  reduce= function(k, v) keyval(k, sum(v[,1])/sum(v[,2]))    Group ~ Beta
 )
)
```

할 수 있다. [그림 5-15]는 Regression을 위한 시뮬레이션 프로그램이다.

데이터(x, y pair)를 10,000,000씩 20번 생성하는 프로그램으로서, 20개의 그룹이 각각 존재하고, 개별 그룹에서 10,000,000개의 데이터가 만들어진다고 보면 된다. x는 기댓값은 group number, 표준편차는 1인 정규분포 랜덤 넘버이고, 계수 beta는 1에서 5까지 임의의 숫자를 생성하여 y값을 생성한다. 총 7 GB의 데이터가 만들어지므로 만약 데이터를 10배 상승시키려면 추출횟수나 그룹 수를 10배 늘리게 되면 70 GB가 되는 시뮬레이션이다.

우선 map은 group number를 새로운 Key로 하여 x의 곱과 x와 y의 곱 pair를 매핑한다. 리듀스는 x의 곱합, x와 y의 곱합을 만들고 이를 각각 분자, 분모로 하여

그림 5-17 **Regression 예제(3/3)**

```
##########################################################################
#                                    r                                   #
##########################################################################
Parallel 처리
input <- sapply(paste(sprintf("/home/hadoop/extra/case2_%d.csv",1:20)), read.csv,
header=FALSE)
xtox <- tapply( unlist(input[3,])**2, unlist(input[1,]), sum )
xtoy <- tapply( unlist(input[3,])*unlist(input[2,]), unlist(input[1,]), sum )
output__r1 <- xtoy/xtox
Loop 처리
temp <- c()
for ( i in (1:20)){ # i <- 1
  input <- sapply(sprintf("/home/hadoop/extra/case2_%d.csv",i), read.csv,
header=FALSE)
  temp <- rbind( temp, cbind(i, sum( unlist(input[3])*unlist(input[2]) )
                        /sum( unlist(input[3])*unlist(input[3]) ) ) )
}
result <- temp
```

그림 5-18 **R을 이용한 Regression 구현**

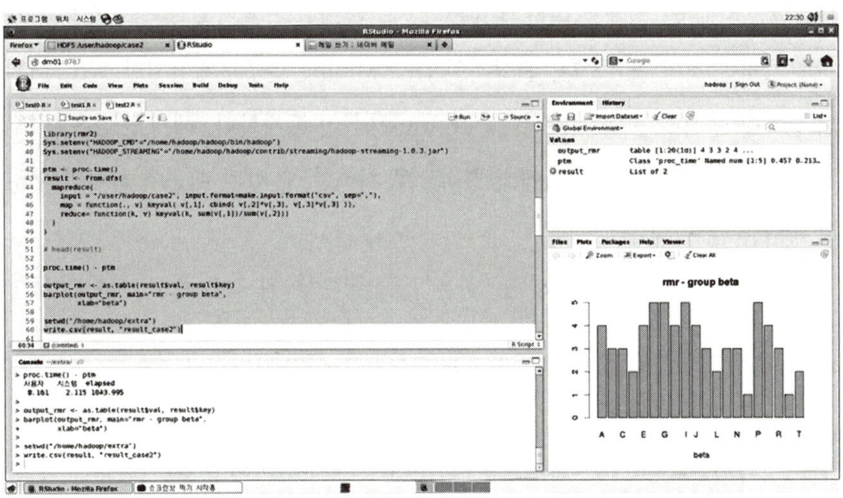

계산하게 되면 beta가 나오게 된다.

앞의 '3. 하둡 분석 알고리즘'에서 계산속를 비교할 때 활용한 프로그램으로서, parallel로 처리한 경우와 Loop으로 처리한 경우이다. 이를 맵리듀스로 처리한 경우와 비교를 하게 되는데, 앞에서 이야기했듯이 700 MB가 넘으면서부터 맵리듀스로 처리하는 것이 효율적이 될 수 있다.

[그림 5-18]은 R을 이용하여 구현한 화면이고, 추정된 beta들을 barplot으로 그려본 것이다.

5. 실증분석 사례

최근 한국은행(중앙은행) 신임 총재 부임 이후의 관련 기사를 분석했다. 신임 총재는 중앙은행의 전통적인 물가 및 금리 안정과 더불어 성장과 고용 문제도 언급하면서 유연한 자세를 견지한다는 취지의 간담회를 했다. 총재의 발언, 그리고 한국은행에서 제 발간되는 보고서 내용들을 저마다 신문사들이 자신의 관점에서 해석하고 보도하고 있으므로, 실제 어떠한 내용들이 기사화되고 있는지를 정량적 혹은 정성적으로 분석하는 것이 필요하다. 전형적인 Text Mining 연구주제이지만, 주요 어휘들 간의 관계를 분석하는 데 있어서, Counting 분석이 존재한다. 해당 분석은 여러 개의 주요 키워드에 대해서 동시에 병렬적으로 처리할 수 있기 때문에 하둡의 맵리듀스로 작업을 할 수 있다.

대상 기사는 4월부터 7월까지 "한은", "한국은행"과 같은 주요 어휘가 포함된

그림 5-19 R을 이용한 BOK 어휘 분석 구현(1/2)

```
##########################################################################
#                              data gathering                            #
##########################################################################
파일 읽수 및 전처리 [28개 미디어 기사, 4월, 5월, 6월, 7월 document → unigram, bigram]

for( i in (4:7) ){   con <- dbConnect(MySQL(), user="sdkpark", password="sdkpark",
dbname="bok_poc_web", host="218.232.111.50")
d <- dbGetQuery(con, "SET @@session.character_set_results = 'UTF8'")
d <- dbGetQuery(con, sprintf("select * from document_%d", i))
~~~~~~~~~~~~~~~~~~~~~~~~~~~~~~~~~~~~~~~~~~~~~~~~~~~~~~~~~~~~~~~~
write.table(unigram, sprintf("case4_1_%d.csv", i), row.names=FALSE, col.names=FALSE, sep=",")
write.table(bigram, sprintf("case4_2_%d.csv", i) , row.names=FALSE, col.names=FALSE, sep=",")
}
데이터 파일링 시스템에 Loading
system("/home/hadoop/hadoop/bin/hadoop fs -mkdir case4" )
system("/home/hadoop/hadoop/bin/hadoop fs -put /home/hadoop/bok/case4_*.csv case4/" )
```

그림 5-20 R을 이용한 BOK 어휘 분석 구현(2/2)

```
############################################################################
#                                rhadoop                                   #
############################################################################
일정 조건에 적합한Unigram의 COUNT
map.fn <- function(.,v){
  w <- v[v[,5]>=10,]      월별 전체 문서 출현 빈도수 10% 이상
  w <- w[order(w[,5],decreasing=TRUE),]   비중에 따라 정렬
  keyval(w[,1], w[,2] )     Term에 Count 매핑
}

reduce.fn <- function(k,v){
   keyval(k, sum(v))}       Term별 count 합

result0 <- from.dfs(
  mapreduce(  input = "/user/hadoop/case4/case4_1_*.csv", input.format =
make.input.format("csv", sep = ","),  map = map.fn,  reduce= reduce.fn  ))
```

기사이며, 기사를 입수한 이후에는 형태소 분석을 거쳐서 기사별 개별 어휘들이 생성되므로, '4.1 Counting and Distribution' 에서 활용한 Counting 방법론을 적용하여 개별 어휘별 출현 횟수를 구하게 된다. 대사 어휘는 크게 unigram과 bigram으로 구분되어 있으면, 각각 개별 어휘들의 카운트를 구하고, 월별 전체 문서 출현 빈도수의 일정 비율(%) 이상을 선정하는 방식으로 업무가 수행된다.

[그림 5-19]에서 보면 프로그램 상단에서는 우선 데이터 서버에 연결하여 4, 5, 6, 7월이 기사를 입수하여 바로 csv 파일로 만드는 것이고, 다시 이를 하둡 파일시스템(case4라는 디렉토리를 생성하고 해당 디렉토리 내에 파일 적재)에 로드하는 절차로 되어 있다. MySQL 같은 csv로 변화하여 로딩하는 절차가 필요하지만, '3. 하둡 분석 알고리즘' 에서 설명한 바와 같이 Sqoop이나 Flume 같은 경우 데이터를 직접 하둡 파일시스템에 적재할 수 있도록 함으로써 편의성과 더불어 데이터 분석에 소요되는 시간을 감소시킬 수 있다.

월별 전체 문서를 대상으로 출현 빈도수는 '4.1 Counting and Distribution' 에서 진행한 방식으로 했을 경우, 그 이후 업무는 개별 월에서 출현 빈도 10% 이상의 어휘들을 추출하고, 출현 빈도수로 매핑한 다음에 모든 기간(4, 5, 6, 7월)에서 해당 어휘에 대한 카운트를 모두 더하는 것이다.

여기서 "맵" 은 어휘 출현 빈도가 10% 이상인 어휘에 대해 도수를 매핑하는 과

그림 5-21 R을 이용한 BOK 어휘 분석 구현(1/2)

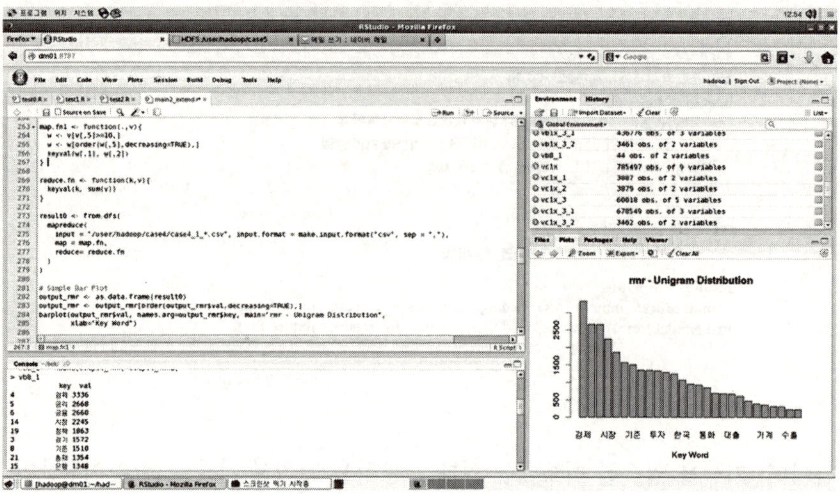

정이고, "리듀스"는 매핑된 도수를 통해 모두 합계를 산출하는 것이다.

[그림 5-21]에는 R을 이용한 BOK 어휘 분석 구현 화면이 삽입되었고, 왼쪽 스크립트 및 오른쪽 차트를 통해 경제 ➡ 금리 ➡ 금융 ➡ 시장의 순서로 출현이 되고 있음을 알 수 있다.

마찬가지로, bigram에 대해서도 분석이 가능하며, 기준을 10%가 아닌 5%로 완화하여 낮추어 본 것이다. 기준 금리 ➡ 금리 인하 ➡ 세월호 ➡ 통화 정책 순으로 출현이 되고 있음을 알 수 있다.

이러한 어휘 분석은 계층적으로 진행이 되는데, 이러한 Level 1의 어휘들이 선택되게 되면, 이러한 어휘가 포함된 기사를 재구성하여 해당 어휘와 관련이 높은, 즉 해당 문서에서는 많이 출현하는 어휘지만, 다른 문서에서는 잘 나오지 않는, 그러한 어휘들을 분석하게 되는데, Association에서 언급하는 리프트라는 척도가 그러한 어휘를 추출하게 되는 근거이다.

그림 5-22 R을 이용한 BOK 어휘 분석 구현(2/2)

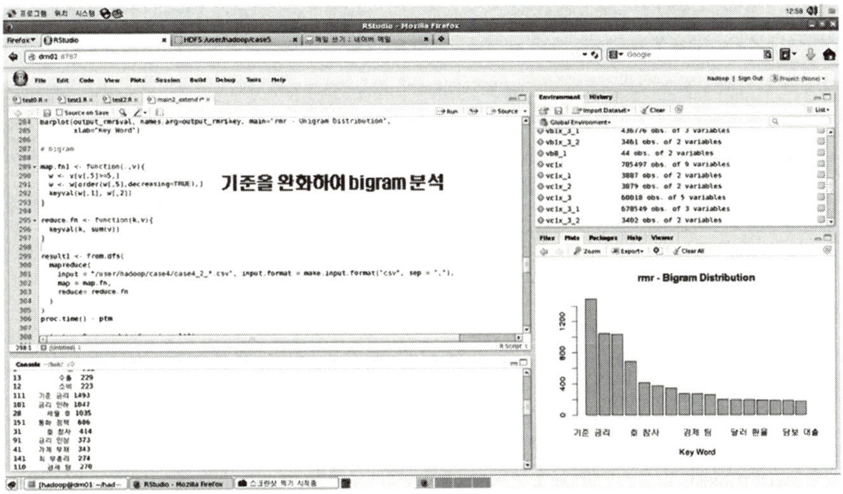

$$\text{Lift} = p(A|B)/p(A)$$
$$= [p(A \text{ and } B)/p(B)]/p(A) = p(A \text{ and } B)/[p(A)*p(B)] \qquad (5-1)$$

식 (5-1)에서와 같이 A, B 두 개의 어휘를 대상으로 두 어휘의 연계성은 결국 $P(A)$와 $P(A|B)$가 차이가 나는지, 독립인 경우라면 $p(A \text{ and } B)$가 $P(A)*P(B)$가 되어 Lift가 1이 되는 반면에, 독립이 아니면서 강한 Positive 상관관계가 존재하는 경우에는 1보다 커지게 되어 값이 높을수록 유의한 상관관계를 나타내게 된다. 이러한 Association 분석은 계속 축자적으로 이루어지게 되는데, 맵리듀스 알고리즘은 이러한 연속적 Association 문제에도 용이하게 적용되어서, 분석 시간을 단축할 수 있게 된다. 기사수도 방대할 수 있지만, 계산량이 충이 내려갈수록 기하급수적으로 증대되므로, 하둡의 맵리듀스는 의미 있는 분석 기법이 될 수 있다.

6. 맺음말

지금까지 하둡의 개략적인 설명, 하둡 환경 구축, 그리고 하둡 분석 알고리즘인 맵리듀스를 RMR이라는 패키지를 통해 단순한 데이터 처리부터 Counting, Distribution, Regression이 어떻게 구현되는지를 설명했고, 실제에 적용한 예를 설명했다.

첫째로, 하둡을 소개하고 예시를 통하여 하둡의 알고리즘 설명 및 응용 사례를 제시했다. 비교적 응용 사례는 간단하게 언급되었지만, 향후 확장된 분석을 가늠할 수 있게 설명했다.

둘째로는, 하둡 분석 환경 구축부터 시뮬레이션 분석을 통해 개인 및 팀 수준에서 분석에 도입이 가능한지 도입 타당성 및 가능성을 검토했다. 실제 가상화 기술을 이용한 하둡 시스템 구축은 네트워크 속도나 RAM, CPU의 재원 사용제약 문제가 있어서 실제 활용 가능성은 낮을 것으로 보이며, 다만 학습 목적과 프로토 타입을 개발하는 목적으로는 적합해 보이므로 실제 하둡 시스템 구축을 위한 전 단계 실험 목적으로 활용하는 것이 필요하다.

그림 5-23 하둡 분석을 이용한 응용 및 확장 분야

실시간으로 생성되는 정형/비정형 데이터
예) 방송 미디어 및 기사 분석, 방문자 로그 및 거래 분석 등

과거 Time Series & Cross Section ~ Panel 데이터
예) IRI(Marketing), SEER(Cancer)

모형 및 분포 추정을 위한 시뮬레이션 데이터
예) 구조변화와 관련된 특이 분포 추정, 금융자산 가격, 실물옵션, 프로젝트 가치 산정 등

하둡 기반의 Analytics 시스템 구축
예) 분석의 정형화, 체계화, 파일링 시스템의 구조화 등

셋째로는, 하둡을 방송을 비롯한 다양한 Analytics에 적극적으로 활용하는 것이 필요하다. 최근 들어 미디어에서도 방송을 통해 생성되는 다양한 데이터를 연구에 활용하려는 시도가 나타나고 있다. 교육, 연구 및 실무에서도 하둡을 활용하여 분석해 보는 연구가 필요하다.

마지막으로는, 향후 하둡을 이용해서 분석이 필요한 영역들을 필자의 연구 범위 안에서 정리해 보았다. 크게 4가지 영역인데, 첫째는 실시간으로 생성되는 정형/비정형 데이터, 예를 들어, 기사나 문자 중계 서비스, 방문자 거래 로그 분석 등이 이에 해당된다. 둘째는 마케팅(IRI, Nielson Data)이나 의료(SEER Data) 분야에서 활용되는 데이터들을 기반으로 Time Series & Cross-Section 분석을 해보는 것이다. 다음은 금융 분야에서 구조 변화와 관련된 특이 분포의 유도라든가, 다수의 시나리오 분석이 필요한 금융자산 및 프로젝트의 가치 산정을 생각해 볼 수 있고, 마지막으로는 이러한 분석을 지원할 수 있는 하둡 기반의 애널리틱스 시스템을 구축함으로써, 분석의 정형화, 체계화 혹은 파일링 시스템의 구조화 등을 실현해 보는 것이 중요하다.

참고문헌

신비블로그. VMware의 네트워크 구성과 연결의 이해. http://shinb.tistory.com/20

전광영(2015). 하둡 의사분산모드 설치. http://www.slideshare.net/KwangyoungJeon/ss-47229936

정재화(2012). 『하둡프로그래밍』. 위키북스.

한기용(2012). Hadoop Introduction(1.0). http://www.slideshare.net/KeeyongHan/hadoop-introduction-10

Hadoop Wiki Powered by. http://wiki.apache.org/hadoop/PoweredBy

Hadoop Wiki Front Page. http://wiki.apache.org/hadoop/FrontPage

Hugh Devlin (2014). Mapreduce in R. https://github.com/RevolutionAnalytics/rmr2/blob/master/docs/tutorial.md

Jeffrey Breen (2012). Big Data Step-by-Step : Using R & Hadoop (with RHadoop's rmr package). http://www.slideshare.net/jeffreybreen/big-data-stepbystep-using-r-hadoop-with-rhadoops-rmr-package

Jeffrey Stanton (2012). Installing R and R-Studio. http://www.slideshare.net/jmstanto/installing-r-and-rstudio

Galit Shmueli (2006). *Data Mining for Business Intelligenc*e. Wiley-InterScience

Step-by-Step Guide to Setting Up an R-Hadoop System. http://www.rdatamining.co m/big-data/r-hadoop-setup-guide

데이터 마이닝 :
마인드 마이닝을 중심으로

송길영 (주)다음소프트 부사장

chapter 06

1. 서론

방송/콘텐츠 산업은 위험천만한 분야이다. 유명 감독의 지휘 아래 성공할 것 같은 콘텐츠도 된서리를 맞기 일쑤이다. 그러나 잘 될 것 같지 않은 스토리가 의외로 소비자들의 각광을 받는 경우도 종종 있다. 문제는 이런 트렌드를 예측하기 어렵다는 점이다. 그래서 요즘 들어 방송사의 편성 전략이나 콘텐츠 경쟁력 평가와 관련된 일을 하는 전문가들은 '복불복' 이라는 단어를 자주 쓴다. 잘 될지 안 될지는 방송이 시작되어야만 알 수 있다는 '우연론' 도 자주 제기된다. 그러나 엄연히 방송콘텐츠도 기업이 제공하는 상품인 만큼 그 가치와 성과를 분명히 검증할 수 있어야만 투자할 수 있는 대상이 될 것이다. 따라서 무엇이 성공이고 실패인지에 대한 기준이 필요하다.

가장 효과적인 방법은 섣부른 예측과 과거에 대한 지나친 분석에 경도되는 것을 배제하는 일이다. 전략가는 현재를 보아야 한다. 지금 자신이 딛고 있는 땅이 어떤 형태의 환경인지, 그리고 그 공간을 점유하고 있는 다양한 경쟁자와 협력자, 이해관계자들은 무슨 관심사를 갖고 있는지 파악하는 일이 제일 중요하다. 현 주소를 정확히 모르는데 과거에 대해 명확한 분석 기준을 갖거나 미래를 예상 가능할 리 만무하다.

재미있는 것은 수많은 회사들이 이미 자기 스스로 답을 알고 있다고 생각한다는 것이다. 특히 미디어/방송 분야는 콘텐츠 제작과 보급이라는 특성상 다른 제조업과 전혀 다른 생리로 운영되는 것이 사실이다. 기업이 돈을 버는 것만으로 목적을 달성할 수 없고, 사회 · 문화적인 가치까지 달성해야 한다. 예를 들면 공익성이나 다양성, 군소 제작자에 대한 노출의 기회를 제공하는 것 등이 필요한 것이다. 그러나 그 기준도 항상 윤리적이고 규범적으로 해석되어 사실상 현실과 거리가 먼 프레임인 것처럼 평가받아왔던 것이 사실이다.

필자는 진정한 미디어 다양성과 공익성은 소비자의 일상을 관찰하는 데서 출발해야 한다고 본다. 그들이 가장 자연스럽고 즐겁다고 생각하는 경험이 무엇인지 분석하고, 방송/미디어 산업이 이것을 충족시켜줄 수 있다면, 그 자체로 사회 · 문화적인 목적을 달성했다고 보아야 하지 않느냐는 것이다. 지금까지는 개별 기업의 전략 또는 정부 당국의 정책적 입장에서 울며 겨자 먹기 식으로 미디어 기업이 시청자 분석을 했다. 미디어 콘텐츠를 개발하는 데 동원되는 작가, 배우, 감독 등 수많은 제작 인력에게 돈을 들이는 일도 바쁜데, 콘텐츠의 소비자인 시청자까지 살펴야 하는 복잡한 형국인 것이다. 그러나 재미있게도 요즘 홍행하는 콘텐츠들을 보면 상당수 소비자의 일상을 대변하고 있음을 알 수 있다. 예를 들어 tvN에서 성공적으로 방영했던 드라마 '미생' 은 젊은 직장인들의 애환과 직장 생활에서의 정치적 난관이라는 요소를 매우 현실적이고 보편적인 눈으로 살펴 화제가 된 바 있다. 숱한 홍행작들이 지상파가 아니라 케이블 또는 종편에서 나오는 오늘의 현실은 어떻게 설명할 수 있을까. 기업이 소비자가 굳이 무엇을 원하는지 일일이 묻는다거나, 제작자의 창의성으로 어림짐작을 하지 말고, 그들의 행동과 배경을 관찰하다 보면 답이 나온다는 것이다.

2. 본론

2.1 미디어 산업의 진화와 소비자들의 데이터 읽기

그렇다면 미디어 산업이 진화하는 과정에서 소비자들의 데이터를 읽는 것이 무슨 의미가 있을까? 요즘 '빅데이터' 라는 말은 거의 모든 제품 개발이나 서비스 기획에서 클리셰(Cliché)처럼 되어 버렸다. 그러나 정작 빅데이터라는 말을 사용하는 사람들 대부분은 그것의 사용 목적과 적용 방향을 구체적으로 이해하지 못하고 있다. 미디어 산업도 마찬가지이다. 많은 해외 연구자들이 '빅데이터' 라는 말을 정치 커뮤니케이션, 엔터테인먼트 콘텐츠 등 신문방송학의 많은 맥락에 사용했지만, 정작 '무엇이 빅(Big)인가' 에 대해서만 이야기가 난무했을 뿐, 정작 그것을 응용하는 절차에 대해서는 무심했다는 지적이 나오고 있다.

그런데 재미있게도 상대적으로 ICT 경쟁력이 발달한 한국의 미디어 산업에서는 빅데이터를 이미 효과적으로 활용하고 있는 것처럼 보인다. 우선 미국에서 선풍적인 인기를 끌어 그 포맷이 한국에 수입된 'SNL 코리아' 를 살펴보자. 많은 경우 통계나 그래픽 자료는 방송에서 재미없는 '이야기' 로 분류되는 것이 사실이나, 심층적인 콘텐츠를 소화할 필요성이 대두되면서 특정 코너에서 인물을 풍자하기 위한 '데이터 분석' 이 시도되고 있는 상황이다. 감성의 연관어 분석, 키워드 순위뿐만 아니라 특정 연예인에 대한 긍정/부정 등의 정서적 동향에 이르기까지 폭넓은 내용들이 방송을 통해 소화되고 있다. 이는 이미 데이터 분석 자체를 하나의 콘텐츠로 승화시킬 만큼 한국의 미디어 사업자들이 '빅데이터' 의 활용가치를 잘 판단하고 있다는 의미이다. 재미있게도 SNL 코리아는 정치나 성, 종교 담론과 같이 우리 사회에서 매우 민감한 주제들을 연예인을 등장시켜 직설적으로 다루는 방송 프로그램이다. 그 가운데서 '사회 읽기' 콘텐츠의 일환으로 소셜 데이터 분석방법을 시도하고 있다는 것은 매우 특기할 만한 사항이다.

그렇다면 복잡 · 다양한 사람들의 관심사를, 훌륭한 콘텐츠로 승화시키기 위해서는 어떤 방식으로 데이터를 살펴보고, 또 분석하는 과정이 필요한 것일까? 지금까지 많은 사람들은 데이터 마이닝이라는 공학 기법 자체를 이해하는 데 관심을 기울였다. 그런가 하면 통계 분석방법을 통해 보다 정확하게 데이터의 흐름을 잡아내는 표면적인 기술, 시스템 연구에 중점을 두는 전문가들도 있었다. 그러나 미디어 소비자의 수요가 변화무쌍하게 바뀌고, 때때로 전혀 생각하지 않은 트렌드가 시장을 강타하는 방송산업에서는 데이터를 과학적으로 도출하는 논리보다도 어떤 데이터를 모으느냐가 더 중요하다. 특히 미디어 이용자의 의도성과 비의도성이 함께 녹아 있는 소셜 데이터를 모으고 분석하여 시사점을 발굴하기 위해 좀 더 주의가 필요하다.

2.1.1 집단의 선호를 발견

방송 콘텐츠는 PD, 작가, 외부 모니터 등 다양한 참여자들이 함께 만들어내는 협업의 결과물이다. 그렇지만 '잘 될 것 같은' 콘텐츠들이 유명한 PD나 편성 전문가의 직관에 의해 기획되는 것이 현실이다. 따라서 모든 사람들이 납득할 수 있는 훌륭한 콘텐츠, 시장에서 성공이 가능한 콘텐츠에 대한 기준 마련이 어렵다. 물론 훌륭한 작가, 배우, 감독 등이 좋은 결과를 이끌어내는 것은 사실이다. 그렇지만 이 3박자가 잘 맞아떨어져도 평균 시청률을 넘지 못하는 작품들이 존재하고 있고, 국내에서는 인기를 못 끌던 콘텐츠가 해외에서는 불티나게 팔리는 모습을 종종 보게 된다. 이처럼 엄청난 불확실성을 그저 '감' 에만 의존하여 감수한다는 것은 큰 문제점이다.

이런 위험을 제거하는 가장 좋은 방법은 대중들의 수요가 무엇인지 분석해 보는 것이다. 그러나 설문지 기법이나 미디어 패널 조사 등을 통해 시청자들이 느끼는 편익을 조사해 봐도 답이 나오지 않는 경우가 많다. 그 이유는 무엇일까? 우리의 일상은 사람들이 분석하고 판단하는 의도적 속성뿐만 아니라 무의식 중에 형성되어 있는 습관, 그리고 문화나 지역별 관습 등에 의해 이입된 행동 등 비의도적 요소들이 함께 반영되어 있기 때문이다. 작가들은 이런 사람의 비의도성과 의도성을 대중의 취향이라는 렌즈로 읽어내고, 시장의 흐름을 선도할 수 있는 콘텐츠로 환원시켜야만 한다.

그런 점에서 소셜 데이터는 다양한 사람들의 일상을 담고 있는 보고(寶庫)이자 의사결정을 위한 객관화 도구이다. 사람들의 합리적인 판단에 의한 행동이나 의견뿐만 아니라 감정적인 요소들까지 종합적으로 진단할 수 있도록 도와준다. 데이터 분석 전문가는 이런 수많은 자료들을 의미있는 패턴으로 재해석하고, 그것을 통해 의사결정을 내리는 현업 부서나 의사결정자들의 관점에 맞게 전략적으로 가공할 수 있어야 한다. 그리고 과거나 미래가 아니라 명확한 현재에 대한 이해를 통해 데이터가 발생할 수밖에 없는 맥락과 환경에 대한 이해를 제공해야만 한다. 그래서 훌륭한 통계 전문가 못지않게 훌륭한 인문학 전문가, 문화 해석 전문가 등이 방송콘텐츠 개발을 위한 빅데이터 분석에 필요하다.

2.1.2 시간에 따른 선호의 변화를 도출

시청자들이 어떤 미디어를 좋아하는가에 대한 관심은 미디어 경제학이라는 학문 분야 안에서 오랫동안 논쟁을 벌여 왔던 주제이기도 하다. 우선 사람들이 주관적으로 인식한 미디어 이용의 편익을 정량화된 숫자로 평가하기 어렵다는 측면이 있었다. 그리고 한 시간 단위로도 극적으로 변화하는 미디어 이용자들의 수요를 정확하게 포착해 낼 수 있는 기법이 무엇인가에 대한 고민이 항상 존재해 왔던 것도 사실이다.

소셜 데이터는 시간의 흐름에 의해 누진되고 축적되는 속성과 흐름의 속성을 동시에 갖고 있다. 따라서 시간 축을 거슬러 과거로부터 현재까지 사람들의 미세한 선호 변화를 추적할 수 있다.

기존 조사 기법에서 풀기 어려운 문제는 시간에 따라 사람들의 생각이 바뀌는 것을 포착하거나 증명하기 어렵다는 것이다. 정량 분석을 정확하게 하려는 통계학자들은 '종단 데이터'(Longitudinal Data)를 중시한다. 예를 들어 미디어 다양성을 측정한다고 할 경우에 많은 부분 특정 시점의 시청 점유율이나 기업의 소유 구조, 편성 비율 등과 관련된 횡단면(Cross-sectional) 데이터를 기준으로 하는 경우가 있다. 이 경우 t 시점의 상황을 잡아낼 수는 있지만, t+1 시점이나 t+2 시점의 동향에 대해서는 구체적인 포착이 불가능하다는 난점이 있다. 계량적인 접근에 강한 빅데이터 마이너들이 유난히 민감해 하는 부분이기도 하다. 설문조사 위주의 미디어 선호 조사를 실시해 왔던 전문가들은 소셜 빅데이터와 같은 자료들도 순서나 시점에 관계없이 한데 엮어서 평가하는 우를 범하기도 하므로 이에 대한 섬세한 분석이 이루어지는 경우 변화를 충실히 이해할 수 있다.

2.1.3 당면 과제 : 복잡한 소셜 빅데이터 세상에서 어떤 '기호'를 도출할 것인가?

설문 데이터는 특정 시점에 수용자가 인식한 자료를 바탕으로 한다는 점에서 어려움이 있다. 모바일 로그나 시청률 트래킹 자료 같은 경우에는 인간의 행동/태도를 유추하는 자료로 쓰일 수 있을 뿐, 그것 자체가 중요한 전략적 변수라고 보기는 어렵다.

그럼에도 불구하고 데이터는 매우 빠른 속도로, 그리고 많은 양으로 증가하고 있다. 한때 정보 미디어 학자들은 데이터가 늘어남에 따라 정보 공유의 민주화가 일어날 것이라 여겼다. 그러나 정작 넘쳐나는 사람들의 의견을 상품 기획과 전략에 반영해야 하는 콘텐츠 산업의 전문가들 입장에서는 일일이 통제하기 힘들 만큼의 복잡성이 증가하고 있다. 이처럼 수많은 사람들의 인식과 코드가 한데 엮인 공간에서, 어떻게 하면 제대로 된 분석이 가능할까. 그리고 '진정한 마인드 마이닝(Mind Mining)'의 방법은 어디에서 찾아야 할까?

2.2 마인드 마이닝의 기초

2.2.1 마인드 마이닝의 잠재력 : 네트워크와 확산의 힘

우선 '마인드 마이닝' 이 가능하기 위해서는 가장 기초적으로 활용되고 있는 방법론인 네트워크 모델 및 이론에 대한 이해가 필요하다. 소셜 데이터 마이닝에서 가장 중요한 전제 중 하나가 사람들의 관심과 행동 사이에는 연관성이 존재한다는 것이다. 이는 일찍이 인간의 경험 자체가 다른 경험과의 관계 속에서만 정의될 수 있다는 경험주의 철학자들의 관점과도 일치하는 대목이다.

온라인 공간은 타자의 의견과 선호를 볼 수 있는 장이다. 자신의 관심사와 선호는 타자에게 영향을 끼치고 퍼져나가기도 한다. 이것을 가리켜 사회학자들은 '확산'(Diffusion)이라고 말했다.

특히 드라마와 같은 장르의 경우 사람들은 '다른 사람이 보니까 나도 본다' 는 심리가 발동하는 경우가 많다. 케이블 채널에서 인기리에 방영되었던 '응답하라 1994' 나 '연애 말고 결혼' 과 같은 프로그램은 콘텐츠의 힘과 전략적 입소문 프로그램이 확산되는 데 큰 역할을 수행했다. 시청률이 상승하는 과정에서 명품급 주연의 역할이 다른 드라마에 비해 상대적으로 적었다는 것으로 미루어 볼 때 이를 네트워크 이론의 관점에서 말하면, 소비자 연결망이 그 프로그램이 '뜨게끔' 도와주었다는 것을 의미한다.

네트워크 과학자인 센톨라(Centolra)와 메이시(Macy)는 '미국 사회학 저널'

(American Journal of Sociology)에서 여러 개의 소스로부터 얻어지는 복잡 전염(complex contagion)의 메커니즘을 다음과 같이 네 가지로 설명한다.

1) 전략적 상보성(Strategic complementarity)

새로운 정보나 문화를 이른 단계에서 받아들이는 얼리 어답터(early adopter)라 불리우는 사용자들은 상대적으로 늦은 단계의 수용자에 비해 많은 비용을 지불할 수 밖에 없는 구조가 된다. 따라서 비용 대비 효과를 위해서는 처음에 비용을 많이 지불한 사람들이 일정한 수(critical mass)와 연관된다. 미디어 산업에서는 소비자가 새로운 콘텐츠에 대해 만족할 것인가 하는 불확실성을 먼저 콘텐츠를 수용한 사람들의 숫자를 통해 낮추고자 한다. 따라서 동일 콘텐츠의 소비자 수용 평가의 수가 많다는 것은 뒤따르는 소비자에게 불확실성을 제거하는 가장 기본적인 정보로 사용될 수 있다는 뜻이다.

2) 신뢰(Credibility)

온라인 공간에서, 특히 미디어와 관련된 선호를 밝힐 때 사람들이 갖고 있는 공통점은, 그 공간을 신뢰하면서도 다른 한편으론 불신한다는 것이다. 저널리스트들 사이에서 '블로그 식 글쓰기를 하지 말라' 는 이야기가 종종 나돈다. 가장 큰 이유는 블로그가 정확한 사실 체크 없이 무더기로 정보 공유를 하는 공간인 데다, 어떤 대상에 대한 편향된 가치를 기반으로 작성되는 경우도 많기 때문이다. 그러나 정작 사람들이 온라인 공간을 통해 정보를 들여다보고 자신의 생각을 공유하는 과정에도 기존 미디어에 대한 불신과 대안 미디어에의 잠재적 신뢰와 기대가 내포되어 있다. 결국 온라인 공간에서 공유되는 사람들의 선호나 맥락은, 100% 믿을 만하다기보다는, '그럴 법하다' (Taken-for grantedness)고 인준된 것을 말한다. 이를 가리켜서 문화사회학자들은 '제도화' (Institutionalism)의 힘이라고 말한다. 특정한 관행, 행동이 충분히 공간 안에서 작동할 수 있게끔 사회적인 합의가 형성되었다는 것이다. 한번 제도화된 관행은 절대로 돌이킬 수 없다. '헐퀴' 라는 단어나 '움짤' 이라는 온라인상의 표현들이 단순히 '비표준어' 로 지목되지 않고 계속해서 복제되고 사용되는 맥락에도 바로 제도화의 힘이 숨어 있기 때문이다. 사람들은 온라인 미디어를 중요한 정보 추구의 도구로 사용하면서도, 그것을 다른 한편으론 불신하는 모순된 경향을 보인다. 따라서 어떤 이에 의해서 검증된 것인가가 중요하며 이때 이웃(neighbor)에 의해 검증된 것이 더 높은 신뢰성을 갖는다.

3) 정당성(Legitimacy)

가까운 친구들이 함께 새로운 행동에 참여함으로써 참여하지 않던 방관자로 하여금 새로운 행동에 대한 정당성을 높일 수 있다. 이를 위해 요구되는 것은 근접성이다.

사람들은 자신에게 비교적 가까운 문화 코드를 쉽게 수용하는 경향이 있다. 예를 들어 온라인 공간에서 제일 재미있게 만들어진 상품 중 하나가 '커피맥주' 라는 것이다. 한때 일본 인터넷 사용자들이 자신들의 포럼에서 커피와 맥주를 섞어서 마시자, 아예 산토리나 기린 같은 회사에서 '커피맥주' 라는 새로운 카테고리를 창조해 내서 팔았다. 그런데 여기서 가장 큰 관건은, 과연 커피맥주가 어느 카테고리로 분류되어야 하는가의 문제이다. 커피로 분류하게 될 경우 첨가물을 섞지 않은 '제대로 된 커피' 를 지향하는 전통적 정체성을 위반할 위험이 있다. 반면 맥주가 될 경우 '지나치게 쓴 맛' 이 섞여 있다는 난점이 있다. 이를 가리켜 시장 카테고리의 모호성이라고 이야기한다. 한때 사회학자나 마케팅 과학자들은 모호한 카테고리가 매우 문제가 많다고 지적했다. 사람들의 보수적인 인식 체계 속에서 '아니오' 라고 부호화될 위험이 존재한다는 것이다.

미디어 콘텐츠를 예로 들어보자. 가장 인기있는 공중파 예능 프로그램 중 하나인 '무한도전' 을 막연히 '코미디' 로만 볼 것인가, 아니면 사회적 공익성이 있는 '다큐' 로도 볼 수 있을 것인가? 한때 스튜디오에서 연출되었던 코미디 프로그램이 이제는, 현장을 찾아가면서 직접 그 환경을 경험하고, 생생함을 전달하는 포맷으로 바뀌게 되었다. 그리고 그 안에서 시청자들이 자유롭게 참여하여 함께 감동적인 스토리를 만들어내는 공동 창조(Co-creation)의 맥락이 생겨났다. 카누 경기를 준비하면서 출연진들은 서로 무언가를 함께 해냈다는 눈물을 흘리기도 한다. 막연히 '웃기는 프로그램' 이라는 통속적인 카테고리 규정에서 벗어난 콘텐츠 스토리이다.

재미있게도 무한도전을 방송하는 기업은 그 프로그램이 '개그' 이상의 범주를 벗어나지 않도록 노력한다. 우선 콘텐츠가 지나치게 무거워서는 안 된다는 판단이 있을 것이다. 그러나 더 나아가서 카테고리 선정에 민감한 보수적 시청자들까지 아우르려는 배려가 숨어 있음을 알아야 한다. 대부분의 출연진도 개그맨이고, 그것을 연출하는 PD 역시 예능 전문가라는 점에서 무한도전은 꾸준히 '개그 프로그램' 을 지향하고 있다. 이른바 근접성(Immediacy)의 원리로 자신들의 모호한 콘텐츠 포맷을 커버하고 있는 것이다. 온라인 공간에서도 무한도전과 관련해 유난히 많이 언급되는 키워드들은 '웃기다', '정형돈', '유재석' 등과 같이 개그 프로그램의 문화 코드에 철저히 집중되는 모습을 보인다.

4) 심정적 동조(Emotional Contagion)

사람들은 특정 정보나 행동에 대해 감정적으로, 심정적으로 동조하며, 그런 콘텐츠들의 영향력이 네트워크상에서 증폭되는 경향이 있다. 모방 구매나 타자의 추천에 의한 미디어 수용은 사실상 비합리적 행동(irrational behavior)에 가깝다. 다시 말해서 자신이 최적의 의사결정을 내리기까지 충분한 정보를 모으지 않고, 남을 준거 기준으로 삼아 내리는 결정이기 때문에, 그 원인도 비합리적인 요소가 배제될 수 없다. 이런 이유로 한때 온라인 공간의 힘을 비난했던 정치 지도자들은 '대중은 감성적이다' 라고 비판하거나, '감정적인 구호로 인해 선동이 쉬운 시대가 되었다' 며 한탄하곤 했다. 그러나 마인드 마이닝의 관점에서 보면 이는 옳지 않은 생각이다. 기본적으로 심정적 동조를 하지 않으면, 절대로 자신의 이익과 관계없는 사회적 코드를 받아들인다는 것은 불가능한 일이기 때문이다.

어떤 사람이 어떻게 정보를 복제해서 온라인 공간 안에서 콘텐츠에 대한 선호, 관심을 표현하느냐도 큰 이슈이다. 사회심리학자들은 이를 가리켜 '강도 효과' (Strength)라고 지적한다. 누군가가 사회적으로 영향을 미치기 위해 담론을 형성할 때, 그것을 직접 말하는 과정에서 '누가 가장 효과적인 화자인가' 고민하게 된다. 유명인들의 입을 빌려 광고를 하거나, 과거 특정 문학 작품을 집필해 놓고 상업적인 성공을 가늠하기 힘들어 일류 문인의 명의만 빌려와서 출간을 했던 19세기 문화계 사정도 비슷한 맥락으로 판단된다. 결국 사람들이 특정 행동을 받아들이려면, 얼마나 설득력 있는 사람이 또는 권위 있는 사람이 그 일을 하고 있느냐로 귀결될 수밖에 없다. 평소 자신이 지향하는 가치와 관계없이 잘 알려진 사람이 하는 일이라면 쉽게 받아들이는 행태도 똑같은 '강도' 의 원리로 설명할 수 있다.

온라인 공간에서는 특정 유명인의 페이스북/트위터나, 유난히 네트워크의 중심에 있는 사람이 이런 역할을 하는 경우가 많다. 많은 사람들이 이미 그 사람을 전문적 권위를 가진 인물로 인준하는 경우, 손쉽게 정보를 받아들이는 것이다. 위의 요소를 종합해 보면, 온라인 공간에서 소비자 연결망이 어떤 방식으로 정보를 교환하고, 자기들 나름대로 그룹 내에서의 커뮤니케이션 구조를 지니고 있는지 짐작이 가능할 것이다. 결국 단일 행위자의 동기나 관심에서 비롯된 것이 아니라, 사회 구조에 의해 형성된, 매우 복잡한 '선호' (Preference)가 그들의 정체라는 이야기이다.

2.2.2 마인드 마이닝의 잠재력 : 주관과 객관의 결합

위에서 설명했듯이 네트워크상의 많은 사람들의 상호작용은 큰 잠재력이 있다. 하지만 많은 양의 데이터를 모았다고 해서, 또 그것을 통계적으로 잘 처리했다고 해서 제대로 상황을 포착한 것은 아니라는 점에 주목해야 한다. 그렇다면 제대로 된 분석을 위해서 어떤 렌즈를 가져야만 하는 것일까? 필자는 그것을 '주관과 객관의 결합' 이라고 이야기하고 싶다.

우선 빅데이터 방법론, 특히 소셜 데이터를 기반으로 집단의 선호를 발굴하기 위해서는 주관의 객관화 과정이 필요하다. 사람들이 은연중에 갖고 있었던 믿음, 생각, 문화 코드 등을 실제 데이터로 입증해 내는 절차가 요구되는 것이다. 앞서 언급했던 네트워크 과학자들은 여러 행위자 간의 연결망을 알고리즘의 힘에 의해 입증해 보이려고 노력했다. 수학자였던 오일러(Euler)의 영향을 받아 '그래프 이론' (Graph Theory)의 관점에서 여러 노드(Node)와 링크(Link)로 구성되어 있는 복잡한 네트워크를 생성해 낸 것이다. 다음소프트에서 실제로 활용하고 있는 '감성의 네트워크' 관련 분석에도 이 기법이 적용되고 있다. 수많은 사람들이 언급한 단어, 문장 등에서 형용사, 명사 등을 단위별로 분절해 내고, 다시 언어 분석기법을 통해 그것들 사이에 구체적인 근접성을 부여한다. 이를 위해 전산 언어학 연구자들이 데이터 마이너들과 적극적으로 협업하고 있다. 그 이후에는 마이닝 지식을 갖고 있지 않은 일반 마케팅

그림 6-1 '아빠'와 '엄마'에 대한 데이터 기반의 담론 비교

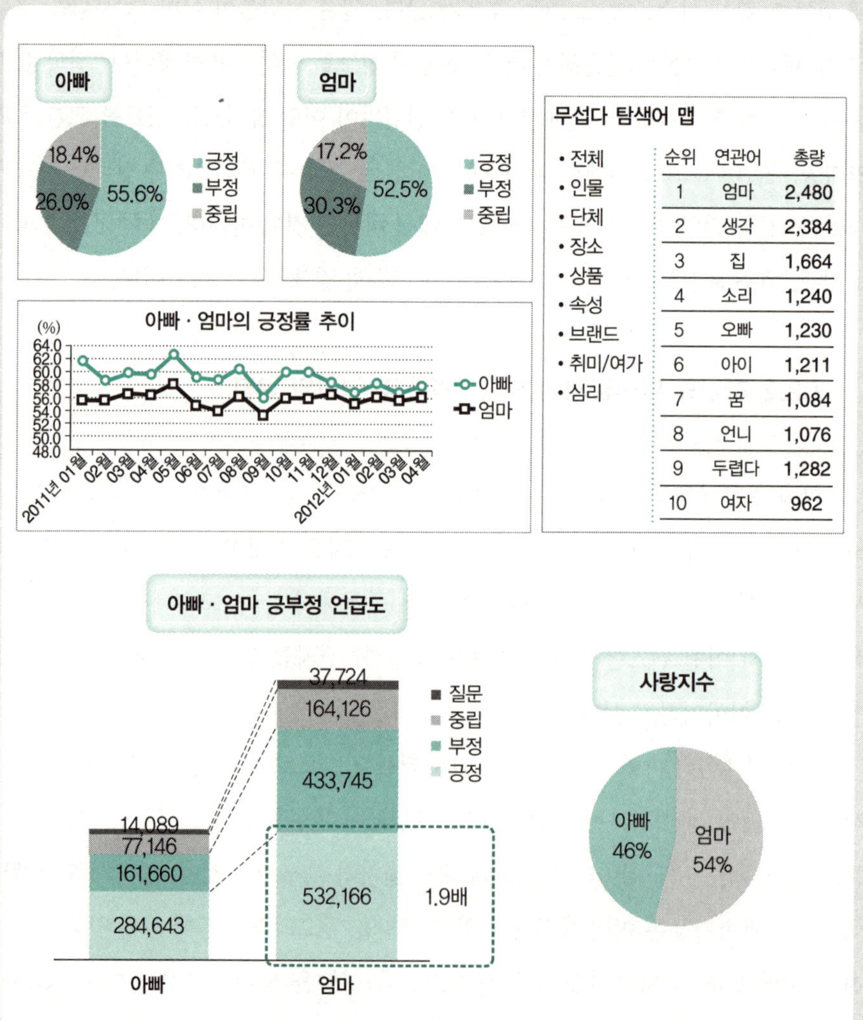

컨설턴트들도 수치를 해석하기 편하게 일반화된 자료를 제공한다. 가장 보기 편한 방법은 빈도 순으로 순위 체크를 해주거나, 비슷한 연관 검색어 등의 조합을 제공해 주는 것이다.

그러나 조금 더 응용적인 차원에서는 시간의 변화에 따라 특정 사회적 코드에 대한 사람들의 선호가 어떻게 바뀌었는지 시간대별 추이 분석을 제공한다. 그를 바탕으로 얼마나 많은 사람들이 트렌드에 가담하고 있는지뿐만 아니라, 그 트렌드 자체가 온라인 공간에서 생성되고 사멸되는 전 과정을 리뷰하는 것이 가능하다.

예를 들어 다음소프트에서는 2011년 1월부터 2012년 4월까지의 기간 동안 트위터 데이터를 표집, 한국 사람들이 '엄마' 와 '아빠' 에 대해 갖는 이미지를 조사했다. 그 결과 긍/부정 언급도 면에서 아빠는 엄마에 비해 상당히 긍정적인 것으로 나타났다. 엄마는 '호환마마' 보다 무서운 것으로 표현되었다.

하지만 엄마를 언급한 글의 총량이 아빠를 언급한 것에 비해 월등히 많았고,이를 반영하여 다시 분석해 보니 엄마와 아빠의 감정적 밀착도는 아빠보다 엄마가 감정적으로 거리가 더 가깝다고 분석되었다. 백분율로 표현한다면 아빠대 엄마가 46% : 54%로 파악되었다. 전반적으로 엄마에 대한 언급이 아빠에 대한 언급보다 절대적으로 많은 상황을 여실히 반영하는 역학구도라고 볼 수 있다.이처럼 복잡한 '주관' 들을 '객관' 화함으로써 현재 특정 사회 현상이나 문화 코드가 어떤 양태로 변화해 가는지에 대한 구체적인 상을 잡을 수 있다.

또 다른 '주관' 의 객관화 과정을 예로 들어보자. 다음소프트는 한국인의 감성에서 중요한 개념 중 하나인 '기분' 과 관련된 로드맵을 만드는 프로젝트를 한 적이 있다. 이를 위해 온라인 공간에서 2011년 5월 ~ 2011년 11월 사이의 데이터를 마이닝한 후, 사람들의 기분이 어떤 형태로 형성되고 변화되는지에 대한 전체 상을 잡고자 했다.

가장 큰 이슈는 '아빠' 나 '엄마' 와 달리 행위자에 대한 선호 분석이 구체적으로 나타나지 않기 때문에 오로지 형용사형으로 이슈를 포착해야 하는 어려움이 있었다. 이 경우 유용한 것이 감성의 기준점을 잡는 것이다. 우선 구체적인 지수 산출을 위해 긍정 감성과 부정 감성의 기준을 선별했다.

표 6-1 긍정 감성과 부정 감성의 기준 선정 예시

항목	내용
긍정 감성 기준	좋다, 고맙다, 이쁘다, 멋지다, 웃다, 행복하다, 즐겁다, 즐기다, 예쁘다, 멋있다, 신나다, 기쁘다, 아름답다, 설레다, 뿌듯하다, 편안하다
부정 감성 기준	힘들다, 싫다, 아프다, 슬프다, 피곤하다, 어렵다, 짜증나다, 아쉽다, 겁나다, 좋지 않다, 귀찮다, 나쁘다, 우울하다, 답답하다, 지치다, 화나다

그런 다음 심리학자 펜베이커(Pennebaker)의 관점에 따라 '키워드' 별로 전체 사람들의 행복 총량을 측정하는 이론 모델을 적용해 봤다. 행복 총합 지수(Gross Happiness Index)를 개발한 사회심리학자인 그는, 행복의 총량을 긍정적인 단어 언급 비중에서 부정적인 단어 언급 비중을 뺀 것으로 산출할 수 있다고 주장했다.

$$GNH_d = \frac{\mu_{pd} - \mu_{p\cdot}}{\sigma_{p\cdot}} - \frac{\mu_{nd} - \mu_{n\cdot}}{\sigma_{n\cdot}}$$

p : 긍정단어

n : 부정단어

d : daily

그리고 전체적인 감성의 추이를 살펴보았다.

일반적인 뉴스 미디어에서 등장하는 보도 내용 중에서, 미디어 수용자가 선별한 이슈들이 온라인 소셜 미디어상에서의 사용자들의 감성 추이에 영향을 끼치고 있음을 확인할 수 있다. 예를 들어 아프리카 인근의 해상에서 납치된 삼호 주얼리호가 해군에 의해 구출되자 그를 축하하는 사람들의 언급량이 전체적으로 하강세였던 2011년 1월의 감성 추이를 끌어올렸다. 반면 5월 23일 전국민을 충격으로 몰아넣었던 어느 MBC 아나운서의 아파트 투신자살 사건은 어린이날 이후 학생들의 기대감으로 '긍정' 무드로 가고 있었던 SNS를 부정적인 분위기로 몰고 갔다. 스티브 잡스의 사퇴 소식 역시 고도의 불확실성을 초래하는 사건이었다.

이러한 동향을 하루 시간대별로 표집해서 분석해 봤다. 위의 분석기법들과 달리 여기에서부터 구체적인 멘트들에 대한 정성 분석이 필요하다. 우선 다음소프트 프로

그림 6-2 2011년 1월 1일 ~ 2011년 4월 12일 기간 동안의 한국인 '감성' 추이

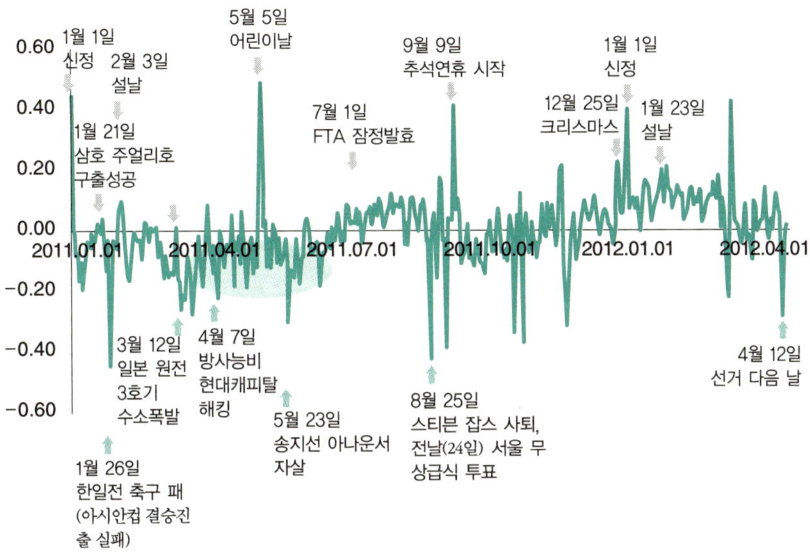

젝트 팀은 대략적인 사람들의 정서를 '우울하다' 와 '기분 좋다' 로 재분류하고, 시간대별 언급 비중을 체크했다. 그러자 대부분의 사람들이 잠들기 전에 제일 기분 좋아하면서도 우울하다는 생각을 피력한다는 점을 확인했다. 그 이유는 무엇일까? 우선 그다음 날 '가기 싫은 회사' 를 가야 한다는 압박감 때문에 고도의 스트레스가 몰려왔다는 해석이 가능하다. 그다음으로 기분 좋은 것은 퇴근 직전의 분위기 좋았던 저녁식사, 또는 휴식으로 인해 남아 있는 감정이 취침으로 이어지기 때문에 생겨나는 안도감이라고 볼 수 있겠다. 이러한 감정의 변화는 소셜 데이터 분석에 의한 '마인드 마이닝' 으로 측정 가능해질 수 있다.

요일 시간대별로도 사람들의 정서를 분류해 보았다. 그러자 주중 시간대인 금요일이 주말인 토/일요일보다 훨씬 행복한 것으로 나타났다. 다음소프트 연구 팀은 '주말' 전에는 기대감으로 인해 긍정적인 정서가 고조되는 반면, 정작 휴일을 쓰는 동안에는 자신들의 여유 자원이 빠져나간다는 생각 때문에 큰 부담을 느끼는 것으로 해석했다.

그림 6-3 하루 24시간 기분 추세

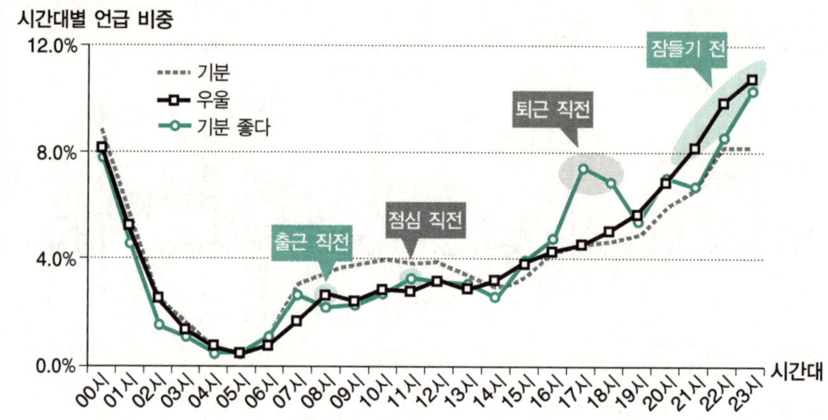

그림 6-4 요일별 '기분'의 변화 추이

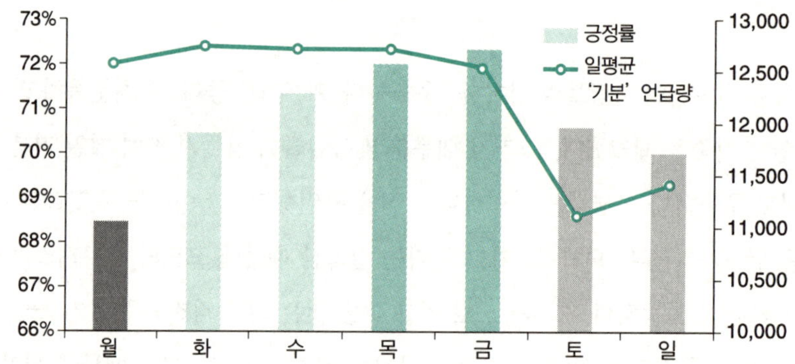

2.3 프로젝트 예제

그렇다면 이런 내용들을 바탕으로 개별 미디어 기업이 편성 전략, 콘텐츠 유통 전략을 세울 때 어떤 원리가 적용되어야 하는 것일까? 한 가지 프로젝트 예제를 적용해 보려고 한다.

2.3.1 시청자 분석

우선 가장 주된 관심사는 인기 있는 프로그램은 어떤 속성을 띠고 있느냐에 대한 담론이다. 예능 분야에서 가장 각광받는 콘텐츠인 '개그콘서트'(KBS)와 '무한도전'(MBC) 그리고 '런닝맨'(SBS)의 소셜 데이터 마이닝을 시도해 보았다. 전반적으로 사용자들의 관심(Attention) 데이터를 표집해 본 결과 무한도전은 2011년 당시 파업이라는 거대한 변수가 있었음에도 불구하고 몇 주간의 재방송에 대한 시청자들의 관심이 매우 높았다. 한편 런닝맨은 어떤 출연진을 기용하느냐, 그리고 개그콘서트는 출연진의 인기 여부에 관계없이 꾸준히 증가하는 모습을 보였다. 일단 이러한 내용을 바탕으로 시청자들을 하나의 사회연결망으로 잇는 차원에서 담론 간 연관분석을 시도했다. 재미있게도 사회학자들이 언급한 것처럼 중요한 주제(Theme)나 스토리(Story)별로 중요한 도메인(Domain) 또는 네트워크(network)가 형성되는 것을 관찰할 수 있었다.

예를 들어 '런닝맨' 이라는 프로그램의 경우에는 약 47만을 차지하는 아이돌 그

그림 6-5 각 프로그램별 선호 상승 추이

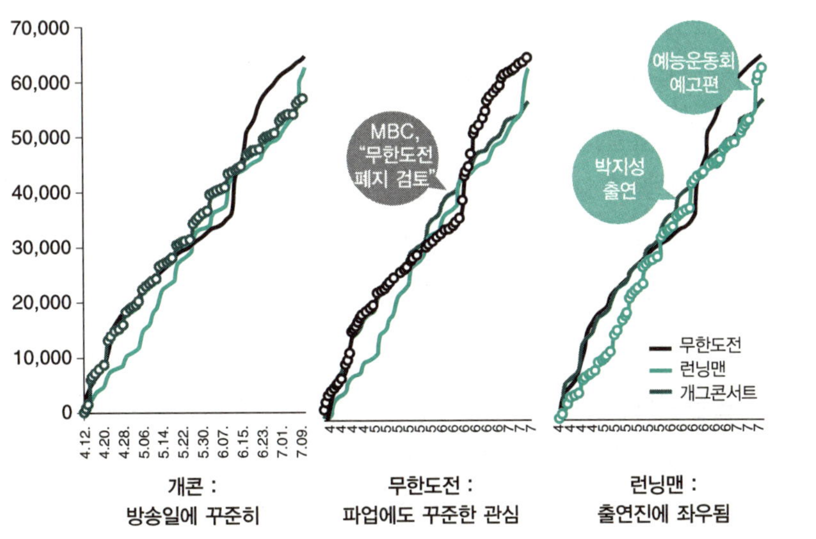

그림 6-6 각 네트워크별 언급

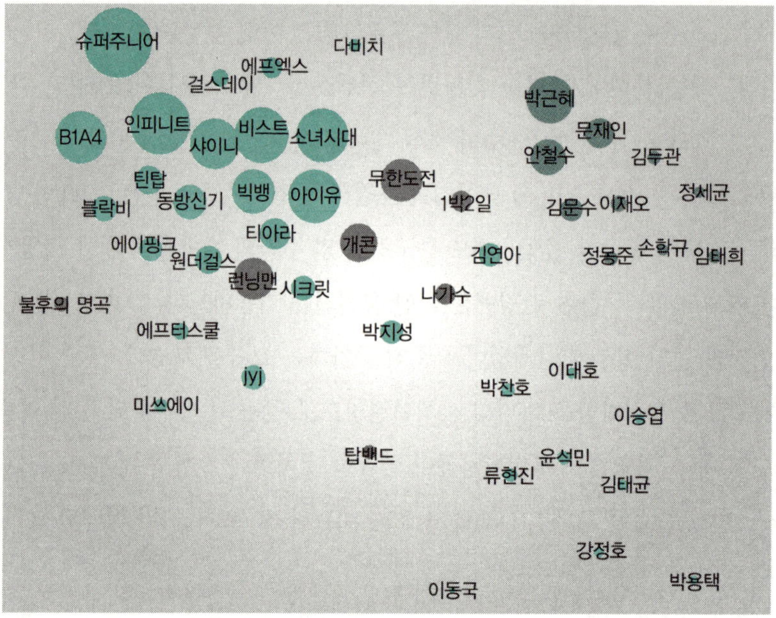

룹을 선호하는 네트워크와 상대적으로 거리가 가까웠다. 한편 무한도전이나 1박2일의 경우에는 프로그램이 갖고 있는 공익성 이미지 때문에 정치인 그룹들과 상대적으로 거리가 가까운 중간 지대에 놓여 있음을 포착했다. 재미있는 것은 국민 피겨스케이터인 김연아와 관련된 담론이다. 그녀는 아이돌 그룹과도 어느 정도 근거리에 놓여 있지만, 정치인들과도 상대적으로 가까운 위치에 있었다. 이는 사람들의 멘탈모델 속에서 김연아의 이미지를 어느 정도 공적으로 평가하고 있다는 증거이다.

이것이 의미하는 바는 무엇일까? 각 그룹별로 또는 네트워크별로 선호하는 담론의 주제가 다르다는 것이다. 그리고 그것들이 확산해 나갈 수 있는 영향력과 방향성을 보여주는 것이다. 정치인이나 연예인들의 경우에는 매우 응집되어 있는, 상호 연관성이 높은 그룹이라고 볼 수 있겠다. 반면 스포츠 선수들은 각자 외로운 섬처럼 떨어져 있으면서 고유의 위치를 점하는 양상을 보인다. 다시 말해서 키워드 간 연관성도 떨어지고, 각자의 캐릭터를 비교하기보다는, 상대적으로 중립적으로 평가하는 성향이 강함을 알 수 있다. 우리나라 스포츠 업계가 방송 콘텐츠를 전략적으로 관리해야 하는 이유도 여기에 있다. 대부분의 정치인/연예인들은 비교적 가까운 거리 포지셔닝을 통해 서로 시너지 효과를 낼 수 있는 정도의 근접성을 보인다. 반면 스포츠 선수들은 시간에 따라 또는 특정 상황에 따라 등장하는 빈도가 많아질 뿐, 그 효과가 넓고 지속적이지는 못하다. 따라서 방송 시장 내에서 다양한 모티브들과의 연결 또는 선수들에 대한 공동 언급(Co-Occurrence) 등을 통해 이들에 대한 국민적 관심을 지속적으로 환기할 필요가 있음을 보여준다.

다시 개별 프로그램 콘텐츠에 대한 이야기로 돌아가보자. 런닝맨의 경우에는 게스트 기반 프로그램이라는 특성상 특정 연예인들과의 연관성이 높은 것으로 보인다. 개그콘서트의 경우에도 마찬가지이다. 그러나 정해진 출연진 포맷이 잘 바뀌지 않는 1박2일이나 무한도전의 경우에는 상당히 중간적인 위치를 차지하고 있다고 볼 수 있다. 서로가 시청률 상승을 위해 각각 차별화된 전략을 사용할 수밖에 없음을 보여주는 일단면이다.

2.3.2 프로그램 내 콘텐츠 분석

필자는 또 다른 차원의 프로젝트를 통해 콘텐츠 자체가 소비자들의 관심에 의해 재구성될 수 있는 가능성을 고민해 보았다. 다음소프트(Daumsoft)가 개발한 소셜메트릭스라는 데이터 마이닝 방법론/프레임워크를 통해 2010년 1월부터 2013년 4월까지 특정 커뮤니티를 골라 사용자들의 태도를 분석할 수 있는 데이터들을 채집했다(블로그 : 1,555,025건/전체 332,739,863건, 트위터 : 1,914,910건/전체 3,064,956,112건, 커뮤니티 : 261,771건).

한편 구체적인 분석 수준의 확장을 위해서 사회학자인 네이들(Nadle)이 지적했던 것처럼 정량적인 결과를 통해 도출되는 보편적 요소와 정성적 분석을 통해 도출되는 맥락적 요소 간의 통합을 시도했다. 이 프로젝트에서도 전체 온라인 상에서 사용자들의 콘텐츠와 관련된 태도를 짐작할 수 있는 정량적 데이터를 수집하는 것 뿐만 아니라, 그들의 발화를 통해 도출되는 장면과 맥락을 정성적으로 분석함으로써 미디어 이용자의 잠재된 의도를 이해하는 과정이 수반되었다.

그중에서도 이 연구에서는 20～30대 잠재 방송 콘텐츠 소비자들의 선호와 직결되어 있는 '싱글'(Single)이라는 문화코드가 다양한 네트워크-도메인마다 어떻게 해석되고 있는지 파악하고자 했다. 싱글은 미혼의 상태에 있는 사람들을 가리키는 단어일 뿐만 아니라, 그들이 영위하는 다양한 라이프스타일이나 사회적 행위 등을 총칭하는 단어로 발전해 왔다.

우선 다양한 네트워크마다 싱글에 대해 갖는 이미지를 추론해 내기 위해 중요 화제별로 미디어 이용자들의 태도를 표집했다. 우선 거시 사회적인 트렌드를 파악하고자 '가족' 이라는 단어가 온라인상에서 점차 줄어들고 있음을 포착했다. 10만 문서당 발현 포스팅 수 기준으로 2010년 1월 당시 2,500개의 포스팅이 있었던 반면, 조사 시점의 마지막으로 설정된 2013년 3월에는 2,000건 미만으로 줄어들었다.

이는 사회 전체적으로 커뮤니티(Community) 또는 그룹(Group)의 형태로 분류되는 가족에 대한 관념이 희석되고, 점차 개인 중심의 라이프스타일에 대한 커뮤니

그림 6-7 가족의 추이

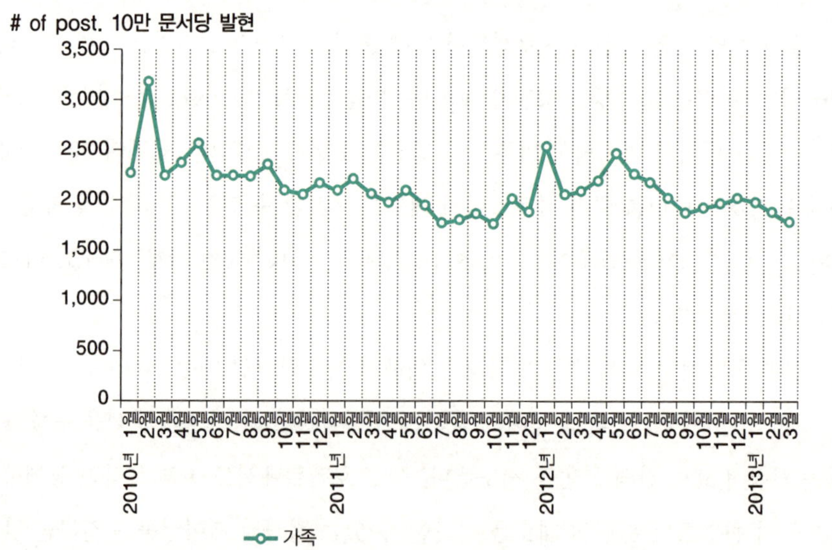

그림 6-8 '싱글' 집단이 스스로에 대해 표면화한 정체성

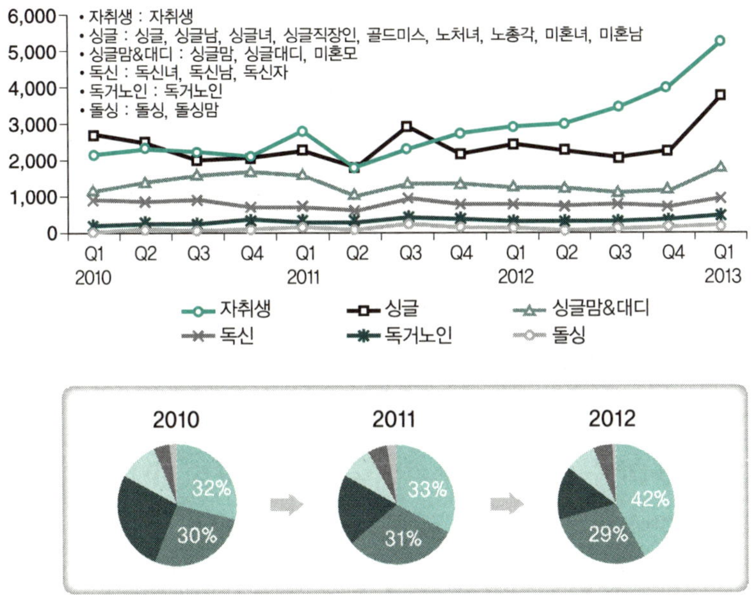

케이션 성향이 늘어나고 있음을 의미한다. 특히 '싱글'로 대표되는 가족적 정체성과 거리를 두고 있는 사람들의 특성이 보다 보편화될 수 있는 여지도 암시하고 있다.

한편, 싱글 집단이 스스로에 대해 표면화한 정체성의 이면을 살펴보기 위해 그들 스스로에 대해 어떻게 정의하고 있는지 분석하고자 했다. 커뮤니티상에서 주로 언급되는 단어들의 비중을 살펴본 결과 가장 많은 수의 포스팅이 '자취생', 즉 일반 대학생, 20～30대 직장인 등의 주거 형태를 반영하는 단어들이 제일 많이 나타났다. 이 외에도 다양한 네트워크-도메인마다 스스로를 정의하는 바가 다름을 발견할 수 있었는데, 이 연구 주제와 동일한 키워드인 '싱글', 그리고 혼자서 자녀를 키우는 '싱글맘 & 대디', '독신', '독거노인', '돌싱' 등의 정체성(Identity)이 집단마다 포착되었다. 본 연구의 분석 프레임에 따르면 개별 행위자는 스스로 이들 집단을 넘나드는 다양한 용어를 사용하면서 그들의 관심사를 피력한다. 그리고 복수의 정체성을 가짐으로써 각 집단 간 커뮤니케이션 코드가 잘 호환되지 않는 성향(모호성)이나 서

로 다양한 그룹에서 만남으로써 얽히고 설키는 네트워크가 되는 복합연결성(Multiplexity)의 상황에 적응하게 된다. 우선 각 도메인마다 중요한 담론으로 떠오르고 있는 도메인 특수적인 문화 코드(Domain-Specific cultural code)를 파악하고자 했다. 전체 온라인상 언급량의 비중을 조사해 본 결과 자취생 네트워크는 19,825건의 '요리' 와 '집' 관련된 담론을, 싱글 관련 네트워크는 13,613건의 '결혼' 관련 담론을, 그리고 싱글맘/대디 집단은 9,438건의 비중으로 '엄마' 라는 코드를 주로 언급하는 것으로 드러났다. 그 밖에도 독거노인 집단은 국가의 사회복지정책과 관련된 '국가' 라는 단어를 1,688건으로, 그리고 돌싱이라는 집단은 자신의 이혼에 대해 언급하는 1,223건의 버즈 양이 포착되었다.

이러한 결과를 종합해 보았을 때 전반적으로 가장 영향력 있는 문화 코드는 자취생들의 담론임을 알 수 있다. 이들의 가장 중요한 정체성 중 하나는 부모 세대에게 의존적이라는 점이다. 스스로 주거 형태는 분리하고 있지만, '엄마' (7,895건), '반

그림 6-9 싱글과 연관된 감성 네트워크

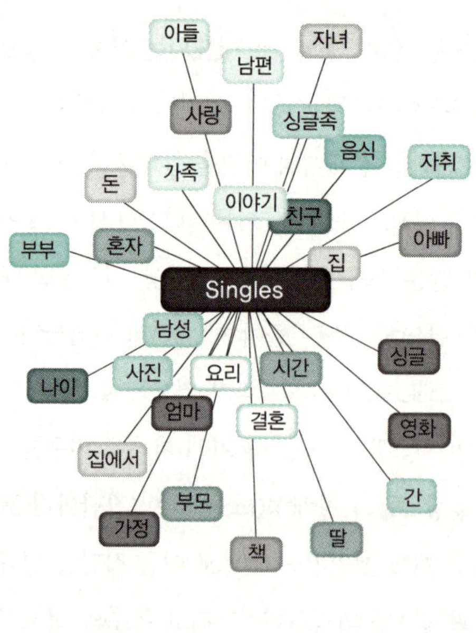

[Singles] 전체 연관어 순위			
No.	키워드	# of buzz	구분
1	집	43,376	공간
2	친구	28,399	관계
3	엄마	25,694	관계
4	결혼	24,196	상황
5	요리	23,782	취미
6	가족	20,043	관계
7	싱글	17,757	싱글 지칭
8	돈	17,599	경제
9	싱글족	17,234	싱글 지칭
10	영화	14,421	취미
11	부모	14,284	관계
12	아빠	13,912	관계
13	나이	13,623	연령
14	남편	12,205	관계
15	딸	12,101	관계
16	부부	11,450	관계
17	자녀	11,053	관계
18	책	11,036	취미
19	아들	10,704	관계
20	이혼	10,477	상황

찬(7,232건), 혼자(8,267건) 등의 키워드가 도출되는 것을 볼 때 전반적으로 부모 세대와 유대감을 분리하지는 못한, 온전하지 않은 독립 세대로서의 요소가 발견됨을 알 수 있다.

한편 주거형태에 대한 보편적인 관점이 형성되는 다이나믹스를 살펴보기 위해 소셜 메트릭스 방법론을 통해 '연관된 감성'을 분석했다. 이는 네트워크 분석 모델에서 서로 자주 언급되는 단어들 사이에 연관관계가 있음을 상정하는 내용을 전제로 한 것이다. 우선 연관어 맵을 통해 싱글 세대가 가장 많이 중점을 두고 있는 측면이 집이라는 일상 공간에 대한 관심임을 알 수 있었다. 특히 집이라는 공간뿐만 아니라 엄마, 친구, 가족 등 관계지향형 담론에 대한 언급이 중요한 비중을 차지하고 있었다(친구 : 28,399건, 엄마 : 25,594건). 네트워크상에서 가장 중심성이 높은 '집'의 경우 싱글, 남성, 사진, 혼자 등 나머지 요인들과 직접적 연계성이 높은 것으로 분석되었다. 이는 모든 집단을 막론하고 '싱글' 그룹은 집과 관계를 일종의 보편적인 문화 코드로 인식하고 있음을 시사하는 것이다.

1) 도메인 보편적인 코드(General Code)

도메인 보편적인 코드는 일반적으로 다른 이슈들과 연관도가 높고, 중심성도 강하며, 해당 담론이 형성됨에 따라 다른 담론들이 함께 형성되는 비중도 높은 커뮤니케이션 콘텐츠를 의미한다. 일반적인 확산(Diffusion) 관련 연구들에서는 정보나 행위를 퍼뜨리는 사람이 네트워크(Network)의 중심에 있어야 할 뿐만 아니라, 정당성(Legitimacy), 그리고 감정적 전이(Emotional Contagion), 신뢰성(Credibility) 등을 함께 갖고 있어야 한다고 지적된다. 따라서 도메인 보편적으로 자주 언급되는 코드(Code)는 가장 많이 사람들의 스키마(Schema)에 남아 있으면서, 적합도도 높은 소재임을 알 수 있다. 이 연구에서 그러한 보편성이 있는 선호로는 '아줌마'(14,322건), '고민이다'(14,324건) 등으로 드러났다. 고민의 경우 가장 많은 비중을 차지하는 것은 결혼(2,651건), 친구(2,625건), 어린이(2,465건), 혼자(2,446건), 돈(1,564건), 나이(1,453건) 등으로 나타났고, '결혼을 언제 하는지 알 수 없고, 외로울 때 친구가 많지 않으며, 싱글맘으로서의 걱정과 함께 미래를 위한 돈이 덜 구비되어 있고, 나이들었을 때의 초라한 모습을 우려한다' 는 그룹 보편적인 성향을 도출했다.

"씁쓸한 하루~~

어제 문득 뒤척이다 밤에 일하고 낮에 전화를 받았다 여보세요~~~ 누구신지요?? 점심 12시 쯤인가 결혼도 했으니 종신보험이랑 연금 가입 해야지. 차마 무슨 말은 못하고 네 알겠습니다!! 이렇게 끊었다. 결혼했기 땜에 보험 들어야 하는 건 어디 있는 건지. 차라리 나는 노후를 위해서 라도 짱짱하게 준비하련다. 혼자 살아갈 동안 돈 없어서 서럽지 않도록 이 말을 했어야 하는데. 참 아직 좀 부끄러운가봐 그 말을 못하니. 그래서 오늘 보험회사나 가보련다. 조금은 더 당당해지도록. 서러워서라도 종신이랑 연금 가입하련다. 나의 인생은 혼자서도 잘 살수 있게!!!!!"

"정말 죽어버리고 싶네요.

어머니 때문에 친척들 때문에 죽어 버리고 싶어요.

친척이 결혼을 했는데 전 아직 싱글이고.

친척 직업이 좀 많이 빵빵해요. 그래서 신랑도 잘 만났고 어머니는 부러워하시고.

가족들도 너무 부담스럽고.

그저 저 멀리 외국으로 떠나 혼자 연락 끊고 지내고 싶어져요. 이젠 지쳐요. 제 자신에 대한 내 기대감도 이미 허물어져 버렸고. 그만해야 할지. 인연들을 끊어야 할지.."

(익명의 사용자 B, 34세, 여성)

실제 커뮤니티상에서 발화된 요소들을 조사해 보면 고민 관련 코드는 대체로 상대적 피로감이나 자아 정체성의 위기 등과 연관성이 높다. 특히 지속적으로 이동성(Mobility)이 증가하고, 오히려 안정적인 공동체적 기반을 만들지 못하고 있는 대부분의 싱글 세대는 자신들의 자유로움을 즐기고는 있지만, 지속 가능한 모델이 아니라는 점에 무게를 두고 있음을 알 수 있다.

또 상당수 싱글들은 자신이 공동체의 힘에 기대지 않고 다양한 소스들을 만들어 나갈 수 있다는 사실 자체에 관심을 갖고 있다. 따라서 가장 많이 언급되는 동사 중 하나가 '만들다', '도전하다' 와 관련된 내용들이다. 집에서 뜨개질을 해서 선물할 모자를 만든다거나, 식사 준비를 한다거나 하는 내용들 모두 스스로 성취해 나가는 동기와 연관되는, 만드는 행위임을 알 수 있다.

그림 6-10 **'만들다', '도전하다'의 동사와 관련된 장면 분석**

[Singles] 행동 표현		
No.	키워드	# of buzz
1	만들다	12,486
2	간단하게	9,482
3	설명하다	7,812
4	초간단	6,248
5	결정하다	5,532
6	투자하다	5,398
7	도전하다	4,100
8	사다	3,868
9	알다	3,700
10	지출하다	3,538
11	변신하다	3,386
12	나름	3,356
13	오다	3,108
14	수다떨다	2,940
15	책임감	2,742
16	찾다	2,740
17	생각하다	2,702
18	갑자기	2,408
19	제한하다	2,404
20	절약하다	2,370
	…	…
21	직접	2,364

이러한 점들로 미루어 보아 다음의 시사점을 도출할 수 있겠다. 일반적으로 도메인 전체에 걸쳐 적용될 수 있는 선호는 콘텐츠를 제작하거나 추천할 때 필수적인 모듈로 삽입될 수 있다. 특히 전체 이야기 구조의 플롯을 구성할 때에는 도메인 전체에 걸쳐 일반적으로 운위되는 코드를 제공하는 것이 신뢰성이나 적합성 면에서 높은 평가를 받는 요인이 될 수 있다. 한편 추가적으로 데이터를 분석한 결과 스스로를 싱글이라고 정의하는 집단은 전통적으로 노총각/노처녀라고 불리던 30대의 비중이 매

우 높았다. 따라서 전통적으로 20대 중후반의 젊은 독신 남/녀를 싱글이라고 정의하던 기준에서 보다 인구학적 분석 수준을 확장해야 함을 알 수 있다.

2) 도메인 특수적인 코드

한편 개별 도메인별로 집중적으로 논의되는 요소를 통해서도 콘텐츠 창작과 관련된 중요한 모티브를 추론해 낼 수 있다. 본 조사에서는 이를 도메인 특수적인 선호(Domain specific code)라고 지칭하고자 한다. 일반적으로 기존의 사회학에서는 각 집단마다 취향(Taste)과 규범(Norm)이 다르고, 이러한 요소들은 커뮤니티 안에서 얼마나 복잡 · 다양한 문화적 맥락이 배태되었느냐에 따라 성향이 좌우된다고 주장했다.

싱글 관련 담론을 분석할 때 가장 두드러지는 요소 중 하나가 바로 '식사' 관련 모티브들이었다. 특히 '집'과 관련하여 요리와 인테리어가 가장 많이 언급되는 가운데서 혼자서 식사할 수 있는 환경이나 함께 살면서 외로움을 해소할 수 있는 이성에 대한 언급이 자주 나타났다. 특히 주방에서 요리를 자주 하지 않음에도 불구하고 주방 용품, 특히 오븐이나 가스레인지와 같은 것들에 대한 관심이 자주 피력되었다. 이는 싱글 집단에서 앞으로 요리나 식사 관련 담론들이 매우 전문화된 콘텐츠로 부각될 수 있음을 시사하는 내용으로 고려된다. 특히 식사 관련 내용들은 '먹방'이나 '맛집' 탐방 등을 통해 집 밖에서의 생활과도 중요한 연관성을 지니는 것으로 보인다. 상대적으로 다이어트나 건강 등에 민감한 20~30대의 감성은 다시 고민이라는 요소와 결부지어져 스트레스를 해소할 수 있는 측면 중 하나로 심야에 폭식하는 습관, 먹방을 찍음으로써 시각적으로 돋보이고자 하는 욕구와 식생활을 통해 즐거움을 누리고자 하는 욕구가 혼재되어 있음을 보여준다.

도메인 특수적인 코드는 콘텐츠 자체가 지니는 영향력을 보여주지는 않지만, 집단이 다른 집단과 어떻게 차별화되는가, 그리고 그 집단의 사유양식은 어떠한가에 초점을 맞추고 있는 요소로 이해될 수 있다. 앞서 기존 연구에서 지적했던 스토리 창작 도구의 경우 대부분의 사례(Case)들이 일반화된 형태로 삽입되어 있는 것과 달리, 소셜 빅데이터 마이닝을 통해 도출된 도메인 특수적 코드들은 사용자들의 인지적 관여 수준이나 문화적 선호 등이 서로 구분할 수 없을 만큼 복잡한 형태로 드러나 있는 경우가 많다.

"이런 주방에서 요리를 하면 뭘 만들어도 맛있을 것 같은 느낌이 ㅋ 오늘의 쉐프님... 요리하는 남자라서 더 멋있어 보였다 ~ 아 완전 로망인데, 요리하는 남자 -ㅁ- 쉐프님..."

"요리하는 취미는 없지만 그래도 가스오븐 … 갖고 싶었어요. ㅋㅋ 언젠간 필요할 거야 … 자기 최면!!"

"냉장고가 텅 비었길래 귀찮음을 물리치고 간만에 마트로 장을 보러 갔다... 역시 마트에 가면 나를 유혹하는 것들이 너무나 많다··· 혼자 살면서 가장 못 먹는 과일 수박도 사고 싶었지만 무거운 게 너무 싫어서 겨우 참고"

위의 담론을 분석해 보면 대체로 소유(Ownership), 그리고 주말에 자신의 시간을 보내고자 하는 여가 선용에 대한 욕구, 그리고 누군가와 함께 관계 지향적 삶을 살고 싶어 하는 성향 등이 동시에 포착됨을 알 수 있다. 이러한 도메인 특수적 코드들

표 6-2 요리 관련 감성

[Singles] 요리 연관 긍정 감성		
No.	키워드	# of buzz
1	좋다	598
2	강추하다	338
3	쉽다	232
4	간단하다	192
5	칭찬받다	181
6	좋아하다	176
7	즐기다	142
8	해결하다	98
9	완소	77
10	안정감	70
…	…	…

전체 요리 연관 긍정 감성		
No.	키워드	# of buzz
1	좋아하다	36,889
2	깔끔하다	355
3	할 수 있다	326
4	완소	308
5	푸짐하다	89
6	간편하다	51
7	화려하다	28
8	아름답다	25
9	독특하다	20
10	기특하다	15
…	…	…

은 일반화된 사례(Case)로 파악되기보다는, 특정 행태와 관련된 장면(Scene)들이 복합적으로 나타나는 것으로 이해되어야 하며, 이는 사회학자들이 언급했던 대로 일종의 공공 담론(Public Discourse)과 차별화된 집단 특유의 사적인 담론(Private story in clique)으로 이해할 수 있다. 한편 개별 행위에 대한 감정이 어떠한지도 도메인 특수적 코드를 통해 발견할 수 있다. 우선 요리 연관 감성의 경우 가장 두드러지는 요소 중 하나가 '칭찬받다' 라는 관계지향적 감성이었다. 다시 말해서 독신 또는 싱글의 경우 자신의 자유로운 생활을 즐기지만 장기적으로는 사회적 경험(Social Experience)을 촉진할 수 있는 소재들을 삶에서 원하는 것을 파악할 수 있다.

3) 코드 간의 배합과 특정 주제 도출(Code combination and Theme generation)

사례 연구를 통해 도메인 특수적 코드와 보편적 코드의 이론화 가능성에 대해 고려한 다음, 실제 데이터를 통해 이들 요소가 어떻게 콘텐츠 창작 환경에서 발현될 수 있을지 분석해 보고자 했다. 우선 본 연구에서는 도메인 보편적 코드를 통해 '고민' 과 '외로움' 의 감성, 그리고 도메인 특수적 코드를 통해 '식사' 나 '만들다' 에 대한 감성적 요소를 도출했다. 이를 바탕으로 다시 실제 성과로 활용하기 위한 요소(Attribute)로 정리해 본 결과 크게 관계(Relation), 취향(Taste), 그리고 생존(Survival)의 이슈로 논지를 도출할 수 있었다.

① 관계(Relation)

싱글 세대는 자신의 독립성을 중시하지만, 동시에 상호의존성에 대한 인지 수준도 강한 집단으로 파악되었다. 대체로 '엄마' , '아빠' 와 같은 전통적 공동체 내부의 구성원에 대해서는 부담을 느끼는 반면, '친구' 에 대해서는 동화되는 집단 또는 강한 압력(Peer Pressure)이 있는 집단 등으로 인지함을 보여주었다. 상대적으로 외로움에 대한 민감도가 높은 싱글 집단이 자주 관계 형성의 수단으로 삼는 것은 '만남' 이다. 그러나 지인 중심의 만남이라기보다는 사이버 환경에서의 단편적인 만남, 다양한 친구들과의 인맥 구축과 가치 교환을 위한 만남 등의 소비적인 감성이 유입되어 자신의 외로움을 단발적으로 해소하려는 경향을 보인다.

그림 6-11 선행 조사 프레임

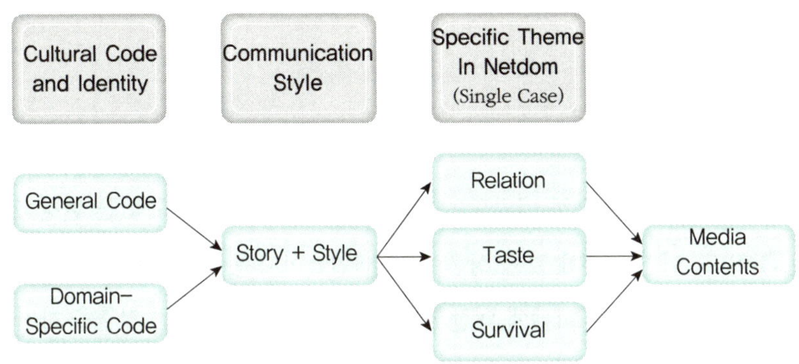

한편 만남의 질을 네트워크의 형태에 따라 구분하고자 하는 성향도 보인다. 예를 들어 소셜 다이닝(Social Dining)은 식사를 하는 행위를 통해 서로 취향을 공유하고 공감대를 형성하는 한편, 지속적으로 잘 모르는 대상들과 빠른 시간 내에 깊이 있는 관계 구축을 통해 의미있는 경험(Meaningful Experience)을 만들어내려는 모습을 보인다고 하겠다.

② 취향(Taste)

한편 취향은 문화적 정체성을 공유하는 핵심 인자로서 기능하게 된다. 싱글 계층은 '유목민' 이라는 정의에 맞게 자신의 공간보다는 타인의 공간을 빌려서 사는 경우가 많다. 따라서 상대적으로 내 집 마련이 어려운 계층의 속성에 맞게 단편적이고 저렴한 제품들을 구매하려는 경향이 높다. 그중에서도 이케아/다이소와 같이 저가형 제품은 온라인상에서 싱글 계층의 발화와 함께 자주 인용되는 브랜드 중 하나이다. 취향이 반드시 지위(Status)와 동일시되지 않는 것도 주목할 만한 측면이다. 과거 브랜드가 하나의 위세를 표시하는 중요한 지표 중 하나였다면 싱글 계층은 활용 가치 자체에 중점을 두는 경향이 강함을 알 수 있다. 자신이 사회적 인정을 위해 외부에 과시해야 할 필요가 있는 제품에 대해서는 지불의사가 높지만, 그렇지 않은 제품에 대해서는 지불의사가 낮음을 알 수 있다. 따라서 이들의 구매 의사결정 자체는 사회적 결정(Social Decision)이지만, 구매의 효과는 사회적이지 않음을 유추할 수 있겠다.

③ 생존(Survival)

한편 이들의 가장 중요한 키워드는 지속적으로 생존해 나갈 수 있는 환경 저변을 만드는 것이다. 이전에 비해 보험 상품에 대한 언급이나 관심이 많아졌고, 상대적으로 30대 초중반이 되면서 미래에 대한 불안감이 증대됨에 따라 큰 지출을 하지 않고도 자신의 관심을 할애하여 지속적으로 투자할 수 있는 상품을 찾는다. 그러나 가장 큰 문제는 재무적 자원을 할애하는 과정이 반드시 일상적인 재정 상황을 침해하지 않아야 한다는 점이다. 지속적인 저축이나 부동산 투자보다는, 자신들이 눈으로 확인할 수 있는 실물/금융상품에 더 관심이 많은 싱글 계층은 대면 판매 채널을 통해 보험을 구매하거나 증권사 계좌를 만들기보다는, 자신이 직접 조사해 보고, 솔루션(Solution)을 중심으로 구매하는 경향이 강하다고 볼 수 있겠다.

4) 콘텐츠 간의 배합 및 창작 사례

이러한 콘텐츠 간의 배합을 통해 방송 기업에서는 다양한 소비자의 일상적 편린들을 하나의 콘텐츠 원료로 활용하고, 이를 바탕으로 장기적인 비즈니스 모델을 구축할 수 있다. 기존의 서사 창작 도구가 이미 시스템 차원에서 규정된 사례들을 다루었다면, 이 연구에서 제시한 프레임은 서로 관계성이 있는 경험들을 재조합하고, 가장 선호도가 높은 코드(Code)를 창작 환경에서 활용함으로써 능동적으로 데이터와 구조화의 관계가 성립될 수 있음을 보여준다.

가령 생존의 위협을 느끼면서 동시에 식사를 통해 자신들의 기본적 욕구를 충족시키고자 하는 싱글들의 감성은 '먹방'이라는 콘텐츠로 구체화될 수 있겠다. 일반적으로 음식을 먹는 장면은 사용자들에게 불쾌감을 줄 수 있는 요소임에도 불구하고 먹는다는 행위 자체로 대리 만족감 식사 의도를 증진시킨다는 것이다. 한편, 관계 지향적 식사에 대한 코드 역시 콘텐츠로 소화할 수 있는 측면이다. 최근 tvN에서 인기리에 방영되었던 '식샤를 합시다'는 20~30대의 싱글들이 고민하는 연애를 통한 관계 형성에 대한 고민, 그리고 만들기와 식사를 통해 자신의 소속 욕구를 해결하고자 하는 요소 등을 복합적으로 담아낸 콘텐츠로 평가받는다. 이 역시 향후 네트워크 속에서 풍부하게 산재되어 있는 다양한 담론을 하나의 스토리로 구성해 낸 처방이라고 하겠다.

'식샤를 합시다' 속 주인공들은 해체되어 있는 가족의 모습을 그대로 보여준다. 각자 오피스텔의 한 층에 살면서 1인 가구 생활을 영위하고 있는 사람들이 등장인물이다. 변호사는 30대 초반의 이혼녀인 주인공(이수경 분)을 사랑하지만, 정작 그녀는 자신이 좋아하는 맛집 블로거 '식샤님'(윤두준)과 가상의 커뮤니케이션을 더 좋아한다. 드라마가 전개되는 내내 식샤님과의 소통을 즐기던 여주인공은 마침내 그가 자신의 옆집에 살고 있는 20대 중반의 보험 판매원임을 알아차리고, 온라인상에서 만들어진 관계를 오프라인상으로 치환시키는 경험을 한다. 그러나 그의 주변에는 연예인 지망생인 다른 경쟁자도 호시탐탐 기회를 노리고 있다.

'식샤를 합시다' 사례

재미있게도 매 화별로 앞서 선행 조사에서 지목되었던 '힐링 코드'의 주된 모티브인 식사 상황을 담고 있다. 각각의 콘텐츠는 작가가 스스로 창작해 냈다기보다는, 다른 미디어 수용자들의 관심사에 영향을 받은 것들이다.

3. 결론

'잘 되는 콘텐츠가 무엇인가?' 지금껏 방송시장 참여자들이 고민해 왔고, 앞으로도 계속해서 깊게 생각해 볼 주제이다. 직관과 경험에 의존하여 잘 될 것 같은 콘텐츠를 만들어 내고, 그다음은 '시청자의 선호'라며 알 수 없다는 식의 단정을 짓기에 바빴던 과거는 이제 정리해야 한다. 소셜 데이터는 사람들의 인식과 행동을 함께 살펴볼 수 있는 몇 안 되는 지표이다. 이것을 바탕으로 여러 프로그램을 만드는 과정에서 가장 자연스러운 조합을 만들어냄과 동시에, 미디어 이용자들의 일상에 '물처럼 스며드는' 취향을 만들어내 보자는 취지에서 마인드 마이닝 방법론을 제안했다.

빅데이터를 통한 마인드 마이닝 방법론을 활용하게 되면, 보다 복잡한 소비자들의 마음에 있는 여러 생각들을 실제 콘텐츠 개발 과정에 반영할 수 있다. 그들이 잘 알고 있는 콘텐츠에 대한 선호뿐만 아니라, 내재되어 있는 선호까지 문화 코드를 통해 도출함으로써, 보다 세밀하면서 '큰 그림'을 그릴 수 있는 가능성에 대해 고민해 보았다. 그 과정에서 기존의 미디어 이론에서 좀 더 외연을 넓혀서 사회학에서 오랫동안 분석해 왔던 네트워크 방법론을 통해 미디어 이용자들의 감성들끼리 어떤 연관성이 있는지, 그리고 그것이 실제 콘텐츠의 확산과 영향력 증대에 어떤 영향을 미치는지 고려해 볼 수 있다는 점에서 의의가 있다 하겠다.

지금까지 방송 시장에서 가장 우위에 있었던 방법론은 시청률과 관련된 2차 자료를 계량적으로 측정하는 산업적 접근과 실제 소비자에게 편익을 물어본 이용자 관점의 접근이 주를 이루었다. 결국 어떤 자료든지 나름대로의 편향과 한계를 가지고 있어서, 미시와 거시를 아우를 수 있는 방법론이 도대체 어떻게 만들어질 수 있을지에 대한 학자들의 논쟁도 계속되고 있었던 것이 사실이다. 그러나 '마인드 마이닝' 방법론은 온라인 공간을 통해 피력된 미디어 이용자들의 주관적이고 상대적인 감성 또한, 나름대로 사회의 역학에 대한 선행요인이 될 수 있음을 보여준다. 그리고 매우 객관적이고 정량적인 자료도 보다 세밀한 사용자 경험에 대한 분석을 바탕으로 정성적 기법으로 해석해 낼 수 있는 가능성을 보여준다.

지금까지 미디어학에서 이루어져 왔던 콘텐츠 성공과 관련된 많은 연구들은 '행위' 에 초점이 맞추어졌다. 산업구조, 네트워크, 다양성, 점유율과 같은 현안들은 사실상 시장 안에서 특정 주체가 어떤 경제적 행위를 한 결과를 보여주는 자료들이다. 그러나 그 행위의 의도를 파악하기 위해서는 그 과정에서 유통되었던 콘텐츠를 보아야 한다. 소비자들은 미디어 생산자들의 전략적 행위보다는 콘텐츠에 표현되어 있는 일상이 얼마나 자신들과 가까운지를 바탕으로 타당성을 평가한다. 이제는 행위에서 콘텐츠로 관심이 옮겨가야 하지 않을까 싶다. 그게 바로 마인드 마이닝의 새로운 길이자, 미디어학에 제시하는 아이디어가 아닐까 싶다.

참고문헌

Centola, D. (2010). The spread of behavior in an online social network experiment. *science*, 329(5996), 1194–1197.

Centola, D. & Macy, M. (2007). Complex contagions and the weakness of long ties1. *American Journal of Sociology*, 113(3), 702–734.

de Sola Pool, I. & Kochen, M. (1979). Contacts and influence. *Social networks*, 1(1), 5–51.

Doyle, G. (2013). *Understanding media economics*. SAGE Publications Limited.

Manyika, J., Chui, M., Brown, B., Bughin, J., Dobbs, R., Roxburgh, C. & Byers, A. H. (2011). Big data : The next frontier for innovation, competition, and productivity.

Wasserman, S. (1994). *Social network analysis : Methods and applications* (Vol. 8). Cambridge university press.

White, H. C., Fuhse, J., Thiemann, M. & Buchholz, L. (2007). Networks and meaning : Styles and switchings. *SozialeSysteme*, 13(1), 2.

White, H. C. & Godart, F. (2007). Stories from identity and control. *Sociologica*, 1(3), 0–0.

Wirth, M. O. & Bloch, H. (1995). Industrial organization theory and media industry analysis. *Journal of Media Economics*, 8(2), 15–26.

제3부
빅데이터를 활용한 연구 사례

드라마에 대한 TV수용자의 트위터 반응 연구

권상희 성균관대학교 신문방송학과 교수
최윤정 성균관대학교 미디어문화콘텐츠연구소 연구원

chapter 07

※ 본 연구는 2014년 한국방송학회 봄철 정기학술대회에서 발표했고,
이후 『사이버커뮤니케이션학보』 31권 4호에 게재되었음을 밝히며 연구 윤리에 문제가 없음을 확인합니다.

본 사례연구의 목적은 소셜미디어(SNS)를 통해 TV시청을 공유하는, 이른바 '소셜 시청(Social Viewing)' 수용자들의 반응을 알아보기 위해 트위터 버즈(buzz)량과 시청률 간의 관계 분석을 통해 시청률과의 상관관계를 파악하고, 시청률 흐름에 따른 트위터 메시지의 의미연결망 특성 분석을 통하여 수용자 반응을 기술하고 예측하는 데 있다. 분석대상은 드라마 '백년의 유산'의 시청률과 1~26회의 18,199건의 트위터 버즈이다. 연구결과에 따르면, 트위터 버즈량과 시청률 간에는 음의 상관관계를 보였으며 회귀설명력도 낮게 나타났다. 이는 다양한 소셜미디어 가운데 트위터 하나만을 갖고 시청률을 예측하는 데 한계가 있다는 것을 뜻한다. 그러나 빅(Big)데이터로서 소셜미디어 버즈가 시청률의 정량 데이터의 한계를 보완하는 정성데이터의 역할을 할 수 있음을 보여주었다. 트위터 메시지에 나타나는 의미연결망을 통해 시청률에 미칠 수 있는 TV수용자의 반응을 살펴볼 수 있었고, 소셜미디어 시대의 달라진 TV시청 행태도 트위터를 매개로 하여 이뤄지는 TV시청 공감 행위와 시청자의 반응 행태를 통해 확인할 수 있었다.

1. 서론 : 연구의 배경 및 목적

TV를 시청하면서 트위터나 페이스북 등 소셜미디어를 통해 해당 프로그램에 대한 TV 이야기를 나누는 TV시청 행태가 새롭게 주목받고 있다. '소셜 뷰잉(social viewing)', '소셜TV', '사회적 시청', 혹은 '소셜 시청' 등으로 지칭되는(한은영, 2013) 이러한 TV시청 행태의 변화는 미디어 산업 차원에서, 미디어 수용자인 시청자의 능동성 차원에서, 또 사회문화적 의미 차원에서 다각도로 접근할 수 있는 문제이다. 하지만 실용적 가치 차원에서 접근하는 시도는 최근 몇 년 사이 사회 각 분야의 화두가 된 빅데이터(Big Data) 분석과 맥을 같이한다. 사실 데이터는 과거부터 존재해 왔고 데이터가 활용된 것도 이미 오래되었다. 그럼에도 '빅'을 붙여 새로운 트렌드가 된 빅데이터는 규모(Volume)의 증가만이 아니라 다양성(Variety), 복잡성

(Complexity), 그리고 속도(Velocity)의 증가(Gartner, 2012)가 두드러진 특징이며 이러한 빅데이터를 처리할 수 있는 기술적 조건들이 등장하면서 "과거에는 답할 수 없었던 인사이트(insight)를 얻을 기회" (IBM, 2013)로 보고 데이터를 일종의 자산으로서 주목하게 되었다. 따라서 대규모 데이터의 탐색과 분석을 통해 의미 있는 패턴이나 규칙을 찾는 것이 빅데이터 분석의 목적이며 점점 더 데이터, 즉 증거(evidence) 기반의 예측이 중요해질수록 빅데이터의 유용성도 커진다고 볼 수 있다(조성준, 2014). 물론 이러한 배경에는 스마트폰과 같은 모바일 기기, 무선인터넷 및 SNS(Social Network Service)의 확산 등 정보통신 기술 환경의 변화가 자리하고 있다.

빅데이터에 대한 관심은 가치창출에 대한 가능성 탐색에서 벗어나 다양한 산업 분야에서 효율적인 활용 측면으로 구체화되고 있는 상황인데(이진천, 2014 ; 전용준, 2014), 이 연구에서는 TV시청 맥락으로 좁혀 데이터의 적절성을 살펴보고 특히 이러한 빅데이터가 시청률이나 TV수용자 반응과 관련하여 의미하는 것이 무엇인지를 탐구해 보고자 한다.

TV시청 패러다임과 관련하여 최근의 변화는 두 가지로 나눠볼 수 있다. 우선 거실의 TV 대신 스마트 미디어를 통해 플랫폼의 개인화가 가속화되는 현상과 동시에 트위터와 같은 SNS를 매개로 시청소감을 나누는 새로운 소통, 이른바 소셜 커뮤니케이션(이동후, 2012 ; 최민재, 2013)이 활발해지고 있는 현상이 그것이다. 이처럼 방송과 통신의 융합 추세를 반영하는 TV시청과 SNS의 결합은 시청자의 TV시청 행태에 변화를 가져오고 있고 소셜 데이터로 그 흔적이 고스란히 남겨지고 있다.

이러한 소통 데이터에 주목하는 까닭은 빅데이터에 쏠린 관심이 말해주듯 그 규모와 속도, 그리고 다양성 차원에서 새로운 가치를 발견하려는 데 있다. 특히 소셜 커뮤니케이션은 공간과 시간의 경계를 허물며 특정 상품에 대한 온라인 구전효과로 이어질 수 있는 점에서 그 결과로서 생성되는 방대한 데이터 이상의 의미를 지닌다(박승현 · 송현주, 2012). TV 프로그램에 대한 이야기도 마찬가지이다. 예전 같으면 거실의 TV 앞에서 가족들이 주고받던 이야기가 이제는 개인 스마트 미디어를 통해 담장을 넘어 사회적 네트워크 안에서도 실시간으로 이뤄진다. 소셜 데이터를 활용하여 시청률을 예측하거나 시청자 행태를 파악하려는 것이 가능해진 이유인 것이다.

이처럼 소셜미디어를 통한 능동적 TV시청과 의견공유가 가능해지면서 관심이 커지고 있지만 관련 연구는 아직 초기 단계이다. 그중 하나가 통합시청률 연구 차원에서 소셜 데이터의 경제적 가치에 주목하면서 시청률 보완 연구로 나타나고 있다. '가족 거실' 대신 스마트 미디어가 만든 '사이버 거실'(윤해진 · 박병호, 2013)에 나타나는 소셜TV 현상의 영향력을 수치화, 기존 시청률을 보완하려는 시도이다(마경란, 2013 ; 이경민 외, 2013 ; 차진용 · 이광형, 2012). 통합시청률은 시청자들이 '가족 거실'에서 이탈할수록 한계를 드러내는 현행 시청률 측정 방식을 보완하고 달라진 TV시청 패러다임을 반영할 수 있는 장점이 있다. 또 다른 한편으로 소셜미디어와 TV시청의 결합은 수용자들의 시청 행태에도 주목하게 만들고 있다. 특히 소통을 매개하는 채널의 하나인 트위터는 이용하는 방법이 상대적으로 간편하고 네트워크의 잠재적 확장성이 큰 매체적 속성(곽해운 외, 2011)을 바탕으로 주요 소셜 커뮤니케이션 채널이 되면서 더욱 주목받아 왔다(배진아 · 최소망, 2013 ; 윤해진 · 박병호, 2013). 그러나 기존 연구가 트윗 총량이나 트윗 유형에 초점을 맞춤으로써 정량적 분석에 그친 점을 부인할 수는 없다.

통합시청률이든 수용자들의 소셜 커뮤니케이션이든 빅데이터를 이용하는 목적은 무엇보다 시청자 반응을 신속하게 파악하여 시청률 예측, 탄력적인 마케팅 전략 수립, 광고효과 측정 등 즉각적인 의사결정과 미래예측에 활용하려는 데 있다.

따라서 본 연구는 트위터에서 이뤄지는 TV 시청자들의 소셜 커뮤니케이션 데이터를 활용하여 TV 콘텐츠에 대한 양적 반응은 물론 소통 이슈 분석을 통해 질적 차원의 반응까지 입체적으로 살펴봄으로써 소셜 시청의 실시간 반응을 알아보고자 한다. 그동안 시청률은 콘텐츠의 성과를 측정할 수 있는 가장 대표적인 정량적 잣대로 활용되어 왔다. 이런 측면에서 TV 드라마 시청률과 실시간 트위터 버즈량의 상관관계를 통해 통합시청률에 반영될 수 있는 트위터의 잠재력을 가늠해 보고자 한다. 현재 TV 시청률과 트윗량 간의 상관관계는 상이한 결과가 존재한다. 미국 TV 시청률 조사기관 닐슨이 내놓은 정적인 상관관계(이데일리, 2013.8.7.)와 달리 국내 연구(마경란, 2013)에서는 유의미하지 않았다. 따라서 본 연구는 시청률과 트위터와의 관계를 조망하는 또 다른 탐색적 연구라고 할 수 있다. 아울러 TV 시청자들의 시청 행태가 트위터 메시지에 어떻게 나타나고 있으며 궁극적으로 시청률과는 어떠한 관계를 맺고 있는지를 실증 사례를 통해 규명해 보고자 한다.

2. 이론적 배경

2.1 소셜미디어 시대의 TV시청 행태의 변화

TV시청 행태는 미디어 테크놀로지와 별개가 아니다. 또한 TV시청 행태는 미디어 기술을 수용하는 사회적 맥락과도 무관하지 않다. 따라서 기술적 조건이나 역사적 맥락에 따라 TV시청 행태를 짚어볼 수 있다. TV수용자가 미디어와 관계를 맺는 방식에 따라서도 일방향적이고 수동적인 패턴에서 쌍방향적이고 능동적인 패턴으로의 변화를 살펴볼 수 있다(이동후, 2012 ; 임종수, 2010 ; 정준희 · 김예란, 2010). 그러나 이 연구에서는 소셜미디어 시대에 가속화하고 있는 새로운 TV시청 행태의 현재화된 현상에 우선적으로 주목하고자 한다. 달라진 현상의 사회문화적 의미를 찾아내기 위한 출발점이라고 전제하기 때문이다.

국내에서 TV시청 패턴이 급격히 변화하기 시작한 것은 1995년 케이블TV 출범 이후 다채널 방송환경이 가시화된 이후이며 그 결과 특정 채널이나 프로그램에 대한 시청자의 적극적인 선택 행위가 보고되어 왔다(강남준 · 조성동, 2011 ; 조성동 · 강남준, 2008 ; 최양수 · 황유선 · 이연경, 2010). 그러나 이러한 시청자의 파편화나 분극화(Webster, 2005 ; Lin, 1994)는 모바일 기기의 보급 이후 새로운 양상으로 나타나고 있다. 채널과 프로그램뿐 아니라 플랫폼의 다변화로 미디어의 개인화가 가속화되고 있으며 시청자의 행위는 저관여적 수동적 패턴에서 참여적인 능동적 패턴으로, 나아가 적극적 행위 차원으로 바뀌고 있기 때문이다(박주연 · 전범수, 2011).

최근 발표된 몇 가지 수량적 지표는 이러한 변화를 단적으로 보여준다. 정보통신정책연구원(KISDI, 2014)이 최근 발표한 한국미디어패널조사에 따르면 TV를 1대만 보유한 가구 비율은 2011년 69.9%에서 2012년 70.9%, 2013년 76.6%로 늘어나며 점진적인 1가구 1TV화를 보여준다. 이 결과가 의미하는 것은 TV의 영향력이 축소되었다는 것이 아니라 더 이상 TV로만 TV를 즐기지 않는다는 것이다. 스마트폰, 태플릿PC 등 다양한 스마트 기기의 보급으로 TV를 이용할 수 있는 플랫폼이 늘어났기 때문이다. 이를 입증하듯 국내 스마트폰 이용자는 2014년 1월 기준으로 약 3,783만 명을 기록했고 관련 업계는 올 상반기 전후로 4,000만 명을 넘어설 것으로 예측하고 있다(머니투데이, 2014.3.13.). 또 스마트폰은 TV(61.9%)에 이어 영상콘텐츠를 시청하는 주요 매체 순위 2위(20.5%)를 차지했고 부 시청기기로 사용한다는 응답(39.3%)까지 합하면 스마트폰을 통해 영상을 시청하고 있는 총 시청자는 60%에 달하고 있다는 보고도 나왔다(KT경제경영연구소, 2014).

거실의 TV를 둘러싸고 가족 구성원이 '본방사수' 를 하거나 '온 가족이 다함께 한 자리' 에서 TV를 보며 이야기를 나누는 모습은 이제 고전적 형태가 된 것이다. 가정용 스크린에서 개인 스크린으로 옮겨가는 플랫폼의 개인화는 자연스럽게 콘텐츠 소비의 개인화도 의미한다.

그러나 여기서 역설적인 현상은 TV시청이 개인화하는 동시에 또 다른 측면에서는 시간과 공간의 경계를 허무는 새로운 소통, 이른바 소셜 커뮤니케이션이 늘어나고 있다는 사실이다(윤해진 · 박병호, 2013). 스마트폰이나 태플릿PC 등 모바일 기기로 시청하는 행위와 함께 TV시청시 스마트폰이나 태블릿PC 등을 함께 사용하는 행위도 증가하고 있기 때문이다(오삼수, 2014). 요컨대, TV 시청자가 소셜미디어를 이용해 소셜 네트워크 안에서 의견이나 정보를 공유하는 TV시청 행태가 새롭게 등장하기 시작한 것이다.

TV에서 본 경험을 서로 나누려는 것은 사회적 상호작용의 하나로서 이미 오래 전부터 TV의 시청동기로 중요하게 언급되어 온 요소이다(McQuail et al., 1972 ; Lin, 1993). 다만 새로운 커뮤니케이션 방식이 등장할 때마다 상호작용의 매개 채널이 끊임없이 확장되어 왔다. 가족구성원, 혹은 친구나 이웃 사이의 대인 커뮤니케이션에서 매스미디어를 통한 매스커뮤니케이션으로, 나아가 인터넷과 소셜미디어를 통한 소셜 커뮤니케이션으로 변화해 왔다. 예를 들어 배진아와 최소망(2013)은 소셜미디어 가운데 트위터가 TV시청 소감을 나누는 새로운 수단으로서 중요한 역할을 하고 있음을 실증적으로 밝혔는데, 이를 통한 소통은 인지적인 글보다는 즉각적이고 정서적 반응이 두드러졌으며 트위터의 매체적 속성상 소통의 대상이 불특정 다수인만큼 동일한 프로그램 시청자에 한정되지 않는 점을 특징으로 꼽았다. 또한 시청자들의 반응은 시청 단계에 따라 다르게 나타난다는 것도 보여줬다. 매개 채널에 따라 소통의 방식이 달라졌음을 보여주는 동시에 트위터가 시청자의 즉각적 반응을 파악할 수 있는 매개 채널의 하나임을 의미하는 것이다.

가령 본 연구가 분석대상으로 삼은 드라마 '백년의 유산' (MBC, 2013.1.5.~6.23.) 방영 당시 올라온 트위터 글에서도 시청 전에는 "백년에 유산에 정진찡나옴" (트위터 : Thanatos_0717, 2013.1.1.)과 같은 드라마 등장인물이나 방송날짜, 채널정보 등 프로그램 정보를 주로 나누고 시청 도중에는 "백년의 유산 보는데 브금 장난 아니닷!! ㅋㅋㅋ" (트위터 : ajassuk, 2013.3.23.)과 같은 즉시적인 느낌이나 감상을 실시간으로 올리며 시청 후에는 "예고 왜 안하는거야! 채원이 너무 불쌍해 진심 화난다" (트위터 : awaken2008, 2013.3.24.)와 같은 당일 방송에 대한 평가가 이뤄지고 있음을 찾아볼 수 있다.

시청자 의견 나누기는 프로그램 온라인 게시판이나 온라인 커뮤니티 등을 통해 소셜미디어 시대 이전에도 가능했다. 하지만 소셜미디어를 통한 실시간 소셜 커뮤니케이션이 증가하면서 시청자 소셜 데이터가 정보 흐름의 새로운 근원지이자 방송콘텐츠 시청의 새로운 유입 경로로 떠오른 점이 달라진 점이다(박선영, 2012 ; 조성준, 2014). 특히 TV 프로그램은 물론 영화나 연극과 같이 실제로 사용해 보기 전까지는 알 수 없는 경험재적 상품들은 소비자의 입에서 입으로 전해지는 구전마케팅에 각별한 관심을 가져 왔는데 소셜미디어를 통한 마케팅이나 소셜 데이터를 통한 수용자 반응 예측도 오프라인에서 온라인, 소셜 네트워크로 확대된 연장선상에서 파악해 볼 수 있다(박승현 · 송현주, 2012). 실제로 온라인으로 전해지는 프로그램에 대한 평가의 글에서 지각할 수 있는 '인지된 즐거움' 이나 '인지된 가치' 가 구매나 추천 의향에 영향을 끼친다는 것(박승현 · 송현주, 2012 ; 윤해진 · 문성철, 2010 ; Dellarocas, Awad & Zhang, 2007 ; Kim, 2012)과 SNS 구전량과 메시지 속성, 관여도 등이 영화

흥행에 영향을 끼친다는 것(박선영, 2012 ; 이세진 외, 2012) 등이 검증되어 왔다.

결국 소셜미디어와 결합한 새로운 TV시청 행태의 출현을 실용적 가치 활용 측면에서 살펴보고자 하는 시도는 다양하게 이어질 수 있는데 그중 하나가 시청률과 연계된 논의이다. 그 이유는 기존 시청률에 대한 끊임없는 문제제기에서 찾을 수 있다. 시청률 조사는 국내에서 처음 시작된 1991년 이후, 케이블TV나 IPTV 서비스 그리고 이동형 단말 등장과 같은 시청환경의 변화에 맞춰 변화를 겪어 왔다(조성호, 2008). 그러나 현행 시청률 수치는 여전히 거실의 TV를 중심으로 한 고정형 일회적 소비구조에 충실하여 VoD(Video on Demand) 다시보기 서비스와 같이 시간적 구속력으로부터 자유로운 TV 소비(배효승 · 신소연 · 이상우, 2012 ; 김은미 외, 2012)나 플랫폼의 개인화나 이동형 디바이스 등 소비 기기의 다변화가 말해 주는 공간적 구속력으로부터 자유로운 TV 소비(조성호, 2008 ; 오삼수, 2014)를 반영하지 못하고 있다. 이런 맥락에서 소셜미디어와 결합한 TV시청 행태는 현행 시청률 지표를 넘어서서 시대적 변화가 등장시킨 새로운 수용자 반응을 보다 입체적이고 역동적으로 살펴볼 수 있는 실증 데이터로서 고려해 볼 필요가 있다. 소셜미디어 환경은 복합적 시청행위뿐 아니라 공감적 TV 소비를 통해 수용자 반응이 나타나는 새로운 TV시청 행태를 만들어내고 있기 때문이다.

2.2 소셜 데이터와 시청률의 진화

앞서 살펴본 것처럼 TV시청 행태가 바뀌어 가면서 현행 시청률 측정 방식에 대한 문제가 끊임없이 제기되어 왔다. 현재의 시청률은 가구 내 고정형TV에 설치된 피플미터(Peoplemeter)라는 기구를 통해 유선전화가 전송하는 자료를 바탕으로 집계된다. 따라서 유선전화가 없는 가구는 조사 패널에서 제외되는 점이 현행 시청률 측정 방식의 첫 번째 문제로 종종 언급되어 왔다. 왜냐하면 유선전화 보유 가구가 2013년 전국 기준으로 67.4%를 기록하고 있는 데다 1인 가구의 증가와 스마트폰 보급 확대로 유선전화 보유 가구수는 점차 줄어드는 추세이기 때문이다(KISDI, 2014). 한국케이블TV방송협회가 지난해 tvN 드라마 '응답하라 1994' (13회 기준)의 시청률을 집전화 이용자와 휴대전화 이용자 모두를 대상으로 실시한 조사가 이를 방증한다. 이에 따르면 닐슨코리아가 집계한 22%보다 11% 포인트 높은 33%로 나타나 체감시청률과의 격차를 일부 설명한 바 있다(미디어스, 2013.12.13.).[1]

체감시청률과 차이가 나는 것은 실시간으로 시청하는 대신 '다시보기'를 이용하거나 고정형TV 대신 스마트폰이나 태블릿PC 등 모바일 기기를 통한 시청량을 집계하지 못하는 데에도 이유가 있다. TV보다 개인 모바일 기기를 통한 TV시청 증가세를 고려하면 체감시청률과의 격차는 더욱 벌어질 수밖에 없다. 또한 소셜미디어를 통해 시청행태가 수동적인 방식에서 더욱 능동적인 참여의 방식으로 바뀌었지만 현행 시청률은 이러한 소셜 영향력을 산출해내지 못한다는 점도 현행 시청률 측정방식의 한계로 지적된다(마경란, 2013 ; 한국전파진흥원, 2013).

이러한 문제점 인식은 좀 더 정확한 시청률을 제시하려는 대안들로 이어지고 있다. 예를 들면, 대표적인 시청률 조사기관인 닐슨(Nielsen)은 미국 내에서 소셜미디어와 시청률 간의 상관관계에 기초한 '닐슨 트위터 TV 시청률'과 온라인상의 TV 콘텐츠 시청량을 측정하기 위한 '닐슨 디지털 프로그램 시청률' 시스템을 선보였으며, 미국 내 다양한 소셜미디어 분석업체들도 소셜TV 활동을 수량화하고 인구사회학적 요소와 개별 프로그램의 내용과 대응시키는 등 소셜미디어 반응을 분석하여 시청률에 반영하려고 시도하고 있다(조선일보, 2013.10.8.). 이에 앞서 닐슨의 조사 결과(2012.9. 기준)에 따르면 미국 TV 시청자들이 시청 경험을 나누기 위해 사용하는 소셜미디어 수단으로는 페이스북(29%)이 가장 많았고 이어서 트위터(17%), 기타 SNS(17%) 순으로 나타났다. 그러나 닐슨은 데이터 접근이 제한되어 있는 페이스북 대신 완전 공개형인 트위터에 기반하여 TV 프로그램별 트윗 총량과 개별 트윗 노출도를 측정하여 소셜 영향력을 측정했다. 트위터에서 형성되는 빅데이터, 즉 소셜 버즈(Social Buzz)를 시청률 지표로 제시하는 방식인데, 전통적인 시청률 측정방식으로 일원화된 수치만 표기하는 것이 아니라 시청률과 시청자 참여도를 기반으로 한

1. 시청률을 조사한 리서치 회사 밀워드브라운은 한국인터넷진흥원의 '2012년 인터넷 이용실태조사' 자료를 참고, 집전화 이용자 45%, 휴대전화 이용자 55%의 비중을 설정해 전국 15~55세 남녀 482명을 대상으로 방영 시간인 2013년 11월 30일 오후 8시 40분부터 10시 6분까지 조사를 진행했다.

화제성을 두 축으로 하여 입체적 표기를 하는 방식이다(한국전파진흥원, 2013). 닐슨코리아의 경우, 서울대학교 언론정보연구소, 서울대학교 빅데이터센터와 업무협약을 맺고 TV, PC, 모바일 기기의 시청기록을 빅데이터로 구축해 다매체 통합 시청률 시스템을 개발할 예정이라고 밝혔으며(연합뉴스, 2013.6.27.) 또 다른 시청률 조사회사인 TNmS도 TV, 스마트 기기, PC의 이용률을 합산하는 통합시청률을 선보인 바 있다(이데일리, 2013.11.6.).

시청률의 정확도를 높이려는 것은 단지 인기 프로그램을 정확하게 알아내려는 데 있지 않다. 우선은 프로그램의 성과를 평가해 온 가장 보편적 잣대이기 때문에 지표로서의 충실성을 높이기 위한 것이며 시청률은 나아가 방송사의 편성전략과 정책, 그리고 광고시장을 잇는 매개적 가치를 지니기 때문이다(Webster, Phalen & Lichty, 2000). 이런 측면에서 기존의 조사업체뿐 아니라 콘텐츠 제작사들이 주축이 되어 도입한 새로운 평가방식도 있다. CJ E&M의 '콘텐츠 파워 지수(Content Power Index)'가 한 예이다. 화제성, 관여도, 몰입도 측면에서 프로그램 관련 뉴스구독자수, 직접 검색자수, 소셜미디어 버즈량을 측정하여 표준점수화해 합산한 뒤 순위를 매기는 방식이다.

그런가 하면 시청률과 관련한 학계의 관심도 꾸준히 이어져 왔다. 시청률과 관련한 연구는 크게 두 가지 방향에서 진행되어 왔는데 첫 번째는 시청률에 영향을 끼치는 요인을 찾아보려는 연구이며 두 번째는 현행 시청률보다 정교한 측정방식을 모색하려는 연구이다. 그러나 두 연구 방향 모두 정확한 시청률 평가와 예측을 목적으로 하는 점에서는 같은 맥락에 있다고 볼 수 있다. 또한 채널 인기도와 광고수익에 결정적인 역할을 하는 드라마를 시청률 관련 연구의 대상으로 삼은 점도 비슷하다.

시청률에 영향을 끼치는 요인들은 구조적 관점과 내용적 관점, 그리고 수용자 관점에서 다뤄져 왔다. 구조적 관점은 제작비와 같은 제작요인, 제작사, PD, 작가, 스타 등의 인적 요인, 편성이나 타 채널 경쟁 프로그램과 같은 외부 요인으로 세분화할 수 있다. 다수의 선행 연구들은 이와 관련하여 편성 시간대나 스타파워 등이 시청률에 유의미한 영향력을 끼친다고 밝혀 왔다(배진아, 2005 ; 유세경 · 김숙, 2010 ; 이원재 외, 2012 ; 최세경 외, 2006 ; Webster & Wang, 1992). 또 내용적 관점은 프로그램의 품질이나 소재와 관련된 변인들을 탐색해 왔는데, 가령 드라마의 호화로운 삶 묘사가 시청률과 정적인 상관관계를 나타낸다거나 드라마 주제 유형이나 원작사용 여부, 혹은 뉴스의 기획성이 드라마나 뉴스의 시청률에 미치는 성과를 일별해 왔다(양혜승, 2011 ; 이화진 · 김숙, 2007 ; 한혜경, 2013 ; Brosius et al., 1992). 수용자 요인은 구조적 차원이 아니라 개인적 차원의 채널 충성도나 장르 선호도를 중심으로 모색되어 왔다(심미선 · 한진만, 2002 ; Mcdowell & Sutherland, 2000).

시청률 예측 모형에 관한 연구도 시청률에 영향을 끼치는 변인들을 탐색하는 연장선상에서 이해할 수 있다. 따라서 선행연구들은 시청률 영향 요인을 중심으로 유효한 예측 변인을 찾는 방향에서 진행되었다(이종성 외, 2005 ; 정규환 외, 2005). 또 다른 한편에서는 변화한 시청환경에 적합한 시청률 예측 모형을 탐색하는 연구들이 시도되어 왔다. 예를 들어 이경민 등(2013)의 경우, 드라마 게시판에 올라온 시청자 의견 오피니언 마이닝을 통해 시청률 추이를 예측했다. 시청자 의견에서 핵심어를 추출한 뒤 긍정적 단어와 부정적 단어의 극성값을 구하여 전회 시청률에 기초한 다음 회차 시청률을 예측하는 방식인데 KBS 드라마 '직장의 신' (2013.4.1.～5.21. 방영)의 사례를 통해 오차범위 ±3 안에서 예측한 바 있다.

그러나 이 또한 최근 소셜미디어를 통해 확장하고 있는 수용자의 반응을 포함하고 있지는 못하다. 그런 점에서 소셜미디어를 통해 생성되는 소셜 데이터를 활용한 연구는 주목할 만하다. 마경란(2013)은 SBS 드라마 '신사의 품격' (2012.5.26.～8.12.) 관련 온라인 버즈데이터를 수집한 뒤 시청률에 유의미한 상관관계를 보이는 변수의 영향력을 살펴봤다. 이에 따르면 미투데이와 다음요즘이 시청률에 유의했고 트위터는 유의하지 않았다. 지상파 TV 뉴스 계정의 트위터와 뉴스 시청률 간의 상관관계를 다룬 차진용 · 이광형(2013)의 연구에서도 트위터와 시청률 간의 상관관계는 명확하지 않았다. 다만 트윗량보다는 리트윗을 많이 유발하는 트윗이 상대적으로 시청률에 정적인 영향을 끼치는 것으로 나타났다. 반면 이창하(2013)는 시사 장르 프로그램과 오디션 프로그램의 경우 방송 당일 트위터 버즈량과 시청률이 유의한 상관관계를 보였다고 밝혔다. 이해미(2013)의 경우, tvN 드라마 '나인' (2013.3.11.～5.14.)을 대상으로 하여 시청자들이 트위터를 통해 시청소감을 공유하고 있는 것을 실증적으로 분석했는데, 주로 줄거리와 배우 정보와 같은 핵심적 메시지들이 구전되고 부정적 태도의 메시지보다는 긍정적 메시지가 더 많이 전달되며 단순 텍스트보다는 하이퍼링크 메시지의 리트윗 비율이 높다고 검증한 바 있다. 최근 이뤄진 이러한 일련의 연구들은 모두 소셜 데이터의 영향력에 주목하고 있지만 트윗량만을 시청률과 연관 짓거나 시청률과 별개로 구전행위를 분석한 점에서는 다소 아쉬움을 남긴다.

결국 기존 시청률을 보완하려는 시도가 이어지고 있지만 여전히 합의된 기준은 미흡한 상태이며 다양해진 미디어 환경에서 빅데이터는 하나의 실마리를 제공할 수는 있지만 이를 활용하려는 시도 또한 정량적 분석에 그치거나 분석 결과 역시 일관된 흐름을 보여주지 못하고 있다. 본 연구가 트윗량뿐 아니라 트위터 메시지에 나타나는 시청자 반응을 함께 살펴봄으로써 정량적 평가와 정성적 평가의 접점을 찾아보고자 하는 이유이다. 물론 트위터 데이터 하나만을 갖고 분석하는 것은 예정된 한계점을 노출하는 것일 수도 있다. 그러나 빅데이터의 활용은 적절한 데이터를 찾아 조합하고 즉각적인 평가와 예측에 효과적으로 적용하려는 데 그 일차적 목적이 있다. 따라서 본 연구는 TV시청과 트위터가 결합되어 나타나는 새로운 TV시청 행태를 살펴보고 현행 시청률을 보완하는 하나의 방법으로서 실증 데이터를 통하여 시청 현황을 분석하고자 한다.

3. 연구문제

정량적 평가와 정성적 평가의 접점을 찾아보기 위해 1차적으로는 시청단계에 따라 시청률과 트위터 버즈량과의 관계를 검토한 뒤 2차적으로 정성적 차원에서 메시지의 의미를 파악하기 위해 의미연결망을 살펴보고자 한다. 구체적인 연구문제는 다음과 같다.

연구문제 1 트위터 버즈량과 시청률은 드라마 방영이전/방영일/방영이후에 따라 어떠한 관계를 나타내는가?

연구문제 2 트위터 메시지에 나타난 수용자 반응의 의미연결망 특성은 어떠한가?

연구문제 2-1 의미연결망의 구조와 이슈는 드라마 내용 진행 과정에 따라 차이를 나타내는가?

연구문제 2-2 의미연결망의 이슈는 시청률 등락과 어떠한 관계를 나타내는가?

4. 연구방법

4.1 분석대상

본 연구는 위의 연구문제를 해결하기 위해 드라마 사례를 통해 검토하고자 한다. 분석대상 드라마는 2013년 1월 5일부터 6월 23일까지 MBC에서 방영된 '백년의 유산' 이다. '백년의 유산' 은 평균시청률 22.2%(50부작)로 비교적 높은 시청률을 기록했던 드라마이기도 하지만 다양한 연령층으로 구성된 가족이야기가 시청자들의 관심을 모으며 네티즌이 뽑은 드라마로 선정되기도 했다(서울경제, 2013.12.31.). 분석기간은 2013년 1월 1일부터 3월 31일까지이며 드라마 제목을 키워드로 수집된 트위터 총 18,199건을 분석대상으로 사용했다.

표 7-1 분석대상 드라마

구분	내용
방송기간	2013.1.5.~6.23. (토/일요일 오후 9시 50분)
작가/연출가	구현숙/주성우
출연배우	신구, 정혜선, 박원숙, 정보석, 전인화, 차화연, 이정진, 유진, 최원영, 심이영, 박준금, 윤아정, 박영규, 선우선, 김희정, 권오중, 김명수 
주요 줄거리	삼대째 국수공장을 하는 가족을 중심으로 가업을 둘러싼 신구세대 갈등, 고부갈등, 다양한 세대의 사랑이야기가 다루어짐.

사진출처 : MBC 드라마 홈페이지

4.2 주요변인

- **시청률** : 분석기간 중 시청률 조사기관 TNmS가 집계한 전국단위 가구시청률을 활용했다. 또 드라마가 방영된 토요일과 일요일 시청률을 합산한 평균치를 각 주말별 시청률로 사용했다. 분석기간 평균시청률은 19.0%를 기록했다.

- **트윗량** : 드라마 제목을 검색어로 사용하여 수집한 트위터 버즈량은 주말에 방영되는 주간단위 드라마인 점에 맞춰 방영 전후 단계에 따라 방송전 월~금요일(T-before), 토·일요일(T-day), 방송 이후 월~금요일(T-after)로 구분했

그림 7-1 드라마 '백년의 유산' 시청률 추이

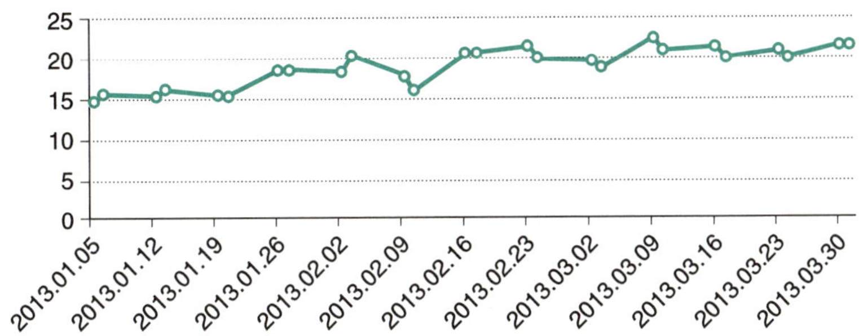

다. 또한 드라마 방영중의 실시간 반응과 구분하기 위하여 방송 시작 이전(토요일 오후 9시50분 이전까지), 방송중(토요일 오후 9시50분부터 일요일 오후 11시까지), 방송후(일요일 오후 11시부터 그 다음주 토요일 오후 9시50분까지)로 2차적으로 나눴다. 토요일 방송이 끝난 다음부터 일요일 방송이 시작되기 전까지의 트윗은 방송중 트윗에 포함되었다.

그림 7-2 날짜별 버즈량 추이

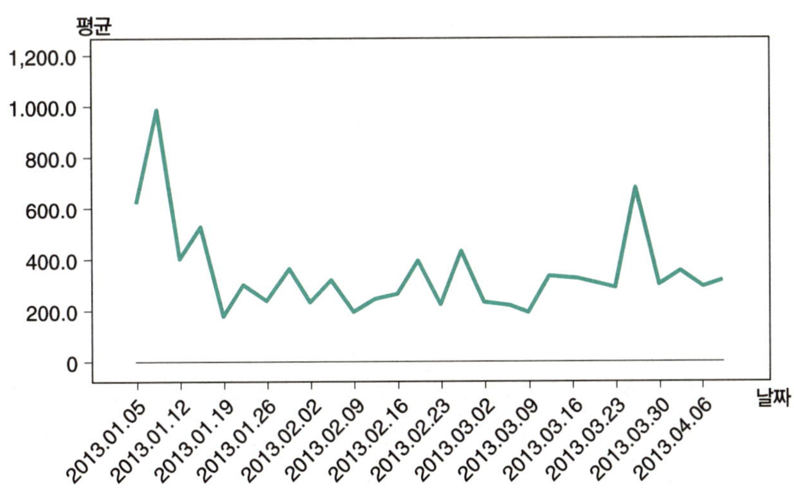

표 7-2 드라마 '백년의 유산' 트위터 버즈량 : 방영 시간 전후에 따라

구분	기간		시청률	방송전	방송중	방송후
1주차	2013-01-01	2013-01-06	15.230	1,202	1,103	3,286
2주차	2013-01-07	2013-01-13	15.786	3,286	620	581
3주차	2013-01-14	2013-01-20	15.420	581	327	523
4주차	2013-01-21	2013-01-27	18.658	523	441	538
5주차	2013-01-28	2013-02-03	19.437	538	410	353
6주차	2013-02-04	2013-02-10	16.977	353	328	549
7주차	2013-02-11	2013-02-17	20.767	549	495	492
8주차	2013-02-18	2013-02-24	20.869	492	459	551
9주차	2013-02-25	2013-03-03	19.391	551	322	466
10주차	2013-03-04	2013-03-10	21.736	466	414	452
11주차	2013-03-11	2013-03-17	20.846	452	401	554
12주차	2013-03-18	2013-03-24	20.568	554	690	914
13주차	2013-03-25	2013-03-31	21.651	914	480	728

표 7-3 드라마 '백년의 유산' 트위터 버즈량 : 방영 요일 전후에 따라

구분	기간		시청률	T-before (이전 월~금)	T-day (토 · 일요일)	T-after (이후 월~금)
1주차	2013-01-01	2013-01-06	15.230	818	1,615	2,911
2주차	2013-01-07	2013-01-13	15.786	2,911	943	447
3주차	2013-01-14	2013-01-20	15.420	447	495	339
4주차	2013-01-21	2013-01-27	18.658	339	606	351
5주차	2013-01-28	2013-02-03	19.437	351	562	260
6주차	2013-02-04	2013-02-10	16.977	260	446	376
7주차	2013-02-11	2013-02-17	20.767	376	669	349
8주차	2013-02-18	2013-02-24	20.869	349	655	322
9주차	2013-02-25	2013-03-03	19.391	322	474	346
10주차	2013-03-04	2013-03-10	21.736	346	537	211
11주차	2013-03-11	2013-03-17	20.846	211	644	378
12주차	2013-03-18	2013-03-24	20.568	378	987	626
13주차	2013-03-25	2013-03-31	21.651	626	667	539

▣ **수용자 의견** : 관련 트위터 글에 나타나 있는 메시지를 수집했다. 분석기간에 해당하는 1～26회를 내용전개 과정에 따라 5개 부분으로 구분했다. 또한 수용자 의견은 메시지 속성에 관한 선행연구(성영신 외, 2002 ; 이해미, 2013)의 분류를 토대로 중심속성, 주변속성, 기타로 나누었다. 구체적인 분류기준은 다음과 같다.

표 7-4 수용자 의견 데이터 유형

속성		유형
중심속성	정보적 데이터	프로그램 줄거리, 소재, 출연진 정보 등
	정서적 데이터	프로그램 내용이나 출연배우에 대한 감상, 느낌, 평가 등
	방송구조 데이터	본방, 재방, 다시보기, 미리보기 등 편성 관련
주변속성		촬영지, 배우 패션, 배경음악, 소품, 시청률, 경쟁드라마 등
기타		이전 혹은 후속 작품 및 위에 속하지 않는 유형들

표 7-5 수용자 의견 단계구분

드라마 내용별	1차사건 제시부	인물과 사건에 대한 소개 부분. '막장' 논란을 부른 시어머니의 횡포와 이에 따른 여주인공의 상황 묘사가 절정에 이른 5~6회분(1월 19～20일 방영). 고부관계와 주요 인물들의 얽힌 관계가 호기심을 한층 고조시키는 내용
	2차사건 제시부	여주인공이 이혼을 결정하면서 새로운 이야기의 등장을 기대하게 만드는 부분인 13~14회분(2월 16～17일 방영)
	중심갈등 본격화	젊은 주인공들의 삼각관계가 본격화되면서 갈등이 시작되는 시점인 19~20회분(3월 9～10일 방영). 여자 주인공을 둘러싼 삼각관계와 남자 주인공을 둘러싼 삼각관계가 서로 얽힌 채 전개
	갈등 증폭	남녀 주인공이 각각 사랑하지 않는 상대로부터 원하지 않는 구애를 받으며 점점 복잡한 상황에 놓이게 되는 부분. 다소 반복적 갈등이 이어지는 21~22회분(3월 16～17일)
	갈등 절정	여자 주인공이 모함으로 인해 애정 관계는 물론 직장에서도 위기에 몰리는 상황에 처하고 남자 주인공이 마음에 없는 결혼을 결심하는 25~26회분(3월 30～31일 방영)
시청률 등락별	일일시청률 변화	토요일과 일요일 각각의 시청률 격차가 상대적으로 컸던 회차. 18.4%에서 20.5%(10회)로 상승한 9회와 21.7%에서 20.1%(16회)로 하락한 15회
	주간시청률 변화	시청률이 꾸준히 상승세를 보였기 때문에 상승과 하락 구간은 총 4곳. 이 중 설날과 3·1절 연휴가 낀 주말은 제외(이 기간 주간시청률은 하락했다). 이에 따라 상승구간은 방영 9주차에서 10주차로 이어질 때(18회 19.0%에서 19회 22.5%), 하락구간은 방영 2주차에서 3주차로 이어질 때(4회 16.2%에서 5회 15.6%)

4.3 분석방법

연구문제 1을 해결하기 위해 드라마 방영 전후 트윗 총량과 해당 시청률 간 상관관계 분석과 회귀분석을 실시했고 연구문제 2에서 제기한 수용자 의견의 의미 연결망을 규명하기 위해서는 사회연결망 분석을 응용한 의미연결망 분석(semantic network analysis) 기법을 사용했다. 개별 행위자가 아니라 서로 연결되어 있는 관계성에 주목하는 사회연결망 분석과 마찬가지로 의미연결망 분석 또한 메시지의 구성요소인 단어들의 구조적 관계를 통해 의미를 분석한다. 따라서 개별 단어의 고정된 속성이나 개념이 아니라 상호 작용하는 관계의 맥락 속에서 역동적인 의미를 포착할 수 있는 장점이 있다. 다시 말해 의미연결망 분석은 개별 단어의 조합에만 주목하는 것이 아니라 전체 연결망 안에서 어느 '위치' 에 자리하고 있는지, 어떠한 '구조' 를 형성하고 있는지에 주목함으로써(Wasserman & Faust, 1994) 메시지 안에 숨어 있는 커뮤니케이션 송신자의 의도를 계량화하고 구조적인 패턴을 추출할 수 있는 점에서 평면적이고 사전 범주화된 유목 안에서 이뤄지는 기존의 메시지 분석 방법을 보완할 수 있는 것이다(김상배, 2011 ; 박한우 & Leydesdorff, 2004).

구체적으로는 우선 한국어 텍스트 분석 소프트웨어인 KrKwic(박한우 & Leydesdorff, 2004)를 이용하여 개별 메시지에 등장하는 단어들의 빈도순위에 따라 주요 단어를 추출했고 각 메시지 안에서 단어들이 공동으로 출현하는 빈도수를 파악하여 단어×단어의 행렬데이터를 구성했다. 이때 유사한 맥락에서 사용된 단어들은 단일 단어로 일원화하는 과정을 거쳤다. 예컨대 '다운' 이나 '다운로드' 는 '다운로드' 로, '보는중' 과 '시청중' 은 '시청중' 으로 일원화했다.

이러한 정제 과정을 거쳐 만들어진 행렬 데이터를 기반으로 단어들 사이의 연결구조와 특성을 파악하기 위해서는 사회연결망 분석 소프트웨어의 하나인 UCINET(Bogatti, Everett & Freeman, 2002)와 넷드로(NetDraw) 기능을 활용하여 공동출현 단어들의 연결망을 시각화했다.

각 단어가 연결망에서 차지하는 구체적인 역할을 가늠하기 위해서는 프리만(Freeman, 1979)의 중심성 개념 정리와 측정 방법을 토대로 계량화한 지표인 연결정도 중심성(degree centrality)과 매개중심성(betweenness centrality)을 살펴보았다. 연결정도 중심성은 여러 단어들과 연결되어 있는 정도인 활동성을 뜻하며 매개중심성은 단어와 단어를 연결하는 중개 영향력을 나타낸다.

5. 연구결과

5.1 연구문제 1에 대한 분석결과

트윗량은 드라마가 방송되는 요일(토 · 일요일)에 방송 이전의 주중(595)보다 훨씬 높은 평균값(715)을 기록했으며 요일이 아니라 시간대 개념으로 살펴볼 때에는 방송시작 이전의 평균(805)이 방송중(499)보다 두 배 가까이 높아 방송 시작 이전에 트윗 구전활동이 급증함을 유추해 볼 수 있다. 즉, 시청 도중의 관여적 활동보다 방송 이전에 이루어지는 프로그램 시청 계획과 선택에 대한 상호작용이 활발했다고 볼 수 있다.

표 7-6 트위터 버즈량 기술통계

	최소값	최대값	평균	표준편차
시청률	15.23	21.74	19.03	2.40
방송전	353	3,286	805	778
방송중	322	1,103	499	211
이전 월~금요일	211	2,911	595	714
토 · 일요일	446	1,615	715	316

트위터 버즈량과 시청률 간 상관관계 분석결과를 살펴보면 방송전 버즈량과 시청률의 상관계수는 −0.474이고 방송중−시청률의 상관계수는 −0.336, 방송후−시청률 상관계수는 −0.445로 버즈량과 시청률 사이에 모두 음의 상관관계가 있는 것

으로 나타났으나, 통계적으로 유의하지 않았다. 이와 같은 관계는 방영요일을 기준으로 T-before(방송전 월~금요일), T-day(토 · 일요일), T-after(방송후 월~금요일)로 구분해 각각의 트위터 버즈량과 시청률의 관계를 분석한 결과에서도 유사했다. 다만, 방송중 트위터 버즈량과 방송후 트위터 버즈량, 그리고 토 · 일요일 버즈량(T-day)과 이후 월~금 버즈량(T-after) 사이에는 각각 0.907과 0.902의 강한 정적인 상관관계가 나타났다. 즉, 드라마 방송중 실시간 트윗량이 증가하면 이후 1주일 동안 관련 트윗량도 크게 증가했음을 알 수 있다.

표 7-7 트위터 버즈량과 시청률의 상관관계

	시청률	시청률 변화	방송전	방송중	방송후	T-before	T-day	T-after
시청률			−0.474	−0.336	−0.445	−0.473	−0.378	−0.467
시청률 변화 (금주 - 전주)			0.012	0.260	−0.161	0.002	0.170	−0.212
방송전				0.389	0.170			
방송중					0.907**			
방송후								
T-before							0.377	0.130
T-day								0.902**
T-after								

** $p < .01$

표 7-8 리트윗량과 시청률의 상관관계

	시청률	시청률 변화	방송전 RT	방송일 RT	방송후 RT
시청률			−0.511	−0.623*	−0.499
시청률 변화			−0.031	0.106	−0.033
방송전 RT				0.434	0.940**
방송일 RT					0.940**
방송후 RT					

* $p < .05$, ** $p < .01$

또한 리트윗량과 시청률의 상관관계를 분석한 결과, 방송일 리트윗량과 시청률은 -0.623으로서 통계적으로 유의미한 부적 상관관계를 드러냈다. 또 방송전과 방송후 리트윗량과도 모두 음의 상관관계를 보였다. 그런가 하면 방송전 리트윗량과 방송후 리트윗량, 그리고 방송일 리트윗량과 방송후 리트윗량 사이에 모두 0.940의 매우 강한 정적 상관관계가 나타났다.

시청률이라는 종속변수를 설명하는 독립변수로서의 트위터 버즈량의 영향력을 알아보기 위해 실시한 회귀분석에서는 뚜렷한 인과관계가 산출되지 않았다. 방송전, 방송후, 방송일 순서로 15～16%의 낮은 설명력을 보였으나 통계적으로 유의미하지 않았다.

5.2 연구문제 2에 대한 분석결과

5.2.1 드라마 내용 진행과정에 따른 주요단어와 의미연결망

드라마 내용 진행단계에 따라 트위터에 올라온 메시지를 분석한 결과, 사건 제시부와 갈등 절정기에서 프로그램 정보는 물론 정서적 느낌 공유가 가장 활발하게 이뤄지고 있는 것으로 나타났다. 드라마 줄거리, 소재, 출연진 등 프로그램 내용에 대한 중심 속성은 정보를 주고받는 정보적 차원과 느낌이나 감상, 평가를 올리는 정서적 차원으로 구분되었는데, 갈등 절정기에서 단어수와 각각의 사용빈도를 합한 전체 빈도가 모두 높았다. 특히 정서적 차원의 단어들은 이전 단계(갈등 증폭)보다 단어종류가 다소 줄었지만 전체 빈도는 두 배 가까이 늘며 트위터를 통한 의견공유가 크게 확대되고 있음을 확인할 수 있다. 갈등 절정기에는 방송시간이나 파일 다운로드 등의 방송구조 관련 단어수도 가장 많았고 총 빈도 또한 가장 높게 나왔다. 배우들의 패션, 촬영지, OST, 시청률 등 주변적 속성에 대한 의견공유도 이 부분에서 절정에 이르고 있음을 알 수 있다.

단어속성별 빈도순위에서 주목할 수 있는 다른 특징은 중심적 속성의 단어수나 전체 빈도는 모두 사건이 제시되는 회차에서 중심갈등 본격화 및 갈등 증폭 단계보다 훨씬 높게 나타난 반면 주변적 속성의 단어수나 전체 빈도는 정반대의 현상을 보

표 7-9 단어의 속성별 빈도

		1차 사건제시		2차 사건제시		중심갈등 본격화		갈등 증폭		갈등 절정	
		단어	총빈도	단어	총빈도	단어	총빈도	단어	총빈도	단어	총빈도
중심 속성	정보적	57	422	39	420	46	282	47	410	77	437
	정서적	40	297	44	352	38	229	51	245	49	409
	방송구조	16	98	21	103	19	109	14	67	23	168
주변적 속성		11	89	14	124	18	324	22	573	17	237
기타		11	69	15	59	6	41	8	34	10	98

* 드라마 제목 '백년의 유산' 제외

표 7-10 주요단어 순위

	1차 사건제시	2차 사건제시	중심갈등 본격화	갈등 증폭	갈등 절정
1	막장	본방사수	사는게아니야	시청률	시청률
2	유진	재미	조현아	개그콘서트	배틀
3	박원숙	유진	OST	배틀	개그콘서트
4	재미	돈의화신	노래	유진	시청
5	시어머니	시어머니	공개	이정진	짜증
6	이정진	박원숙	재미	짜증	유진
7	전인화	반전키워드	이정진	전인화	재미
8	실시간검색어	백설주	유진	재미	답답
9	억울	양춘희	본방사수	정보석	막장
10	짜증	투표	오늘	최원영	이정진
11	기억	막장	막장	악녀	채원
12	오늘	정보석	시청률	주리	전인화
13	파일	이혼	박원숙	재결합	세윤
14	엄마	전인화	심이영	심이영	내용
15	본방사수	짜증	전인화	윤아정	돈의화신
16	이야기	엄마	달콤	차화연	박원숙
17	찜	실시간검색어	시청	21회	최고
18	불륜조작	시청중	정보석	거짓말	동영상검색
19	청담동앨리스	올가미	최원영	돌직구	엄마
20	OST	출생비밀	실시간검색어	실시간검색어	오늘

그림 7-3 **1차 사건제시 부분**(1월 19~20일)

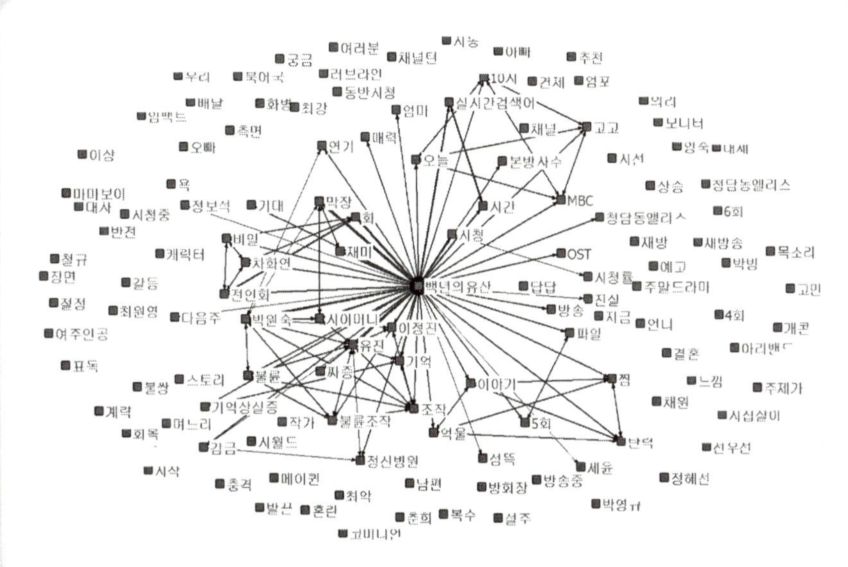

였다. 이러한 결과를 토대로 볼 때, 새로운 내용이 제시되거나 전환되는 회차에서는 프로그램 그 자체에 더 많은 관심이 쏠리고 다소 반복적 내용이 전개되는 단계에서는 드라마 외적 요소들이 더 많이 언급되고 있다고 해석할 수 있다.

빈도순위 상위 20위 안에 드는 단어만 살펴보면, 1차 사건제시 단계에서는 드라마 내용 중심 단어들('막장' , '유진' , '박원숙' , '시어머니' 등)이 핵심 단어로 활약하고 있으나 점차 팬덤 관련 단어들('본방사수' , '돈의화신' , '개그콘서트')과 주변적인 부가 요소 단어들('OST' , '시청률' , '배틀' , '개그콘서트')이 더욱 빈번하게 사용되고 있음을 알 수 있다. 또한 1차 사건제시 단계에서는 '막장' 이 가장 높은 빈도를 나타냈으나 이후 '재미' 에 역전당하는 것을 볼 수 있고 '재미' 는 '유진' 과 함께 모든 단계에서 공통적으로 출현하는 단어로 꼽혔다. 그 밖에도 '실시간검색어' 가 네 단계에서 공통적으로 출현하며 TV시청 행위와 실시간적인 반응을 연계하고 있음을 엿볼 수 있다. 드라마의 주인공인 유진과 이정진이 상위 순위권에 진입하고 있기는 하나 중년 배우인 전인화나 박원숙이 상위권에 자주 진입하며 경쟁하고 있는 것은 드라마 내용이 다양한 연령대를 다루고 있다는 것을 시사하는 동시에 중년 배우들의 약진에

그림 7-4 **2차 사건제시 부분**(2월 16 ~ 17일)

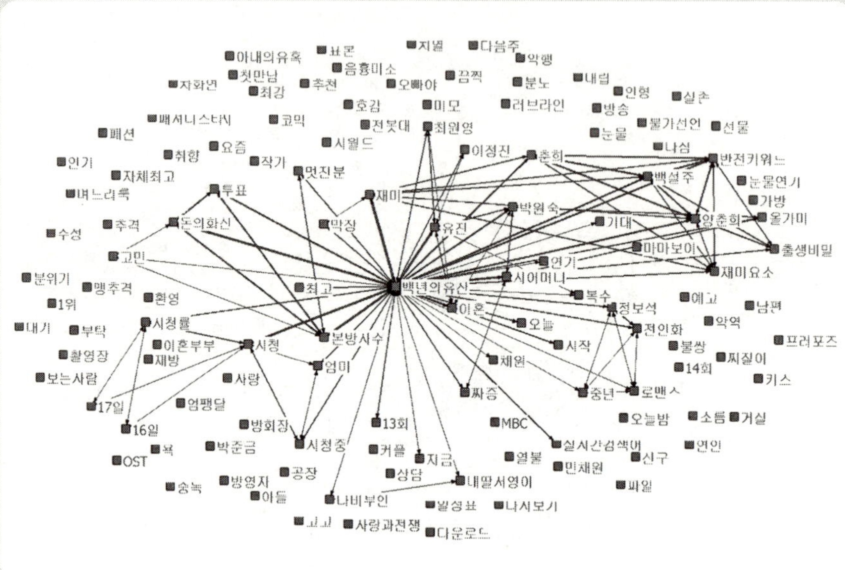

비해 젊은 배우들의 팬덤 현상이 매우 강하지는 않았다고 할 수 있다.

이러한 특징은 의미연결망 구조를 보면 더욱 뚜렷해진다. 우선 1차 사건제시부의 연결강도 6 이상을 표시한 [그림 7-3]을 살펴보면 크게 네 가지 방향에서 의미가 구축되고 있음을 알 수 있다. 드라마 주요 줄거리가 '박원숙', '유진', '이정진' 단어 집단과 '전인화', '차화연', '비밀' 단어 집단에서 형성되는 것을 짐작할 수 있고 줄거리와 뒤섞인 채 '막장', '화', '재미' 등 드라마에 대한 평가 이슈가 등장하고 있다. 오른쪽으로는 '본방사수' 나 경쟁드라마인 '청담동앨리스' 혹은 '파일', '시간', '실시간검색어' 등 팬덤을 유추해 볼 수 있는 주변적 요소나 방송구조에 관한 정보들이 다소 덜 촘촘한 연계로 이어지고 있다. 중심값 순위에서도 '백년의유산' 을 제외하면 '유진', '박원숙', '막장' 이 연결중심성과 매개중심성 모두 상위 순위에 포진하며 이슈를 주도하고 있음을 알 수 있다.

2차 사건제시부를 보여주는 [그림 7-4]는 드라마 내용과 주변적 이야기가 크게 두 축을 형성하고 있는데, 내용 부분에서 '전인화', '정보석', '중년', '로맨스' 가 또 다른 작은 관계망을 형성하며 관심 이슈로 부상했고 주변적 이야기 역시 '돈의화

그림 7-5 **중심갈등 본격화 부분**(3월 9~10일)

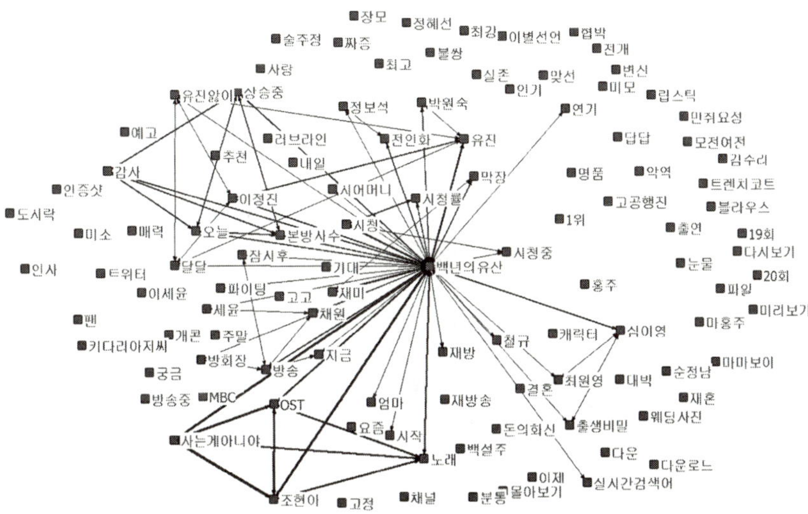

신' 을 둘러싼 팬덤 경쟁과 '내딸서영이', '나비부인' 을 잇는 시청목록이 눈에 띈다. 그러나 가장 주목되는 것은 핵심단어 '백년의유산' 을 중심으로 '유진', '본방사수', '재미' 가 가장 강력한 하위집단을 형성하며 여주인공인 유진의 팬들이 적극적으로 이슈를 주도하면서 이전의 '막장' 대신 '재미' 가 더 강조되고 있는 부분이다. 중심성 값에서도 이러한 흐름이 그대로 입증되고 있는데 드라마의 젊은 남녀 주인공 커플보다는 경쟁드라마 '돈의화신' 이나 중년 등장인물들의 연결중심성이 높고 여전히 '유진' 과 '박원숙' 이 이슈를 주도적으로 매개하면서 '시월드' 에 쏠렸던 드라마의 화제성을 이해하게 한다.

중심갈등 본격화 부분의 의미연결망([그림 7-5])을 살펴보면, '유진' 과 '박원숙', '시어머니' 에서 '이정진', '유진앓이' 및 '심이영' 과 '최원영' 으로 확대되는 것을 통해 젊은 남녀의 멜로라인이 본격화하면서 갈등을 빚는 상황을 짐작케 한다. 그러나 중심축 '백년의유산' 과 가장 강한 연결상태를 보인 하위집단은 이와 같은 핵심적 속성의 단어그룹이 아니라 'OST', '조현아', '사는게아니야', '공개', '노래' 로 이어지는 그룹이다. OST 공개에 따른 홍보활동을 유추해 볼 수 있게 하는 대

그림 7-6 **갈등 증폭 부분**(3월 16～17일)

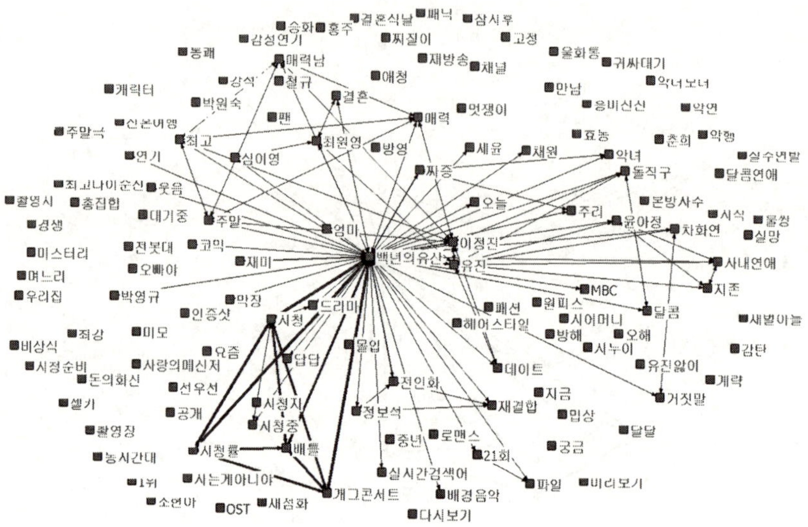

목이다. 연결중심성 순위에서도 이러한 흐름은 유사했으나 매개중심성 순위에서는 다시 '이정진', '유진' 등이 부상했고 특히 '이정진'은 '트위터', '팬', '감사' 등과 연결되면서 팬들과 인사를 주고받는 대화를 주도하며 이슈 매개역할을 하고 있다.

갈등증폭 부분([그림 7-6])에서도 중심내용보다는 '백년의유산', '시청', '시청률', '개그콘서트', '배틀'이 가장 강한 결속을 보여주는 하위집단으로 나타나 경쟁 프로그램과 시청률 경쟁을 벌이는 이벤트성 이슈가 자발적이든, 특정 홍보를 통해서든 왕성했음을 알 수 있다. 연결중심성의 순위도 이를 그대로 보여준다. 하지만 매개중심성 값 순위에서는 '유진', '이정진', '최원영' 등 삼각관계를 형성한 주인공들이 이슈와 이슈를 연결하는 다리 역할을 하고 있다. 갈등절정 부분([그림 7-7])에서는 드라마 주인공들을 둘러싼 관계망과 '개그콘서트'나 '돈의화신' 등 경쟁드라마와 '시청률'을 연계하는 관계망이 크게 두 축을 형성하고 있고 그 이전과는 달리 '답답', '막장', '짜증'과 같은 부정적 평가요소가 '재미'를 대신하여 내용 관련 단어들과 연결되어 있다. 중심성 값에서도 핵심 이슈가 상위를 차지하고 있기는 하나 이러한 부정적 단어들이 이슈를 매개하는 역할이 두드러졌다.

그림 7-7 갈등 절정 부분(3월 30～31일)

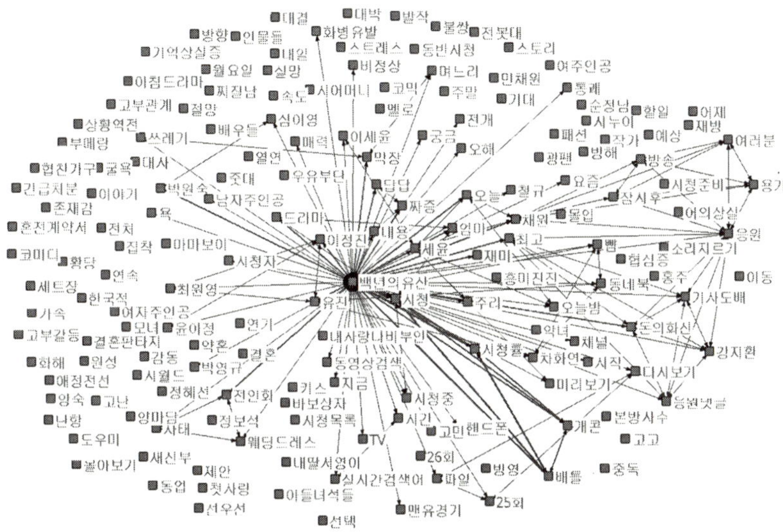

표 7-11 드라마 내용 단계별 연결중심성 값

1차 사건제시		2차 사건제시		중심갈등 본격화		갈등 증폭		갈등 절정	
단어	중심성	단어	중심성	단어	중심성	단어	중심성	단어	중심성
백년유산	15.461	백년유산	14.493	백년유산	8.858	백년유산	5.663	백년유산	6.038
유진	3.402	돈의화신	9.331	사는게아니야	2.747	시청	2.743	시청	1.924
박원숙	2.598	본방사수	2.964	조현아	2.730	시청률	2.524	시청률	0.947
화	2.512	재미	2.638	OST	2.054	개콘	2.480	배틀	0.893
막장	2.297	유진	2.503	노래	1.909	배틀	2.477	개콘	0.796
기억	1.895	춘희	2.211	공개	1.874	유진	0.986	채원	0.653
조작	1.837	투표	1.819	시청	1.309	이정진	0.666	유진	0.602
전인화	1.665	반전키워드	1.807	이정진	1.232	전인화	0.428	세윤	0.581
이정진	1.608	양춘희	1.807	유진	1.190	최원영	0.353	이정진	0.522
시어머니	1.593	백설주	1.807	본방사수	0.941	정보석	0.320	답답	0.459

표 7-12 드라마 내용 단계별 매개중심성 값

1차 사건제시		2차 사건제시		중심갈등 본격화		갈등 증폭		갈등 절정	
단어	중심성	단어	중심성	단어	중심성	단어	중심성	단어	중심성
백년유산	69.018	백년유산	72.083	백년유산	72.843	백년유산	72.568	백년유산	70.634
유진	3.343	유진	5.960	이정진	4.606	유진	9.574	시청	5.259
기억	2.441	재미	3.131	유진	2.877	이정진	2.642	유진	2.328
박원숙	2.160	이혼	1.267	시청	1.990	최원영	1.266	채원	1.915
막장	1.869	박원숙	1.198	재미	1.363	시청	1.243	이정진	1.354
시청	1.217	시어머니	0.943	감사	0.865	오늘	0.682	짜증	1.247
시어머니	1.080	시청	0.877	트위터	0.824	주리	0.565	세윤	1.172
화	1.057	최고	0.763	팬	0.812	전인화	0.535	막장	1.161
이정진	0.890	본방사수	0.535	세윤	0.706	짜증	0.506	답답	0.834
재미	0.715	채원	0.485	시청률	0.694	재미	0.484	내용	0.779

5.2.2 드라마 시청률 등락에 따른 주요단어와 의미연결망

일간시청률이 상승할 때와 하락할 때를 살펴보면, 단어의 속성별 빈도에서 우선 큰 차이가 발견된다. 시청률이 상승할 때는 정보적, 정서적, 그리고 방송구조에 해당하는 프로그램의 중심적 속성뿐 아니라 주변적 속성에서도 단어의 종류는 물론 전체 빈도가 훨씬 높게 나타났다. 단, 정보적 속성의 단어종류는 하락 구간에서 더 다양했으나 전체 빈도는 623회보다 낮은 499회를 기록했다. 빈도순위 20위 안에 드는 주요단어의 경우, 시청률이 상승할 때는 '유진' 과 '이정진' , 두 주인공의 핵심 이야기인 '복수' 와 '기억' 이 상위권에 포진되어 있고 그다음 회차인 '9회' 에 대한 '예고' 가 관심 단어임을 알 수 있다. 반면 시청률 하락으로 이어지는 방영일의 트위터 메시지에는 비록 '유진' , '이정진' , 두 주인공이 각각 2위, 3위를 차지하고는 있으나 그 밖의 단어들이 '정보석' , '전인화' , '민효동' , '양춘희' , '박영규' , '최원영' , '철규' 등 다양한 등장인물 배역이나 배우 이름으로 분산되는 것을 알 수 있다.

주간시청률 측면에서는 단어의 속성별 빈도와 시청률 간에 일정한 관계가 드러나지 않았다. 일간시청률 하락 추세와 달리 주간시청률이 하락으로 이어지기 전, 오히려 트위터에 등장한 단어나 빈도는 높았다. 다만, 주변적 속성의 단어 종류와 빈도는 시청률 상승세 때 높게 나타났다. 주요단어 순위를 보면, 시청률 상승세 국면에서는 '유진'과 '이정진' 외에 '심이영'과 '윤아정' 등 주인공과 대결을 벌이는 주변 인물들이 상위권으로 부상했고 '팬', '생일축하', '회식사진', '본방사수', '감사', '파이팅'과 같은 팬덤을 유추할 수 있는 단어들이 다수 등장했다. 반면 시청률 하락세 국면의 특징은 드라마의 중심적 내용보다는 '제목', '퀴즈이벤트', '시청률', '청담동앨리스', '배틀' 등이 상위권을 차지하고 있고 '막장' 이외에도 '시월드', '공포특급', '정신병원'과 같은 부정적 단어들이 다수 눈에 띈다. 이를 토대로 추론해 볼 때, 주간시청률 하락 국면에서는 드라마 자체에 대한 자발적 트윗보다는 화제를 만들기 위한 홍보성 이슈가 많았던 것으로 보이며 특히 이 국면이 드라마 초반(4회에서 5회)임을 고려하면 이러한 개연성은 더욱 높아 보인다.

표 7-13 단어의 속성별 빈도

		일간상승 이전		일간하락 이전		주간상승 이전		주간하락 이전	
		단어	총빈도	단어	총빈도	단어	총빈도	단어	총빈도
핵심적 속성	정보적	24	623	36	499	34	612	30	888
	정서적	21	154	16	90	19	100	31	172
	방송구조	17	159	14	93	11	79	8	58
주변적 속성		14	134	9	45	22	120	8	67
기타		6	33	2	9	7	34	3	86

표 7-14 시청률 등락별 주요단어 순위

	일별 등락		주별 등락	
	상승 이전	하락 이전	상승 이전	하락 이전
	9회 → 10회	15회 → 16회	18회 → 19회	4회 → 5회
1	유진	재미	심이영	유진
2	복수	유진	유진	이정진
3	시작	이정진	윤아정	제목
4	기억	정보석	이정진	퀴즈이벤트
5	이정진	전인화	마홍주	막장
6	막장	커플	대적인물	정보석
7	시청률	러브라인	방회장	기억상실증
8	예고	민효동	최원영	시청률
9	재미	양춘희	전인화	재미
10	돌파	철규	파이팅	최원영
11	20%	오늘	돈의화신	청담동앨리스
12	9회	박영규	대결	시월드
13	박원숙	15회	팬	공포특급
14	채원	미리보기	오늘	배틀
15	대기중	채원	철규	시어머니
16	파일	최원영	본방사수	4회
17	돈의화신	오늘밤	감사	박원숙
18	방회장	팬션	생일축하	잠옷
19	실시간검색어	촬영장소	17회	다시보기
20	흥미진진	OST	회식사진	정신병원

의미연결망에서도 이러한 경향은 유사하다. 일간 단위로 시청률이 상승하는 구간에서는 '백년의유산', '유진', '복수', '시작', '예고'가 가장 강력하게 연결된 관계망을 형성하며 드라마 주인공인 '유진'이 마침내 '복수'를 시작하는 데에 관심이 쏠려 있음을 알 수 있고 이어서 '기억', '회복', '채원' 등 중심 이슈를 설명하는 배경 이슈가 이를 떠받치고 있다. 또 '잠시후', '오늘', '대기중', '시청', '실시간검색어'와 같은 실시간성을 구현하는 단어들과 '재미', '막장', '흥미진진'과 같은

그림 7-8 일간시청률 상승의 경우

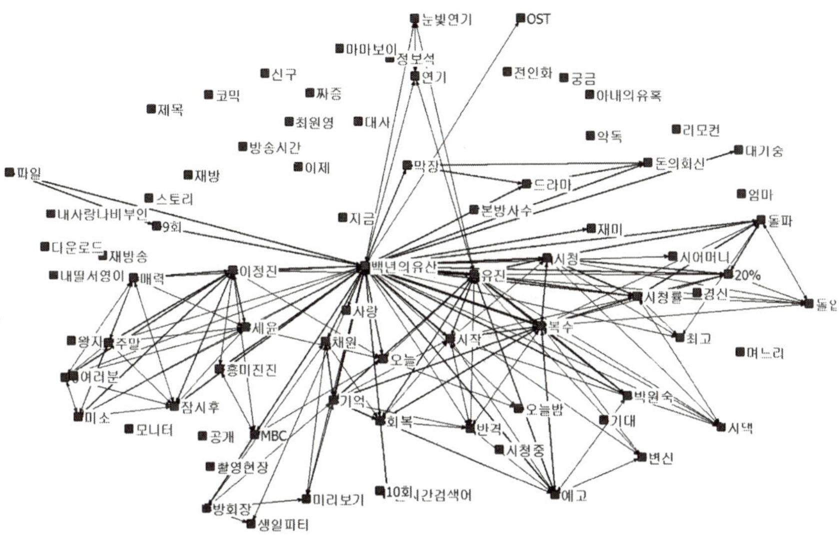

감상과 '시청률', '20%', '돌파' 와 같은 평가 단어들이 주변부 이슈를 만들며 전체적으로 일관된 흐름을 형성하고 있다.

왼쪽 아래에 '이정진' 을 향해 '여러분', '미소', '매력', '왕자', '모니터' 와 같은 팬층의 트윗 반응을 엿볼 수 있는 단어들이 작은 관계망을 이루고 있는 것도 알 수 있다. '유진' 이 '복수' 를 '시작' 하는 내용을 뜻하는 단어들은 연결중심성과 매개중심성에서도 가장 높은 값을 보이며 이슈를 선도하고 매개하는 중심 화젯거리라는 것을 시사한다. '이정진' 은 팬들 반응으로 유추해 볼 수 있는 단어들을 에워싸고 연결중심성 7위를 기록하고 있지만 매개중심성 10위 안에는 들지 못하며 전체 이슈의 중심으로 부상하지는 못했다.

반면 일간 단위로 시청률이 하락하는 구간에서는 오른편으로 '전인화', '정보석', 즉 배역이름으로 보면 '민효동', '양춘희' '커플' 사이에서 '러브라인' 이 형성되는 이슈가 가장 크게 눈에 띈다. 그 외에 '최원영', '철규', '펜션' 을 중심으로 또 다른 이야기가 펼쳐지고 있으며 그 밖의 이야기들은 하나로 집중되기보다는 방사형으로 펼쳐져 있음을 확인할 수 있다. 특히 드라마의 젊은 주인공인 '유진' 과 '이

그림 7-9 일간시청률 하락의 경우

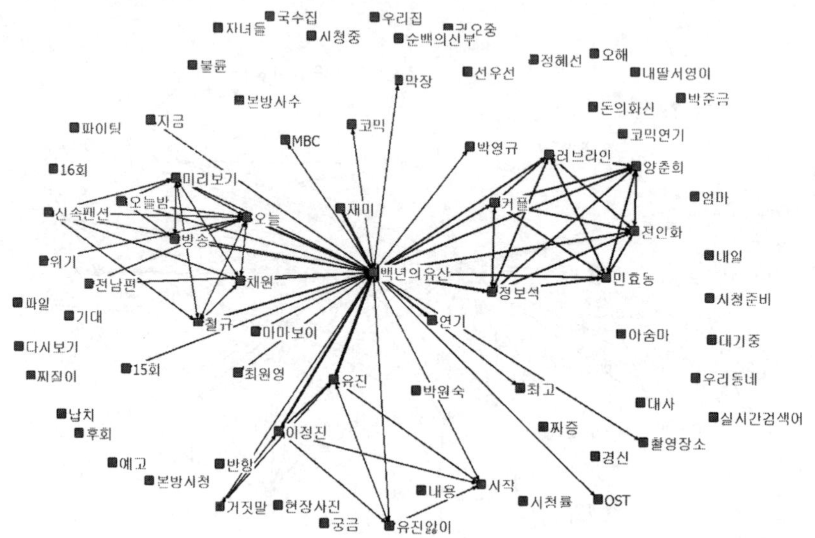

정진' 사이에 '유진앓이' 가 '시작' 되는 이슈를 찾아볼 수는 있지만 외곽에서 성긴 구조를 드러내며 중심으로 부상하고 있지는 못하다. 또 '유진' 은 '백년의유산' 다음으로 이슈를 연결하는 역할을 해내고는 있지만 연결중심성이 높지 못하며 '이정진' 혹은 배역 이름인 '세윤' 은 활동성과 매개성 모두에서 10위 안에 들지 못하며 중심 이슈에서 벗어나 있음을 뜻한다.

한편, 주간시청률이 가장 큰 폭으로 상승했던 구간을 살펴보면, 주요단어 순위에서 드러난 것처럼 '심이영' 이 가장 중심이슈를 만들어내고 있다. '심이영' 은 '백년의유산' 에 '마홍주' 로 '등장', '투입' 되어 '방회장', '시어머니' 의 '대적인물' 로서 '대결열전' 을 볼 만하게 만드는 화제를 만들어내고 있다. 그 밖에 이 구간의 특징은 '심이영' 의 등장에 따른 내용전환 외에는 다른 출연 배우들의 드라마 외적 이슈가 소개되고 있는 부분이다. 왼쪽으로는 '최원영' 과 '이정진' 의 '촬영장' 이나 '트위터', '팬' 이야기가 자리하고 있고 또 '유진' 의 '생일축하' 를 거쳐 '파이팅', '오늘', '본방사수' 등이 연결되며 각각의 팬들 반응이 결집되고 있음을 추측할 수 있다. 또 하단으로는 '윤아정' 과 '전인화', '유진' 의 '회식사진', 그리고 '선우선'

그림 7-10 주간시청률 상승의 경우

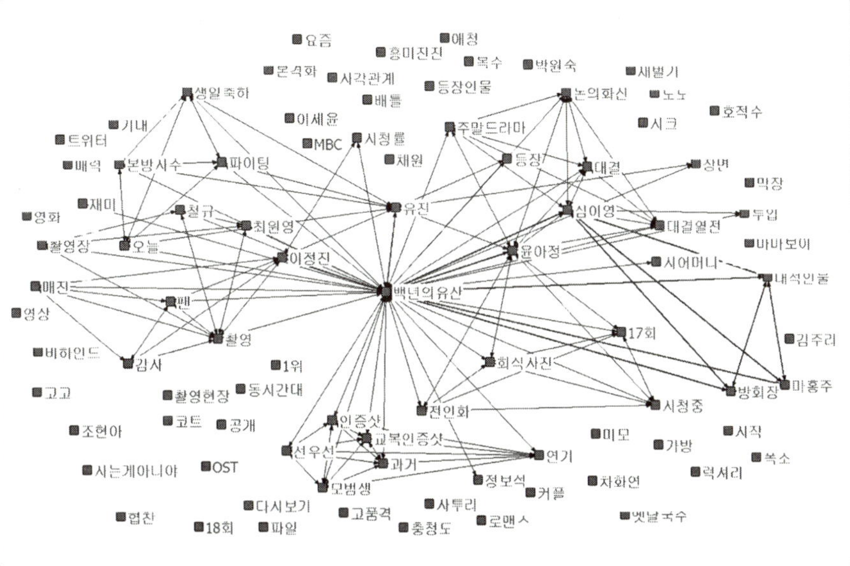

의 '교복인증샷' 이 주변부 이슈를 만들어내고 있다. 이러한 이슈를 둘러싸고 '홍미진진' 이나 '막장' 과 같은 감상이나 평가, '가방' 이나 '코트', 'OST' 와 같은 주변적 화젯거리가 의미연결망 외곽을 형성하고 있다. '심이영' 은 단어 빈도순위뿐만 아니라 연결중심성 값에서도 '백년의유산' 다음으로 활발한 연결성을 보인다. 그러나 매개중심성에서는 '유진' 이나 '이정진' 보다 하위에 랭크되며 활동성과 이슈 매개성이 반드시 일치하지는 않는다는 것을 보여준다.

상대적으로 주간시청률이 하락했던 구간의 가장 큰 특징은 '유진' 과 '이정진' 이 출연하는 드라마 '제목' 에 대한 '퀴즈이벤트' 로 추측해 볼 수 있는 이슈가 가장 강한 연결상태를 보이는 하위집단으로서 중심 이슈를 이끌고 있는 점이다. 이어서 '백년의유산' 하단으로 '유진' 이 '기억상실증', '정신병원' 등의 소재로 '시어머니', '박원숙' 과 '막장', '시월드' 이야기가 '공포특급' 처럼 벌어지고 있음을 보여준다. 이외에 팬덤과 관련된 이슈를 짐작케 하는 단어들('패러디계정', '언팔로우', '부탁', '올리비아하슬러' 등)이나 드라마 내용에 대한 평가 단어들('아내의유혹', '올가미', '대사', '기대' 등)이 산발적으로 펼쳐져 있다. '제목' 에 대한 '퀴즈이벤트' 가

그림 7-11 주간시청률 하락의 경우

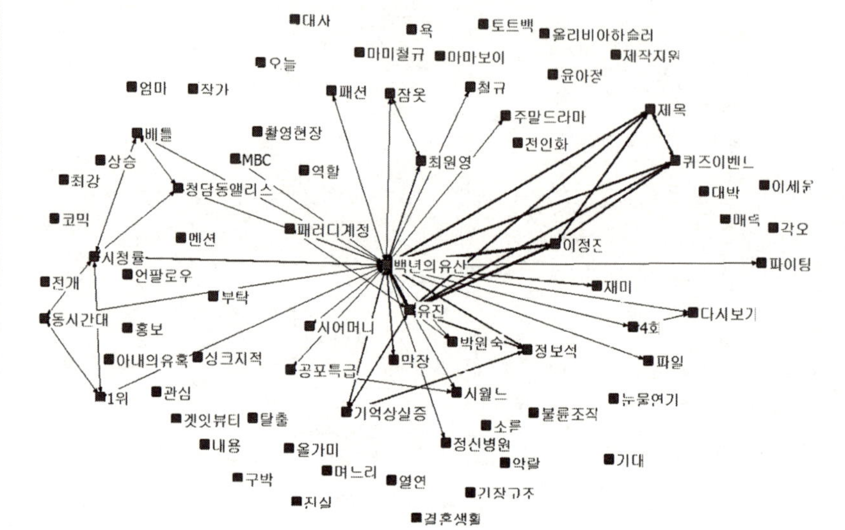

연결중심성에서는 두드러졌지만, 매개중심성 순위를 보면 드라마 남녀주인공인 '유진', '이정진', '최원영'을 중심으로 '막장' 이슈가 연결되고 있음을 시사한다.

표 7-15 일간시청률 등락별 중심성 값

상승 이전				하락 이전			
연결중심성		매개중심성		연결중심성		매개중심성	
백년의유산	13.385	백년의유산	63.421	백년의유산	24.093	백년의유산	82.590
유진	5.480	유진	4.225	정보석	4.809	유진	2.278
복수	4.246	시청	2.898	오늘	4.583	철규	1.327
시청	3.056	시작	1.640	커플	4.401	정보석	0.865
시작	2.733	오늘	1.608	전인화	4.310	재미	0.673
기억	2.498	복수	1.372	러브라인	4.265	최원영	0.657
이정진	2.380	흥미진진	1.192	양춘희	4.265	박영규	0.632
시청률	2.277	기억	1.070	민효동	4.265	연기	0.570
오늘	1.910	방송	1.055	유진	3.811	채원	0.339
회복	1.822	막장	1.004	철규	3.584	방송	0.333

표 7-16 주간시청률 등락에 따른 중심성 값

상승 이전				하락 이전			
연결중심성		매개중심성		연결중심성		매개중심성	
백년의유산	18.354	백년의유산	26.644	백년의유산	9.096	백년의유산	64.274
심이영	1.998	유진	2.224	유진	6.326	유진	11.233
윤아정	1.504	이정진	1.334	이정진	4.827	이정진	4.653
유진	1.317	윤아정	1.044	제목	4.175	최원영	1.891
이정진	1.115	최원영	0.809	퀴즈이벤트	4.175	막장	1.502
대결	1.026	심이영	0.730	주연	4.065	MBC	0.913
주말드라마	0.903	등장	0.446	정보석	1.033	정보석	0.606
돈의화신	0.893	전인화	0.410	기억상실증	0.923	박원숙	0.598
대결열전	0.868	철규	0.280	눈물	0.855	매력	0.524
대적인물	0.829	촬영	0.254	최원영	0.711	패러디계정	0.397

6. 결론 및 논의

본 연구는 소셜미디어를 통해 TV시청을 공유하는 수용자들의 반응을 알아보기 위해 트위터 버즈량과 시청률 간의 양적 관계 및 트위터 메시지의 의미연결망 특성을 살펴보았다. 연구결과에 따르면, 트위터 버즈량과 시청률 간에는 음의 상관관계가 나타났으나 통계적으로 유의하지 않았다. 드라마 방송일의 리트윗량과 시청률도 음의 상관관계를 나타냈다. 반면 방송중 트윗량은 방송후 트윗량과 통계적으로 유의미한 강한 정적인 상관관계를 보여 방송중의 이슈가 방송 이후까지 확대되고 있음을 짐작케 했다.

이러한 결과가 의미하는 것은 트위터 버즈량의 증감만을 갖고 곧바로 시청률 예측에 나서기는 어렵다는 점이다. 앞서 소개했듯 미국 닐슨의 조사에서도 시청자들이 TV 이야기를 나누는 공간 순위에서 트위터는 페이스북 다음으로 2위에 올랐지만 전

그림 7-12 시청률과 버즈량을 토대로 한 시청유형 구분

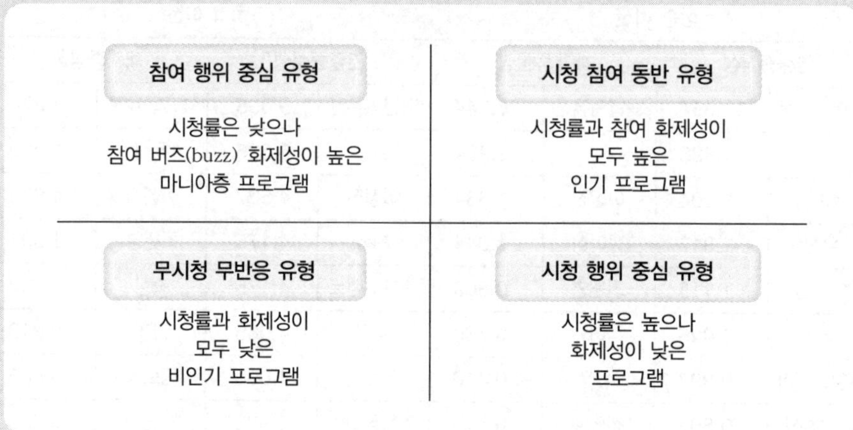

체에서 차지하는 비율은 15% 전후였다. 다양한 소셜미디어 가운데 트위터 하나만을 갖고 시청률을 예측하는 데에는 한계가 있다는 얘기이다. 그러나 트위터 메시지에서 읽을 수 있는 수용자 반응은 트위터의 잠재력을 간과할 수 없게 했다. 트위터를 매개로 이뤄지는 TV수용자들의 소셜 커뮤니케이션이 점차 활발해지면서 생성되는 트위터 버즈들은 시청자 반응을 엿볼 수 있는 단서를 제공해 주기 때문이다.

시청률 문제만 놓고 보더라도 기존의 시청률은 시청자를 단일한 선상에 위치시키지만, 시청률과 버즈량을 바탕으로 프로그램의 시청유형을 구분하면 [그림 7-12]가 보여주듯이 네 차원으로 세분화할 수 있다. 시청률과 이용자 참여성이 모두 높은 '시청 참여 동반 유형', 시청률은 높지만 참여도가 낮은 '시청 중심 유형', 반대로 시청률은 낮지만 참여도가 높은 '참여 중심 유형', 그리고 시청률과 참여도가 모두 낮은 '무시청 무반응 유형'이 그것이다. 이 구분은 시청자 참여도의 정도만을 살펴보는 것이 아니라 높은 참여에서 무반응까지 이어지는 시청자들의 반응을 알 수 있어 맞춤형 마케팅 전략 등에 활용할 수도 있다.

이를테면 '백년의 유산'의 경우, 높은 시청률을 기록했던 점을 고려하면 시청률과 트위터를 통한 시청자 참여도가 반드시 일치하지 않는 '시청행위 중심 유형'에 더 가까워 보인다. 시청률과 트위터 버즈량이 정적 관계를 형성하지 않았을 뿐만 아

니라 트위터가 드라마 화제성을 선도하지는 않았기 때문이다. 그 원인으로는 주시청자가 40~50대 중장년층이었던 점을 생각해 볼 수 있다. 또한 방송일 리트윗량이 시청률에 부적인 영향을 끼쳤다는 것은 소셜 커뮤니케이션이 지향하는 자발적 의견 참여와 거리가 멀다는 것을 뜻한다. 이것은 TV 뉴스 시청률이 전체 트윗과는 상관관계가 없었으나 리트윗 정도와는 미약할지라도 정적인 상관관계가 나타났던 선행연구(차진용 · 이광형, 2013)와도 대비되는 부분이다. 즉, 퀴즈이벤트와 같은 방송사의 홍보 메시지나 출연배우들의 소속 기획사가 주도하는 홍보 메시지가 팬들의 자발적 참여 메시지보다 앞섰기 때문으로 풀이해 볼 수 있다. 트위터의 리트윗 기능은 무한한 파급력을 지닌 점에서 주목하게 하지만 리트윗의 메시지 속성에 따라 파급의 의미는 긍정과 부정으로 엇갈릴 수도 있는 것이다. 결국 트위터를 통한 참여행위를 살펴볼 때도 정량적인 트위터 버즈량만을 분석하면 수용자 반응을 정확하게 판단할 수 없다는 얘기이다.

트위터 메시지의 의미연결망을 살펴보면 이러한 결과는 좀 더 명확해진다. 양적 분석의 한계를 메워보기 위해 트위터 메시지의 의미연결망과 드라마 내용단계 및 시청률과의 관계를 조망했는데, 이에 따르면 드라마의 갈등부분이 극적으로 치닫는 절정 부분에서 트위터를 통한 의견공유도 많았다. 또한 시청률과 연계한 의미연결망 특성 분석 결과, 프로그램에 대한 정보적 데이터이든 감상과 평가의 정서적 데이터이든 프로그램 중심적 속성의 데이터가 많을수록 다음 회차 시청률 상승과 연계되었고 젊은 남녀 주인공의 이야기가 중심 이슈로 강력하게 부상했을 때가 그렇지 않은 경우보다 시청률 상승으로 이어졌다. 다시 말해 의미연결망에 드러나는 이슈가 작은 관계망들로 분산될수록, 중년 출연자들의 이야기가 중심으로 부상할수록, 중심적 속성의 데이터보다 OST나 배우들의 패션정보 등 주변적 속성의 데이터가 부각될수록 다음 회차 시청률 상승과 거리가 있었다. 반면 주간 단위의 시청률 등락과 관계된 의미연결망 비교에서는 일정한 패턴이 나타나지 않았다. 그러나 일간 단위의 시청률 하락 국면과 마찬가지로 주변적 속성의 이슈가 부각되고 부정적 평가로 추론해 볼 수 있는 단어들이 많은 경우에 시청률이 하락했다.

의미연결망에 펼쳐진 이슈들은 또한 달라진 TV시청 행태를 드러내기도 했다.

예컨대, '실시간 검색어' 나 '지금', '시청중', '보는사람' 등의 단어들은 실시간성을 뜻하는 동시에 이용자들 스스로가 즉시적 현존성을 중시하면서 트위터를 통해 TV 이야기를 나누고 있음을 보여줬다. 또한 '다시보기', '파일', '동영상검색' 등은 반대로 비실시간적 TV 콘텐츠 소비를 예측할 수 있게 했고 TV시청과 동시에 트위터로 중계되는 소감들은 TV를 보는 것이 독립적 행위로서 '시청하기' 가 아니라 '하기' 로 이해할 필요가 있다는 주장(Merrin, 2009)에 경험적으로 답하기도 했다. 즉, TV시청이 소셜미디어와 결합한 것은 단순히 동시적 미디어 이용 차원을 넘어 동시적 연계 이용인 동시에 능동적 참여가 행동으로 확장된 것을 보여주고 있다. 나아가 '우리', '여러분', '우리집' 등의 단어들은 소셜 네트워크 안에서 공감을 형성하려는 사회적 관계추구 행위로 짐작해 볼 수 있었다.

그러나 본 연구는 드라마 한 편을 분석의 대상으로 삼은 점에서 한계를 지닌다. 드라마의 장르에 따라, 주시청자층의 특성에 따라 트위터 반응은 다양하게 나올 수 있다. 따라서 트위터와 시청률 간의 관계는 장르, 방영요일, 시간대, 시청층, 출연배우 등 다양한 요소들을 고려한 프로그램을 대상으로 비교되기 전까지는 여전히 미완의 상태로 둘 수밖에 없어 보인다. 특히 수집된 분석자료에 인구사회학적 요소가 포함되지 않아 트위터 활동의 주체를 고려하지 않은 것도 아쉬움으로 지적될 수 있으며 프로그램 제작사 측의 홍보나 이벤트 목적의 메시지를 따로 분류하지 않은 것도 수용자 반응의 순수성을 떨어뜨렸을 것으로 유추된다. 또한 정량적 분석의 한계를 극복하기 위해 의미연결망 분석을 통해 구축되는 이슈의 특성을 살펴봤지만 메시지의 태도속성이 명확하게 구분되지 않아 이에 따른 시청률과의 관계도 명확히 하지 못했다. 나아가 트위터의 소셜 데이터를 통해 시청자 반응을 살펴보는 것은 여러 가지 시사점을 제공해 주지만 소셜미디어와 시청률 간의 상관관계를 종합적으로 분석하기 위해서는 트위터 이외에도 실시간으로 의견을 주고받는 대화형 미디어들을 동시에 살펴볼 필요도 있을 것이다.

그럼에도 불구하고 본 연구는 실증 사례를 통해 트위터에서 소통되는 소셜 데이터와 시청률 및 TV수용자 반응과의 관계를 입체적으로 살펴본 점에서 의의를 찾을 수 있다. 여전히 기존 시청률에 근거하여 편성과 광고 전략 및 집행 등이 이뤄지고 있는 것이 사실이다. 그러나 빅데이터 분석으로서 온라인 버즈를 분석하는 것은 시청률로는 산출할 수 없는 시청자의 감성을 읽어내고 그 안에 숨어 있는 시청자들의 욕구와 선호를 유추해낼 수 있는 점에서 활용방안은 무한할 수 있다. 시청자의 마음을 읽어낼 수 있다면 시청자의 공감(empathy)과 연결되는 부분에 프로그램 혹은 광고를 접목할 수 있기 때문이다. 드라마 '백년의 유산' 분석에서도 알 수 있듯이 시간성과 탈시간성을 동시에 드러내는 TV시청 행태를 즉각적인 시청률이나 화제성 해석과 장기적인 편성전략에 활용할 수 있을 것이고 '엄마' 나 '아빠' 라는 단어가 지속적으로 빈번하게 언급되는 것을 통해 TV시청 동기를 해석하고 나아가 즉각적 광고전략이나 장기적인 드라마 기획에 반영할 수도 있을 것이다. 또한 리트윗되는 내용들이 주로 이벤트나 인터넷 기사인 점을 고려해 홍보마케팅 전략을 수립할 수도 있고 리트윗이 반드시 정적인 영향을 끼치는 것이 아니라는 점을 통해 홍보마케팅 전략을 변경할 수도 있을 것이다.

참고문헌

강남준 · 조성동(2011). 「크로스플랫폼 통합시청 추적기법을 적용한 디지털융합환경의 방송프로그램 시청행태 연구」. 『한국언론학보』, 55권 6호, 356～383.

곽해운 · 이창현 · 박호성 · 문수복(2011). 「트위터는 소셜 네트워크인가 : 네트워크 구조와 정보전파의 관점」. 『언론정보연구』, 48권 1호, 87～113.

김민희 · 정지혜(2013). 「걸음마 뗀 소셜 분석 한계, 아는 만큼 가치가 보인다」. 『LG Business Insight』.

김상배(2011). 「네트워크로 보는 중견국 외교전략 : 구조적 공백과 위치권력 이론의 원용」. 『국제정치논총』, 51권 3호, 51～77.

김은미 · 심미선 · 김반야(2012). 「능동적 미디어 이용 개념에 대한 재탐색」. 『한국방송학보』, 26권 6호, 46～87.

마경란(2013). 「SNS 빅데이터 분석을 통한 텔레비전 프로그램 시청률 예측에 관한 연구」. 한양대학교 정보시스템학과 석사학위 논문.

박선영(2012). 「SNS를 통한 구전효과가 영화흥행에 미치는 영향」. 『한국콘텐츠학회 논문지』, 12권 7호, 40～51.

박승현 · 송현주(2012). 「영화의 주별 흥행성과에 미치는 영향 : 온라인 구전을 중심으로」. 『한국언론학보』, 56권 4호, 210～235.

박주연 · 전범수(2011). 「방송의 소셜미디어 콘텐츠 활용유형에 관한 탐색적 연구」. 『인문콘텐츠』, 23호, 263～285.

박한우 · Leydesdorff(2004). 「한국어의 내용분석을 위한 KrKwic 프로그램의 이해와 적용」. 『Journal of The Korean Data Analysis Society』, 6권 5호, 1377～1388.

배진아(2005). 「드라마 시청률 영향 요인 분석」. 『한국방송학보』, 19권 2호, 270～309.

배진아 · 최소망(2013). 「TV시청과 SNS 상호작용」. 『사이버커뮤니케이션학보』, 30권 1호, 47～92.

배효승 · 신소연 · 이상우(2012). 「IPTV 셋톱박스 로그분석을 통한 시청률 연구」. 『방송문화연구』, 24권 1호, 167～196.

성영신 · 박진영 · 박은아(2002). 「온라인 구전정보가 영화관람 의도에 미치는 영향」. 『광고연구』, 57호, 31～52.

심미선 · 한진만(2002). 「프라임타임대 지상파 텔레비전 프로그램 선택에 영향을 미치는 요인에 관한 연구」. 『한국언론학보』, 46권 4호, 177～216.
양혜승(2011). 「드라마의 호화로운 삶 묘사가 프로그램 시청률에 미치는 영향」. 『언론학연구』, 15권 1호, 137～164.
오삼수(2014). 「영상시청 행태 변화에 따른 신규서비스 러쉬」. 세컨드 스크린 보고서. 디지에코보고서. kt경제경영연구소.
유세경 · 김숙(2010). 「드라마 시청률에 영향을 미치는 요인에 관한 연구」. 『미디어 경제와 문화』, 8권 3호, 7～48.
윤해진 · 문성철(2010). 「미디어 레퍼토리 유형에 따른 콘텐츠 소비」. 『한국방송학보』, 24권 5호, 325～369.
윤해진 · 박병호(2013). 「소셜TV : 트윗 게시자의 유명도와 트윗 반복유형이 프로그램 시청의사에 미치는 영향」. 『한국언론학보』, 57권 1호, 364～391.
이경민 · 인관호 · 김응모(2013). 「오피니언 마이닝을 이용한 예상시청률 분석」. 『한국컴퓨터종합학술대회 논문집』, 365～367.
이동후(2012). 「포스트TV시대의 텔레비전 시청경험에 관한 질적 연구」. 『한국언론정보학보』, 60호, 172～192.
이세진 · 방해진 · 노승화(2012). 「유대강도, 정보의 속성 및 관여도가 SNS내 구전효과에 미치는 영향에 대한 연구」. 『광고학연구』, 23권 4호, 119～146.
이원재 · 이남용 · 김종배(2012). 「드라마 시청률 예측모델에 대한 실증적 연구」. 『한국디지털콘텐츠학회논문지』, 13권 3호, 325～334.
이종성 · 박노성 · 오세성(2005). 「채널내/채널간 전 회차 드라마 시청률의 상호영향력 분석」. 『방송통신연구』, 61호, 319～348.
이진천(2014). 「비즈니스 가치 창출을 위한 빅데이터 활용 방안」. 『데이터사이언티스트가 말하는 빅데이터 분석 사례 세미나 자료집』. 데이터솔루션.
이창하(2013). 「시청률과 SNS버즈의 상관관계에 관한 연구」. 성균관대학교 언론정보학과 석사학위 논문.
이해미(2013). 「SNS 분석을 기반으로 한 온라인 구전효과 연구」. 서강대학교 신문방송학과 석사학위 논문.
이화진 · 김숙(2007). 「TV드라마 시청률에 영향을 미치는 요인」. 『한국방송학보』, 21권 6호, 492～535.
임종수(2010). 「수용자의 탄생과 경험 : 독자, 청취자, 시청자」. 『언론정보연구』, 47권 1호, 77～120.

전용준(2014). 「데이터 다양성, 복잡성, 빅데이터 그리고 스몰데이터」. 『데이터사이언티스트가 말하는 빅데이터 분석 사례 세미나 자료집』. 데이터솔루션.

정규환 · 이재욱 · 이대원 · 김보현(2005). 「국내 TV시청률 자료를 이용한 시청률 예측 모델 구축 및 시청률 최대화 전략 연구」. 『한국경영과학회 학술대회논문집』, 414～421.

정준희 · 김예란(2010). 「컨버전스의 현실화」. 『언론정보연구』, 47권 1호, 5～42.

조성동 · 강남준(2008). 「수용자 분극화 : 채널이용 파편화 과정에서 나타난 다채널 수용자의 분극화 현상 규명을 중심으로」. 『한국방송학보』, 22권 5호, 323～361.

조성준(2014). 「빅데이터 투자수익을 위한 애널리틱스」. 『데이터사이언티스트가 말하는 빅데이터 분석 사례 세미나 자료집』. 데이터솔루션.

조성호(2008). 「People Meter 시청률 측정의 현황과 개선방안」. 『한국방송학회 세미나 보고서』, 1～17.

차진용 · 이광형(2012). 「TV뉴스 트위터 계정의 활성도와 시청률의 관계」. 『한국스피치커뮤니케이션학회 학술대회 자료집』, 169～187.

최민재(2013). 「스마트폰 방송 및 동영상 서비스의 가정TV시청 대체효과 연구」. 『한국방송학보』, 27권 3호, 172～205.

최세경 · 양선희 · 김재영(2006). 「방송프로그램의 성과에 영향을 미치는 요인 분석」. 『한국방송학회 학술대회 논문집』, 526～542.

최양수 · 황유선 · 이연경(2010). 「다채널 환경에서의 지상파 텔레비전 시청행태변화」. 『한국언론학보』, 54권 1호, 411～435.

한은영(2013). 「소셜미디어와 TV의 만남 : 소셜TV 현황 및 방송사들의 전략」. 『정보통신정책연구』, 25권 8호, 1～22.

한혜경(2013). 「지역 TV뉴스의 질적수준이 시청률에 미치는 영향에 관한 탐색적 연구」. 『언론학연구』, 17권 1호, 329～363.

정보통신정책연구원(2014). 한국미디어패널조사 보고서.

한국방송통신전파진흥원(2013). 「TV시청 행태의 변화에 따른 시청률 측정방식의 진화양상」. 『동향과 전망』, 63호. 61～73.

김완(2013). 거실TV 시청률의 한계. 미디어스. 2013.12.13.

배규민(2014). 스마트폰 가입자 4000만명 시대. 머니투데이. 2014.3.13.

염지현(2013). 닐슨 "트위터, TV 시청률 높이는데 기여". 이데일리. 2013.8.7.

최현호(2013). '백년의 유산'. 올해의 드라마상 수상. 파이낸셜뉴스. 2013.12.31.

Bogatti, S., Everett, M. G. & Freeman, L. (2002). *Ucinet for Windows : Software for Social Network Analysis*. Harvard. MA : Analytic Technologies.

Brosius, H., Wober, M. & Weimann, G. (1992). The loyalty of television viewing : How consistent is TV viewing behavior?. *Journal of Broadcasting & Electronic Media*, 36(3), 321～335.

Dellarocas, C., Awad, N. F. & Zhang, X. (2007). Exploring the value of online product reviews in forecasting sales : the case of motion pictures. *Journal of Interactive Marketing*, 21(4), 23～45.

Freeman, L. C. (1979). Centrality in Social Networks : Conceptual Clarification. *Social Networks*, 1(3), 215～239.

Gartner (2012). The importance of Big Data : A definition.

Kim, B. S. (2012). Understanding Key Factors of Users' Intentions to Repurchase and Recommend Digital Items in Social Virtual Worlds. *Cyber psychology Behavior and Social Networking*, 15(10), 543～550.

Lin, C. A. (1993). Modeling the Gratification-Seeking Process of Television Viewing. *Human Communication Research*, 20(2), 224～244.

Lin, C. A. (1994). Audience fragmentation in a competitive video market place. *Journal of Advertising Research*, 34(6), 30～38.

McDowell, W. & Sutherland, J. (2000). Choice versus chance : Using brand equity theory to explore TV audience lead-in effects. *Journal of Media Economics*, 13(4). 233～247.

McKinsey (2011). Big Data : The next Frontier for Innovation, Competition, and Productivity.

McQuail, D., Blumler, J. G. & Brown, J. R. (1972). The television audience : A revised perspective. *Media studies : A reader* 271, 284.

Merrin, W. (2009). Media Studies 2.0 : Upgrading and open-sourcing the discipline. *Interactions : Studies in Communication & Culture*, 1(1), 17～34.

Wasserman, S. & Faust, K. (1994). *Social network analysis : methods and applications*. Cambridge : Cambridge University Press.

Webster, J. G. (2005). Beneath the veneer of fragmentation : Television audience polarization in a multichannel world. *Journal of Communication*, 55(2), 366～382.

Webster, J. G., Phalen, J. & Lichty, L. (2000). Rating Aanlysis. *NJ : LEA*.

Webster, J. G. & Wang, T-Y.(1992), Structural deerminats of exposure to television. *Journal of Broadcasting & Electronic Media*, 36(2), 125～136.

'강남스타일'의 유튜브 빅데이터 분석

박지영 영남대학교 동아시아문화학과 박사과정

Weiai Wayne Xu 미국 노스이스턴대학 커뮤니케이션 박사 후 과정

박한우 교신저자, 영남대학교 언론정보학 · 동아시아문화콘텐츠학 · 디지털융합비즈니스학과 교수

chapter 08

※ 본 장은 "The networked cultural diffusion of Korean wave," *Online Information Review*, Vol. 39 Iss 1 pp. 43~60에 출판된 논문을 정리 · 요약한 것입니다.

1. 서론

아시아 지역을 중심으로 한국의 TV 드라마, 대중음악, 영화 등이 활발하게 진출하면서 시작된 초기의 한류 열풍은 이내 사그라들 것이라는 견해가 지배적이었다. 그러나 최근까지도 한류의 열풍은 줄어들 기세 없이 그 파급력을 점차 넓혀왔다. 특히 최근 서구권까지 영향력을 넓힌 한류의 놀랄만한 성공은 소셜미디어의 역할과 영향에 대한 관심으로 이어지고 있다(Kim & Lee, 2012). 이러한 분위기 속에서 유명한 한국 대중음악, 다시 말해, 'K-pop' 으로 명명되는 음악 또한 전 세계 청자들 사이에서 중요한 커뮤니케이션 채널로 자리 잡았다. 음악과 같은 콘텐츠(TV 드라마와 영화를 포함해서)는 일상문화 생활에 쉽게 융화되기 때문에 더 쉽게 자리 잡을 수 있었다.

이러한 관점에서 이 연구는 한국의 가수 싸이(PSY)와 그의 노래 '강남스타일' 에 초점을 맞춰 소셜미디어 환경에서의 K-pop 연구를 진행하고자 한다. 특히 강남스타일의 확산 과정에서는 다양한 인터넷 기반 기술이 활용되었는데 그중에서도 유튜브는 중요한 역할을 수행했다고 할 수 있다(YouTube Trends Team, 2012). 전통적인 매스미디어들은 '강남스타일' 이 전 세계적으로 '시청' 되었다는 점에 주목하여 이 과정에서 유튜브가 수행한 중심적인 역할에 관심을 기울이고 있다. 반면 학계에서는 유튜브에서의 강남스타일의 네트워크에 관한 실증적인 연구를 찾아보기 힘든 편이다.

보다 구체적으로, 이 연구는 소셜 네트워크상에서 K-pop을 중심으로 한류의 커뮤니케이션 이슈에 대해 중점적으로 연구하고자 한다. 한류는 아시아를 넘어 빠르게 전파되었으며 전 세계적으로 확산된 하나의 문화현상이 되었다. 이러한 현상을 다룬 기존 연구들은 크게 2가지 주제로 분류될 수 있다. 우선, 어떤 연구들은 한국의 대중문화 환경이 인터넷으로 인해서 기존의 전통적인 하향식 채널 환경으로부터 정보의 흐름이 보다 자유롭고 협력적인 플랫폼으로 바뀌었다는 생각을 고수해 왔다(Jung, 2011 ; Shim & Noh, 2012). 한류 관점의 트위터 사용에 관한 연구로 2011년에서 2012년 사이의 #K-pop 해쉬태그를 가진 트윗을 분석한 연구도 진행되었다(Kim, Heo, Choi & Park, 2013). 이 연구에서는 국가를 기준으로 K-pop 채택의 영역을 분석했는데, 유튜브의 비디오 스트리밍 노래와 관련된 URL을 포함한 트윗들이 K-pop을 확산하는 데 큰 역할을 한 것을 확인했다. 또한 이러한 요소들이 #K-pop의 네트워크 구조를 결정한다는 것을 밝혔다. 국가별 사용자의 특성을 살펴보면, 일본의 트위터 사용자들은 미국 사용자들보다 결집된 네트워크를 형성하는 것으로 나타났다. 이는 소셜미디어로 집중된 오늘날의 디지털 기술이 중요한 문화적 기회를 제공한다는 것을 명시한다. 또한 타 문화권으로 접근할 수 있는 기회 및 도구들이 전세계의 K-pop 팬들 사이에서도 같은 방식으로 사용되고 있음을 제시하고 있다.

반면, 어떤 학자들(Yecies, Lee & Goldsmith, 2011)은 웹 기술이 가진 힘의 의의를 공학적 시각으로 바라보고 있다. 이들은 실제로 세계의 한류 팬들이 인터넷을 이용하는 데 있어, 이것의 이용하기 쉬운 특징이 크게 작용한다고 보았다. 즉, 인터넷은 그들에게 종종 최신정보를 제공하고 쉽게 접근 가능한 플랫폼을 생산한다는 것이다. 또한 서구에서 K-pop은 상대적으로 적은 팬을 가진 음악의 새로운 형태(PricewaterhouseCoopers, 2012)로 받아들여지고 있는데, 서구의 온라인에서 인식되고 있는 K-pop의 정보는 2가지 뚜렷한 특징을 가진다. 첫째, 한국으로부터 제공된 어떤 유명한 것들(예를 들어 삼성의 전자기기들, 프로스포츠 스타들, 연속극, 드라마, 그리고 영화 등)이 세계의 소비자들이 K-pop에 대해 호의적인 태도를 갖도록 유도한다는 것이다(Kim, 2012). 둘째, 일본 대중음악 J-pop과 K-pop의 유사성 때문에 세계의 K-pop 팬들의 인터넷 사용에 대한 비판이 존재한다. 즉, K-pop 가수들과 그들의 노래들은 최근 인접 국가들에서 상당한 성공을 거두어 왔다는 점을 들 수 있다(Cho, 2011). 이러한 관점은 문화 할인이론(Cultural Discount Theory)에서 지속적으로 논의되고 있는 것으로, K-pop이 인접 국가들에서 문화적 할인율이 낮은 점이 작용해 소비자들로 하여금 친숙하고 호의적 태도를 유지하도록 이끌었다는 것이다(Baek, 2013).

비록 인터넷만이 K-pop 확산에 영향을 미친 주요한 요소는 아니지만, 유튜브 비디오가 이례적인 성공을 촉진시키고 강남스타일의 폭넓은 확산에 결정적 영향을 준 것은 사실이다. 보다 구체적으로 말하자면, 2012년 8월 14일에 본 연구자들이 검색어 'gangnam style' 로 구글 웹 문서 검색을 시행해 보니 3,320,000건의 히트 카운트를 기록했는데, 이 결과의 39%의 웹 문서가 유튜브닷컴으로부터 온 것이었다. 그 뒤를 이어 Allkpop.com(9.0%), blog.wsj.com(3%)으로 나타났다. 버지스와 그린(Burgess & Green, 2009)은 유튜브를 통해 개인들이 그들의 생각과 메시지를 다른 이들과 공유하면서 국제적인 문화 현상을 발생시키고 나아가 커뮤니케이션 채널로서 동원과 연대의 활동을 촉진하게 될 것이라 지적했다.

본 연구에서 중심적으로 다루고 있는 유튜브 비디오의 특징을 살펴보면, 이것은 짧고, 공개가 가능하며, 누구나 쉽게 포스팅 할 수 있다. 게다가 이것이 가진 집단 기반의 창작과 소비 시스템은 유튜브 포스터들과 청중 사이에서 에르메스(Hermes, 2005)가 '문화 시민권(Cultural Citizenship)' 이라 지칭한 것에 기여한다. 왜냐하면 유튜브의 특정 특징들, 즉 유튜브는 하루에 4백만 이상의 시청자를 가지며, 세계에서 3번째로 많이 방문하는 웹사이트인 동시에 2012년 기준으로 매 일분마다 72시간 이상의 비디오가 업로드되기 때문이다(Pew Research Center, 2012).

어떤 연구들은 일반적인 유튜브 사용자들 사이에서 나타난 온라인 상호작용 패턴의 실제성을 논의해 왔다. 하지만 한류뿐 아니라 기존의 대중음악 연구들이 특정 노래의 소셜미디어 영향력이 온라인 확산 과정에 미치는 방법 또는 그 반대 명제에는 충분한 관심을 기울이지 않았다고 했다. 이 연구에서는 어떻게 일반적인 개개인들이 웹 2.0 기술을 대중음악을 공유하는 데 사용하는지 초점을 맞추었다. 또한 유튜브 비디오 코멘터들의 다양한 인구사회통계학적인 배경과 그들이 사이버 스페이스에서의 특정 비디오 클립을 통한 구독의 연대 활동을 포착하고자 한다.

1.1 네트워크 데이터 수집과 분석기술

이 연구에서는 여러 가지 종류의 네트워크(사용자, 토론)와 콘텐츠(코멘터, 주제, 그리고 감성)들이 고려되었다. 보다 구체적으로, 싸이의 공식 유튜브 계정('officialpsy')에서 업로드한 강남스타일 비디오 클립의 가장 최근 1,000개 코멘트를 수집했다. 데이터 수집은 API 기반 분석 프로그램인 웹보메트릭 어날리스트 2.0(Webometric Analyst 2.0)을 사용했으며, 2012년 8, 9, 10월 동안 수집되었다.

웹보메트릭 어날리스트 2.0은 유튜브닷컴뿐만 아니라 다른 웹기반 서비스들의 다양한 데이터를 수집하는 기능을 가지고 있다(Thelwall, 2012). 예컨대 특정 키워드를 가진 웹페이지의 URL을 수집하여 그 키워드가 웹상에서 가지는 영향력(Web Impact)을 제시해 준다. 본 연구에서는 이 프로그램이 지원하는 기능 중에서 유튜브닷컴으로부터 공개된 데이터를 수집하는 기능을 사용했다. 그 절차는 다음과 같다.

첫째, 분석하고자 하는 유튜브 비디오와 관련된 키워드를 선정해 이 비디오와 관련된 정보를 수집한다. 본 연구의 경우, 수집에 사용된 검색 키워드는 'gangnam style'이다. 수집된 데이터는 검색 키워드와 관련된 비디오ID, 게시된 날짜, 업데이트된 날짜, 비디오 제목, 비디오 URL, 게시자 이름, dislike/likes 수, 시청 수(View count), 호의적인 수(Favorite count) 등을 포함한다. 둘째, 코멘트 수집은 위의 절차에서 수집된 비디오ID를 활용하며, 각각의 비디오 파일에서 최근 게시된 최대 1,000

그림 8-1 웹보메트릭 어날리스트 2.0 인터페이스

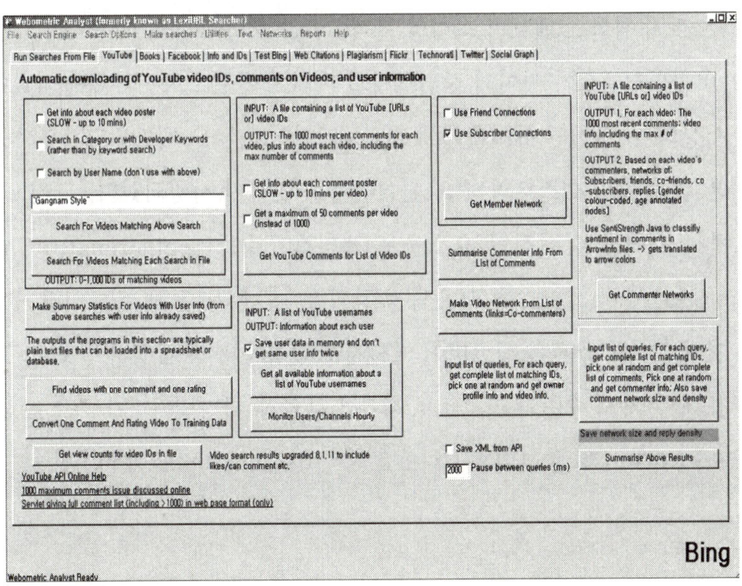

개의 코멘트를 수집할 수 있다. 이 연구에서는 강남스타일 유튜브 공식 비디오에 게시된 최근 1,000개의 코멘트를 수집했다. 웹보메트릭 어날리스트 2.0을 활용한 데이터 수집 절차는 이 프로그램의 한국 사용자들의 원활한 사용을 돕기 위해 영남대학교 박한우 교수와 그의 연구실에서 만든 한국어 매뉴얼을 참고했다(Park, 2012).

이 연구에서 사용된 사용자–사용자 네트워크(User–User Network) 분석은 유튜브 비디오의 코멘터들(노드) 사이의 숨겨진 관계를 밝히기 위해 사용되었다. 이 분석을 위해 세 가지 네트워크가 고려되었다: 코멘터 관계 네트워크, 구독 관계 네트워크, 공통 구독관계 네트워크. '코멘터 관계 네트워크' 는 한 사용자가 다른 사용자의 코멘트에 답장(리플라이)하는 관계의 네트워크이며, '구독 관계 네트워크' 는 한 사용자가 어떤 채널을 구독하는 관계를 나타내며, '공통 구독관계 네트워크' 는 두 명의 사용자가 같은 채널을 공통으로 구독하고 있는 관계를 나타낸다. 공통 구독관계 네트워크의 경우, 이 네트워크에서 관계의 정도는 '공통 구독 채널' 이 고려되었다. 다시 말해서, 만약 두 코멘터들이 그들의 구독 채널을 공유한다면, 그들은 연결된 것으로 고려되었다. 따라서 공통 구독관계 네트워크는 방향성이 없는 네트워크로 구성되었다.

다음으로 수집한 코멘트의 의미망 분석(semantic network analysis)이 실시되었다. 1,000개의 코멘트가 싸이의 강남스타일 비디오 클립으로부터 추출되었으며, 코멘트 문서상의 두 단어의 동시출현에 기반해 "단어X단어" 네트워크가 구성되었다. 이 분석은 단어 빈도 리스트의 주요 단어들을 확인하며 시행되었다. 그리고 이들의 코멘트에서 드러난 감성적인 요소들은 센티스트링스(Sentistrength)(Thelwall, Buckley & Paltoglou, 2012)를 사용해 측정되었다. 센티스트렝스는 인간 수준의 정확도로 영어 기반의 짧은 소셜미디어 메시지를 긍정과 부정 감성의 강도로 추정하여 감성 강도를 두 가지 수준의 리스트로 새롭게 추출해 나타낸다: −1(다소 비호의적인)에서 −5(가장 비호의적인) 그리고 1(다소 호의적인)에서 5(가장 호의적인).

1.2 웹보메트릭스 네트워크 분석

웹보메트릭스 네트워크 분석과 관련된 최근 리뷰에서, 드 메이어(De Maeyer, 201)와 로렌첸(Lorentzen, 2014)은 웹보메트릭스 연구는 웹의 정량적 분석에 주목해 왔으며, 그들의 주요 목적은 웹에서의 이슈, 혹은 아이디어의 확산을 탐구하는 것이라고 강조했다. 예를 들어 트리플 헬릭스(정부, 산업, 대학 영역 사이의 관계) 관점에서 트리플 헬릭스의 기초적인 구조와 강도를 측정하고 계량하는 연구는 웹 데이터를 이용해 '대학', '산업', 그리고 '정부'의 공저자 출판에서부터 핵심어의 공동 출현도 분석에 이르기까지 확장되었다(Khan & Park, 2011). 또한 온라인의 시멘틱(semantic) 연구에서, 칸 외(Khan, Cho & Park, 2012)는 웹보메트릭스 분석은 뮤지컬 산업에서의 참여활동 관계를 통해 상호작용의 패턴을 밝힘으로써 숨겨진 커뮤니케이션 단계를 확인했다고 강조했다. 비슷한 관점으로, 임과 박(Lim & Park, 2011, 2013)은 정치인 쌍(pair)의 웹 가시성과 대중의 관심에 바탕을 둔 그들의 숨겨진 온라인 정치 활동을 파악하기 위해서, 사회 네트워크 구조의 구축을 위한 웹보메트릭스 방법론의 확대를 주장했다. 또한 최근 사례 연구에서는 웹보메트릭스 방법론이 다양한 분야에서 혁신 과정의 확산을 밝히는 저비용의 해결책일 수 있음을 밝혔다: 국가 식품 클러스터의 온라인 발전(Kim & Park, 2014), 트위터에서의 정치 이슈의 지리적 확산(Hsu, Park & Park, 2013), 정부 영역의 소셜미디어 채택(Abdelsalam et al., 2013 ; Khan et al., 2014 ; Khan, Yoon & Park, 2014), 사회 이념적 분열(Kim & Park, 2011), 재난 시기 동안의 위기 커뮤니케이션(Cho, Jung & Park, 2013), 대중 서비스 도구의 채택(Sobaci & Karkin, 2013), 대선 선거 캠페인(Park, 2013), 그리고 우정 형성(Sams & Park, 2014).

2. 결과

2.1 기술 분석

우선 수집된 데이터의 기술적인 정보를 살펴보았다. 수집된 기간 중 8월에는 534명의 사용자에 의해 총 945개의 코멘트가 쓰여졌다. 강남스타일 비디오 코멘트에서 중복 코멘트를 제외한 고유한 코멘터들의 수는 지속적으로 유지되고 있었다(8월 534명, 9월 559명, 10월 607명). 다음으로, 토론에 참여한 이들의 성별을 살펴보면 여성보다 남성들이 훨씬 활발했으며, 그리고 연령의 관점에서는 20대 초반 참여자들이 메시지를 남기는 데 활발한 경향이 있었다. 〈표 8-1〉은 이 코멘터들의 간략한 인구사회학적 정보를 보여준다. 국가를 포함한 코멘터들의 모든 데이터는 그들 스스로 작성한 프로필을 기반하고 있다.

표 8-1 기간별 코멘터들의 프로필

	8월	9월	10월
성별	남성(305), 여성(138), N = 443	남성(328), 여성(83), N = 411	남성(335), 여성(66), N = 401
연령	평균(23.5), 남성(23.9), 여성(22.5), N = 297	평균(24.49), 남성(24.84), 여성(23.03), N = 311	유튜브의 API정책의 변화로 수집할 수 없었음.
구독	평균(34.56), 표준편차 (140.9), 남성(5), N = 297	평균(43.22), 표준편차 (172.41), 남성(4), N = 265	평균(34.07), 표준편차 (123.70), 남성(5), N = 264
시청 (Video view)	평균(1490.98), 표준편차 (4159.97), 남성(401.5), N = 440	평균(1312.49), 표준편차 (3588.63), 남성(284.50), N = 420	평균(1183.35), 표준편차 (2825.91), 남성(337), N = 394
코멘트	평균(1.80), 표준편차(2.66), 남성(1), N = 525	평균(1.73), 표준편차(3.54), 남성(1), N = 559	평균(1.58), 표준편차(2.93), 남성(1), N = 607
총 코멘트	945	969	959
총 사용자	534	559	607

〈표 8-2〉는 〈표 8-1〉의 코멘터들의 프로필 정보 중에서 그들이 속한 국가를 분석한 것을 나타낸다. 표에서 요약된 것과 같이, 미국 이외의 사용자들은 8월에서 10월 사이에 급격히 증가했으며, 많은 국가들에서 높게 시청되는 것을 발견했다. 이것은 외국에서 종종 문화적으로 형성된 다양한 정보 네트워크가 K-pop 시장성공의 중요한 역할을 한다는 것을 나타낸다. 다시 말해서, 유튜브 비디오에 코멘트하는 행위를 통해 유튜브 사용자들은 토론 네트워크를 형성하며, 이들은 여기서 강남스타일 비디오에 관한 그들의 흥미와 느낌들을 질문하고 대답하는 과정을 거치면서 동질화되어 있던 그들의 생각을 다양하게 파편화시키게 된다.

표 8-2 기간별 코멘터들의 상위 국가들

순위	8월	9월	10월
1	미국(214, 46.93)	미국(120, 28.10)	미국(58, 13.74)
2	영국(32, 3.51)	호주(73, 17.10)	호주(44, 10.43)
3	캐나다(31, 3.40)	영국(25, 5.85)	영국(28, 6.64)
4	대한민국(19, 2.09)	대한민국(14, 3.28)	대한민국(25, 5.92)
5	네덜란드(13, 2.8)	캐나다(12, 2.81) 말레이시아(12, 2.81) 뉴질랜드(12, 2.81)	태국(12, 2.84)
총합	456	427	422

주의 : 괄호 안의 첫 번째 숫자는 각 국가에 속한 사용자의 수를 나타내며 두 번째 숫자는 백분율이다.

다음으로, 강남스타일 유튜브 비디오를 중심으로 형성된 사용자 네트워크, 즉 코멘트를 남긴 사용자들의 네트워크를 먼저 살펴보도록 하겠다.

2.1.1 사용자 네트워크

사용자-사용자 네트워크 분석을 위해 고려된 세 네트워크에서, 오직 '코멘터 관계 네트워크'와 '공통 구독관계 네트워크'만이 이 연구에서 고려되었다. 왜냐하면 '구독 관계 네트워크'에서는 노드들 사이의 관계(link)가 형성되지 않았기 때문이다. 나머지 두 네트워크를 중심으로 살펴보면, 코멘터들 사이에 형성된 관계는 관계의 수(strength)의 관점에서, 공통 구독관계 네트워크가 더 활발하게 나타났다. 일반적으로 네트워크에서 밀도의 정도는 네트워크상의 노드의 수의 증가에 따라 증가하는 경향이 있다.

코멘터 관계 네트워크와 공통 구독관계 네트워크 사이의 구조적인 차이는 유튜브 특성의 한 부분으로서 설명될 수 있다. 전통적인 인터넷 포럼과 비교해서, 유튜브는 '텔레비전 같은 미디어 확산 플랫폼' 또는 '가상 마켓팅 원더랜드' 와 같은 대중문화 공간으로서 중요한 역할을 수행한다. 초기 인터넷 포럼의 형태들, 즉 전자게시판(Bulletin Board)과 이메일 리스트 같은 형태는 일반적으로 정보공유의 장소로서, 사용자들이 다른 사용자들과 공개된 게시판을 통해 메시지를 남기거나 이메일을 교환하는 것을 가능하게 함으로서 특정 주제들을 토론하는 기능을 제공했다. 그러나 웹2.0 소셜미디어 시대에서 인터넷 포럼의 참여자들은 그들의 개인화된 검색 및 정보탐색 패턴을 바탕으로 선택적으로 같은 생각을 드러내는 행위에 참여하고 이러한 행위를 통해 동기화된다(Choi & Park, 2014).

[그림 8-2]와 [그림 8-3]은 8월의 코멘터 관계 네트워크와 공통 구독관계 네트워크의 대조적인 두 가지 구조를 보여준다. 코멘터 관계 네트워크에서 둥근 노드는 코멘터를 나타내며 사이즈가 클수록, 선은 두꺼울수록 수신되는 리플라이의 수를 반영한다. 공통 구독 네트워크에서는 노드가 클수록, 선은 두꺼울수록 코멘터들 사이의 공통으로 연결된 구독 수의 비율을 반영한다. 두 네트워크의 구조를 살펴보면, 코멘터 관계 네트워크는 원 모양의 사선 형태인 반면, 공통 구독관계 네트워크는 자전거 바퀴 형태인 방사형을 나타낸다. 즉, 이러한 네트워크의 구조적 특징으로부터, 대부분의 코멘터들이 약한 네트워크(예 : 코멘터 관계 네트워크)에서 다른 사용자의 코멘트를 자주 리플라이(Reply, 댓글에 답장)하지 않는다는 것을 명백히 나타낸다.

코멘터 관계 네트워크를 구성하는 사용자의 특성을 살펴보면, 미국 출신의 남성 사용자들이 코멘터 리스트에서 높게 나타났다. 그러나 독립 표본 T-test에 따르면, 미국($N = 99$(명))과 비미국($N = 105$) 사이에서 그들의 코멘트 활동은 차이가 없는 것으로 나타났다(확인되지 않음 $N = 99$). 그러나 리플라이 수와 다른 변인 사이의 피어

그림 8-2 8월의 코멘터 관계 네트워크

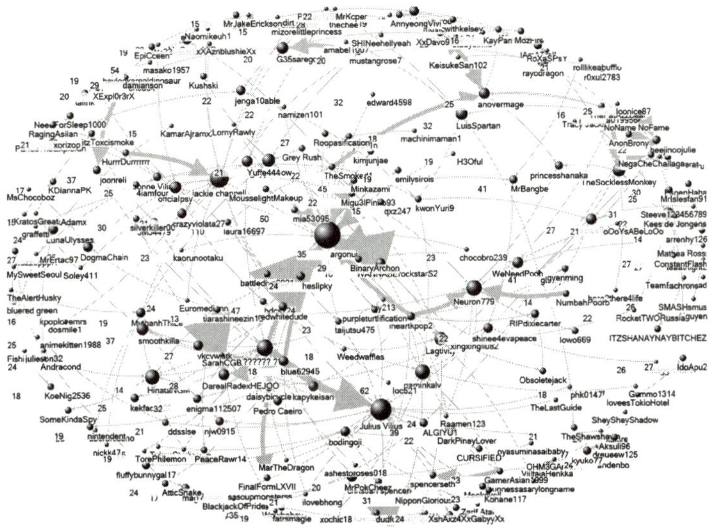

그림 8-3 8월의 공통 구독 네트워크

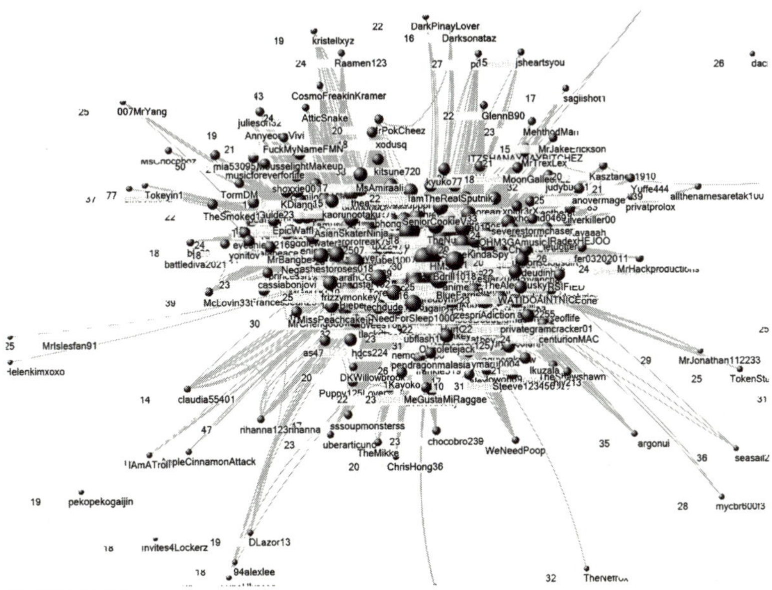

슨 상관관계는 0.001 유의도 수준에서 의미있는 것으로 나타났다(〈표 8-3〉). 즉, 이러한 결과는 코멘터들 사이에서 많은 리플라이 행위가 다른 코멘터들로부터 어떠한 피드백으로 이끈다는 것을 반영한다. 리플라이어(replier)와 리플받은 이(being replied to) 사이에서 지속적으로 상호적인 인식이 나타나고 있음을 알 수 있다.

표 8-3 코멘트 네트워크의 상관관계 분석

	발신 리플라이의 수	수신 리플라이어의 수	발신 리플라이어의 수
수신 리플라이의 수	0.546**	0.978**	0.506**
발신 리플라이의 수		0.487**	0.979**
수신 리플라이어의 수			0.461**

$N = 234$, ** $p < 0.01$.

공통 구독관계 네트워크의 구조적 패턴의 관점에서, [그림 8-3]은 많은 정보를 제공하지 않지만, 다음과 같이 관련 정보를 살펴볼 수 있다. 미국의 남성 사용자들이 코멘터 리스트에서 지배적으로 나타났다(남성 : 234, 여성 : 107, 확인되지 않음 : 16). 그러나 독립 표본 T-test에 따르면, 미국($N = 158$)과 비미국($N = 180$)의 코멘터들은 그들의 공동 구독 행위에서는 차이가 나타나지 않았다(확인되지 않음 = 19). 또한 남성 코멘터들은 여성 코멘터들보다 다른 이들과 그들의 구독 채널을 더 활동적으로 공유하고 있었다. 남성 코멘터들은 평균 58.40개의 구독 채널을 공유하고 있는 반면 여성 코멘터들은 43.00개였다. 이를 독립 표본 T-test를 통해 확인한 결과, 의미있는 차이가 나타나는 것을 검증했다($t(288.722) = 2.664$, $p < 0.05$). 그러나 공통 채널의 수의 관점에서는 두 그룹 사이에서 유의미한 차이를 발견할 수 없었다($t(339) = 1.565$, $p > 0.05$).

그리고 프로필 정보($N = 238$) 분석에 따르면, 공통 구독관계 네트워크에서 20대들(44.1%)이 가장 활발히 참여하는 경향을 보였으며, 뒤를 이어 10대(보다 어린 층을 포함함, 42.4%), 30대(8.4%) 그리고 40대(보다 노년층을 포함함, 5.0%)로 나타났다. 이것은 그들의 연령이 코멘터들 사이의 차이를 만들어내는 주요한 요인이라는 사실을 나타낸다. 추가적으로 이들 연령 사이의 특성의 차이를 검토하기 위해 사후검증

테스트(Post hoc test)(Turkey HSD)를 시행한 결과, 오직 30대와 10대 층 사이에서 다소 유의미한 차이를 발견해냈다($p = 0.052$). 즉, 30대 코멘터들은 구독 커뮤니케이션의 관점에서 살펴보면 다른 연령대와 매우 다른 특성을 지닌다는 것을 나타낸다.

이 공통 구독관계 네트워크에서, 중복을 제외한 고유한 공통채널은 〈표 8-4〉에서 보는 것과 같이 2,443개가 나타났으며, NIGAHIGA가 가장 많이 구독된 채널이었다. 즉, 5,460개의 코멘터 쌍이 NIGAHIGA를 공통으로 구독했다. 그 뒤를 이

표 8-4 상위 공통 채널과 그들의 특징

채널	구독자 수(쌍)	특징
NIGAHIGA	5,460	다양한 주제에 대한 리액션 비디오를 업로드함
FREDDIEW	3,486	활동적이고 특이한 비디오를 업로드함
SMOSH	3,321	개그적이고 비판적인 비디오들이 포함됨
RAYWILLIAMJOHNSON	2,775	만화와 힙합 음악 채널
BIGBANG	2,346	빅뱅의 유튜브 공식 채널
2NE1	2,016	2NE1의 유튜브 공식 채널
EPICMEALTIME	1,711	고칼로리 음식에 대한 비판
KEVJUMBA	1,711	사교적이고 웃긴 영상 및 학교문제를 다룬 비디오를 다룸
SMTOWN	1,596	SMTOWN의 유튜브 공식 채널
FPSRUSSIA	1,378	총기류와 폭발과 관련된 영상들을 포함
MACHINIMA	1,225	게이머들에게 유명한 비디오 엔터테인먼트 네트워크로, 게임 플레이 영상, 트레일러, 오리지널 시리즈, 또한 그중에서도 라이브 스트림을 다룸
YGENTERTAINMENT	1,225	YG 엔터테인먼트의 유튜브 공식 채널
ROOSTERTEETH	1,035	Red vs. Blue, Achievement Hunter의 유튜브 공식 채널
COLLEGEHUMOR	946	뉴욕 시티에 기거하며, 글을 쓰고 촬영하며 가끔 코미디 연기도 하는 CollegeHumor's 오리지널 비디오
PEWDIEPIE	946	사람들을 웃기는 것을 좋아하는 스웨덴에서 온 사용자. 유튜브를 통해 게임하는 순간들을 공유함
SMENT	903	SM 엔터테인먼트의 유튜브 공식 채널
IANH	861	SMOSH's 2번째 채널
CORRIDORDIGITAL	820	슈팅 게임 팬으로 이와 관련된 비디오를 업로드함
OFFICIALPSY	820	싸이의 유튜브 공식 채널

어 FREEDIEW(3,486), SMOH(3,321), 그리고 RAYWILLIAMJOHNSON(2,775)로 나타났다. 이러한 비디오들의 특징을 살펴보면, 웃기고, 기이하고 괴상한 요소뿐 아니라 한국의 대중문화에 이르기까지 다양하게 포함하고 있었다. 이것은 강남스타일 비디오의 특성을 일관되게 정의하고 있는 것이다. 또한 현재 연구에서는 몇몇 비디오가 조롱성 비디오를 포함하고 있는 것으로 나타났다. 흥미로운 것은 상위 채널에 한국 대중 가수와 그들의 엔터테인먼트 회사에 의해 운영되는 유튜브 계정이 포함되어 있다는 것이다: BIGBANG(2,346), 2NE1(2,016), SMTOWN(1,596), YGENTERTAINMENT(1,225), 그리고 OFFICIALPSY(820).

공통 구독관계 네트워크에서 주목할 점은, 유튜브는 개인을 위한 엔터테인먼트나 정보의 소스일 뿐 아니라 공통 시청 활동을 포함하는 소셜 인터랙션의 새로운 지형이라는 것이다(Burgess & Green, 2009). 또한 수백만의 정기구독자를 보유한 유튜브 사용자들은 디지털 세상에서 콘텐츠 확산 동력을 가진 신흥 영향력자들임을 확인할 수 있다(Choi, 2014).

2.1.2 토론 네트워크

토론 네트워크의 결과는 두 가지 관점에서 논의되었다. 첫 번째는 유튜브의 포스트와 코멘트에서 나타난 의미망에 초점을 맞추었다. 그리고 유튜브의 짧은 메시지(코멘트)의 분석을 통해 강남스타일 비디오와 관계있는 콘텐츠의 "감성" 적인 어조를 분석했다. 두 번째는 참여자들 사이의 코멘트 관계 분석을 통해 소셜 네트워크의 특징을 제시했다. 최근 소셜미디어 사용자와 그들의 대화 콘텐츠의 흐름은 중요한 연구 주제로 주목받고 있으며, 그 이유는 의제 설정과 참여 네트워크의 빠른 확산과 관련되어 있기 때문이다(Himelboim, 2008 ; Himelboim et al, 2009).

1) 의미망 분석(semantic network analysis)

2012년 8월에서 10월 사이의 코멘터들이 다루고 있는 주제들은 [그림 8-4]에서 나타내고 있다. [그림 8-4]에서 노드는 8, 9, 10월 사이에 등장한 용어들을 나타내며, 이 기간 동안 공통적으로 등장하는 주제들은 중심에 위치하고 있다. 각각의 월에만 등장하는 주제 및 8-9월, 9-10월, 8-10월 기간 동안 공통적으로 나타나는 주제도 확인할 수 있다. 노드 크기는 용어의 출현도에 비례하며, 네트워크상에서 각 기간 동안 공통적으로 등장하는 주제를 구분하기 위해 노드 모양을 다르게 표현했다.

8월 동안 가장 자주 다뤄진 주제는 "Japan"(465회)과 "Korea"(392회)이며, 이어서 "PSY"(29회), "Video"(75회), "Song"(70회), 그리고 "K-pop"(61회)으로 나타났다. 9월 동안 가장 자주 다뤄진 주제는 "South Korea" 였는데, 이 주제는 8월에 주요 주제로 나타난 "Japan"과 "Korea" 논쟁의 연장선으로, 코멘터들이 이 비디오의 출처가 일본인지, 한국인지 논쟁을 벌인 내용에서 비롯되었다. 또한 싸이를 대상으로 저스틴 비버와 레이디 가가를 비교하며 선호/비선호를 다루는 논쟁이 있었다.

그림 8-4 시기별 의미망 분석

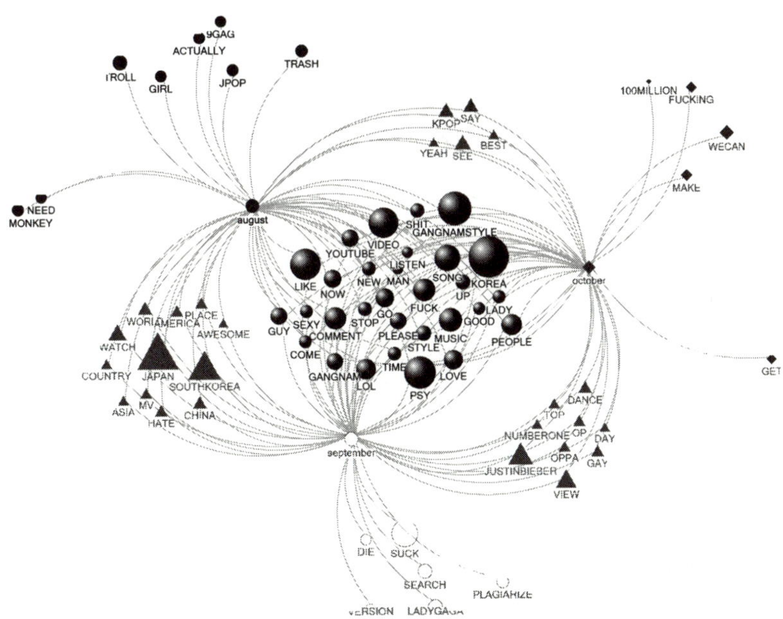

주의 : 그림은 NodeXL을 이용해 그려졌다. 원활한 가시화를 위해 빈도 30개 이상이 되는 단어만을 제시했다.

그리고 이들은 일반적으로 유튜브 비디오의 시청(조회수)이 얼마나 이루어지고 있는지 체크하는 경향이 있었다. 이어서 LMAO(인터넷 속어, "laughing my ass off")노래인 "Party Rock Anthem"에 호의적인 비교도 있었으며, 아돌프 히틀러가 강남스타일을 노래하는 유명한 유튜브 비디오에 대한 내용도 있었다. 그러나 신성모독적인 몇몇 코멘트 "WTF"("what the fuck")들도 있었으며, 이 용어들은 강남스타일의 가사 중 "Op"과 "Woop"에서 차용되었다. 또 다른 눈에 띄는 용어는 "VEVO"를 포함하고 있는데, 이는 소니뮤직 엔터테인먼트, 유니버셜 뮤직 그룹, 아부 다비 뮤직과 EMI 뮤직이 제작하는 "Ellenshow", 그리고 "Usher"가 공동으로 운영하는 뮤직비디오 웹사이트이다. 10월에도 유튜브 비디오의 조회수를 확인하는 경향이 계속 나타났다. 이는 강남스타일 유튜브 비디오가 1억 번 조회수를 향해 달려가는 시점이었던 점과 관련되어 있다. 또한 "We Can" 캠페인 관련 뉴스와 관계된 단어 집단이 나타났으며, 이와 관련된 외국어 코멘트들이 일부 나타났다. 예를 들어 "we can", "yes we can", "we can do it"과 같은 긍정적인 코멘트들이 증가했으며, 그리고 "shut up and enjoy the music"이 늘어나는 경향을 보였다. 싸이는 저스틴 비버, 에미넴, 그리고 지미 김멜 라이브!와 비교해서 긍정적인 동시에 부정적인 위치에 있다고 할 수 있다. 그리고 싸이의 2년간의 아티스트적 활동과 개인적인 생활, 그의 미국에서의 퍼포먼스에 대한 뉴스(Dancers in Garterbelts), 또 다른 강남스타일 노래가 성취한 것들(구글 검색어 1위, American Mavericks dance의 승자 만들기) 등에 대한 내용이 포함되어 있었다.

다음으로 분석된 기간 동안 코멘트 사이의 유사성의 정도를 확인하기 위해 3가지 분석 단위를 사용하여 살펴보았다(Salton & McGill, 1983 ; Manning et al., 2008): 유클리드 거리, 코사인 계수, 그리고 내적 곱. 〈표 8-5〉에 제시된 3개월 사이의 커뮤니케이션 방식의 유사성(그리고 차이점)은 [그림 8-4]의 의미망 가시화를 통해 명확하게 나타났다. [그림 8-4]에서 확인할 수 있듯이, 강남스타일 비디오의 국적(출처)을 확인하기 위해 사용된 어떤 용어들—한국, 일본 그리고 중국에 대한 질문에서 도출된 것—은 8월과 9월 사이를 매개하며 두드러지게 나타났다. 또한 9월과 10월의 코멘터들은 초기 확산 기간 동안 나타났던 싸이와 저스틴 비버 사이의 경쟁을 부추기는 내용의 용어를 자주 사용했다. 이러한 의미망에서 나타난 유사성/차이점을 확인하기 위해 〈표 8-5〉의 분석된 내용을 살펴보면, 8월-10월, 그리고 9월-10월 사이의 명확한 차이점이 나타났다. 다시 말해, 8월-9월 사이의 코멘트가 가장 높은 유사성을 보였으며, 8월-10월 사이가 가장 낮았다. 유사성이 가장 낮았던 8월-10월의 코멘터들 사이에서는 "K-pop"과 "best"와 같은 일반적인 지지를 보내는 호의적인 단어들, 즉 지속적으로 옹호적인 태도를 입증하거나 한국 음악을 해설하는 데 시간을 할애하는 등과 같은 특징이 나타난 것을 확인했다.

표 8-5 시기별 유사성 측정

	8월-9월($N=3,714$)	9월-10월($N=2,931$)	8월-10월($N=3,505$)
유클리드 거리	936.68	509.56	1047.29
코사인 계수	0.67	0.67	0.61
내적 곱	756.96	431.78	557.29

주의 : N은 비교된 총 용어의 수를 나타낸다. 코사인 계수가 1에 가까울수록 코멘트들은 유사하다. 유클리드 거리 또는 내적 곱이 작을수록 코멘트들은 유사하다.

2) 감성 분석

다음으로 강남스타일과 관계있는 콘텐츠의 감성 표현의 변화를 살펴보았다. 〈표 8-6〉은 센티스트렝스로 측정한 코멘트의 긍/부정 감성의 강도를 나타내며 제시된 값은 감성 강도에 해당하는 코멘트 수를 반영한다. 〈표 8-6〉을 통해 시간이 지남에 따라 짧은 코멘트에서 나타난 코멘터들의 부정적인 감성 표현은 감소했음을 알 수 있다. 코멘트는 서서히 가장 비호의적인 관점(-5)에서 다소 비호의적인(-1) 관점으로 변했다. 또한 싸이 팬들은 그들의 부정적인 관점을 표현하는 것을 주저하는 경향이 나타났는데, 이 변화하는 지형은 시간이 지남에 따라 강남스타일이 채택되는 활동의 변화를 반영하고 있다.

표 8-6 시간 변화에 따른 코멘트에서의 감성 표현

감성	기간	(-)1	(-)2	(-)3	(-)4	(-)5
긍정	8월	566	252	138	10	1
	9월	492	306	90	80	1
	10월	540	314	91	13	1
부정	8월	626	151	114	67	9
	9월	678	194	66	29	2
	10월	774	94	55	35	1

주의 : 8월, 9월, 10월의 코멘트의 총 수는 N = 967, 969 그리고 959이다.

3) 유튜브 토론 네트워크의 구조

소셜미디어 연구는 사람들 사이의 관계 또는 네트워크를 구성하는 방법을 탐구해 왔다. 네트워크 내에서, 각각의 구성원들은 그 또는 그녀 자신의 역할을 만든다. 그리고 이러한 구성원들로 이루어진 전체 네트워크는 매트릭스의 규모에 기반해서 설명될 수 있다. 이러한 전체 네트워크의 구조적 속성은 여러 가지 방법으로 확인될 수 있다. 〈표 8-7〉은 강남스타일 비디오의 토론 네트워크의 구조적인 특징을 살펴보기 위해, 이 네트워크 매트릭스들의 세부적인 정보를 분석한 것을 나타낸다. 매트릭스 지표들은 NodeXL을 사용하여 산출되었다. 분석의 단위는 유튜브 코멘터들이 적어도 한 번 이상 리플라이를 했거나 다른 사용자로부터 받은 것을 사용했다. 왜냐하면 그들은 강남스타일 유튜브 토론 네트워크의 실질적인 참여자로 간주할 수 있기 때문에 이러한 코멘터들이 분석되었다.

전체 네트워크 매트릭스와 이들의 값에 의하면, 토론 네트워크는 유튜브 포스터와 리플라이어의 분열을 통해 상당히 파편화된 특징을 나타냈다. 〈표 8-7〉에 제시된 네트워크 지표들을 살펴보면, 네트워크 밀도는 통합된 네트워크 매트릭스를 사용했으며 노드의 응집된 수준을 설명한다. 네트워크 참여자 수의 감소(노드)는 그룹의 응집력을 강화시키는 경향이 있는데, 이것은 시간이 갈수록 멤버들 사이에 자리 잡은 신뢰 때문으로 추측된다. 강남스타일 코멘트로 구성된 전체 네트워크의 밀도는 8월(0.00594)과 9월(0.00546)이 거의 유사하며, 10월(0.00519)까지 안정적으로 유지

표 8-7 네트워크 지표와 시기별 값

지표	해석	8월	9월	10월
노드	유튜브 코멘터	234	170	171
관계	리플라이 활동의 관계	325	160	153
밀도	한 코멘터가 다른 코멘터와 연결되어진 정도 (예 : 상호 연결성의 수준)	0.006	0.005	0.005
모듈성	코멘터들이 분리되거나 재결합되는 정도	0.634	0.778	0.796
컴포넌트	총 하위 클러스터(두 코멘터가 서로서로 연결된 것)의 수	19	27	32
컴포넌트의 최대 노드의 수	"컴포넌트"의 최대 총 코멘터의 수	198	100	94
컴포넌트의 최대 관계의 수	"컴포넌트"의 최대 총 관계(링크)의 수	304	114	104
평균 클러스터링 계수	코멘터의 주변 코멘터들이 서로 연결된 좁은 세상의 정도	0.025	0.018	0.000

출처 : 각 지표의 설명은 Hansen, Shneiderman, and Smith (2011)의 바탕으로 엮었다. 각각 지표의 수학적 정의는 Wasserman and Faust (1994)에서 볼 수 있다.

되었다. 제시된 밀도의 낮은 지표 값은 증가하는 모듈성(0.634 → 0.778 → 0.796)을 반영하는 경향이 있다. 모듈성을 측정하는 것은 기술, 공학적인 시스템에서 기능적으로 독립된 구조 단위를 설명하는 데 사용되어 왔으며(Baldwin & Clark, 2000), 최근 사회과학에서도 활용되어 오고 있다(Newman, 2006). 예를 들어 체스브로와 프렌시프(Chesbrough & Prencipe, 2008)은 오픈 이노베이션 시스템에서 모듈성의 긍정적인 역할을 강조했다.

네트워크 분석에서, 어떤 하나의 네트워크는 '컴포넌트' 라고 부르는 몇몇 단절된 세부 클러스터로 나눠질 수 있다. 네트워크 내에서 정보의 흐름은 이웃한 클러스터에서 발생하며, 다른 클러스터로 흘러가기보다는 내부에서 더욱 강화된다(Hansen et al., 2011, p.40). 여기서 컴포넌트의 노드의 수는 몇몇의 토론에 참여하는 코멘터의 수에서 차용되었으며, 그들의 링크는 각각의 코멘터가 보내거나 받은 리플라이의 수를 나타낸다. 즉, 〈표 8-7〉에 나타난 컴포넌트와 관련된 지표들의 노드들은 다른 인접한 노드들과 지속적으로 상호적인 관계를 맺는 이웃 컴포넌트로 간주할 수 있다. 이 지표에서, 컴포넌트의 총 수는 8월(19)에서 10월(32) 사이에 두 배가 되었다. 반면에, 컴포넌트 사이를 연결하는 각각의 컴포넌트의 허브(컴포넌트의 최대 노드의 수)의 영향력은 코멘터 관점에서 약해졌다. 즉, 시간이 흐를수록 토론 네트워크는 다양한 주제를 다루게 되면서 파편화되었고(컴포넌트 수의 증가), 이러한 특징은 각 토론 주제들을 매개하던 코멘터들의 수의 감소를 통해서도 확인할 수 있다.

클러스터링 계수 지표의 관점에서, 8월의 네트워크는 가장 높은 클러스터링 계수(0.025)를 가졌으나, 10월에는 대폭 감소했다(0.000). 이것은 노드들이 8월에는 서로 클러스터되는 경향을 보이면서, 유튜브의 초기 네트워크는 작은 세상으로 구성되었고 동질적인 주제를 다루었다는 것을 나타낸다. 그에 반해서, 10월의 네트워크는 에고(ego, 주요 노드)의 알터(alter, 친구들)들 사이에 직접적인 연결은 없는 것으로 나타났다. 이처럼 특정 행위자가 네트워크의 허브에 연결된 것은 (특정 네트워크의 규모가 1.5 정도일 때) 서로 상호 연결된 것이 아니며, 체인 네트워크 형태로 나타난다.

다음으로, 강남스타일과 관련된 비디오 토론 네트워크에 나타난 영향력 있는 행위자가 논의되었다. 〈표 8-8〉은 높은 수신(리플라이를 받는 코멘터), 발신(리플라이하는 코멘터), 그리고 매개(토론 발의자) 중심성 값을 가진 상위 코멘터들을 나타낸다. 괄호 안의 숫자는 중심성 지표 값을 나타낸다. 예를 들어, "Argonui"는 28명의 코멘터로부터 리플라이를 받았으며, 15명의 코멘터에게 답변했고, 그래서 그의 매개 중심성 값은 13,904.889이다.

표 8-8 중심성 관점의 상위 코멘터들

	8월	9월	10월
수신중심성	Argonui (28)	soulreaperichig0 (39)	andrej2588 (13)
발신중심성	Argonui (15)	baniku3 (9)	drago251 (33)
매개중심성	Argonui (13904.889)	baniku3 (6334.333)	drago251 (7297,000)

코멘트 네트워크의 또 다른 분석은 전체 매트릭스 형태와 관련이 있다. 〈그림 8-5〉는 8월부터 10월까지의 세 가지 코멘트 네트워크의 구조를 가시화한 것이다. 이 네트워크 그림에서 노드는 코멘터를 나타내고 이들 사이의 리플라이 관계를 통해 네트워크가 구성되었다. 3달 동안 코멘트 네트워크는 서로 다른 네트워크 구조를 형성했음을 알 수 있다.

그림 8-5 시기별 코멘트 네트워크

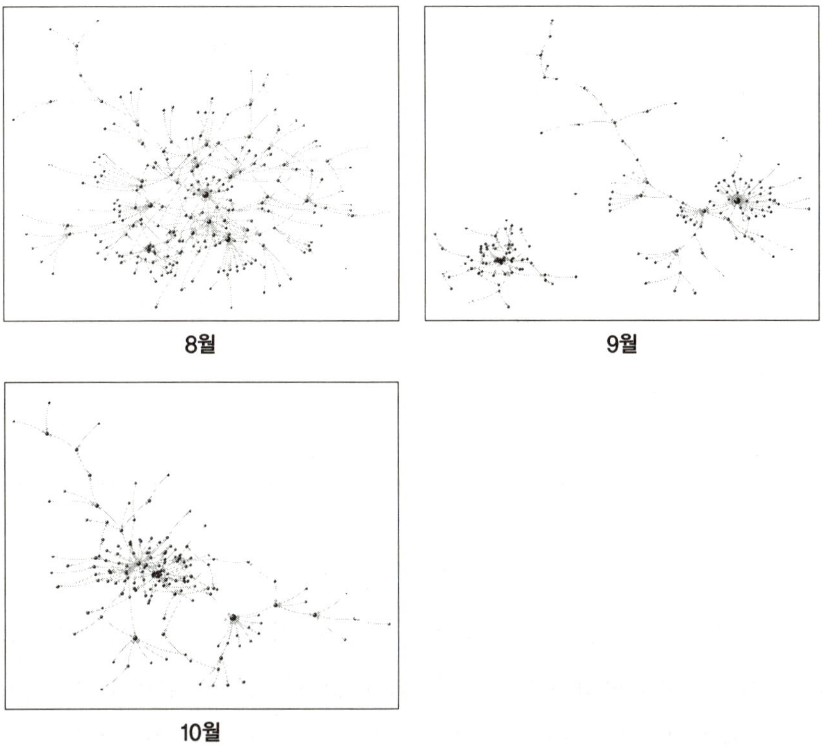

또한 이 세 가지 네트워크의 특징은 UciNet의 QAP(Quadratic Assignment Procedure) 기법을 통해 통계적인 상관관계를 확인할 수 있다(〈표 8-9〉). QAP은 매트릭스 데이터를 사용하는 상관관계 분석 혹은 회귀분석 방법이라고 할 수 있다. 매트릭스의 데이터에서, 열에 속한 한 개체(case)와 행에 속한 각각의 개체 간의 관계, 즉 쌍방(dyadic) 관계를 풀어서 하나의 행으로 이루어진 데이터 값으로 정렬한 후에 상관관계를 분석하는 것과 비슷한 방법이라고 할 수 있으나, 이렇게 해서 얻어진 재정렬된 데이터는 한 개체의 성격을 주기적으로 반복함으로써 자기상관성(autocorrelation)을 가지게 되어 통계분석에 있어서 부정확한 결과를 초래한다. QAP은 이런 오류를 방지하면서 상관관계의 계수(혹은 회귀분석의 상관계수와 결정계수)를 추정하는 방법이다(Borgatti, Everett & Johnson, 2013, pp.125~148). UciNet

과 같은 네트워크 분석 패키지는 QAP 상관성으로 불리는 테크닉을 제공한다.

표 8-9 코멘트 네트워크* 같은 성별 간 QAP 상관관계

측정	8월	9월	10월
QAP 상관관계	0.003	0.011	0.003
유의도	0.604	0.042*	0.221
QAP 상관관계(대칭)	0.808	0.013	0.004
유의도(대칭)	0.001***	0.086	0.247
총 수	234	170	171
남성	133	111	106
여성	71	24	18
알 수 없음	30	35	47

이 연구에서는 QAP 분석을 활용해, 시기별 코멘트 네트워크에서 누가 누구에게 말하는지, 코멘터들의 성별이 이 코멘트 네트워크에 영향을 미치는지를 확인하고자 했다. 이를 위해 비교의 대상으로 두 네트워크 매트릭스를 구성했으며, 즉 "같은 성별"과 "코멘트 네트워크" 매트릭스를 구성하여 두 매트릭스 사이의 상관성을 분석했다. 여기서 "코멘트 네트워크"는 방향성 있는 매트릭스인데 "같은 성별" 매트릭스는 대칭적인(symmetric, 방향성이 없는) 매트릭스이기 때문에, "같은 성별" 매트릭스는 추가적으로 최대 공산법을 통한 (방향성 있는) 코멘트 매트릭스와 비방향성인 대칭 매트릭스 두 가지를 구성하여 분석했다. "코멘트 네트워크"의 경우, 이들 사이의 관계는 만약 어떤 코멘터가 다른 코멘트에 리플라이한다면 두 노드 사이의 관계가 있는 것으로 간주하여 추가적으로 방향성 없는 매트릭스를 구성했다. 분석결과, 8월(0.808, $p < 0.05$)에 강한 상관관계가 나타났으며 이를 통해, 대칭적인 매트릭스의 동질성 이론을 뒷받침하고 있다. 또한 "리플라이하는" 방향성 있는 관계는 9월에서만 의미가 있었다($p < 0.05$). 즉, 성별과 각 시기별 네트워크는 대칭 매트릭스에서는 8월에, 비대칭적 매트릭스에서는 9월에 각각 상관관계가 나타나고 있음을 확인했다.

3. 결론

이 연구는 통합된 웹보메트릭 접근법으로 소셜미디어에서 K-pop, 한류 문화 확산의 장기적 변화를 탐구한다. 특히 이 연구는 행동, 텍스트, 그리고 실천적 방법론의 결합을 통해 데이터의 삼각 측량 접근법(triangulation approach)으로 사람들이 특정 엔터테인먼트 분야(특히 소셜미디어 영역)에서 주고받는 의사소통 방식을 살펴보고, 어떻게 디지털 환경에서 태어난 디지털 네이티브들이 인터랙티브한 미디어의 환경에서 SNS와 관계된 활동을 상호적으로 수행하는지를 분석함으로써 중요한 통찰력을 제공한다(이 연구의 경우, 유튜브).

무엇보다도 이 연구는 이전의 문화 확산 연구에서 중요하게 논의되지 않았던 영역을 고려하고 있다. 여기서 사용된 분석 모델은 세 가지 소셜미디어 요소로 구성되어 있다. 즉, 사용자, 콘텐츠, 그리고 네트워크이다. 보다 구체적으로 말하자면, 사용자는 문화 확산 과정에 참여한 사람들이며, 그들은 그들의 인구사회학, 문화적 특성에 따라 달라졌다. 그리고 콘텐츠의 주제는 사용자가 창작한 콘텐츠의 감성적 요소를 반영하고 있었다. 마지막으로, 네트워크는 사용자-사용자의 상호작용에 기반한 소셜 네트워크와 공통의 비디오 선호 및 사용자 창작 콘텐츠의 어휘적 연결에 바탕을 둔 의미망으로 나눠어 분석되었다. 이 연구에서는 네트워크 분석과 자동 감성 코딩을 통해, 주요 네트워크와 콘텐츠 패턴이 분류되고 논의되었다.

유튜브는 동영상 SNS채널로서 등장한 이래 중요한 의사소통 채널로 성장해 왔다(Jarret, 2008). 리우와 챈(Liew & Chan, 2013)은 유튜브가 아시아 지역에서 메인스트림의 부재에 대한 대안으로 초국가적 파장을 일으키며 비판적인 역할을 수행할 수 있다고 주장했다. 예를 들어, 비서구권의 대중음악은 메인스트림 미디어의 테두리에서 접근하는 경향이 있으며, 그중 일부는 국제적인 음악 산업의 정치, 경제적 영향력을 확보했으며, 음반 발매로까지 이어지는 결과를 낳았다. 이러한 변화 속에서 최근 아시아의 대중음악은 급속히 성장해 왔다. 특히 미국과 유럽 국가에서 이러한 경향이 나타나고 있다. 하지만 국제적으로 다양화된 변화의 흐름 속에서도 음악문화 영역의 중심적인 채널은 잘 반영되지 않고 있다.

이러한 음악문화 산업의 배경에서, 이 연구의 결과는 개방된 디지털 환경 설계에 대한 중요한 함의를 제시한다. 특히 음악 관련 사업자들에게 소비자들의 접근법(및 그들의 혼합된 의도)을 제시하고 이를 통해 정보 확산으로의 통찰력을 제공하고 있다. 게다가 무엇보다도, 이 연구의 결과는 음악 산업의 중요한 실천적인 함의를 가지고 있다는 점에서 의미가 있다.

참고문헌

Abdelsalam, H. M., Reddick, C. G., Gamal, S., Al-shaar, A. (2013). Social media in Egyptian government websites : Presence, usage, and effectiveness. *Government Information Quarterly*, 30(4), pp.406~416.

Baek, Y. M. (2013). Social Scientific Understanding of 'Big' Data How to Transform 'Big' Data to 'Good' Data. K-pop consumption on YouTube. Presented at the ANPOR, Seoul : Seoul National University.

Baldwin, C. Y. & Clark, K. B. (2000). Design rules : The power of modularity (Vol. 1). MIT press.

Borgatti, S. P., Everett, M. G. & Johnson, J. C. (2013). *Analyzing social networks*. SAGE Publications Limited.

Brian Yecies, Kwang-Suk Lee and Ben Goldsmith (2011). Introduction : Riding the Korean Digital Wave. *Media International Australia*, p.141.

Burgess, J. E. & Green, J. B. (2009). The entrepreneurial vlogger : participatory culture beyond the professional-amateur divide. The YouTube Reader, pp.89~107.

Chesbrough, H. & Prencipe, A. (2008). Networks of innovation and modularity : a dynamic perspective. *International Journal of Technology Management*, 42(4), pp.414~425.

Cho, S. E., Jung, K. & Park, H. W. (2013). Social Media Use during Japan' s 2011 Earthquake : How Twitter Transforms the Locus of Crisis Communication. *Media International Australia*, No.149. pp.28~40.

Cho, Y. (2011). Desperately seeking East Asia amidst the popularity of South Korean pop culture in Asia. *Cultural studies*, 25(3), pp.383~404

Choi, S. & Park, H. W. (2014, April). Flow of Online Content from Production to Consumption in the Context of Globalization Theory. *Globalizations*, 11(2).

Choi, Y. Y.(2014.07.08.). The Celebrity of Internet era. HS AD, pp.23~25.

De Maeyer, J. (2013). Towards a hyperlinked society : A critical review of link studies. *New Media & Society*, 15 (5). pp.737~751.

Hansen, D., Shneiderman, B. & Smith, M. A. (2010). Analyzing social media networks with NodeXL : Insights from a connected world. *Morgan Kaufmann*.

Hermes, J. (2005). *Re–reading Popular Culture*. Malden : Blackwell.

Himelboim, I. (2008). Reply distribution in online discussios : A comparative network analysis of political and health news groups. *Journal of Compter–Mediated Communication*, (14)1, pp.156~177.

Himelboim, I., Gleave, E. & Smith, M. (2009). Discussion catalysts in online political discussions : Content importers and conversation starters. *Journal of Computer–Mediated Communication*, (14)4, pp.771~789.

Hsu, C.–L., Park, S. J. & Park, H. W. (2013). Political discourse among key Twitter users : The case of Sejong city in South Korea. *Journal of Contemporary Eastern Asia*, 12, pp.65~79.

Jarrett, K. (2008). Beyond broadcast yourself : The future of YouTube. Media International Australia. *Incorporating Culture & Policy*, (126), 132.

Jung, S. (2011). K–pop, Indonesian fandom, and social media. *Transformative Works and Cultures*, 8.

Khan, G. F. & Park, H. W. (2011). Measuring the Triple Helix on the Web : Longitudinal Trends in the University–Industry–Government Relationship in Korea. *Journal of the American Society for Information Science and Technology*, 16(12), pp.2443~2455.

Khan, G. F., Cho, S. E. & Park, H. W. (2012). A Comparison of the Daegu and Edinburgh Musical Industries : A Triple Helix Approach. *Scientometrics*, 90(1), pp. 85~99.

Khan, G. F., Yoon, H. Y. & Park, H. W. (2014). Social media communication strategies of government agencies : Twitter use in Korea and the U.S. *Asian Journal of Communication*, 24(1). pp.60~78.

Khan, G. F., Yoon, H. Y., Kim, J. Y. & Park, H. W. (2014). From E–Government to Social Government : The Case of Twitter Use by Korea' s Central Government. *Online Information Review*, 38(1), pp.95~113.

Kim, J. H. & Park, H. W. (2014). Food Policy in Cyberspace : A Webometric

Analysis of National Food Clusters in South Korea. *Government Information Quarterly*.

Kim, J. Y. & Lee, J. O. (2012). The Korean wave : A decade of ups and downs. In Computer Applications for Bio-technology, Multimedia, and Ubiquitous City (pp.238–243). Springer Berlin Heidelberg.

Kim, K. H. (2012). Korean drama fever spreads among U.S fans. Korea Economic Daily, available at http://www.hankyung.com/news/app/newsview.php?aid=2012032702711)

Kim, M. J. & Park, H. W. (2012). Measuring Twitter-Based Political Participation and Deliberation in the South Korean Context by Using Social Network and Triple Helix Indicators. *Scientometrics*, 90(1), pp.121～140.

Kim, M. J., Heo, Y. C., Choi, S. C. & Park, H. W. (2013). Comparative trends in global communication networks of #Kpop tweets. *Quality & Quantity*, pp.1～16.

Liew, K. K. & Chan, B. (2013). The Internet and the engendering of transnational alternative soundscapes in the Asia-Pacific—introduction to the symposium on popular music and the Internet in Asia. *Asian Journal of Communication*, 23(4). http://www.tandfonline.com/toc/rajc20/23/4#.UrUoDfRdVuk

Lim, Y. S., & Park, H. W. (2011). How Do Congressional Members Appear on the Web? : Tracking the Web Visibility of South Korean Politicians. *Government Information Quarterly*, 28(4), pp.514～521.

Lim, Y. S., Park, H. W. (2013). The Structural Relationship between Politicians' Web Visibility and Political Finance Networks : A Case Study of South Korea' s National Assembly Members. *New Media & Society*, 15(1), pp.93～108.

Lorentzen, D. G. (2014). Webometrics benefitting from web mining? An investigation of methods and applications of two research fields. *Scientometrics*, 99(2) : 1–37.

Manning, C. D., Raghavan, P. & Schütze, H. (2008). Introduction to information retrieval (Vol.1, p.6). Cambridge : Cambridge university press.

Newman, M. E. (2006). Modularity and community structure in networks. *Proceedings of the National Academy of Sciences*, 103(23), 8577~8582.

Park, H. W. (2012). Webometrics Analyst (2012.10.08.) retrived from http://www.slideshare.net/hanpark/webomatric-analyst-08oct2012

Park, H. W. (2013 Online First). Mapping election campaigns through negative entropy : Triple and quadruple helix approach to South Korea' s 2012 presidential election. *Scientometrics*.

Pew Research Center. (2012). Youtube & news : A new kind of visual journalism. *Project for Excellence in Journalism.*

Pricewaterhouse Coopers (2012). Global Entertainment and Media Outlook 2012~2016.

Salton, G. & McGill, M. J. (1983). *Introduction to modern information retrieval*. Auckland, etc. : McGraw-Hill.

Sams, S., & Park, H. W. (2014). The Presence of Hyperlinks on Social Network Sites : A Case Study of Cyword in Korea. *Journal of Computer-Mediated Communication*, 19(2). pp.294~307.

Shim, D. & Noh, K. W. (2012). YouTube and Girls' Generation fandom. *Journal of the Korea Contents Association*, 12(1), 125-137.

Sobaci, M. Z., Karkin, N. (2013). The use of twitter by mayors in Turkey : Tweets for better public services?. *Government Information Quarterly*, 30(4), pp.417~425.

Thelwall, M. (2012). Introduction to Webometric Analyst 2.0 : A Research Tool for Social Scientists.
http://lexiurl.wlv.ac.uk/searcher/IntroductionToWebometricAnalyst2.doc. Accessed 12 August 2012.

Thelwall, M., Buckley, K. & Paltoglou, G. (2012). Sentiment strength detection for the social web. *Journal of the American Society for Information Science and Technology*, 63(1), 163-173.

Wasserman, S. & Faust, K. (1994). Social network analysis : Methods and applications. Cambridge : Cambridge university press.

YouTube Trends Team (2012, Dec. 21). Gangnam Style Crosses One Billion

View Mark. http://youtube-trends.blogspot.hk/2012/12/gangnam-style-crosses-one-billion-view.html

방송정책 이슈확산에 대한 빅데이터 분석사례

최홍규 EBS 교육방송연구소 연구위원

chapter 09

※ 본 장의 빅데이터 분석체계 및 통계 데이터는 저자의 박사학위 논문 내용 중 일부를 인용했음을 밝힙니다.

1. 정책관련 이슈확산과 빅데이터 분석

1.1 분석의 의의

소셜미디어는 인터넷 네트워크를 기반으로 대중의 정책참여를 촉진시켰다(Irvin & Stansbury, 2004 ; Valenzula, Park & Kee, 2009). 이에 대해서는 1990년대 후반 인터넷 네트워크 보급이 본격적으로 이루어지면서 많은 연구가 수행되었다. 인터넷 이용자의 정책참여가 이루어지면 정책결정 과정상 변화가 야기될 수 있으며(Benjamin, 2001), 신속한 정보전달로 인해 정책결정의 속도가 빨라질 수 있고 참여가 더욱 확대될 수 있다는 점(조화순 · 송경재, 2004), 시민운동은 더욱 연대성이 강화되고 극대화될 수 있다는 점(Mele, 2001) 등은 연구를 통해 이미 밝혀진 바 있다.

오늘날 소셜미디어상 텍스트 데이터에 대한 분석이 중요한 이유도 여기에 있다.

인터넷 네트워크를 통한 정책적 관심과 참여는 다양한 텍스트 데이터를 생산한다. 그리고 이러한 정보들은 소셜미디어 이용자들의 다양한 의견으로 구성된 여론의 형태로 남는다. 여론은 정책결정에 있어 당연히 중요한 역할을 하며(Dye, 2001), 새로운 정책 기획을 위해 의제들의 모집단을 제공하기도 한다(Birkland, 2005).

소셜미디어는 이러한 여론들의 저장소 역할을 한다. 따라서 정책결정에 영향을 미칠 수 있는 수많은 여론과 그것을 구성하고 있는 소셜미디어상 텍스트에 대한 분석이 중요하다. 소셜미디어상에서 생산되는 텍스트는 여론을 보다 계량화된 수치로 나타내거나, 여론형성의 다양한 요인들을 유추해낼 수 있는 기초 데이터를 제공한다. 이들에 대한 분석을 통해 특정한 이슈별로 여론이 어떠한 방식으로 형성되어 가는지 그 형태를 보다 구체적으로 고찰해 볼 수 있는 것이다.

방송정책의 경우도 마찬가지이다. 하나의 방송정책에 대해 이슈가 불거지면 이에 대한 관심과 참여의 정도는 고스란히 소셜미디어에서 실시간 텍스트 데이터로 나타난다. 이슈가 사회적으로 부각되면 뉴스섹션, 블로그, 커뮤니티 등의 공간에서 검색어 상위에 오르기도 하고 많은 관심과 공감을 얻어 댓글이 폭증되기도 한다. 그러면서 소셜미디어 이용자 간에 이슈를 공유하는 네트워크는 더욱 확장되고 결국 하나의 이슈에 대한 여론이 조성되는 단초가 마련된다. 방송정책이 형성되는 과정에서 하나의 이슈가 부각되어 다양한 여론이 만들어지는 과정은 이처럼 소셜미디어상에서 생산되는 텍스트나 그것의 파급유형으로 표출되고 있는 것이다.

그러므로 방송정책과 관련된 대용량의 소셜미디어 텍스트들을 여러 관점으로 분석할 경우, 정책이슈의 확산과정과 여론의 형성과정에 있어 다양한 시사점을 도출해낼 수 있게 된다.

1.2 분석의 과정

방송정책 이슈에 대한 대용량의 텍스트 데이터인 '빅데이터' 분석을 하려면 몇 가지 단계를 거쳐야 한다. 여기서 소개하는 빅데이터 분석의 과정은 분석대상으로 설정한 뉴스섹션, 블로그, 커뮤니티 등에서 생산되는 텍스트 데이터 분석과정을 설명한 내용이다.

분석의 과정을 단계별로 살펴보자면, 먼저 소셜텍스트 데이터 분석을 위해 각각의 분석 데이터에 대한 개념적 정의가 이루어져야 한다. 빅데이터라고 하는 비정형, 반정형, 정형의 대용량 데이터를 다루기 위해서는 그 수준에 맞는 데이터 개념을 설정해야 분석시스템 구축과정이나, 분석 및 해석의 절차를 밟는 동안 측정에 대한 오류를 최소화할 수 있다. 분석을 위한 데이터의 종류와 양이 증대되면 될수록 이를 위한 분석인력의 수도 늘어날 수 있어 이들 간 소통이 원활히 이루어지게 하기 위해서라도 데이터 수준을 정의하는 과정은 필수적이다.

다음으로 데이터 수집기간과 범위를 명확히 설정할 필요가 있다. 어찌 보면 당연한 이야기이지만, 소셜텍스트 데이터는 실시간으로 생성되고 삭제되거나 수정되는 일이 비일비재해서 수집되는 기간과 분석하는 기간에 따라 데이터 내용의 차이가 나타날 수 있어 이에 대한 명확한 기간 설정을 해야 한다.

세 번째 단계로 소셜텍스트 데이터 수집과 처리를 위한 시스템 구축이 필요하다.

빅데이터를 수집하고 처리할 수 있는 시스템이 구축되었다는 의미는 수작업으로 수행이 불가능한 소셜텍스트 데이터 가공 및 기술적 분석체계를 갖추었다는 말이 된다. 본 장에서는 이 단계를 크롤링(Crawling), 필터링(Filtering), 자연어 처리(NLP ; Natural Language Processing), 텍스트 마이닝(Text Mining)의 단계로 나누어 단계별로 어떠한 형태의 분석이 가능한지 알아보고자 한다.

네 번째 단계에서는 수집된 이슈관련 정보들을 보다 과학적이고 체계화된 방식으로 측정하는데, 이를 위해 이슈확산을 유도하는 요소별로 조작적 정의를 한다. 조작적 정의과정에서 연구자의 주관적 관점이 개입될 수 있는 여지가 있는데, 텍스트 데이터들을 의미 있는 수치로 바꾸는 과정이므로 누구나 이해하고 수긍할 수 있는 수준의 조작적 요소들이 대입되어야 한다. 본 장에서는 이슈확산을 유도하는 요소로 범위(Scope), 지속성(Duration), 상호작용성(Interactivity), 다양성(Diversity), 주목도(Attention)를 설정했고 각각의 개념을 조작적으로 정의했다.

다섯 번째 단계는 방송정책 이슈관련 키워드를 중심으로 앞서 설정한 이슈확산 요소에 대한 실제 수치를 도출해내는 단계이다. 본 장에서 IPTV, 디지털콘텐츠, 위성 등의 키워드들에 대해 범위, 지속성, 상호작용성, 다양성, 주목도 등 다섯 가지 이슈파급 요소들을 수치로 도출해 보고 각각의 수치들을 표준점수화해서 지수로 설정하는 작업이 이루어졌다.

마지막 단계에서는 방송정책 이슈확산이 이루어질 때 각각의 확산요소에 따른

그림 9-1 방송정책 이슈확산에 대한 빅데이터 분석의 과정

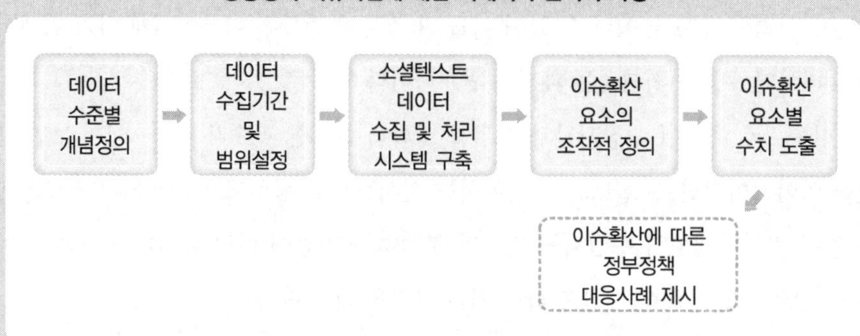

실제 정부 정책대응이 어떻게 일어나는지에 대한 분석이 필요하다. 방송정책 키워드들이 정부정책을 담은 보고서와 계획서상에서 어떻게 구체화되는지 살펴보고, 실제 어떠한 방식으로 방송정책 이슈를 담은 소셜텍스트 데이터들이 정책에 영향을 미쳤는지 알아볼 수 있다. 이 단계에서는 실제 소셜텍스트 데이터 샘플링을 통해 분석을 수행할 수 있고 이를 실제 정부 정책의 내용 분석결과와 매칭시키는 작업이 별도로 필요하다. 따라서 이 단계는 빅데이터 분석 시스템에 의한 분석단계라고 보기 힘들어 본 장에서는 생략한다.

2. 소셜텍스트 데이터 분석을 위한 수준별 개념 정의

빅데이터를 수집하고 분석하는 과정에서는 다양한 분야의 데이터 분석인력 간 협업이 이루어지는 경우가 많다. 특히 소셜미디어상에서 텍스트관련 빅데이터를 수집하는 과정에서 프로그램 개발, 데이터 수집, 검토 작업 등 각 단계별로 협력 작업이 필요할 수 있다. 만일 여기에 세부적인 의미분석 단계가 추가되면 더욱 다양한 전문분야의 인력투입은 불가피하다.

소셜미디어 텍스트의 기계적 분석 결과값에서 정확도가 저하될 경우에는 내용분석이나 서베이 등 기존 사회과학 영역에서 활용되었던 방법론과 접목한 분석도 시도할 수 있다. 그러나 어떠한 방식으로 분석을 수행하든 대용량의 데이터에 대한 분석을 수행할 경우에 분석단계별로 쓰이는 용어나 명칭들을 명확히 설정해야 한다. 이를 통해 분석단계에서 발생할 수 있는 인력 간 의사소통의 혼란을 최소화할 수 있고 측정과정에서 발생할 수 있는 오류도 감소시킬 수 있어 보다 분석체계를 정교화할 수 있는 이점이 있다.

데이터를 수준별로 개념정의하기 위해 데이터의 내용이나 해당 데이터 군집의 규모에 따라 수준별 용어나 명칭을 설정할 수 있다. 또한 분석단계에 따라 데이터의 개념을 달리 표현하는 방식도 있을 수 있다. 방송정책 이슈확산에 대한 빅데이터를 분석하기 위해서 본 저자는 분석에 쓰인 데이터 수준을 '이슈', '키워드', '소셜텍스트' 로 구분했다. 각 데이터 수준에 대한 개념은 연구에 참여하는 인력 간 의사소통, 연구의 방향 및 개념적 통일성 등에 따라 다르게 설정이 가능하다.

2.1 이슈(issue)

우선, '이슈' 는 방송정책 중에서 사회적으로 논쟁이 야기되는 사안들을 의미한다. 따라서 이슈의 개념에는 정책적 테마들이 군집화되어 포함되어 있다. 본 저자가 설정한 이슈의 개념은 실제 분석에 필요한 키워드를 도출해내기 위한 개념이다. 가령 방송정책이 추진되는 데 있어 공익성, 지역성, 기술경쟁 등의 문제가 찬반양론이 격렬하게 대립되며 사회적 관심사로 부각된다고 하면, 이들 내용을 '이슈' 로 개념화할 수 있다. 이러한 방송정책 이슈 안에서 분석 키워드를 도출할 수 있기 때문에 이슈를 선별하는 작업은 분석 키워드 도출을 위한 사전단계에 해당하는 것이다.

방송정책 이슈들 중에서 중요한 이슈로 분석의 범위를 좁히기 위해 '방송정책' 이라는 키워드를 중심으로 다양한 데이터를 수집한다. 크롤러를 사용해 사전에 소셜미디어상에서 언급되는 방송정책관련 이슈들을 수집해 보는 방식이다. 다음으로 전문가들을 통해 방송정책의 최근 이슈들을 논의해 보고 분석 데이터 모집단의 범위를 설정할 수 있다. 평소 방송정책 이슈에 대해 이해도가 높은 전문가를 통해 이들에게 방송정책에 관한 논의주제를 제시하고 논의되는 내용들을 취합해 분석대상이 되는 주요 이슈들을 간추려내는 것이다.

2.2 키워드(keyword)

다음으로는 '키워드' 라는 개념을 설정할 수 있다. 여기서 키워드는 분석을 위한 도구적 개념과 데이터 수집을 통해 분석 결과로 도출되는 내용적 개념을 동시에 포함한다.

도구적인 개념의 키워드는 텍스트 데이터 수집을 위해 초기에 크롤러에 입력하는 키워드를 말한다. 연구자가 키워드를 크롤러에 입력하면 해당 키워드를 중심으로 텍스트 데이터가 수집되고 서버에 축적되는데, 여기서 초기에 입력된 텍스트 데이터를 키워드라 지칭할 수 있다.

크롤러에 입력된 텍스트 데이터를 토대로 도출되는 핵심적인 단어도 키워드라는 개념으로 혼용할 수 있다. 이 경우처럼 연구자가 수집결과로 도출되는 내용적 개념 차원에서 키워드를 정의하고자 한다면, 수집단계에서는 키워드라는 용어의 사용을 피해야 개념상 혼란을 막을 수 있다.

본 장에서 쓰인 키워드의 개념은 방송정책 이슈들 안에서 자주 언급되면서, 전체 소셜텍스트 데이터 분석시에도 필요한 도구적인 개념이다.

여기서 소셜텍스트 분석을 위해 활용된 키워드는 IPTV, 디지털콘텐츠, 위성 등의 텍스트로 이들 키워드는 전문가 집단의 논의과정을 통해 도출했다.

2.3 소셜텍스트(social-text)

'소셜텍스트 데이터' 는 앞서 분석을 위해 설정한 키워드들을 중심으로 나타나는 소셜미디어상의 텍스트 데이터를 의미한다. 소셜텍스트 데이터 분석과정으로 보면 가장 최종단계에서 수집되는 데이터이다.

소셜텍스트 데이터는 소셜미디어의 분석범위를 어떻게 설정하느냐에 따라서 그 종류와 양이 달라질 수 있는데, 본 장에서는 뉴스섹션, 블로그, 커뮤니티로 데이터 수집 공간을 한정했기 때문에 여기서 생산된 게시글, 댓글 등이 모두 소셜텍스트 데이터에 해당한다.

키워드를 중심으로 수집한 소셜텍스트들은 정형 데이터로 변환하는 작업을 거쳐야 실제 분석 가능한 데이터로 활용이 가능하다. 방송정책과 관련된 소셜텍스트가 내용적으로는 이슈나 키워드를 모두 포함하고 있어 그 자체로 해석이 가능할 수 있으나, 양적 분석을 위해서는 이들 데이터를 수치화해야 하기 때문이다. 따라서 분석을 위해 댓글과 게시글의 수치, 입력시간, 형태소 구성범위, 채널 수 등 생산될 수 있는 모든 소셜텍스트 데이터에 대해 정형 데이터로 변환하는 작업이 필수적이다.

지금까지 설명한 수준별 데이터 개념을 나타내보면 [그림 9-2]와 같다.

그림 9-2 분석을 위해 활용된 데이터 개념설정 및 수집단계

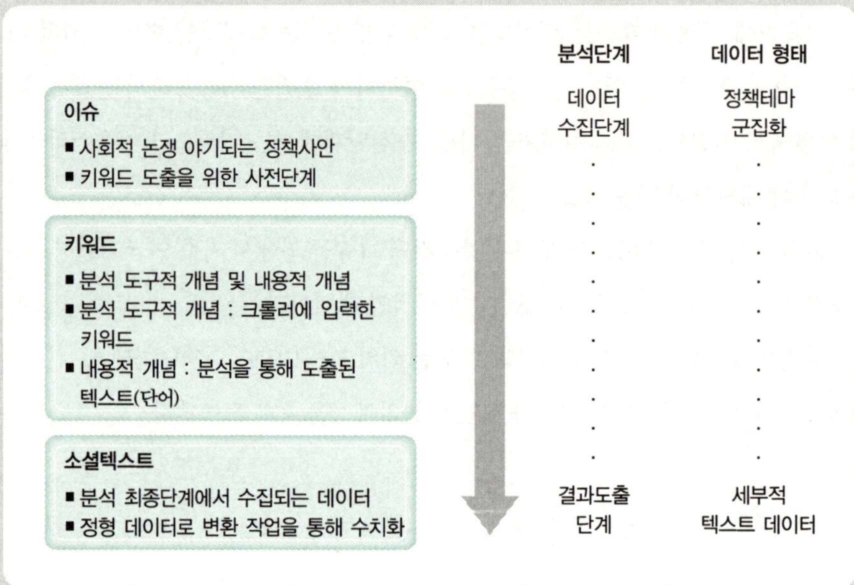

3. 소셜텍스트 데이터 수집기간과 범위 설정

대용량의 텍스트 데이터는 이를 수집하고 분석하는 시점에 따라 전혀 다른 분석결과가 도출될 수 있다. 그 이유는 소셜미디어라는 공간에서 생산되는 텍스트 데이터 특성상 끊임없이 추가, 수정, 삭제될 수 있기 때문이다. 특정 시점에 생산된 텍스트가 소셜미디어 공간에서 사라져 수치에 영향을 미치거나 단어 · 문장 · 문단 등이 수정되면서 측정결과의 의미가 달라지는 일이 흔히 일어난다.

따라서 소셜미디어상 텍스트 데이터 분석기간을 설정할 때에는 해당 텍스트가 생산된 시점과 그것을 수집한 시점, 두 가지 모두 고려대상이 되어야 한다. 이렇게

그림 9-3 **소셜텍스트 데이터 생산 및 수집 시점 구분**

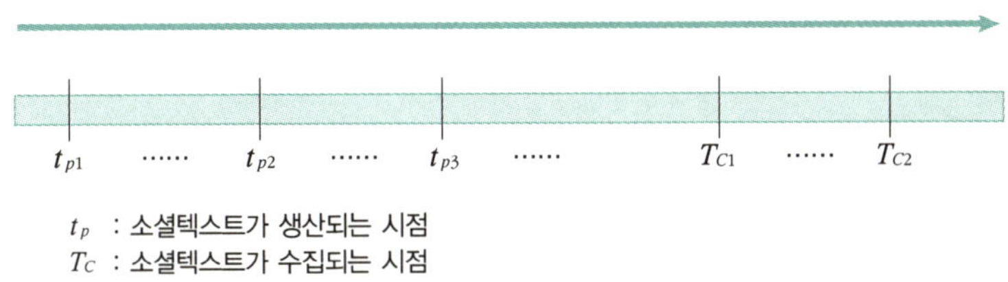

분석하고자 하는 데이터 생산 및 수집 시점의 기준을 명확히 설정할 경우 분석결과의 재검증과 분석과정에서 발생하는 오류를 최소화할 수 있다.

[그림 9-3]과 같이 t_p[1]는 소셜텍스트가 생산되는 시점이고 T_C는 소셜텍스트가 수집되는 시점을 의미한다. T_C의 서로 다른 시점에 따라 t_p에서의 소셜텍스트 결과값이 다르게 나타날 수 있는 것이다. 심지어는 T_C의 시간프레임을 어떠한 단위나 기준으로 설정하느냐에 따라서도 상이한 결과값이 도출될 수 있다. 따라서 연구나 분석에 있어 결과값을 제시할 경우 이 t_p와 T_C의 각 시점에 대한 조합방식을 명확히 밝혀야 보다 정확한 결과값을 제시할 수 있다.

본 장에서 저자는 방송정책관련 소셜텍스트 데이터 수집의 시작점인 2010년 11월부터 최종적으로 데이터 수집이 완료되는 시점인 2013년 10월까지를 분석에 필요한 데이터 발생시점으로 보았다. 총 36개월간 생산된 데이터는 주로 언급된 게시글 및 댓글 등 소셜텍스트 데이터를 수집하는 방식으로 이루어졌다. 소셜텍스트 데이터의 수집공간으로 뉴스섹션, 블로그, 커뮤니티 서비스가 제공되는 공간은 점유율을 고려하여 특정 포털사이트(네이버, 다음)로 한정했다.

방송정책관련 소셜텍스트 수집을 위한 크롤러는 2013년 11월 1일부터 11월 30

1. 여기서는 소셜텍스트가 생산(produce)되는 개념을 단순히 텍스트가 추가되는 개념으로 한정하지 않고, 소셜텍스트가 삭제(delete), 수정(modify)되는 등 새로운 텍스트로 변화되는 개념을 모두 '생산(produce)'의 개념으로 포함시킨다. 따라서 t_p의 숫자가 증가할수록 단순히 소셜텍스트의 양이 증가할 것으로 예측해서는 안 된다.

일까지 총 30일간 지속적으로 작동시켰으며, 이 시점을 소셜텍스트 데이터 수집의 시점으로 설정했다. 이렇게 수집된 방송정책관련 키워드는 IPTV 23,738건, 디지털 콘텐츠 24,712건, 위성 184,148건이었다.

4. 소셜텍스트 데이터 수집방법 및 처리과정

앞서 언급한 대로 본 장에서 정의하는 소셜텍스트 데이터는 뉴스섹션, 블로그, 커뮤니티 등의 공간에서 생산된다. 따라서 데이터의 범위에는 게시글의 내용, 조회수, 댓글 수, 작성자 정보 등 텍스트 데이터가 포함되어 있다. 데이터 분석을 위해 이들 텍스트 데이터의 원형인 HTML 원본 데이터를 추출해야 하며, 이는 분석을 위한 기본적인 데이터 포맷이라 할 수 있다. 텍스트 데이터는 이러한 데이터 포맷의 변화 과정을 거쳐 비로소 분석 가능한 데이터로 거듭나게 되는데, [그림 9-4]는 이러한 데이터 수집 및 분석 시스템을 설명한 그림이다.

[그림 9-4]처럼 소셜미디어 텍스트 데이터 수집 및 처리 체계는 크롤링(Crawling),

그림 9-4 단계별 소셜텍스트 데이터 분석 시스템 체계

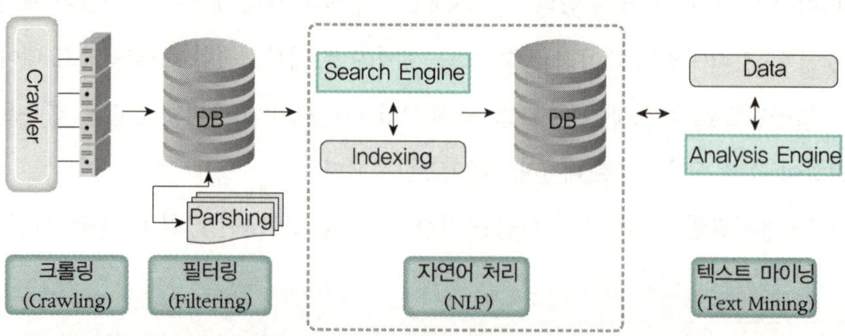

출처 : 방송콘텐츠 영향력 도출을 위한 빅데이터 분석체계에 관한 연구(최홍규 · 박구만 · 최성진 · 김성태, 2014)

필터링(Filtering), 자연어 처리(NLP ; Natural Language Processing), 텍스트 마이닝(Text Mining) 단계로 구분이 가능하다. 이러한 단계적 구분은 연구자의 판단에 따라 일부 그 절차나 내용이 달라지기도 하지만, 여기서 소개하는 단계는 일반적으로 통용되는 소셜미디어상 텍스트 데이터 처리 단계로 보아도 무방하다.

4.1 크롤링(Crawling)

크롤링(Crawling) 단계는 쉽게 이야기해서 모든 웹에서 생산되는 모든 HTML 코드의 데이터를 모으는 단계이다. 크롤링 단계에서는 방송정책 이슈가 포함된 소셜텍스트의 내용, 게시날짜, 수량 혹은 용량, URL, 작성자 정보 등의 데이터가 수집된다. 소셜미디어에서 생산되는 데이터를 모으는 첫 번째 단계이니만큼 분석주제와 무관한 내용의 데이터 수집을 피하는 것이 중요하다. 내용적으로 방송정책 이슈와 관련성이 떨어지는 데이터가 수집되지 않도록 해야 한다는 얘기이다.

크롤링 단계에서 연구자는 분석하고자 하는 소셜미디어 웹페이지 범위를 명확히 설정해 주고 분석에 필요한 데이터를 추려 효율적인 데이터 수집이 가능하도록 유도해야 한다. 분석대상과 관련성이 낮은 내용의 데이터가 반복적으로 수집될 경우, 수집이 이루어진 시점과 수집대상을 검토하여 오류를 최소화하도록 해야 한다. 필요한 경우 크롤링한 단어와 연관되는 단어들로 사전을 만들고 이들을 매칭해 가는 형태로 수집의 정확성을 향상시킬 수 있다. 이에 대해서는 연구자가 수시로 데이터 체크를 해나가면서 크롤링에 필요한 키워드를 수시로 데이터 수집 시스템에 적용해 보아야 한다.

가령 방송정책 키워드인 IPTV를 중심으로 소셜텍스트를 수집하고자 한다면 전통적 매체를 나타내는 'TV' 라는 키워드가 IPTV와 중복되어 수집될 가능성은 없는지 사전 크롤링 단계에서 살펴봐야 한다. 이를 위해 IPTV라는 용어가 수집되는 시기를 기준으로 삼아 소셜텍스트가 게시된 날짜별 데이터를 수집하는 방식으로 텍스트의 작성정보를 구분하여 연구자의 텍스트 수집기준을 명확히 설정해야 할 것이다.

4.2 필터링(Filtering)

필터링(Filtering) 단계는 불필요하고 무의미한 정보를 선별해내는 단계이다. 크롤링 이후에 문서단위의 데이터를 선별해내고 결과로 도출된 키워드를 정제하거나 무의미한 정보를 배제시키는 단계라고 볼 수 있다. 크롤링 단계가 1차적으로 소셜미디어상 텍스트 데이터를 수집하는 단계라면, 필터링 단계는 수집된 데이터의 불필요한 가비지(garbage)를 걸러내는 단계라고 볼 수 있다. 즉, 크롤링 단계는 키워드를 통해 분석에 필요한 데이터를 수집하는 단계이고 필터링 단계는 데이터를 클리닝(cleaning)해서 분석의 정확도를 높이기 위한 사전단계라고 상정할 수 있다.

필터링 과정에서는 대용량의 다양한 데이터들이 수집되므로 불필요한 정보인 가비지에 대한 처리가 매우 중요하다. 가비지에 대한 축적은 기본적으로 데이터의 정확성과 신뢰도를 저하시킬 수 있다. 따라서 무엇보다 필터링된 가비지 정보에 대해 사후 분석을 실시하여 같은 데이터가 재수집되지 않도록 필터링 체계를 갖추어 데이터 수집의 효율성을 높이도록 해야 한다.

빅데이터 수집은 데이터 전수를 수집대상으로 하기 때문에 불필요한 정보의 축적은 필연적이다. 연구자와 데이터 수집 인력 간의 협의를 통해 가비지 정도를 수치화해 공개해 주는 것은 연구결과물에 대한 신뢰도를 높이기 위한 좋은 수단이 될 수 있다. 데이터 수집과 가공단계에서 데이터 내용의 정확성 담보가 어렵다고 판단되면 필터링 단계에서 가비지를 샘플링해 그 크기를 스케일로 표기하는 것이다. 이는 해당 가비지가 전체 수집된 데이터 중에서 어느 정도의 비율을 차지하고 있는가를 밝혀줌으로써 데이터 수집상의 제한점을 미리 밝혀주는 방식이라고 할 수 있다.

4.3 자연어 처리(NLP ; Natural Language Processing)

자연어 처리(NLP ; Natural Language Processing) 단계는 통계방법론 차원에서 보면 내용분석(Content Analysis)을 위한 데이터 세트 생성 단계라고 보면 된다. 앞서 크롤링과 필터링 과정이 연구자에게 필요한 소셜텍스트 데이터를 수집하거나 분석체계에 맞게 가공하는 단계라면, 자연어 처리 단계는 소셜텍스트 데이터의 세부내용을 분석하기 위한 사전처리 단계인 것이다.

우선, 이 과정에서는 명사, 형용사, 동사 등과 같은 형태소와 이들을 포함한 구문들을 추출한다. 다음으로, 텍스트에 대한 빈도를 분석해내고 사전을 구축함으로써 반복적으로 수집되는 텍스트 데이터에 대해 지속적으로 분석된 정보를 추적해 나간다. 분석을 위해 데이터가 색인화(Indexing)되어 DB에 축적되면 이들 데이터는 연구자가 설정한 알고리즘에 따라 다양한 분석이 이루어질 수 있도록 세트로 구성된다. 이러한 과정을 거쳐 추출된 소셜텍스트의 형태소와 구문 데이터는 계량적 수치로 정형화되고 이 데이터들을 토대로 통계분석이 가능해지는 것이다.

이 과정에서 색인화 작업은 매우 정교하고 반복적으로 이루어져야 한다. 왜냐하면 연구자가 수집한 텍스트 데이터의 형태소나 구문에서 내용적 오류가 발견될 경우에 구축된 사전을 통해 반복적인 텍스트 데이터 처리 작업을 수행하면서 오류를 수정할 수 있기 때문이다. 또한 색인화된 형태소와 구문 데이터만으로도 특정 이슈에 대한 기본적인 트렌드를 읽어낼 수 있어 분석단계에서 다양한 해석적 차원의 아이디어를 확보할 수 있다는 이점도 있다.

4.4 텍스트 마이닝(Text Mining)

텍스트 마이닝(Text Mining)의 단계는 소셜텍스트 내용에 대한 의미분석 단계이다. 이 단계에서 연관 키워드에 대한 맵핑, 감성어 분석과 같은 의미분석이 이루어진다. 본 장에서 다루고 있는 데이터 분석은 자연어 처리 단계까지 수집된 데이터를 취급하기 때문에 텍스트 마이닝 단계를 데이터 수집 및 처리 단계로 포함시키지 않는다.

연구자가 텍스트 마이닝의 시스템 단계를 학술연구에 활용하기 위해서는 해석적 차원에서의 제한점을 명확히 밝혀야 할 것이며, 알고리즘 논리와 함께 분석체계도 정확히 제시해야 할 것이다. 본 장에서 다루는 방송정책 이슈에 대한 확산양상 분석은 자연어 처리의 단계까지 모인 데이터를 연구자가 설정한 분석체계에 대입하여 결과값을 얻기 때문에 연구자가 설정한 고유의 텍스트 마이닝 절차를 따르고 있다고 보아도 무방하다.

5. 정책이슈 확산요소별 개념 및 조작적 정의

방송정책과 관련된 소셜텍스트 데이터 수집 및 처리에 관한 절차를 모두 수행했다면 다음으로 수집된 데이터를 분석하기 위한 분석프레임 설정이 필요하다. 여기서는 방송정책과 관련된 이슈 확산이 진행될수록 실제 정책으로 실행될 가능성이 높다는 점에 착안해 정책적 사안을 확산시키는 촉매제적 요소들을 수치화해 설정했다.

정책학 영역에서 이미 논의된 바 있는 격발 메커니즘(Triggering Mechanism)의 개념에서는 정책확산에 영향을 미치는 요소들로 이슈가 파급되는 범위(Scope), 지속시간(Time), 강도(Intensity), 자원(Resource) 등이 포함된다(Gerston, 1997). 하지만 정책학 영역에서 논의된 격발 메커니즘 연구들은 정책적인 사안이 공중에게 부각되는 과정에서의 정책 사례들을 설명해 보이는 데 그쳤으며 실제 계량적인 방식의 분석이 시도된 사례는 찾아보기 힘들다.

그 이유에는 여러 가지가 있겠으나 무엇보다 방법론적으로 이슈파급의 과정을 분석해낼 수 있을 만한 정형 데이터 수집의 여건이 갖춰지지 않았기 때문이다. 오늘날에는 소셜미디어상에서 정책적 이슈들의 활발한 논의가 이루어지기 때문에 소셜텍스트 데이터를 활용해 이슈확산의 촉매제적 요소들을 데이터화할 수 있게 되었다. 이에 본 저자는 방송정책 이슈를 확산시키는 촉매제적 요소들을 범위(Scope), 지속성(Duration), 상호작용성(Interactivity), 다양성(Diversity), 주목도(Attention) 등 다섯 가지로 설정했다. 또한 이러한 요소들의 조작적 정의를 통해 이슈파급의 계량적 측정기준을 마련했으며, 표준점수화된 지수를 설정하여 이슈별로 확산양상의 수치를 비교해 보고자 했다.

5.1 이슈가 확산되는 '범위(Scope)'

범위(scope)란 방송정책 이슈와 관련된 소셜텍스트가 뉴스, 블로그, 커뮤니티 공간에서 얼마나 많은 채널을 통해 확산되는지에 대한 정도를 보여주는 개념이다. 소셜미디어 공간에서 이슈가 넓은 범위로 퍼지려면 많은 이용자들에게 도달되어야 하며 보다 많은 채널로 전파되어야 한다. 따라서 범위를 측정하기 위해서는 소셜미디어 공간인 채널을 범주화하는 작업과 다양한 채널에서 해당 키워드가 언급되는 정도를 수량화하는 작업이 필요하다.

본 장에서 설정한 소셜미디어 '채널'은 뉴스섹션, 블로그, 커뮤니티에 포함된 채널로 소셜텍스트 확산 공간을 의미한다. 얼마나 많은 소셜미디어 채널에서 해당 이슈의 언급이 활발히 이루어졌는가를 수식으로 표현하면 아래와 같은 식으로 설정이 가능하다.

$$Z = \frac{X - \mu}{\sigma}$$

표준점수로 이슈확산의 범위를 구할 때, X는 '소셜미디어의 채널인 확산공간 내에서 발생한 키워드 언급 빈도수(F)와 채널수(C)의 곱' 이다. μ는 'X에 대한 전체 평균(M)' 이며, σ는 'X에 대한 전체 표준편차(SD)' 이다.

5.2 이슈의 시계열적 '지속성(Duration)'

지속성(Duration)은 방송정책관련 소셜텍스트가 시간의 흐름을 기준으로 얼마나 꾸준히 확산되는지를 보여주는 개념이다. 소셜텍스트의 지속성을 살펴보기 위해 특정 기간을 설정한 반복적 측정이 필요하다. 이를 통해 키워드가 얼마나 지속적으로 노출되는지를 살펴보는 것으로 시계열적인 특성을 살펴볼 수 있기 때문이다.

본 연구에서 방송정책 키워드의 지속적 노출 정도를 살펴보기 위해 활용한 개념은 시계열 분석방법에서 활용되는 자기상관계수(Auto Correlation coefficeient)이며,

각 키워드별 소셜텍스트 노출 빈도를 월별 데이터로 재구성하여 총 36차수의 자기상관계수를 도출했다. 36차수를 설정한 이유는 총 36개월의 각 월별로 차수를 구분하고 이에 대한 언급수를 수량화했기 때문이다. 따라서 아래와 같이 각 시차별 자기상관계수(*AC*)를 구하는 것으로 얼마나 키워드 노출의 일관성이 유지되는지 그 지속성을 측정하도록 했다.

$$AC_{x_t x_{t-1}} = \frac{\sum_{t=2}^{n}(x_t - \overline{x_t})(x_{t-1} - \overline{x_{t-1}})}{s_{x_t} s_{x_{t-1}}}$$

여기서 x_t는 '방송정책관련 키워드가 소셜텍스트를 통해 해당 월(시차)에 확산된 빈도(*F*)' 이다. x_{t-1}은 x_t의 이전 월(이전시차)에 키워드가 확산된 빈도(*F*)를 의미한다. 또한 $\overline{x_t}$과 $\overline{x_{t-1}}$은 각각 'x_t, x_{t-1}의 평균(*M*)' 을, s_{x_t}, $s_{x_{t-1}}$은 각각 ' x_t, x_{t-1}의 표준편차(*SD*)' 를 의미한다.

5.3 이슈확산 채널 간 '상호작용성(Interactivity)'

상호작용성(Interactivity)은 방송정책 이슈를 포함하는 소셜텍스트가 뉴스섹션, 블로그, 커뮤니티의 확산공간 간에 어떠한 관계성을 가지고 확산되는가를 살펴본 개념이다. 하나의 정책이슈가 소셜미디어상에서 더 빠르게 전파되기 위해서는 언론매체인 뉴스섹션에서 많이 언급된 키워드가 블로그에 옮겨지고, 커뮤니티를 통해 공유될 때 더욱 확산이 가속화될 것이라 생각해 볼 수 있다. 이는 소셜미디어 채널 간 키워드가 언급되는 정도의 상관관계가 높을수록 해당 이슈가 더욱 빠르게 확산될 수 있다는 의미이다. 따라서 아래와 같은 상관관계 공식의 설정을 통해 상호작용성을 수치화할 수 있다.

$$C_{xy} = \frac{\sum_{i=1}^{n}(x_i - \overline{x})(y_i - \overline{y})}{(n-1)s_x s_y}$$

위의 공식에서 x_i와 y_i는 각각 '월별로 뉴스섹션, 블로그, 커뮤니티에서 나타나는 방송정책 키워드 빈도' 이다. 가령 x_i를 뉴스섹션에서 나타나는 방송정책 키워드 빈도로 설정한다면, y_i는 블로그에서 나타나는 방송정책 키워드 빈도로 설정할 수 있다. 이를 통해 각 채널에서 언급되는 키워드 빈도의 상관관계를 도출한다는 의미이다. $\bar{x}$와 $\bar{y}$는 각각 x, y의 평균(M)을 의미하며, s_x와 s_y는 각각 'x, y의 표준편차(SD)'를 의미한다.

5.4 이슈가 생산해낸 주제들의 '다양성(Diversity)'

다양성(Diversity)은 방송정책 이슈들이 생산해낸 언급주제들의 다양성을 의미한다. 주제들의 다양성을 정교한 방식으로 측정하려면 의미분석이 필요하며, 그 사전단계로 연관 키워드 분석 단계를 설정할 수 있다. 이를 통해, 사람들이 방송정책 이슈에 대해 얼마나 많은 주제로 논의하고 있는지 추정해 볼 수 있기 때문이다.

본 장에서는 방송정책관련 이슈의 다양성을 살펴보기 위해 우선 정책이슈별 소셜텍스트에서 특정 횟수(2회) 이상 언급되는 키워드를 수집하여 분석했다.

이렇게 수집된 소셜텍스트를 통해 방송정책관련 키워드의 연관 키워드 언급수를 분석하고 이들의 합계, 평균빈도, 왜도, 첨도의 표준점수 등을 도출했다. 또한 다양성(Diversity) 정도를 비교하기 위한 표준점수를 도출하여 아래와 같은 공식을 설정했다. 각 방송정책이슈의 소셜텍스트에 포함되어 있는 핵심 키워드와 이와 연관된 키워드들이 차지하는 비중을 계산하는 데 초점을 맞춘 것이다.

$$D = \frac{Z_a + Z_b + Z_c + Z_d}{4}$$

여기서 Z_a는 '방송정책관련 연관 키워드 합계의 표준점수', Z_b는 '방송정책관련 연관 키워드 평균빈도의 표준점수', Z_c는 '방송정책관련 연관 키워드 왜도의 표준점수', Z_d는 '방송정책관련 연관 키워드 첨도의 표준점수' 를 의미한다. 위의 공식을 통해 도출된 다양성 수치는 그 값이 클수록 실제 다양성은 낮게 나타나 모든 표준점수를 구하고 난 이후에는 이를 모두 양수(+)로 변환하는 과정이 필요하다.

5.5 이슈에 대한 사람들의 '주목도(Attention)'

주목도(Attention)는 사람들이 특정한 방송정책관련 이슈에 대해 비교적 얼마나 높은 관심을 보여주는지에 대한 개념이다. 소셜미디어상에서 방송정책관련 소셜텍스트가 발견될 경우, 소셜미디어 공간 내에서 특정 키워드가 소위 검색어 순위의 상위에 랭크되면 크롤러도 이를 우선순위에 두고 수집한다. 따라서 주목도는 크롤러가 수집하는 키워드의 우선순위와 키워드 배열시 나타나는 간격들을 토대로 그 수치를 구하도록 했다. 다시 말하면, 주목도에 관한 수치는 소셜미디어상에서 상대적으로 크롤러가 우선적으로 수집하는 키워드의 순서와 그 간격의 정도를 수치화한 것이다. 여기서 키워드 수집순서가 앞서면 주목도가 높은 키워드이며, 높은 주목도의 소셜텍스트에 포함되어 있다고 볼 수 있다.

주목도의 측정을 위해 크롤러가 해당 키워드를 서버에 수집한 순서로 간격을 수치화하고 이에 대한 최대값, 합계, 평균, 표준편차를 통해 각각의 방송정책 키워드별 주목도를 도출한다. 아래는 주목도의 도출을 위해 설정한 표준점수 공식이다.

$$Z = \frac{X - \mu}{\sigma}$$

위의 공식에서 X는 '키워드별 크롤링 간격의 평균' 이다. 또한 μ와 σ는 각각 '키워드별 X에 대한 전체평균(M)' 과 '키워드별 X에 대한 전체 표준편차(SD)' 를 나타낸다. 위의 표준점수들의 합계를 통해 아래와 같이 주목도를 도출할 수 있다.

$$A = Z_a + Z_b$$

여기서, Z_a는 '크롤링 간격 평균의 표준점수' 를, Z_b는 '크롤링 간격 표준점수의 표준점수' 를 의미한다. 위 공식을 통해 도출된 값의 크기가 클수록 주목도는 낮다고 해석할 수 있기 때문에 주목도를 제대로 해석하기 위해서는 다양성 지수와 마찬가지로 그 숫자를 양수(+)화하는 작업을 필수적으로 수행해야 한다.

6. 소셜텍스트 데이터를 통한 정책이슈 확산요소 분석사례

앞서 방송정책의 이슈확산 요소들을 조작적으로 정의했다. 여기서는 앞서 살펴본 이슈파급 요소들의 조작적 정의를 통해 실제 데이터를 분석해 보고자 한다. 또한 이슈확산 요소를 지수화한 개념의 SDIDA(Scope · Duration · Interactivity · Diversity · Attention) Index를 설정하여 상대적으로 비교 가능한 개념으로써 방송정책 이슈확산의 정도를 측정해 보고자 한다.

앞서 언급한 바대로, 분석을 위해 활용된 데이터는 각 방송정책 키워드별로 2010년 11월부터 2013년 10월까지 총 36개월의 기간 동안 생산된 소셜미디어상 텍스트 데이터이다. 분석에 필요한 키워드는 방송 · 통신 · ICT 등 전문가들을 통해 설정했는데, 이중 방송과 관련된 분석 키워드로 IPTV, 디지털콘텐츠, 위성 등 3개 분야의 키워드를 선정했다. 선정된 키워드는 크롤러에 입력하여 이들 키워드가 포함된 소셜텍스트를 수집했으며, 이들 소셜텍스트에서 도출된 수치들을 토대로 이슈확산 요소별 양상을 살펴보고자 했다. 그리고 앞서 언급한 SDIDA Index를 통해 이슈별 확산양상을 비교해 보았다.

6.1 IPTV

6.1.1 범위(Scope)

IPTV 이슈의 경우 범위와 관련된 수치는 아래 〈표 9-1〉과 같이 나타났다. IPTV 키워드는 총 36개월간 커뮤니티에서 가장 높은 빈도를 보였으며 10,459건이었다. 다음으로 블로그 공간에서 높은 수치를 보였고 총 9,490건을 기록했다. 블로그의 경우 확산 공간 중에서 가장 높은 채널점유율을 보였는데, 다른 채널에 비해서 언급된 채널의 수가 그만큼 많았다는 의미이다. 상대적으로 뉴스섹션의 언론사나 커뮤니티의 카페수에 비해 더 많은 블로그 채널에서 IPTV에 대한 언급이 많았다는 것이다.

블로그라는 공간이 보다 전문화된 개인에 의해 운영되는 채널을 많이 포함한다는 점을 고려하면 3년간의 시간 동안 상대적으로 IPTV는 특정 이슈에 대한 관심이 많거나 전문성을 가진 개인들에 의해 보다 많은 언급이 이루어졌을 수 있다.

최근에는 양방향 방송에 대한 관심이 높아지면서 IPTV를 통한 VOD 시청자층이 늘어나고 있는 추세이다. 커뮤니티에서 언급빈도가 높은 점은 바로 IPTV 콘텐츠에 대한 대중들의 관심을 반영하는 수치로 해석이 가능하며, 실제 텍스트 데이터의 사례를 통해 살펴보면 콘텐츠에 대한 설명이나, 소감 등에 대한 내용이 발견되기도 했다.

표 9-1 'IPTV' 키워드의 소셜텍스트 범위 관련수치 : 파급범위별 언급 빈도

키워드 구분		뉴스섹션	블로그	커뮤니티	합계
IPTV	빈도	3,789	9,490	10,459	23,738
	비율(%)	16	40	44	100
	채널수	202	5,109	3,753	9,064
	채널점유율(%)	5.33	53.84	35.88	38.18

6.1.2 지속성(Duration)

IPTV 이슈에 대한 36개월간 지속성 관련 지표는 〈표 9-2〉와 같이 나타난다. 블로그에서 언급되는 비율이 점차적으로 높아지고 뉴스섹션과 커뮤니티에서의 언급 비율은 지속적으로 낮아지고 있는 양상을 보인다. 그러나 이슈의 시계열적 분포로 보면 36개월 내에서 자기상관성이 발견되지는 않는다. 즉, IPTV관련 이슈들이 시간의 흐름에 영향을 받아 계속적으로 증가하거나 혹은 감소하거나 하는 통계적 근거가 확인되지는 않았다.

표 9-2 'IPTV' 키워드의 소셜텍스트 지속성 관련수치 : 소셜텍스트 노출 빈도

키워드 구분		2010년도 (11～12월)		2011년도 (1～12월)		2012년도 (1～12월)		2013년도 (1～10월)		합계
		빈도	비율(%)	빈도	비율(%)	빈도	비율(%)	빈도	비율(%)	
IPTV	뉴스섹션	161	16.6	1,155	15.4	1,312	17.9	1,161	14.6	3,789
	블로그	316	32.6	2,537	33.9	2,927	40.0	3,710	46.6	9,490
	커뮤니티	493	50.8	3,794	50.7	3,084	42.1	3,088	38.8	10,459
	합계	970	100	7,486	100	7,323	100	7,959	100	23,738

6.1.3 상호작용성(Interactivity)

IPTV 이슈에 대한 채널 간 상호작용성을 살펴보면 뉴스섹션-커뮤니티, 블로그-커뮤니티 간에 통계적으로 유의미한 정적 상관관계가 나타났으며, 이를 통해 채널 간 상호작용이 활발히 이루어지고 있는 것으로 나타났다. 즉, IPTV가 언급되는 소셜텍스트가 뉴스섹션에서 늘어나면 커뮤니티에서에서도 함께 증가하며, 커뮤니티에서 소셜텍스트가 증가할 때 뉴스섹션의 소셜텍스트도 증가하는 것을 알 수 있었다. 마찬가지로 블로그-커뮤니티 간에도 이러한 상관관계가 존재하여 채널 간 상호

그림 9-5 'IPTV' 키워드의 채널별 소셜텍스트 분포

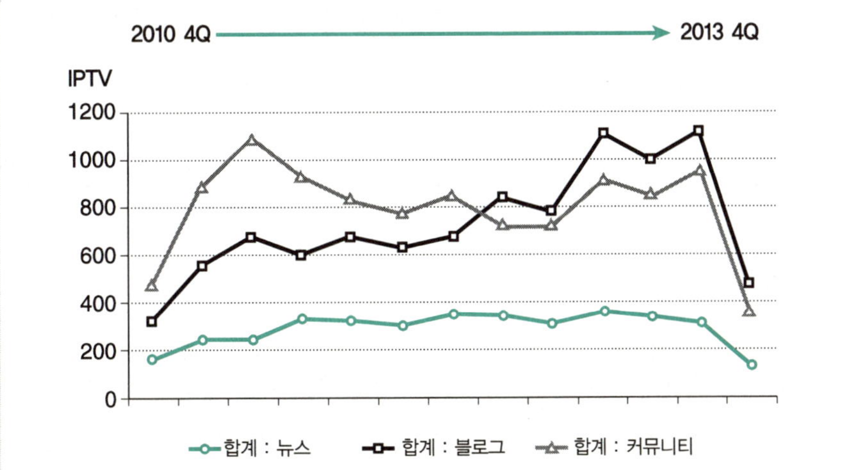

작용성을 보이고 있는 것으로 나타났다.

표 9-3 'IPTV' 키워드의 소셜텍스트 채널 간 상호작용성 관련수치 : 채널 간 언급 상관관계

		뉴스섹션	블로그	커뮤니티
IPTV	뉴스섹션	1.0		
	블로그	**-0.234****	1.0	
	커뮤니티	**0.282****	**0.224****	1.0

6.1.4 다양성(Diversity)

IPTV 이슈에 대한 다양성 수치를 살펴보면 IPTV와 연관된 키워드들의 집합군은 총 33,234건으로 나타났다. 또한 IPTV 키워드와 관련성이 높은 연관 키워드 비율은 140%로 나타났다. 이는 비교적 낮은 수치에 해당했다. 상대적으로 타 키워드에 비해 다양성에서 이렇다 할 특이점이 발견되지 않는 이유는 언급된 빈도 자체의 수치가 적게 나타났기 때문이라고 볼 수 있다. 또한 그만큼 IPTV에 대해 다양한 논제들이 제시되거나 이에 대한 다양한 논의가 이루어지지 않았다는 해석이 가능하다.

표 9-4 'IPTV' 키워드의 소셜텍스트 다양성 관련수치 : 연관 키워드 빈도분석

키워드 구분	연관 키워드 집합 총계 (a)	연관 키워드 비율 (%)	연관 키워드 빈도				연관 키워드 분포	
			합계 (b)	최대값	평균 (b/a)	표준편차	왜도	첨도
IPTV	33,234	140	808,033	17,148	24.31	181.99	44.895	3,208.569

6.1.5 주목도(Attention)

IPTV 이슈에 대한 주목도를 나타내는 수치로 〈표 9-5〉와 같은 소셜텍스트 크롤링 간격 분석결과를 살펴볼 수 있다. 크롤링된 키워드 간격의 최대값은 19,588로 나타났으며, 평균 9.94 표준편차 181.09로 나타나 상대적으로 높은 수치를 보였다.

크롤링된 키워드의 간격이 클수록 해당 키워드가 소셜미디어에서 주목될 확률은 낮아지므로 이를 통해 IPTV 이슈가 상대적으로 낮은 주목도를 기록하고 있음을 알 수 있다.

표 9-5 'IPTV' 키워드의 소셜텍스트 주목도 관련수치 : 소셜텍스트 크롤링 간격 분석

키워드 구분	N	최대값	합계	평균	표준편차
IPTV	23,738	19,588	235,955	9.94	181.09

지금까지 살펴본 IPTV 정책이슈의 확산관련 수치들을 표준점수화하면 [그림 9-6]과 같은 SDIDA Index로 나타낼 수 있다. IPTV의 경우 상대적으로 이슈확산 요소들을 비교해 보면 주목도와 범위가 다양성, 지속성, 파급범위 등에 비해서 높게 나타나는 것을 알 수 있다.

그림 9-6 'IPTV' 키워드의 소셜텍스트 표준화지수(SDIDA Index) 분포[2]

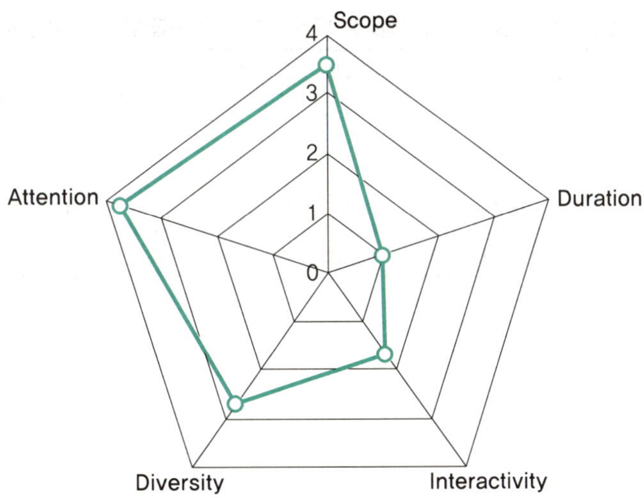

2. 본문의 SDIDA Index는 앞서 조작적 정의를 통해 설정한 범위(Scope), 지속성(Duration), 상호작용성(Interactivity), 다양성(Diversity), 주목도(Attention)를 이슈 간 상대적 표준점수로 수치화한 값이다. 저자의

6.2 디지털콘텐츠

6.2.1 범위(Scope)

디지털콘텐츠 이슈의 경우에는 파급범위가 〈표 9-6〉과 같이 나타난다. 여타 방송정책 이슈에 비해 블로그에서의 채널점유율이 매우 높은 것으로 나타났다.

그러나 빈도를 따져보면 뉴스섹션이나 커뮤니티에 비해 블로그에서의 언급량이 총 2,523건을 기록해 낮은 것으로 나타났다. 데이터가 총 3년간의 수치라는 점을 감안하면 이는 더욱 낮은 수치임을 알 수 있다.

반면 뉴스섹션에서의 언급빈도가 가장 높게 나와 총 11,384건으로 나타났다. 다음으로 커뮤니티에서의 빈도는 총 10,805건이다. 뉴스섹션에서 디지털콘텐츠 이슈가 다뤄지는 이유는 최근 우리나라의 디지털콘텐츠(게임, 음악, 영화 등)에 대한 질적 향상이나 글로벌 시장진출 등의 내용과 관련성이 있는 것으로 확인된다.

표 9-6 '디지털콘텐츠' 키워드의 소셜텍스트 범위 관련수치 : 파급범위별 언급 빈도

키워드 구분		뉴스섹션	블로그	커뮤니티	합계
디지털콘텐츠	빈도	11,384	2,523	10,805	24,712
	비율(%)	46.1	10.2	43.7	100
	채널수	267	1,914	4,800	6,981
	채널점유율(%)	2.35	75.86	44.42	28.25

박사학위 논문에서는 전체 방송 · 통신 · ICT 등 정보화 정책의 이슈 키워드로 IPTV, RFID, USN, U-컴퓨팅, 광대역통신망, 디지털콘텐츠, 위성, 정보통신 모듈 및 부품, 정보통신 제조, 정보통신 응용 기반, 텔레매틱스, 홈네트워크 등 12개를 선정했는데, 본 장에서 이들 중 IPTV, 디지털콘텐츠, 위성 등 방송정책관련 3개 키워드의 표준점수만을 발췌해 인용한 것이다. 따라서 본 장의 이슈 키워드별 SDIDA Index는 총 12개 이슈 키워드 분석을 통해 도출된 표준점수를 토대로 한 것으로 보아야 한다.

6.2.2 지속성(Duration)

디지털콘텐츠에 대한 이슈는 지난 36개월 동안 뉴스섹션에서 지속되는 정도가 높게 나타난다. 그러나 통계적으로 유의미한 수준의 자기상관성은 보이지 않는다. 특이한 점은 뉴스섹션이나 커뮤니티에 비해 블로그에서의 소셜텍스트 노출빈도가 현저히 낮게 나타난다는 점이다.

따라서 언론을 통해서나 공중에 조직적으로 파급되는 이슈의 양상을 발견할 수 있고, 해당 이슈가 구체적인 주제를 통해 논의되는 경우는 낮게 나타날 수 있음을 추정할 수 있다.

표 9-7 '디지털콘텐츠' 키워드의 소셜텍스트 지속성 관련수치 : 소셜텍스트 노출 빈도

키워드 구분		2010년도 (11~12월)		2011년도 (1~12월)		2012년도 (1~12월)		2013년도 (1~10월)		합계
		빈도	비율(%)	빈도	비율(%)	빈도	비율(%)	빈도	비율(%)	
디지털 콘텐츠	뉴스섹션	558	42.30	3,368	47.60	3,744	46.25	3,714	45.17	11,384
	블로그	345	26.16	597	8.44	580	7.16	1,001	12.17	2,523
	커뮤니티	416	31.54	3,110	43.96	3,771	46.58	3,508	42.66	10,805
	합계	1,319	100	7,075	100	8,095	100	8,223	100	24,712

6.2.3 상호작용성(Interactivity)

다음으로 디지털콘텐츠 이슈의 채널 간 상호작용성 수치에서는 뉴스섹션-커뮤니티, 커뮤니티-블로그 간에 통계적으로 유의미한 상관관계를 보였다. 특히 뉴스섹션과 커뮤니티 간 상관관계는 타 이슈에 비해 현저히 높은 수치를 기록했다. 이를 통해 뉴스에서 파급되는 이슈가 많은 커뮤니티에 의해 회자되거나, 커뮤니티를 통해 논의되는 다양한 이야기가 언론을 통해 뉴스화될 가능성이 높다는 점을 알 수 있다.

그림 9-7 '디지털콘텐츠' 키워드의 채널별 소셜텍스트 분포

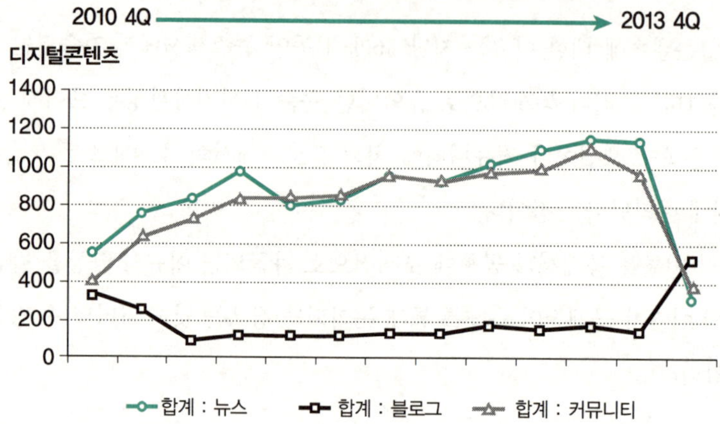

표 9-8 '디지털콘텐츠' 키워드의 소셜텍스트 채널 간 상호작용성 관련수치 : 채널 간 언급 상관관계

		뉴스섹션	블로그	커뮤니티
디지털콘텐츠	뉴스섹션	1.0		
	블로그	0.046	1.0	
	커뮤니티	**0.480****	**0.079****	1.0

6.2.4 다양성(Diversity)

디지털콘텐츠의 이슈 다양성은 다른 키워드에 비해서 가장 높은 정도를 보였다. 이는 연관 키워드 비율에서도 알 수 있다. 연관 키워드 비율이 223.34%를 기록했는데, 이는 디지털콘텐츠를 언급한 빈도보다 2배 이상의 높은 수치가 연관 키워드로 제시되었다는 것을 의미한다.

내용적으로는 디지털콘텐츠라는 키워드에 영상, 음악, 게임 등 다양한 콘텐츠의 내용들을 소재로 하는 연관 키워드들이 언급되었는데 그 정도가 디지털콘텐츠 키워드 언급빈도의 2배에 달했다. 마찬가지로 연관 키워드 빈도도 총 1,227,278건으로 IPTV나 위성 이슈에 비해 현저히 높은 수치를 기록했다.

표 9-9 '디지털콘텐츠' 키워드의 소셜텍스트 다양성 관련수치 : 연관 키워드 빈도분석

키워드 구분	연관 키워드 집합 총계 (a)	연관 키워드 비율 (%)	연관 키워드 빈도				연관 키워드 분포	
			합계 (b)	최대값	평균 (b/a)	표준편차	왜도	첨도
디지털 콘텐츠	55,192	223.34	1,277,278	13,504	23.14	147.571	37.543	2,488.672

6.2.5 주목도(Attention)

디지털콘텐츠 키워드에 대한 크롤링 간격분석을 해보면 간격의 최대값이 39,475로 나타나고 평균값은 9.55, 표준편차는 275.10이다. 앞서 살펴본 IPTV 이슈에 비해 높은 수치를 기록했다. 따라서 상대적으로 디지털콘텐츠 이슈에 대해 주목하는 정도가 상대적으로 낮은 것을 알 수 있다.

표 9-10 '디지털콘텐츠' 키워드의 소셜텍스트 주목도 관련수치 : 소셜텍스트 크롤링 간격 분석

키워드 구분	N	최대값	합계	평균	표준편차
디지털콘텐츠	24,712	39,475	235,950	9.55	275.10

[그림 9-8]은 디지털콘텐츠 키워드의 SDIDA Index 분포이다. 지수의 분포에서 보이는 바와 마찬가지로 이슈파급에 대한 지속성과 상호작용성, 다양성, 주목도 등은 낮은 수준을 보이고 파급범위에서 높은 수치를 기록하고 있다.

그림 9-8 '디지털콘텐츠' 키워드의 소셜텍스트 표준화지수(SDIDA Index) 분포

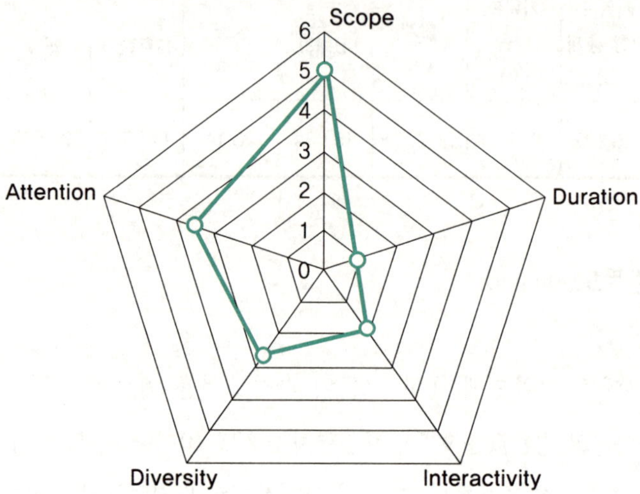

6.3 위성

6.3.1 범위(Scope)

위성과 관련된 방송정책 키워드의 언급빈도는 커뮤니티에서 가장 높게 나타났다. 총 86,140건의 빈도를 보인 커뮤니티는 채널점유율에서도 가장 높은 빈도를 보여서 여타 소셜미디어 공간에 비해 보다 넓은 이슈확산 범위를 보여주었다.

두 번째로 키워드 빈도가 높은 공간은 블로그로 총 82,130건의 수치가 나타났고 이에 비해 뉴스섹션은 가장 낮은 15,878건의 빈도를 보였다. 그리고 뉴스섹션의 채널점유율 비율은 IPTV와 디지털콘텐츠 키워드에 비해 가장 낮은 수치를 기록했다.

표 9-11 '위성' 키워드의 소셜텍스트 범위 관련수치 : 파급범위별 언급 빈도

키워드 구분		뉴스섹션	블로그	커뮤니티	합계
위성	빈도	15,878	82,130	86,140	184,148
	비율(%)	8.6	44.6	46.8	100
	채널수	244	26,209	30,718	57,171
	채널점유율(%)	1.54	31.91	35.66	31.05

6.3.2 지속성(Duration)

위성관련 키워드의 소셜텍스트 노출빈도는 총 36개월의 기간 동안 초기에 높게 나타나고 이 시기에 정적(+) 자기상관성도 나타났다. 즉, 2010년에서 2011년도로 넘어가는 시기에 소셜텍스트 노출빈도는 지속적으로 높아지는 정도를 보였으나 중반을 지나면서 부적(-) 자기상관성이 나타나고 이슈의 지속정도가 낮아지며 노출빈도도 줄어들고 있는 것으로 나타났다.

채널별로 살펴보면 뉴스섹션에서는 기간별로 이렇다 할 특이점이 보이지 않지만, 2011년도에 커뮤니티에서 높았던 빈도의 비율이 2012년도에는 블로그로 전이되는 현상이 발견된다. 그리고 2013년도에는 블로그와 커뮤니티에서 비슷한 수준의 노출빈도를 보이는 것도 특징적으로 나타났다.

표 9-12 '위성' 키워드의 소셜텍스트 지속성 관련수치 : 소셜텍스트 노출 빈도

키워드 구분		2010년도 (11~12월)		2011년도 (1~12월)		2012년도 (1~12월)		2013년도 (1~10월)		합계
		빈도	비율(%)	빈도	비율(%)	빈도	비율(%)	빈도	비율(%)	
위성	뉴스섹션	868	10.81	5,280	11.15	5,249	6.10	4,481	10.48	15,878
	블로그	1,672	20.82	13,590	28.69	48,440	56.33	18,428	43.10	82,130
	커뮤니티	5,490	68.37	28,504	60.17	32,303	37.57	19,843	46.41	86,140
	합계	8,030	100	47,374	100	85,992	100	42,752	100	184,148

그림 9-9 '위성' 키워드의 소셜텍스트 자기상관(AC) 시계열 그래프

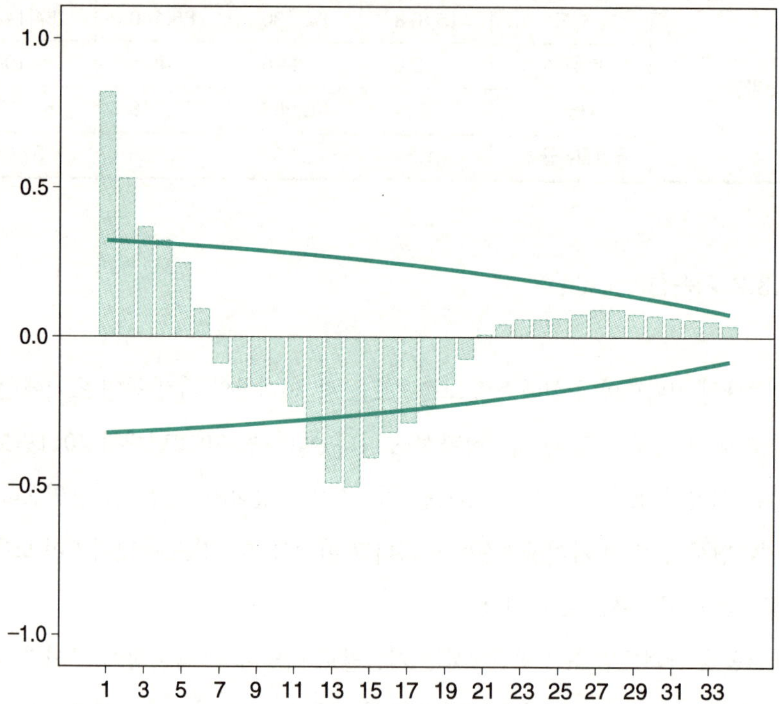

6.3.3 상호작용성(Interactivity)

위성의 경우 상호작용성 수치를 살펴볼 때, 뉴스섹션-블로그-커뮤니티 간 상관관계수치가 통계적으로 유의미한 수준으로 측정되었다. 즉, 위성관련 소셜텍스트는 각 채널에서 동시에 언급되면서 서로의 양적 수치에도 영향을 주는 것으로 보인다.

이를 통해 소셜미디어에서 위성관련 이슈가 논의된 지난 3년간은 소셜미디어 내 각 채널 간에도 매우 활발하게 관련 이슈 논의가 이루어져 왔음을 추정해 볼 수 있다.

그림 9-10 '위성' 키워드의 채널별 소셜텍스트 분포

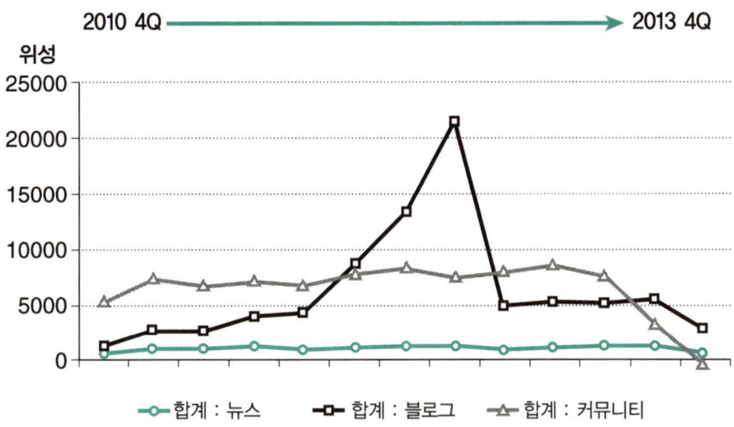

표 9-13 '위성' 키워드의 소셜텍스트 채널 간 상호작용성 관련수치 : 채널 간 언급 상관관계

		뉴스섹션	블로그	커뮤니티
위성	뉴스섹션	1.0		
	블로그	**0.115****	1.0	
	커뮤니티	**0.182****	**0.173****	1.0

6.3.4 다양성(Diversity)

위성관련 소셜텍스트의 다양성은 연관 키워드 비율이 0.02%일 정도로 매우 낮은 수치를 보였다. 연관 키워드가 이렇게 낮은 수치를 보인 것은 위성관련 소셜텍스트 자체의 빈도가 상대적으로 높은 수치를 기록했기 때문이다.

연관 키워드 빈도에 있어서는 앞선 두 개의 이슈보다 더 낮은 701,878건을 기록했고 이러한 결과로 미루어 볼 때, 위성 이슈와 관련한 소셜텍스트는 상대적으로 소셜텍스트의 내용이 다양한 주제로 언급되지는 않는다는 것을 알 수 있다.

표 9-14 '위성' 키워드의 소셜텍스트 다양성 관련수치 : 연관 키워드 빈도분석

키워드 구분	연관 키워드 집합 총계 (a)	연관 키워드 비율 (%)	연관 키워드 빈도				연관 키워드 분포	
			합계 (b)	최대값	평균 (b/a)	표준편차	왜도	첨도
위성	33.503	0.02	701,878	5,566	20.95	100.092	20.073	659.717

6.3.5 주목도(Attention)

위성 키워드의 소셜텍스트 크롤링 간격을 분석해 보면 최대값 4,041에 평균값이 1.28, 표준편차가 45.29로 나타나 상대적으로 높은 주목도를 보인다. 이는 타 이슈들과 비교해 보아도 매우 높은 주목도 수치이다. 따라서 위성 키워드는 다른 키워드들에 비해 더욱 자주 크롤링되어 지난 36개월간 사람들에게 주목된 정도가 높았다.

표 9-15 '위성' 키워드의 소셜텍스트 주목도 관련수치 : 소셜텍스트 크롤링 간격 분석

키워드 구분	N	최대값	합계	평균	표준편차
위성	184,148	4,041	235,959	1.28	45.29

[그림 9-11]은 위성 키워드에 대한 SDIDA Index 분포이다. 비교적 파급범위에서 현저히 높은 수준을 보여주고 있는데, [그림 9-11]의 척도가 타 이슈들과 달리 높은 숫자의 단위로 표기되어 있어 전반적인 주목도 수준도 타 이슈에 비해 높은 것으로 해석할 수 있다.

위성관련 키워드는 총 36개월 동안 전체 방송정책관련 이슈의 확산요소들 중에서도 범위, 지속성, 주목도 측면에서는 다른 이슈에 비해 높은 수준을 보였다.

그림 9-11 '위성' 키워드의 소셜텍스트 표준화지수(SDIDA Index) 분포

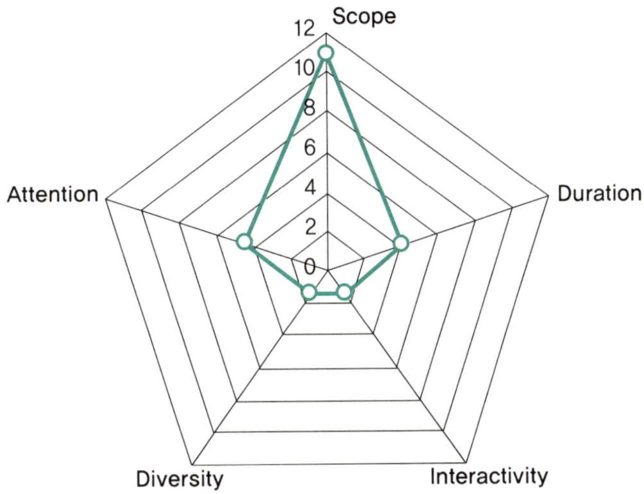

이제까지 살펴본 IPTV, 디지털콘텐츠, 위성 이슈의 확산요소를 측정한 표준화지수인 SDIDA Index는 〈표 9-16〉과 같이 정리할 수 있다. 이를 통해 3개 방송정책관련 이슈의 확산 과정에 영향을 미치는 요소들을 비교 가능한 계량적인 수치로 확인할 수 있다.

3개의 방송정책관련 이슈들을 비교해 보면 이슈가 파급되는 범위와 지속성, 주목도는 위성관련 이슈가 높은 수치를 보였고 상호작용성과 다양성 측면에서는 디지털콘텐츠가 높은 수치를 기록했다.

표 9-16 방송정책 이슈확산 구성요소별 표준화지수 : SDIDA Index

키워드 구분	범위 (Scope)	지속성 (Duration)	상호작용성 (Interactivity)	다양성 (Diversity)	주목도 (Attention)
IPTV	3.46	1.00	1.69	2.77	3.77
디지털콘텐츠	5.05	1.00	1.86	2.80	3.63
위성	11.14	4.00	1.57	1.53	4.53

7. 결론

지금까지 방송정책관련 이슈의 확산양상을 살펴보기 위해 키워드를 선정하고 이를 크롤러에 입력하여 소셜텍스트 데이터를 수집해 분석하는 과정을 설명했다. 그리고 이 과정에서 이슈확산을 촉진시키는 요소들로 범위, 지속성, 상호작용성, 다양성, 주목도를 설정하고 조작적 정의를 시도했다. 이슈확산 요소는 방송정책관련 분석 키워드인 IPTV, 디지털콘텐츠, 위성 등을 중심으로 수집한 소셜텍스트 데이터를 통해 그 정도를 계산했다. 그리고 이를 통해 이들 키워드가 어떠한 확산과정을 거치는지 비교 가능한 수치들을 도출했다

결과적으로 파급되는 범위와 지속성, 주목도는 위성관련 이슈가 높게 나타났고 상호작용성과 다양성 측면에서는 디지털콘텐츠가 높게 나타났다. 이는 위성 키워드를 포함하고 있을 경우에는 많은 소셜미디어 채널에 이슈가 확산되고 긴 시간 동안 이슈가 지속되며, 사람들이 해당 이슈에 주목할 가능성이 높았다는 얘기이다. 디지털콘텐츠의 경우에도 채널 간 빠른 속도로 전파되거나 많은 논제들을 내포했을 가능성이 높다는 것으로 해석이 가능하다.

결과적으로 방송정책관련 이슈별로 뚜렷이 구분되는 이슈확산 수치적 요소들이 확인된 것이다. 이처럼 비교 가능한 이슈확산 요소의 수치들은 이슈가 정책으로 반영될 가능성 여부를 판단하기에 중요한 근거자료가 될 수 있다. 따라서 위성과 디지털콘텐츠 같은 이슈들은 분석기간 동안에는 여타 이슈들에 비해 정부정책으로 수립되고 시행될 가능성이 높았을 수 있다는 말이다.

정책학 영역에서 이미 개념이 제시된 바 있는 정책 격발 메커니즘은 바로 이러한 형태로 실행된다. 정책이 격발되기에 필요한 조건들이 충족될 경우 실제 정책으로 나타나는 가능성이 높아진다. 다른 측면에서 보자면, 그만큼 소셜미디어에서 이슈가 확산되는 양상을 뚜렷이 보여줄수록 정부가 더욱 관심을 가져 정책의 결과로 나타날 가능성이 높다는 뜻이다.

본 연구의 분석 프레임이 중요한 이유도 바로 이 지점에 있다. 기존의 연구들은 정책이 수립되는 양상에 대해 그 원인을 내용적인 측면에 국한하여 찾는 경우가 많았다. 단순히 대중에게 중요한 사안이고 논란이 많이 일어날수록 정책으로 수립되는 경우가 많다고 보는 데 그치거나 이를 촉진시키는 매개적 요소에 대해서는 간과한 측면이 있다. 하지만 본 연구의 경우에는 소셜미디어적 특성이 반영된 이슈확산의 기제들을 중심으로 어떠한 방식으로 이슈들이 확산될 수 있는지 그 양태를 구체적으로 조망해 보았다는 데 의미가 있을 것이다.

본 장에서 논의한 이슈확산 요소들의 수치가 증가하면 실제로는 어떠한 형태의, 혹은 얼마나 많은 종류의 정부정책들이 발표될 수 있는가? 이에 대해서는 실제 정부정책 내용에서 발견되는 키워드의 분석을 통해 결과를 도출할 수 있다. 또한 이를 통해 실제 소셜미디어상에서 확산되는 이슈들이 어떠한 정책의 결과로 나타났는지도 검증할 수 있다. 하지만 이 경우, 소셜텍스트 데이터의 샘플링 작업을 통해 주요 정책적 논제들을 발췌하고 이들에게 매칭되는 정부정책을 수집해 나가는 작업이 필요하다. 그래서 이슈확산 요소들의 수치와 정부정책에 관한 내용적 매칭은 컴퓨팅 시스템을 통해서는 도출되기 힘든 측면이 있다. 이는 기술적 시스템을 통한 빅데이터 분석의 영역이라기보다는 기존 미디어 분야에서 행해진 내용분석의 영역에 가깝다고 볼 수 있다. 이처럼 소셜미디어상에서 생산되는 대용량 텍스트 데이터의 분석 이후, 이를 정책결과와 매칭하는 단계는 컴퓨팅 기술로 분석이 어렵기 때문에 아직까지 세부적인 내용과 그 의미를 분석하는 데 방법론적 한계가 존재하는 것이 사실이다.

참고문헌

조화순 · 송경재(2004). 인터넷을 통한 시민 정책참여 : 단일이슈 네트워크운동의 정책결정과정. 『한국행정학보』. 38(5), 197～214.

최홍규(2014). 정보화 정책 이슈의 확산 과정에 관한 연구 : 소셜텍스트 빅데이터 분석을 중심으로. 고려대학교 일반대학원 언론학 박사학위 논문.

최홍규 · 박구만 · 최성진 · 김성태(2014). 방송콘텐츠 영향력 도출을 위한 빅데이터 분석 체계에 관한 연구. 2014년 한국방송공학회 추계학술대회 발표자료.

Benjamin R. Barber (2001). "Which Technology for Which Democracy? Which Democracy for Which Technology?." *International Journal of Communications Law and Policy* 6.

Birkland, Thomas A. (2005). *Introduction to the Policy Process : Theories, Concepts, and Models of Public Policy Making*. M. E. Sharpe.

Dye, Thmas R. (2001). *Top Down Policy Making*. NY : Chatham House Publishers.

Gerston, Larry. N. (1997). *Public Policy Making : Process and Principles*. New York : M. E. Sharp.

Irvin, Renee A., and John Stansbury. (2004). "Citizen Participation in Decision Making : Is It Worth the Efforts?." *Public Administration Review*, 64(1), 55～65.

Mele, Christopher (1999). *Cyberspace and Disadvantage Communities : The Internet as a Tool for Collective Action*. In Communities in Cyberspace, ed. Marc A. Smith and Peter Kollock. London : Routledge. 조동기 역(2001). 『사이버공간과 공동체』. 서울 : 나남출판. 523～555.

Valenzuela, Sebastian, Namsu Park, and Kerk F. Kee (2009). "Is There Social Capital in a Social Network Site? : Facebook Use and College Students' Life Satisfaction, Trust, and Participation." *Journal of Computer-Mediated Communication*, 14, 875～901.

TV홈쇼핑 콘텐츠 제작을 위한 빅데이터 활용 연구

김해원 이화여자대학교 커뮤니케이션 · 미디어 연구소 연구위원

전채남 더아이엠씨 대표

chapter **10**

※ 본 장은 다음의 글을 토대로 재구성한 것입니다. (김해원 · 전채남(2014). 빅데이터를 활용한 콘텐츠 제작 방안에 관한 탐색적 연구 : TV홈쇼핑을 중심으로. 사이버커뮤니케이션 학보, 제31권, 제3호, 5~51)

1. 들어가며

콘텐츠 제작에서 빅데이터를 활용할 수 있을까? 제작의 영역에 데이터를 매치하는 것, 그것도 빅데이터 방법론을 적용하려는 시도 자체가 왠지 창조성(creativity)과는 거리가 멀어지는 듯하고, '작품성' 이나 '아우라' 도 사라져버릴 듯한 느낌이다. 물론 이 장에서 주요 대상으로 설정한 TV홈쇼핑의 콘텐츠는 창작의 산물이라기보다는 제품 판매를 위한 콘텐츠로서, 여타의 콘텐츠에 비해 빅데이터와의 궁합이 크게 어색해 보이지 않는 것은 사실이다.

하지만 빅데이터와의 줄긋기가 가장 불편하게 느껴질 수 있는 서사 장르의 제작과정에 빅데이터 분석을 활용했다면? 그것도 배급이나 마케팅의 영역이 아니라, 감독이나 배우의 캐스팅, 작품의 소재와 주제, 스토리 전개방식(미스터리), 주요 캐릭터의 성격 및 사건까지도 빅데이터 분석 작업에 의해 도움을 받았다면? 2013년 에미상 최고 작품상을 수상한 넷플릭스의 드라마 '하우스 오브 카드(House of Cards)' 는 제작의 핵심 요소들을 결정하는데, 빅데이터 분석을 십분 활용했다고 알려져 있다. 창작의 영역에 데이터 분석을 접목하는 것에 대해 혹자는 씁쓸해할지 모른다. 이제 콘텐츠는 '작품' 이 아니라 '상품' 이 되어버렸다고.

그러나 이 장에서 바라보는 관점은 이와 같지 않다. 콘텐츠를 상품으로 바라보는 것이 아니라, '대화' 로 바라보자는 것이다. 기존의 커뮤니케이션 모델에서는 콘텐츠를 기획하고, 제작하는 제작자(발신자) 측이 이 콘텐츠를 수용하고 소비하는 수용자(수신자)에게 콘텐츠를 가져다 주는, '전달적 관점(transmissional perspective)' 으로 보았다. 하지만 이 장에서는 제작자와 수용자가 함께 의미를 생성해 가는 '대화적 관점(dialogic perspective)' 을 제안한다. 즉, 발신자가 수신자를 설득하여 소기의 목적을 달성하는 과정으로 커뮤니케이션을 바라보는 것이 아니라, 발신자와 수신자를 함께 의미를 생성해 가는 존재, 즉 수평적인 관계로 바라보는 것이다(Carey, 1988 ; Fiske, 1990).

다시 홈쇼핑 콘텐츠로 돌아와 생각해 보자. 광고나 마케팅 현장에서 일어나는 커뮤니케이션 활동을 기업과 고객의 '대화적 관점' 으로 바라본다면, 소비자에 대한 기존의 관점 또한 달라져야 한다. 실제로 이 시대의 소비자들은 제품 개발 단계에서부터 영향력을 행사하는 것은 물론이고, 제품 생산과 마케팅의 모든 과정에 참여하고, 감시(monitor)하는 존재라 할 수 있다. 소비자는 이제 주목시키고 욕구를 불러일으키고 변용시켜야 할 존재로, 협소하게만 봐서는 안 된다. 오히려 소비자와 함께 상품을 제안하고, 그들의 공감과 참여를 통해 함께 가치를 도모해야 하는 것이다(양윤직, 2010, 426~433).

이같은 맥락에서, TV홈쇼핑 콘텐츠는 시청자들이 상품에 부여하는 의미를, 그들의 언어와 그들의 감성으로 풀어낸 결과물이라 할 수 있으며, 콘텐츠 제작자는 시청자들의 숨겨진 욕구와 바람을 구체적인 스토리와 영상요소, 음성요소 등으로 재현해내는 '해독자' 라고 할 수 있다. 여기서 콘텐츠 제작자에게 요구되는 것은 고객에 대한 보다 넓고 깊은 '이해(understanding)' 이다.

홈쇼핑 제작자를 포함해 대부분의 콘텐츠 제작자들은 '상상의 수용자(imagined audience)' 를 떠올리며 그들을 위해 작업한다. '상상의 수용자' 에 대한 감각이 얼마나 구체성과 현실성을 띠느냐에 따라 콘텐츠의 퀄리티도 달라질 수 있다. 무엇을 어떻게 만들어야 할지 불확실성 속에 고민하는 제작자에게 구체적인 대상이 그려질 수 있다면, 출연자의 선택도, 상황의 설정도, 출연자가 말하는 단어 하나의 선택도, 또 음악의 선택도 보다 뚜렷한 기준점을 갖게 된다.

이러한 관점에서 빅데이터 분석은 '상상의 수용자' 를 구체화시킬 수 있는 적합한 수단이 될 수 있다. 현재 인터넷에는 고객들이 스스로 작성한 이야기들이 수없이 떠돌아 다닌다. 각종 온라인 커뮤니티, 블로그, SNS 등에 제품과 직간접으로 관련된 의견, 소감, 감정 등이 생생한 표현으로 살아 숨쉬고 있는 것이다. 빅데이터의 관점에서는 이러한 표현들을 '비정형 데이터' 라고 부르고, 이 비정형 데이터들을 수집하여, '상상의 수용자' 를 구체적으로 그려내는 데 활용하고자 한다. 본격적으로 빅데이터 분석의 활용방법을 이야기하기 전에 TV홈쇼핑 콘텐츠에 대해 좀 더 알아보도록 하자.

2. TV홈쇼핑 제작과정과 콘텐츠의 특징

TV홈쇼핑에서 생방송 현장은 단순히 상품의 특징과 가격을 노출하는 장이 아니다. 채널을 순간적으로 돌린 시청자들의 시선을 붙잡고, 그의 필요를 의식적, 무의식적으로 불러일으켜, 해당 시간에 구매결정까지 하게끔 이끄는 전략적 커뮤니케이션이 이루어진다. 생방송을 이끄는 주요 3주체는 MD(와 제품공급주체), PD(와 제작스탭들), 그리고 진행자인 쇼호스트라고 할 수 있다. 이들은 상품 자체의 특성뿐 아니라, 그동안 진행되었던 방송 내용과 결과를 꼼꼼히 점검하고, 생방송이 진행되는 당일과 시간대의 시의적인 특성을 고려하고, 주요 시청층의 특성을 망라하여, 방송 제품의 소구 방법을 뽑아내고 그것을 하나의 콘텐츠로 구체화한다.

방송 콘텐츠는 진행순서, 이야기 구성방식, 쇼호스트 멘트 속 에피소드, 영상을 통한 제품 시연, 자막, 사전제작된 자료화면, 음악 등의 다양한 방송 요소들로 이루어진다. 3주체는 "누구를 대상으로", "어떻게 이야기할 것인지" 고민하면서, 시청자의 이미지를 어렴풋이 형상화한다. 그들이 무엇을 필요로 하는지, 무엇을 아쉬워하는지, 그리고 이 시점에 이 상품을 선택하게 하는 이유는 무엇이 될지 상상하면서, 이것을 고객의 언어로 표현하기 위해, 고객이 올려준 상품평, 유사 제품에 대한 리뷰(온라인 블로그나 커뮤니티 등), 관련기사 등을 찾아본다. 이러한 자료들을 통해 시청자(잠재고객)의 이미지가 보다 구체적으로 그려지고, 그들이 선호하는 이야기와 핵심 키워드, 적절한 사례의 에피소드 등을 수집할 수 있다. 이러한 작업은 PD, 쇼호스트, MD 등의 전문직군이 일상적으로 수행하는 작업이지만, 개인 역량에 따라 성과에 차이가 생기고, 고객에 대한 이해가 체계적으로 축적되지 않는다는 점에 한계가 있다. 따라서 빅데이터 분석을 통해 고객에 대한 이해를 체계적으로 축적하고자 하는 것이다.

2.1 TV홈쇼핑 콘텐츠의 '네트워크 감수성' 높이기

하나의 콘텐츠로서 TV홈쇼핑 방송은 여타 기존의 매스미디어 방송과 비슷한 외형은 갖고 있으나, 결정적인 점에서 차별화된다. 정교한 대본과 사전제작 과정을 거치는 것이 아니라, 듬성듬성 짜여진 큐시트에 의거해, 생방송 중 시청자의 반응을 반영하며, 순서와 내용이 유연하게 바뀌는 콘텐츠이다. 이러한 '미완성재' 콘텐츠로 게임과 라디오 프로그램을 생각해 볼 수 있다. 게임의 경우, 제작자들은 여러 선택지를 마련하고, 게이머들이 직접 참여를 통해 내러티브를 완성해 나간다(박동숙 · 전경란, 2005). 라디오 프로그램은 골격만 잡아놓은 채 청취자의 참여(사연, 문자, 전화 등)에 의해 방송 내용을 채워나간다(신원섭 · 박주연, 2014; 최순희, 2011). 변형 가능하고 유동적인 콘텐츠 포맷을 유지하는 이유는, 제작진들이 시청자들의 피드백을 실시간 체크하면서, 그들의 기호와 의견을 방송 시간 내에 적극적으로 반영하는 '시청자(고객) 지향적' 콘텐츠를 추구하기 때문이다(그것이 매출에 도움이 되기 때문이다).

TV홈쇼핑은 소비자들이 계획적으로 시청하는 것이 아니라, 우연히 채널을 돌리다가 시청하는 경우가 대부분이다.[1] 따라서 TV홈쇼핑만의 독자적인 소구양식은 그 시간대에 채널을 돌린 시청자들의 시선을 붙잡고 공감대를 형성하기 위한 포맷, 즉 '공유된 감각' 을 유지하는 포맷으로 최적화되어 왔다. TV홈쇼핑 콘텐츠가 '공유된 감각' 을 유지하기 위해 구사하는 전략들을 살펴보면 다음과 같다. 첫째, 실시간 생방송 포맷을 고수한다.[2] 이것으로 시청자들과 공감대를 극대화할 수 있기 때문이다. 둘째, 제품의 목표 소비자(타겟)들과 공명할 수 있는 진행자를 배치한다. 예를 들어 50대 여성을 목표로 하는 제품의 경우, 50대 여성 진행자가, 40대 남성을 목표로 하는 제품은 40대 남성 쇼호스트가 진행하는 식이다. 시청자들은 자신들을 대변하는 진행자의 이야기에 더욱 공감을 갖는다. 셋째, 목표 소비자들의 경험 자료들(인터뷰

---

1. 물론 요일별 시간대별 주 시청자층의 라이프스타일을 고려하여 상품 편성이 계획되어 있다.
2. TV홈쇼핑은 1995년 개국 이래로 20여 년 동안, 여러 차례, 여러 방식으로 녹화방송을 시도해 보았으나, 시행착오 끝에 생방송 체제를 고수해 왔다. 고객과 동시간대에 함께 존재하며, 그 즉시 마음을 움직이게 만들어야 하는 TV홈쇼핑의 본래적 목적을 생각해 볼 때, 실시간 생방송(live)이라는 포맷은 TV홈쇼핑업과 콘텐츠를 특징짓는 중요한 기반이라 할 수 있다.

동영상, 상품평이나 블로그 등)을 직접 인용하거나 이들이 경험할 법한 이야기를 방송 중 주요 에피소드로 활용한다. 넷째, 목표 소비자들이 사용하는 그들만의 언어적 표현 방식[3]을 적절하게 활용한다.

이 장에서는 목표 소비자들을 일시적인 '감성공동체' 로 바라본다. 예를 들어 채소를 잘 안 먹으려 하는 어린이들 때문에 고민인 30대 엄마들, 흰 머리가 늘어나 스트레스받는 40-50대 여성들, 빨리 살이 빠지지 않아 초조한 20대 다이어트족, 기력이 예전 같지 않아 건강기능식품이 필요한 50대 남성 등 유사한 고민거리를 갖고 있는 이들은 대개 세대나 취향 면에서 공통점을 갖고 있는 '보이지 않는', '숨겨져 있는' 그룹이라 할 수 있다. 이들의 공통된 체험과 감각에 공명을 일으킬 수 있다면, 이들은 방송 내용에 쉽게 공감하고, 방송에서 제시하는 해결책에 귀를 기울일 것이다.

일시적인 '감성공동체' 를 형성해 가는 과정을 SBS 라디오 컬투쇼의 청취자들 사례에서 볼 수 있다(최순희, 2011). 컬투쇼 청취자들은 이 프로그램을 함께 듣고, 댓글로 대화하고, 프로그램 사연에 등장했던 어려움에 처한 이에게 도움을 주면서, 공동체 주민으로서 감성(sym-pathos-ity), 지성(sym-logos-ity), 윤리적 본성(sym-ethos-ity)을 함께 나누며, 무한으로 연결되는 라디오 공동체를 만들어 간다.

전통적인 공동체와 달리, 시간에 민감하고, 감성으로 연결되며, 쉽게 와해되기도 하는 '감성공동체' 의 모습은 여러 학자들의 논의 속에서 찾아볼 수 있다. 래쉬(Lash, 1998)는 일상적인 삶의 욕망과 향유에 근거한 '습속의 공동체' (Lash, 1998 : 211-212, 228, 236)를 강조했다. 마페졸리(Mafesoli, 1997)는 '신부족' 이라는 표현을 사용한다. 이들은 유사한 이미지와 스타일의 소비에 기초한, 새로운 '함께하기'

---

3. 하워드 라인골드(H. Rheingold)는 네트워크 시대 문화의 특징으로 '방언' 을 꼽는다(http://vlog.rheingold.com/index.php/site/video/vernacular-video/). 언어뿐 아니라, 문화에서도 방언적(vernacular) 특징이 두드러진다. 매스미디어의 콘텐츠가 동시간대에 대규모의 시청자들에게 동시에 소비되고, 그 순간 휘발되는 특성을 갖고 있었다면, 디지털 시대의 네트워크화된 미디어의 콘텐츠는 긴 시간 동안 그 자리에 머물러 있으면서, 비슷한 취향이나 목적을 갖고 있는 네트워크 지인들에게 꾸준히 발견되고 소비된다. 홈쇼핑 시청자들도 그들 세대나 문화적 취향 그룹원들끼리 공유하는 '방언' 과 '방언적 스타일' 을 갖고 있으므로, 그러한 표현이나 태도를 적절하게 구사하면, 시청자와 진행자 간에 교감형성에 도움이 된다.

의 차원을 보여준다는 것이다(윤명희, 2006 : 43, 84). 과거의 전통적인 공동체는 지리적으로 가까이 살면서, 먹고사는 문제를 함께 해결한다. 그 과정에서 그 공동체가 갖는 문화가 생겨난다. 하지만 '습속의 공동체' 나 '신부족' 의 경우는 다르다. 지리적으로 가까이 사는 것도 아니요, 서로의 존재를 확실히 아는 것도 아니다. 하지만 이들은 대개 유사한 사회적 경험, 스타일, 감성을 갖고, 순간적으로 네트워크로 연결될 수 있는 무리들이다. 이들의 공유된 문화는 그들이 사용하는 '언어' 를 통해 파악할 수 있다.

사회언어학적 차원에서 화이트(White) 등은 복잡다양한 네트워크마다 퍼져 있는 사용자들의 경험을 연관된 경험으로 조합하여 하나의 문화적 코드와 잠재적인 미디어 수용자 집단의 정체성을 분석해낼 수 있다고 보았다(White et al., 2007 ; Mische and White, 1998 ; 송길영 · 천영진, 2014, 128). TV홈쇼핑 시청자들의 경험 역시 유사한 관점으로 바라볼 수 있는데, 온라인에 텍스트로 남겨진 상품이나 브랜드에 대한 선호, 애착의 감정, 사용 후 그것에 부여하는 의미, 그 제품을 통해 추구하는 라이프스타일 등이 잠재 고객 집단의 문화적 코드이자 정체성 표현으로 읽힐 수 있는 것이다.

결국 TV홈쇼핑 콘텐츠에서는 생방송 시간을 통해 그동안 숨겨져 있던 '일시적 감성공동체' 를 순간적으로 드러나게 만들고 이들에게 공감대를 구축해야 한다. 이 장에서는 우연히 진입한 그 시간대의 TV홈쇼핑 시청자를, 유사한 취향과 고민과 감성을 공유한 '일시적 감성공동체' 로 묶어낼 수 있는, 일련의 내용과 형식이 있다고 가정한다. 그들이 추구하는 공통적인 가치 및 라이프스타일이 '내용' 이 되고, 이들이 선호하는 말하기 방식, 선호하는 언어 등이 '표현 형식' 이 된다. 이 장에서는 내용적, 형식적으로 충분히 공감대를 형성해 나갈 수 있는 상태를 '네트워크 감수성' 이 높다고 정의하고, 네트워크 감수성을 높일 수 있는 요소들을 찾아내는 데 빅데이터 분석을 활용하고자 한다. 다시 정리하면, TV홈쇼핑 시청자를 '일시적 감성공동체' 로 묶어낼 수 있는 언어 자원들을 빅데이터 분석을 활용하여 찾아내고자 하는 것이다.

2.2 '문제해결형 스토리텔링'을 활용한 TV홈쇼핑 콘텐츠

잘 만들어진 TV홈쇼핑 콘텐츠는 목표 소비자들을 일시적인 감성공동체로 바라보며, 이들에게 공감대를 일으킬 수 있는 표현과 스타일을 구사한다. 이와 같은 감성적 토대 위에 제품의 필요성을 효과적으로 드러내기 위하여, 일련의 스토리텔링 방법을 구사한다. 상품 정보를 단순히 나열하고 전달하는 것에 그치는 것이 아니라, 가상의 주인공이 어려운 문제에 직면하고, 이 문제를 해결해 가는 극복의 이야기를 주요 이야기 구조로 채용하는 것이다.[4]

이 장에서는 이와 같은 방식을 '문제해결형 스토리텔링'이라 부른다. '문제해결형' 또는 '과제해결형' 스토리텔링 유형은 프롭의 민담 분석에서 유래했다. 프롭(Propp, 1987)은 민담에서 '악한과의 투쟁과 해결'의 이야기를 찾아냈다. 민담에서는 투쟁과 과제를 잘 수행했다면, 그다음에는 검을 얻거나 결혼을 하는 '보상'을 받지만, 과제를 해결하지 못하면, '처벌'을 받게 된다(박연옥, 2007, 146). '문제해결형 스토리텔링'은 영화, 애니메이션, 광고, 게임 등 다양한 장르에서 반복적으로 활용된다. TV 리얼리티 프로그램이나 오디션 프로그램에서 쉽게 볼 수 있는 '서바이벌 경쟁', '미션수행' 등이 바로 '문제해결형 스토리텔링'의 구조이다(박연옥, 2007, 146).

〈표 10-1〉에서 보듯이, 잘 짜여진 고전적 스토리텔링 구조는 발단, 전개, 중간점, 절정, 해결까지 복잡한 단계로 이루어져 있으며, 단계 단계를 넘어가는 발전의 양상이 촘촘한 인과적 과정으로 발전된다. 반면 TV홈쇼핑의 스토리텔링 구조는 문제적 상황제시(before), 제품의 특장점으로 해결책 제시, 그리고 해결 후의 만족스러운 상황(after)이라는 구조가 복잡한 사건의 전개 과정 없이 단순하게 제시된다.

---

4. 물론 홈쇼핑 콘텐츠를 본격적인 스토리텔링 콘텐츠와 비교하면 '이야기'라고 부르긴 어렵다. 하지만 홈쇼핑 콘텐츠에는 '이야기성'이 강하게 살아 있다.

표 10-1 고전적 스토리텔링과 TV홈쇼핑 스토리텔링 구조 비교

고전적 스토리텔링 구조	TV홈쇼핑 스토리텔링 구조		
발단 → 전개 → 중간점 → 절정 → 해결	before		after
	문제상황 제시	해결책 제시 (제품 특징)	해결 후의 만족

'문제해결형 스토리텔링'의 핵심 3요소는 주인공, 장애물, 해결(극복)로 이루어진다. TV홈쇼핑 콘텐츠에서 주인공은 제품을 구입하여 문제를 해결해야 하는 생활자이다. 장애물은 생활자가 겪고 있는 문제들이다. 해결(극복)은 제품(의 특장점)을 통해 이루어진다. 즉, 주인공이 겪고 있는 문제를 제품을 통해 극복하는 이야기이다.

데이빗 하워드는 "누군가 죽도록 무엇을 하고 싶다. 그런데 그것을 못하게 된다"는 설정이 모든 스토리의 핵심이라고 했다(Howard, 1999, 45). 이야기 전문가 심산(2004)은 "부족한 점이 있는 주인공이 뭔가를 이루기 위해 죽어라 애쓰다가 마침내 이를 성취하는 과정"이 이야기의 기본 구조라고 했다. 이처럼 이루기 힘든 목표 설정이 스토리텔링의 필수요소이며, 목표를 이루는 데 방해가 되는 장애를 극복하기 위한 서사 패턴이 반복, 확장되는 것이 문제해결형 스토리텔링의 핵심이다(박연옥, 2007, 148).

홈쇼핑 방송도 마찬가지이다. 어려움에 처한 주인공이 제품을 통해 문제를 해결해 나가는 과정이 홈쇼핑 프로그램의 주요 이야기 구조이다. 중요한 것은, 이 제품이 누구에게 필요한 것인지(주인공), 그들이 겪고 있는 어려움이 무엇인지(장애물)를 콘텐츠를 통해 제시해 주어야 하며, 제품을 통해 해결이 이루어져야 한다는 점이다. TV홈쇼핑 콘텐츠를 '문제해결형 스토리텔링'으로 구조화한다면, 누구를 주인공으로 삼을 것인가? 주인공이 겪는 문제들은 무엇인가? 제품 사용은 어떻게 문제를 해결해 주며, 어떠한 만족감을 주는가? 라는 질문들을 수시로 던지게 된다. 바로 이런 상황에서 빅데이터 분석의 결과가 '문제해결형 스토리텔링'의 이야기 자원을 찾아내는 열쇠가 될 수도 있을 것이다.

3. 빅데이터 분석사례

3.1 분석대상 및 자료수집

최근 TV홈쇼핑에서 인기를 끌었던 원액기 브랜드인 H제품을 선택하여 그 제품과 관련하여 온라인에 떠도는 데이터를 수집하여 빅데이터 분석을 수행했다. H제품은 TV홈쇼핑의 주요 고객층인 30-40대 주부들의 관심과 참여가 두드러지는 제품이다. 그동안 제품을 활용한 다양한 시연과 레시피들이 방송과 온라인상에서 활발히 제시되었다. 또한 H제품은 비교적 긴 기간 동안 인기를 끌고 있어, 시간의 흐름에 따른 변화를 살펴보기에도 적합하다. H제품 데이터는 2009년 1월부터 2013년 12월까지 5년간의 포털사이트 데이터를 Textom[5]을 통해 수집했다. 구체적인 데이터 수집 범위는 국내 포털사이트의 뉴스, 블로그, 카페, 지식IN 등 총 4개의 채널이었다. 뉴스 데이터는 언론 보도로 생성된 데이터이고 블로그와 카페 데이터는 소비자들의 생생한 사용 체험과 제품 사용후기의 데이터이다. 지식IN은 잠재 소비자의 질문에 대한 H제품 소비자들의 답변 데이터이다. 데이터를 수집한 이후에는 다시 Textom을 사용하여 정제하고 매트릭스를 생성했다.

5. Textom(www.textom.co.kr)은 다양한 데이터를 채널별로 자동 수집하여 정제, 매트릭스 생산까지 일관 처리해 주는 데이터 매트릭스 생성 솔루션이다. Textom은 전통적인 조사의 한계를 극복하고 인터넷의 데이터를 자동으로 수집할 수 있고 수집된 데이터를 정제한 후 결과를 정리 · 분석할 수 있는 조사도구의 필요성(박한우, 2012) 때문에 (주)더아이엠씨가 개발했다.

3.2 분석방법 및 절차

3.2.1 텍스트마이닝(Textmining)

텍스트마이닝은 구조화되지 않은 대규모의 텍스트 집합으로부터 새로운 지식을 발견하는 과정이며 문서 내에서 유용한 정보를 찾는 기술이다. 이는 유용한 단어를 추출해 빈도수를 추출하고 의미를 찾아내는 프로세스를 말한다(정근하, 2010). 단어 빈도 계산과 의미연결망 분석을 위한 매트릭스를 만들기 위해 Textom으로 텍스트 마이닝을 실시했다. Textom은 단어 빈도 목록을 이용하여 텍스트의 핵심어를 파악하고 필요한 단어들을 선정한 후에 매트릭스를 생성한다. 사회 연결망 관점에 따르면, 핵심단어들이 어떤 특정한 행태로 결합되면, 특별한 의미가 발생하며, 핵심단어들이 동시에 발생하는 빈도를 '관계' 로 파악할 수 있다.

3.2.2 의미연결망 분석(Semantic Network Analysis)

의미연결망 분석은 개념을 표현하는 단어들 간의 관계를 단어의 연결망을 통해 파악하여 의미를 확인한다. 일상생활에서 사용하는 단어들은 콘텐츠의 정체성을 나타내기도 하고, 담론의 성격을 드러내는 하나의 지표로서 작동한다. 의미연결망 분석을 통한 빅데이터 분석의 장점은 비정형 데이터로부터 정형화된 정보를 추출함으로써 커뮤니케이션 과정의 패턴과 의미체계를 시각화할 수 있다는 점이다.

먼저 연구의 목적에 맞는 단어들만 도출하여 동시출현빈도(co-occurrence) 대칭형 매트릭스를 만들었다. 이어서 Ucinet6[6]를 사용하여 의미연결망 분석을 실시했다. 단어들 간 연결 구조를 파악하고 연결정도중심성을 분석하고 관계의 강도를 계량화했다. Ucinet6의 NetDraw[7] 프로그램을 이용하여 단어들 사이의 관계를 명료

6. Ucinet6은 Freeman이 개발한 다양한 사회연결망 분석기법을 활용할 수 있는 종합적인 프로그램이다. 응집력(Cohesion), 하위집단(Subgroup), Ego Network, 중심성(Centrality), 중앙과 변방(Core/Periphery), 역할/위치(Roles& Positions) 등을 분석한다(Borgatti, Everett, & Freeman, 2002).

하게 연결하고 연관단어들 사이의 네트워크를 시각화했다.

다음으로 유사성을 가진 단어들이 형성하는 군집을 도출하기 위해 컨커(CONCOR : CONvergence of iterated CORrelations) 분석을 실시했다. 컨커 분석은 단어 간의 동시출현 매트릭스를 분석의 토대로 노드들의 블록을 식별해내고 블록들 간의 관계를 파악하는 방법이다. 흔히 복잡한 네트워크 집단의 숨겨진 하위집단들의 관계의 구조적 등위성 분석에 활용된다. 연구하고자 하는 텍스트의 그룹화된 단어들의 관계는 한 단어의 발생이 또 다른 단어의 발생을 표시해 줄 것이라는 가능성을 컨커(CONCOR) 매트릭스를 통해 나타낼 수 있다(Chung & Park, 2010 ; Wasserman & Faust, 1994). CONCOR 분석도 Ucinet6을 사용하여 실시했다.

3.3 분석결과

3.3.1 데이터의 양

분석을 위해 수집된 H제품의 전체 데이터는 2009년부터 2013년까지 5년 동안 42,043텍스트였다.[8] 수집한 전체 H제품 데이터의 연도별, 채널별 데이터량은 〈표 10-2〉와 같다.

7. 넷드로우(NetDraw) : Ucinet의 시각화 프로그램. 노드와 연결 관계를 그래프 형태로 그릴 수 있다.

8. 온라인상의 데이터 중에는 실제 고객이나 사용자가 일상적으로 남긴 것들과 함께 기업이나 기관 등에서 바이럴 마케팅 활동으로 의도적으로 생산하는 데이터들도 포함되어 있다. 2012년 IDC의 보고서에 의하면 디지털 데이터의 총량은 약 543엑사바이트로 추정되며, 이 중 정보가 태그되고 분석된다면, 23%의 정보만이 빅데이터를 위해 활용될 수 있다고 했다. 그러나 기술이 필요와 실제로부터 괴리되어 있는 상황에서 실제로 유용한 데이터의 3%만이 태그되어 있고 분석은 이보다도 더 적은 0.5% 정도만 활용하는 것으로 나타났다. IDC는 이것을 '빅데이터 격차'라고 부르며, 기업의 디지털 탐험가들이 데이터로부터 숨겨진 가치를 창출하기 위해서 찾아내야 하는 미활용된 정보라고 했다(IDC, 2012). 이러한 관점에 의거해서 볼 때, 42,043텍스트는 실제 분석에 이용한 데이터로는 적지 않은 데이터량이다(2012).

표 10-2 데이터 수집량

연도	뉴스	블로그	지식IN	카페	합계
2013	886	10,927	263	6,412	18,488
2012	621	5,918	245	5,093	11,877
2011	264	3,556	55	3,807	7,682
2010	43	1,035	1	1,914	2,993
2009	5	399	0	599	1,003
합계	1,819	21,835	564	17,825	42,043

전체적으로 5년 사이에 텍스트량이 18배 이상 늘어났다. 상대적으로 지식IN과 뉴스의 텍스트량은 적었고 카페와 블로그의 텍스트량은 많았는데, 카페와 블로그의 텍스트량이 많다는 것은 제품평과 사용후기 및 효과적인 활용법에 대한 텍스트들이 많다는 것을 보여준다.

3.3.2 빅데이터 분석을 통해 네트워크 감수성을 높일 수 있는 언어자원 찾아내기

텍스톰(Textom)을 통해 실시한 텍스트마이닝 결과 핵심단어가 추출되었다. 온라인상에서 H제품을 언급한 소비자들이 반복 사용한 단어들이다. 분석기간인 2009년부터 2013년까지 5년 동안 가장 많이 나온 단어의 빈도는 〈표 10-3〉과 같이 과일, 홈쇼핑, 아침, 남편, 건강, 당근, 원액기, 즙, 어머니, 믹서, 맛, 토마토, 이벤트, 공동구매, 녹즙 등의 순이었다. 이 단어들을 보면, 소비자들이 추구하는 가치는 물론, 사용목적, 사용방법 등을 가늠할 수 있다.

H제품의 전체 데이터를 대상으로 의미연결망 분석을 실시하고 시각화한 결과, 네트워크 전체의 중심화 경향을 의미하는 네트워크 중심도(network centralization)를 볼 수 있었다. 네트워크 중심도는 단어의 연결이 특정 단어에 몰려 있는 것을 보여준다. 소수의 단어가 집중적으로 연결되어 있으면 그 네트워크는 중심도가 높은 네트워크이다. 반면에 다양한 단어들이 서로 연결되어 있는 경우는 중심도가 낮은

표 10-3 **전체 데이터의 주요단어 빈도 수**(2009~2013년)

순위	단어	빈도 수	순위	단어	빈도 수
1	과일	2,837	36	텃밭	867
2	홈쇼핑	2,831	37	이영애	865
3	아침	2,643	38	블로그	832
4	남편	2,598	39	요리	809
5	건강	2,540	40	재료	788
6	당근	2,514	41	포도	775
7	원액기	2,196	42	방송	763
8	즙	2,119	43	토마토주스	751
9	어머니	2,057	44	필요	735
10	믹서	1,955	45	필그린	733
11	맛	1,868	46	채소	733
12	토마토	1,867	47	한잔	727
13	이벤트	1,855	48	두유	717
14	공동구매	1,853	49	콩	716
15	녹즙	1,802	50	O 가마솥 중탕기	713
16	갈아	1,784	51	하루	699
17	짜	1,640	52	냉장고	692
18	오렌지	1,602	53	주문	685
19	카페	1,509	54	맛나	679
20	사과	1,442	55	시작	669
21	착즙	1,388	56	비싸다	669
22	고민	1,344	57	귀찮음	661
23	껍질	1,202	58	안녕	658
24	레시피	1,179	59	상품	656
25	아이	1,161	60	우유	655
26	가족	1,161	61	사과주스	646
27	2세	1,121	62	사랑	643
28	두부	1,101	63	박스	642
29	야채	1,090	64	저녁	634
30	판매가격	1,067	65	양배추	624
31	찌꺼기	1,058	66	감자	612
32	배	1,046	67	이유식	605
33	귤	942	68	친구	589
34	과일주스	936	69	부탁	585
35	갤럭시원액기	908	70	세척	565

그림 10-1 **전체 H제품 네트워크 시각화**

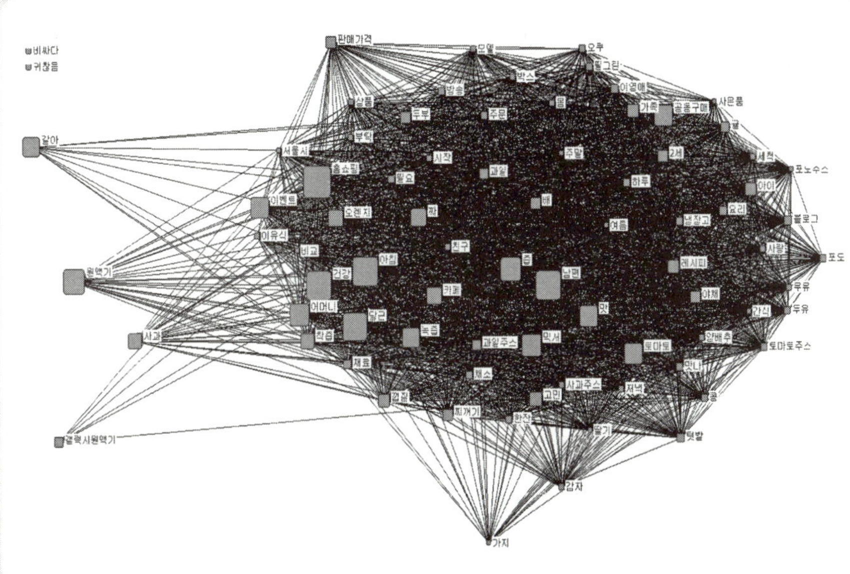

네트워크이다. H제품 전체 데이터의 소셜 네트워크 분석을 통해 시각화한 [그림 10-1]을 통해서 네트워크의 중심에는 남편, 즙, 배, 여름, 맛 등이 위치하고 있음을 눈으로 확인할 수 있었다.

H제품 네트워크에서 영향력이 큰 중심 단어들을 확인하기 위해 전체 데이터의 연결정도중심성을 구해 본 결과는 〈표 10-4〉와 같다. 연결정도중심성(Degree Centrality)은 네트워크상에서 한 노드가 다른 노드들과 얼마나 많은 연결을 가지고 있는지를 측정하는 지표이다(손동원, 2012). 연결된 노드가 많을수록 연결정도중심성은 높아지고 네트워크에서 주요한 역할을 하게 되어 영향력이 크다.

2009~2013년 주요단어 연결정도중심성이 높은 단어들은 건강, 아침, 당근, 남편, 홈쇼핑, 즙, 토마토, 맛, 어머니, 녹즙 등이었다. 이 단어들을 통해 소비자들의 일상생활과 욕구(needs), 그리고 선호하는 취향 등을 유추해 볼 수 있다. 구체적으로 짚어본다면, 건강, 사랑은 소비자들이 추구하는 공통적인 가치를, 아침, 남편, 어머니, 가족, 공동구매, 요리, 저녁, 주말, 간식, 친구 등은 라이프스타일을, 당근, 토마토, 녹즙, 두부, 우유, 이유식, 딸기 등은 선호하는 취향과 필요 등을 직접적으로 보

표 10-4 전체 데이터의 연결정도중심성(2009~2013년)

순위	단어	연결정도중심성	순위	단어	연결정도중심성
1	건강	6,820(0.043)	36	두부	1,779(0.011)
2	아침	6,391(0.041)	37	두유	1,698(0.011)
3	당근	5,947(0.038)	38	하루	1,657(0.011)
4	남편	5,436(0.035)	39	방송	1,629(0.01)
5	홈쇼핑	4,667(0.030)	40	요리	1,599(0.01)
6	즙	4,556(0.029)	41	이영애	1,571(0.01)
7	토마토	4,392(0.028)	42	저녁	1,558(0.01)
8	맛	4,191(0.027)	43	맛나	1,497(0.01)
9	어머니	4,107(0.026)	44	우유	1,440(0.009)
10	녹즙	4,086(0.026)	45	사랑	1,437(0.009)
11	짜	4,006(0.026)	46	블로그	1,346(0.009)
12	믹서	3,410(0.022)	47	몸	1,339(0.009)
13	가족	3,378(0.022)	48	냉장고	1,318(0.008)
14	착즙	3,337(0.021)	49	사과주스	1,288(0.008)
15	오렌지	3,119(0.02)	50	필요	1,253(0.008)
16	공동구매	3,110(0.02)	51	이유식	1,177(0.007)
17	레시피	2,944(0.019)	52	주말	1,168(0.007)
18	야채	2,592(0.016)	53	세척	1,156(0.007)
19	과일	2,560(0.016)	54	간식	1,154(0.007)
20	껍질	2,542(0.016)	55	상품	1,134(0.007)
21	배	2,445(0.016)	56	주문	1,125(0.007)
22	카페	2,440(0.016)	57	필그린	1,104(0.007)
23	고민	2,323(0.015)	58	딸기	1,082(0.007)
24	찌꺼기	2,269(0.014)	59	여름	1,024(0.007)
25	이벤트	2,223(0.014)	60	비교	990(0.006)
26	2세	2,159(0.014)	61	포도주스	972(0.006)
27	채소	2,135(0.014)	62	친구	955(0.006)
28	재료	2,072(0.013)	63	박스	950(0.006)
29	과일주스	2,038(0.013)	64	아이	941(0.006)
30	콩	1,921(0.012)	65	모델	916(0.006)
31	귤	1,917(0.012)	66	부탁	906(0.006)
32	한잔	1,888(0.012)	67	텃밭	894(0.006)
33	토마토주스	1,844(0.012)	68	포도	815(0.005)
34	시작	1,834(0.012)	69	사은품	788(0.005)
35	양배추	1,825(0.012)	70	판매가격	707(0.005)

여준다. 이와 같이 빅데이터 분석으로 TV홈쇼핑 콘텐츠의 네트워크 감수성을 높일 수 있는 언어 자원을 얻을 수 있었다.

3.3.3 빅데이터 분석으로 '문제해결형 스토리텔링'을 구성하는 이야기 자원 찾아내기

TV홈쇼핑 콘텐츠의 구조는 대개 주인공이 갖고 있는 문제를 제품을 통해 해결해 나간다는 '문제해결형 스토리텔링'을 갖고 있다. 빅데이터 분석이 '문제해결형 스토리'의 핵심 3요소인 주인공, 장애물, 해결(극복)을 어떻게 이야기 자원으로 끌어낼 수 있는지를 의미연결망 분석과 컨커(CONCOR) 분석으로 확인해 보았다. 2009년부터 2013년까지 연도별로 분석을 실시했다.

1) 연도별 분석결과

① 2009년 데이터 분석

2009년 데이터를 대상으로 의미연결망 분석을 실시한 결과, 네트워크 전체의 중심화 경향을 의미하는 네트워크 중심도가 12.47%로 나타났다. 네트워크 중심도가 높으면 소수의 단어가 집중적으로 연결되어 있다는 의미이므로 현재 네트워크는 상대적으로 적은 단어들이 연결되어 있음을 알 수 있다. 상대적으로 성향이 비슷한 소비자들 또는 비슷한 글을 쓰는 소비자들의 비중이 높다고 볼 수 있다. 네트워크를 시각화한 [그림 10-2]를 통해서 네트워크의 중심에는 원액, 주스, 원액기, 콩, 과일 등이 위치하고 있음을 확인할 수 있다.

H제품의 2009년 데이터로 컨커(CONCOR) 분석을 실시한 결과 [그림 10-3]과 같이 건강, 콩음식, H제품 사용, 아침식사, 저녁식사 등 크게 5개의 클러스터가 형성되었다. 특징적인 내용은 콩, 간수, 콩물, 두부, 두유 등의 단어가 하나의 클러스트로서 부각된다는 점이다. 초창기 H제품은 과일 원액기라기보다는 콩을 이용한 음식을 만드는 기기로서의 정체성이 더 강했다고 볼 수 있다. 또한 아침과 토마토, 사과, 당근, 딸기 등이 연결되어 있고, 저녁과 귤, 오렌지, 포도, 바나나, 배, 파프리카 등이

그림 10-2 2009년 H제품 네트워크 시각화

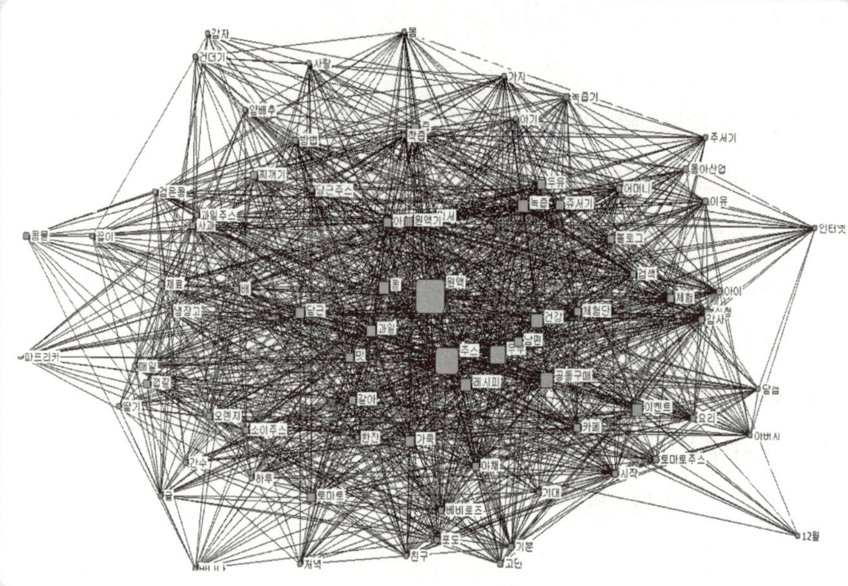

그림 10-3 2009년 H제품의 CONCOR 분석결과

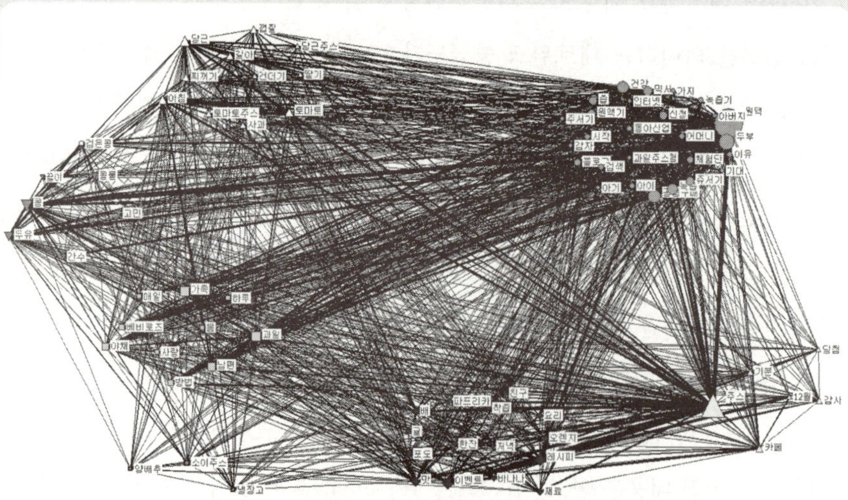

연결되어 있는 것으로 보아, 아침에는 주로 붉은색 과일을, 저녁에는 주로 신맛이 강한 재료들을 이용하는 것으로 확인되었다. 당시 H제품의 슬로건은 가족 건강을 책

임지겠다는 것이었는데, 소비자들도 역시 아버지, 어머니, 아이, 아기, 건강, 원액 등을 연결시키고 있음을 볼 수 있다. 당시만 해도 남편보다는 아버지, 어머니가 더 강조된 것으로 보아, 아이와 남편을 챙겨주는 과일즙 수요보다는, 어른들의 건강을 챙겨드리기 위한 녹즙 수요가 더 강했던 것으로 생각해 볼 수 있겠다. 결과적으로 초창기 H제품은 대중적인 과일주스 메이커보다는 두유나 녹즙을 만드는 매니아 성향의 기기로 위치되어 있음을 알 수 있다.

② 2010년 분석결과

2010년의 H제품 네트워크는 [그림 10-4]와 같다. 2010년은 네트워크 전체의 중심화 경향을 의미하는 네트워크 중심도가 15.12%로 2009년에 비해 조금 높아졌다. 중심에는 주스, 원액, 당근, 남편, 녹즙 등이 위치하고 있어 중심 단어에 있어 2009년의 결과와 큰 차이점은 보이지 않았다. 핵심단어의 컨커(CONCOR) 분석결과는 [그림 10-5]와 같다. 베비로즈(블로그닉네임), 블로그, 카페, 공동구매 등이 하

그림 10-4 2010년 H제품 네트워크 시각화

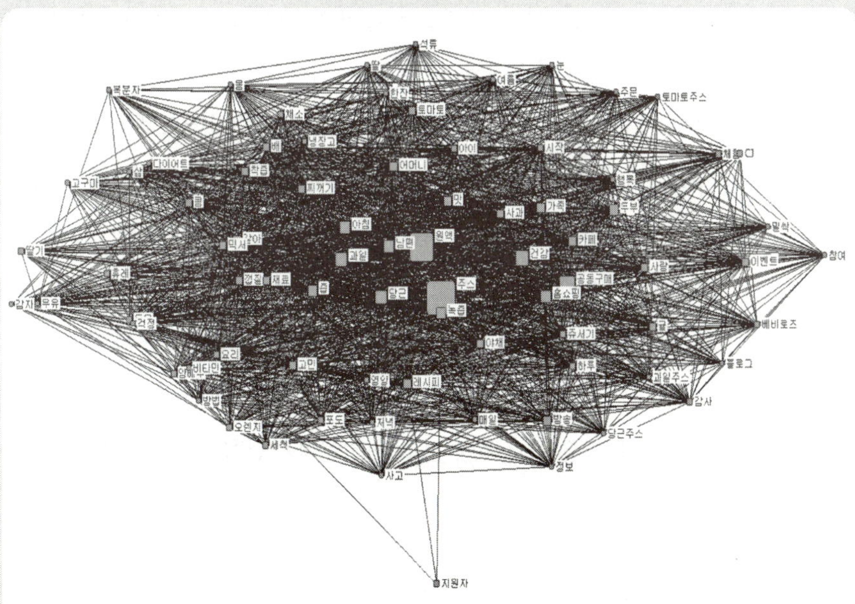

그림 10-5 2010년 H제품의 CONCOR 분석결과

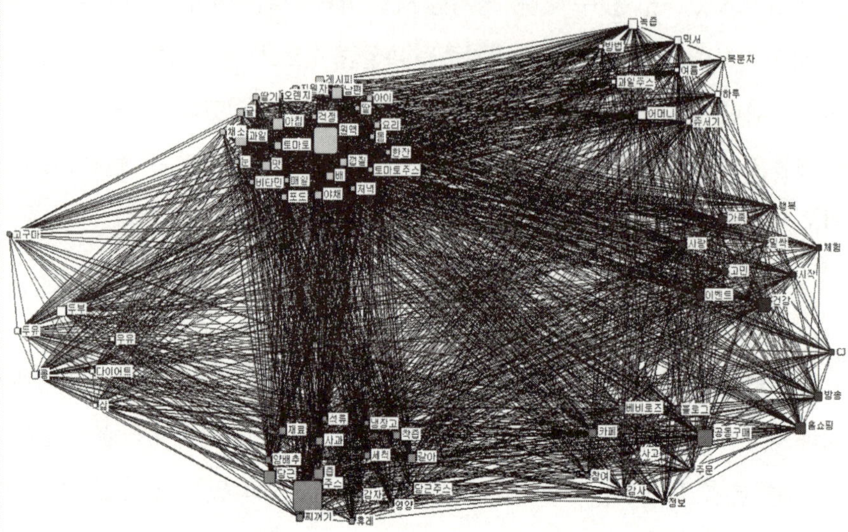

나의 클러스터를 형성하고 있어, 베비로즈가 운영하는 블로그를 이용하여 공동구매가 활발히 일어났음을 알 수 있다. 2010년에 홈쇼핑 첫 방송이 진행되어서 그런지, CJ방송, 홈쇼핑, 이벤트, 건강, 사랑, 가족, 행복, 체험 등이 또 하나의 묶음을 형성하고 있다. 2010년 데이터 분석결과에서는 '남편' 이라는 단어가 각종 식재료들(딸기, 오렌지, 토마토, 포도, 오렌지, 배 등)과 함께 등장하여, 주요 주인공으로 부상했다. 또 하나 특징적인 것은 '휴레'[9]라는 단어가 찌꺼기, 양배추, 당근, 석류, 착즙, 영양 등의 단어와 함께 부각되고 있는 점이다. '휴레' 는 앞서 논의한 '방언적(vernacular) 특징' 을 갖고 있는 단어이다. 온라인상 소비자들은 '휴레' 의 '영양가' 를 언급하며, 식품으로 또는 생필품으로 활용할 수 있는 갖가지 아이디어를 제시했다. 휴레는 문제해결형 스토리텔링에서 '찌꺼기' 라는 장애물을 극복하게 해주는 '해결책' 이라고 할 수 있다. 이것을 실제 방송 콘텐츠에 적용하면 문제해결형 스토리텔링을 완성시킬 수 있을 것으로 보인다.

9. 소비자와 잠재고객들이 만든 신조어로서, H제품 사용으로 만들어지는 과일 채소 찌꺼기를 '휴레' 라고 칭한다.

③ 2011년 분석결과

2011년 데이터의 분석결과는 [그림 10-6]과 같다. 네트워크 전체의 중심화 경향을 의미하는 네트워크 중심도가 13.5%로 나타났다. 중심에는 아침, 원액, 홈쇼핑, 남편, 과일 등이 위치하고 있어, 2010년과 크게 차이가 나타나지 않았다.

그림 10-6 2011년 H제품의 주요단어 네트워크 분석결과

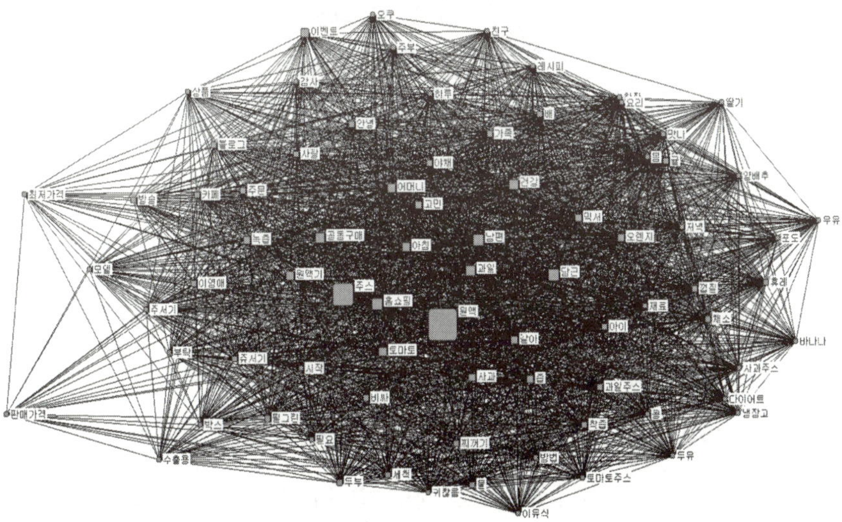

2011년 핵심단어의 컨커(CONCOR) 분석결과는 [그림 10-7]과 같다. 이영애, 블로그, 원액기, 최저가격, 홈쇼핑 등이 한 묶음으로 표현되었다. 처음으로 '이영애' 를 모델로 채용한 광고를 방영하기 시작한 시점에 소비자들도 모델을 인지하며, H제품 구입 의사를 타진하고 있었다. 특히 블로그, 최저가격, 홈쇼핑 등이 함께 묶인 것은 이영애를 모델로 내세우는 H제품을 최저가격으로 구입하기 위해 어떤 유통 채널을 이용해야 하는가에 대한 고민을 나누고 있음을 알 수 있다. 또는 자신이 직접 구매한 곳을 거론한다는 점에서 H제품 구입에 있어, 유통 채널의 영향력이 크다는 것을 유추할 수 있다.

2010년에 처음으로 거론되었던 '휴레' 는 2011년에는 껍질, 착즙, 사과주스, 당

그림 10-7 2011년 H제품의 컨커(CONCOR) 분석결과

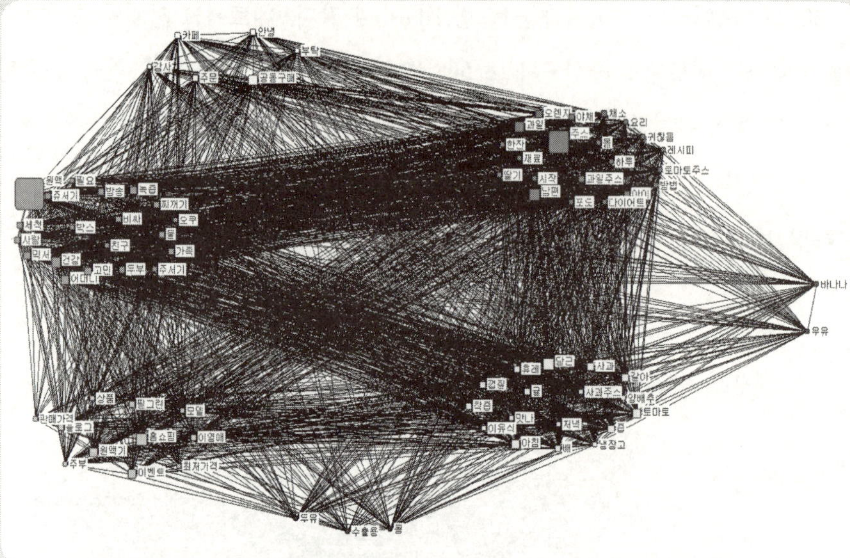

근, 양배추, 토마토, 이유식이란 단어와 함께 클러스터를 형성했다. 찌꺼기를 이유식으로 활용한다기보다는, 이유식 제조를 H제품으로 할 수 있다는 생각의 전환이 이루어졌다. H제품의 사용목적이 즙을 짜는 것뿐 아니라, 휴레를 만들기 위한 것도 추가됨으로써, 기기의 다양성이 실제 소비자들을 통해 제기된 것이다.

한편 원액, 녹즙, 주서기, 믹서, 고민, 세척, 비싸, O 가마솥 중탕기 등이 하나의 클러스터를 형성한 것으로 보아, H제품 사용자들이 어떤 제품을 구매해야 하는지 고민하고 있음을 볼 수 있다. 특히 '고민' 과 '비싸' 가 함께 추가된 것으로 보아, 2011년 이전에는 주로 매니아 위주의 시장이었던 H제품이 2011년 TV CF 방영 이후 매우 대중적인 시장으로 확대되면서, 제품의 가격에 대해 고민을 하는 고객들이 급격히 늘어났다고 해석할 수도 있겠다.

'다이어트' , '귀찮음' 등이 오렌지, 야채, 과일, 토마토 등의 식재료 단어와 함께 묶여서 클러스터를 형성하는 것으로 보아, H제품의 주인공으로 주부들 자신을 설정하고, '귀찮음' 이라는 장애물, 그리고 '살' 이라는 장애물을 H제품으로 극복할 수 있는 문제해결형 스토리텔링이 가능하다는 것을 유추해 볼 수 있다. 비교상품으로 'O 가마솥 중탕기' 가 등장한 것도 비슷한 맥락이다. 가격대나 건강을 위한 제품, 그리고 홈쇼핑에서 주로 방송하는 제품이라는 점 등에서 공통점을 갖고 있는 O 가마솥 중탕기가 소비자들의 중요한 비교대상임을 확인할 수 있다. 방송 당시 이 같은 정보를 알고 있었다면, 원액기의 경쟁상품이 믹서나 주서라기보다는, 오히려 O 가마솥 중탕기임을 파악하고, 이에 대처하는 방송 내용이나 장치들을 동원할 수 있었을 것이다.

④ 2012년 분석결과

2012년 데이터 분석결과는 [그림 10-8]과 같다. 네트워크 전체의 중심화 경향을 의미하는 네트워크 중심도가 12.21%로 나타났다. 중심에는 어머니, 남편, 아침, 즙 등이 위치하고 있어 내용상의 큰 차이는 보이지 않으나, 네트워크 중심도가 전년도보다 떨어지고 있음을 확인할 수 있다. 이는 텍스트량이 급격하게 늘어나면서, 소비자들의 맥락도 다양해지고 있음을 의미한다. 더 많은 생활자들이 다양한 경험을 다양한 글감(단어들)으로 올리고 있다고 추측해 볼 수 있을 것이다.

그림 10-8 H제품 2012년의 주요단어 네트워크 분석결과

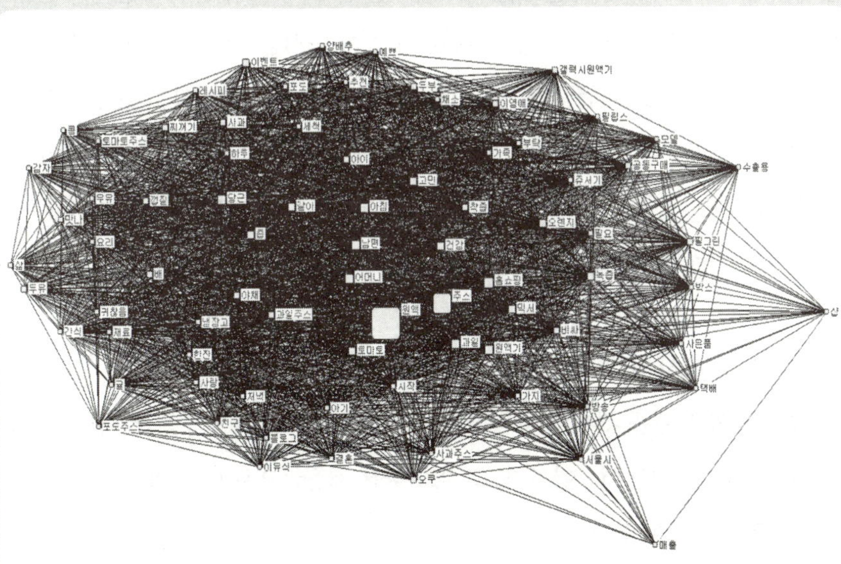

그림 10-9 H제품의 2012년 CONCOR 분석결과

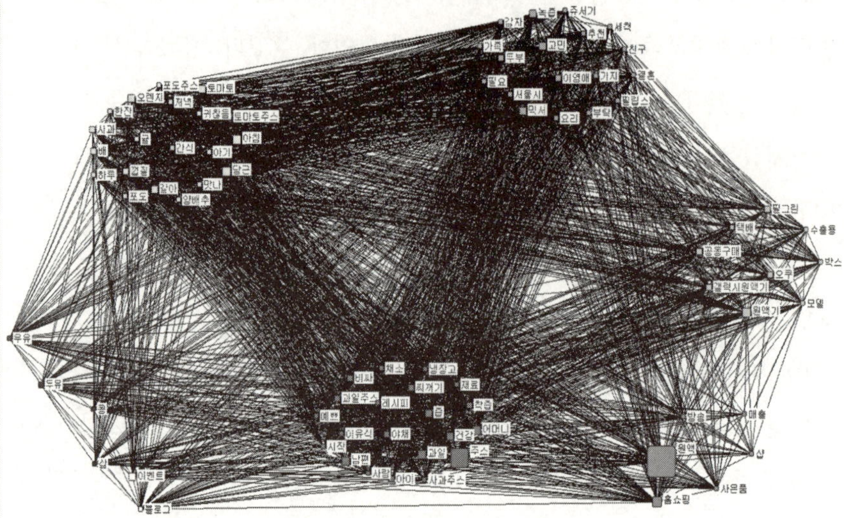

2012년 핵심단어의 CONCOR 분석결과는 [그림 10-9]와 같다. 2012년에는 기존과 다른 클러스터로 친구, 결혼, 고민이 한 묶음으로 형성되었다. 매니아 위주의 제품이었던 H제품이 대중적인 제품으로 인기를 끌게 되면서, 친구의 결혼식 선물 리스트에 H제품이 포함되기 시작했다. 특히 이 클러스터에 '이영애' 도 함께 등장하고 있는 것으로 보아, 소비자들에게 '이영애' 의 H제품이라는 상징적 요소가 중요한 위치를 차지하고 있음을 알 수 있다. 이 클러스터에서 새로운 '주인공' 아이디어를 끌어낼 수 있겠다. 즉, 결혼을 앞둔 새색시를 주인공으로 그녀가 겪게 될 장애물과 그것을 극복하기 위한 방법으로서 H제품을 제시하는 하나의 문제해결형 이야기가 탄생한다.

한편 홈쇼핑, 사은품, 매출 등이 하나의 묶음으로 이야기되고 있다. 이는 이 시기 각 홈쇼핑의 사은품 경쟁이 과열화되던 양상을 그대로 보여주는 것이다. H제품의 비교군으로 경쟁사의 G 원액기, 그리고 다른 제품군으로 O 가마솥 중탕기 등이 고려되고 있음을 보여준다.

그림 10-10 H제품의 2013년 주요단어 분석결과

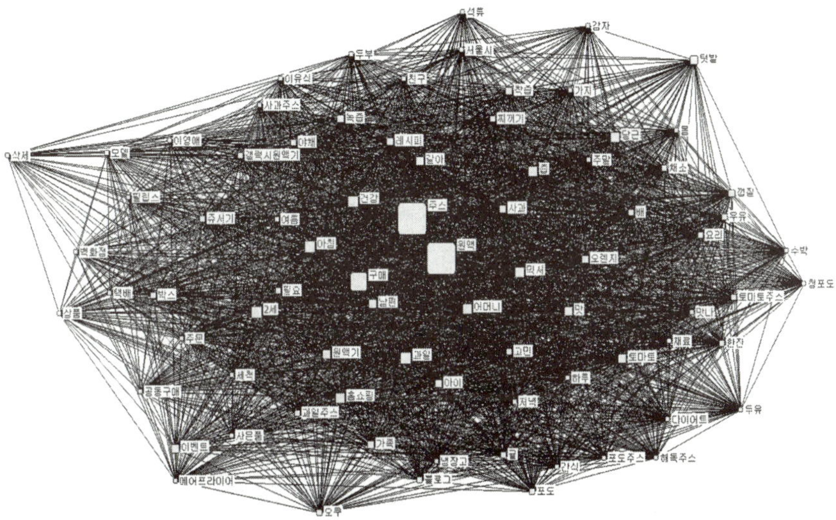

⑤ 2013년 분석결과

H제품의 2013년 데이터 분석결과는 [그림 10-10]과 같다. 네트워크 전체의 중심화 경향을 의미하는 네트워크 중심도가 10.48%로 나타났다. 역시 2010년부터 네트워크 중심도는 계속 떨어지고 있는 상황이다. 중심 단어는 주스, 원액, 건강, 구매, 남편 등으로 큰 차이가 나타나지 않는다.

2013년 CONCOR 분석의 결과는 [그림 10-11]과 같다. 2013년 CONCOR 분석에서 처음 등장한 단어는 '해독주스' 이다. 소비자들이 여성들에게 다이어트와 독소 배출에 중요한 주스로 인지되는 해독주스를 H제품 원액기와 연결시키고 있음을 볼 수 있다. 2011년 처음 등장한 '다이어트' 도 다시 강조되었다. 여성 호르몬에 좋다는 석류와 함께 등장한 것으로 보아, 주요 구매자인 주부들이 자기 자신을 위해서도 H제품을 사용하고자 하는 점이 부각되고 있음을 알 수 있다. 이제 남편과 아이뿐 아니라, 주부들도 주인공으로 내세울 수 있을 것이다. 주부가 주인공이 된 이야기에서는 건강상 위협이 되는 것이나 살(비만)을 장애물로 설정하고, 해독주스를 만들거나 다이어트에 도움을 주는 H제품을 해결방법으로 제시할 수 있다.

그림 10-11 H제품의 2013년 CONCOR 분석결과

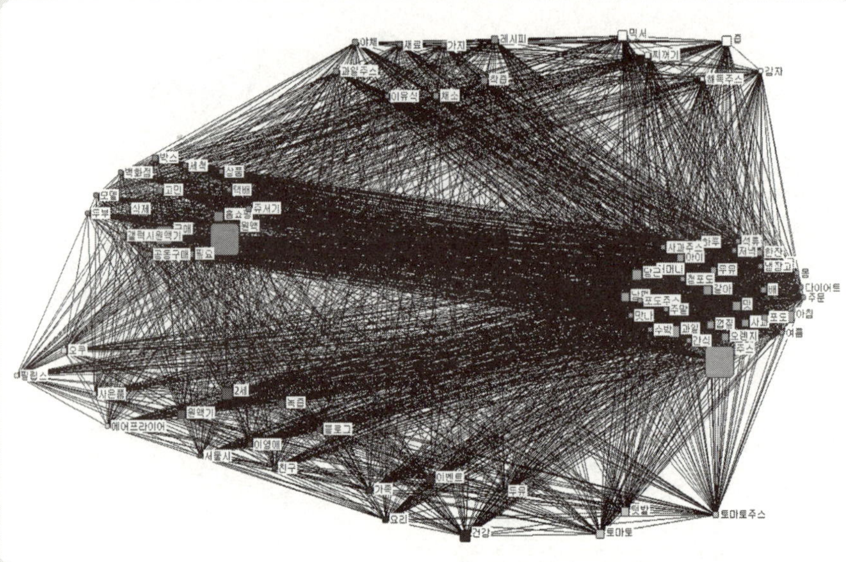

한편, 유통채널로 홈쇼핑, 공동구매와 함께 '백화점' 이 처음으로 등장했다. 실제로 백화점에서 구입한다는 얘기라기보다는 백화점에서 판매되는 것과 같은 제품이라는 맥락에서 출현한 단어로 보이지만, 이제까지는 한 번도 등장하지 않았던 '백화점' 이란 단어가 부각된 것은 H제품을 고급 이미지로 포장하고자 의도한 기업이나 홈쇼핑 측의 전략을 엿볼 수 있는 대목이다. 즉, 초기에는 (블로그) 공동구매를 통한 매니아 제품이었던 H제품이 점차 홈쇼핑을 통해 대중적인 제품으로 자리를 잡아가고, 백화점에서 판매하는 고급 제품으로 포지셔닝되고 있는 양상이 보여진다. 한편 2013년에 CF 모델이 '김남주 · 김승우' 부부로 교체가 되었지만, 여전히 배우 '이영애' 에 대한 관심이 더 많이 나타나고 있음을 확인할 수 있다. 새로운 과일로 '수박' 이 '여름' 과 함께 연결되어 등장했다.

2) 문제해결형 스토리텔링의 구성요소

① 주인공

'문제해결형 스토리텔링' 의 이야기 자원들을 빅데이터 분석을 통해 찾아낼 수

있을까? H제품은 기존의 방송에서 '우리 가족의 건강을 위한 제품' 으로 뭉뚱그려 소구하는 경향이 강했는데, 분석결과는 단연코 '남편' 이 주인공이다. 물론 아이나 가족 모두를 위한 소구 또한 함께 해나가야 하는 제품이지만, '남편' 에게 왜 필요한 제품인지, 남편을 위한 원액으로 어떤 레시피를 소개할 수 있는지 좀더 심도 있고, 디테일한 접근이 필요함을 알 수 있다.

또한 아이나 주부 자신을 주인공으로 설정할 때에 연결하기 적절한 이야기와 레시피도 제공되었다. 2011년 컨커(CONCOR) 분석결과를 보면, 2009~2010년까지는 찌꺼기로만 인식되었던 '휴레' 를 아이의 이유식을 만드는 데 활용한다는 것을 보여준다. 이는 방송에서 충분히 소구하지 못했던 점인데, H제품의 사용 목적에 즙을 짜내는 것뿐만 아니라 휴레를 이용하는 것까지 포함됨으로써, 기기의 다양성이 확보될 수 있다. 또한 주부 자신이 주인공이 되었을 때엔 '다이어트' 와 연결하는 것이 효과적인 소구방법이 될 수 있음을 보여준다.

2012년 컨커(CONCOR) 분석결과에서는 H제품 원액기를 '친구' , '결혼' , '고민' 이라는 단어와 함께 클러스터를 형성하는 것을 볼 수 있는데, 이는 H제품이 신혼을 맞이하는 친구에게 사주는 가전제품으로 인지되는 것이다. 따라서 신혼 주부를 주인공으로 설정하는 또 다른 스토리를 구성해 볼 수 있을 것이다.

② 장애물

'껍질' , '귀찮음' 등의 단어를 통해 목표 소비자들이 불편해하거나 해결하고자 하는 문제들을 볼 수 있다. 석류 껍질은 직접 손으로 제거하기가 매우 불편하지만, H제품에 넣으면, 간단하게 껍질을 분리하고, 석류즙을 짜준다. 껍질째, 씨째 먹는 것이 영양적으로 더 우수한 과일, 즉 사과, 포도 등도 H제품이 없을 땐 "껄끄러운 껍질" 일 뿐이지만, H제품이 있으면 이런 장애를 극복해낼 수 있다.

2009년에는 즙을 짜내고 생긴 찌꺼기와 건더기에 대한 고민이 등장했으나, 2010년에는 H제품 매니아들이 찌꺼기의 이름을 '휴레' 라고 붙이면서, 휴레를 레시피로 활용하는 방법들이 제시되기 시작했으며, 2011년에는 아이를 위한 이유식을 H제품으로 만드는 색다른 방법이 실제 소비자들에 의해 발굴되어 공유되었다. 실 사용자들의 참여 활동을 이야기 자원으로 적극 활용할 수 있음을 알 수 있다.

③ 해결방법

위기에 처한 주인공이 제품을 활용하여 어려움을 극복할 수 있음을 보여주는 것이다. 제품의 속성(기술적 특징 등)이 문제를 해결해 주는 경우가 대부분이지만, H제품의 경우 제품의 속성과 함께, 적절한 레시피 제공이 해결방법으로 활용되었다. 따라서 의미연결망 분석을 통해 드러난 다양한 식재료를 통해 목표 소비자들의 관심 영역을 확인할 수 있다. 가령 실제 방송에서 소홀했던 당근은 연결정도중심성에서 3위에 위치한다. 당근의 영양적 우수성을 강조하고, 여타 조리방법에 비해 편리하고, 맛있는 특성을 부각시키면서, "눈이 피로한 남편", "TV를 많이 보는 자녀"에게 당근즙을 권해 준다면, 좋은 문제해결형 스토리텔링이 완성될 수 있다. 시중의 두유와 비교할 때 영양적으로 우수한 콩물을 쉽게 만들 수 있다는 점이나, 속 건강을 위협받고 있는 남편을 위해 양배추 즙, 감자 즙을 짜준다는 사례 등 실사용자의 살아있는 경험은 '이야기성'을 극대화해 줄 것이다.

④ 기타

생방송 순간의 시의적 특성, 시간대 특성에 매치할 수 있는 자원 추출이 가능하다. 예를 들어 '아침'은 주로 당근, 딸기, 사과, 토마토와 같이 붉은색을 띄는 과일과 연결되고, '저녁'은 귤, 오렌지, 배, 파프리카, 포도 등 아침보다는 신맛이 강한 재료와 연결된다. 이것을 활용하여 아침 생방송 때의 시연 과일과 저녁 생방송 때의 시연 과일을 차별화할 수 있을 것이다. 의외의 키워드 '어머니'는 어른들 위한 선물로서의 'H제품'을 이야기해 주는 것이 아니라, 남편의 건강을 위해 어머니가 챙겨주는 'H제품'을 얘기해 주는 것이다. 이런 에피소드를 직접 생방송 이야기 자원으로 활용하면서, 남편을 위한 레시피를 제공하거나, 주부들 자신을 위한 레시피 소구 등으로 연결시킬 수도 있을 것이다. 2009년의 콩, 2010년의 베비로즈와 휴레, 2011년의 이유식과 다이어트, 2012년의 결혼선물, 2013년의 해독주스 등 트렌디한 키워드의 변화를 보여주며, 현재의 트렌드를 어떻게 제품과 연결시킬 것인가에 대한 통찰력 또한 제시해 준다.

2009년의 공동구매, 2010년의 블로그 베비로즈와 홈쇼핑, 2011년의 홈쇼핑, 블로그 공동구매, 2012년의 홈쇼핑, 2013년의 백화점, 홈쇼핑 등의 단어들로 소비자들이 어떤 유통채널에서 사야할 것인지 고민하는 양상들을 볼 수 있었다. 또한 비교군으로 2011년 O 가마솥 중탕기, 2012년 갤럭시와 O 가마솥 중탕기, 2013년 갤럭시와 O 가마솥 중탕기 등이 등장한 것으로, H제품의 경쟁제품이 무엇인지 파악할 수 있었다. 식재료에 관해서는 초반에 콩, 두부, 두유 등의 비중이 높았다가 후반으로 올수록 과일, 채소 등의 비중이 확실히 높아지는 것을 확인할 수 있다.

초반에는 보이지 않던 '귀찮음' 이란 단어도 2011년 이후로 등장했다. 즉, 콩으로 두유, 두부 등을 만들어 먹는 (요리를 잘 하는) 매니아 소비자들보다 '귀찮음' 을 피하고 싶은 요리를 잘 못하는 소비자들의 관심이 늘어나고 있음을 알 수 있다. 이는 네트워크 중심도가 점차로 낮아지고 있는 양상과도 일맥상통하는 것이다. 즉, 초반에는 (집에서 직접 두부까지 만들어 먹을 정도로) 요리를 잘하는 주부들, 비슷한 성향을 갖고 있는 주부들이 주로 글을 올렸기 때문에 네트워크 중심도가 높았던 것인데, 후반으로 올수록 다양한 성향의 소비자들이 다양한 글감을 갖고 글을 올리기 때문에 네트워크 중심도는 점점 낮아지는 경향을 보였다.

4. 나가며

이 장에서는 인터넷에 잠재고객들이 작성한 비정형 데이터를 수집하여 주로 사용하는 핵심단어를 추출하고, 핵심단어들 사이의 관계를 살펴봄으로써, TV홈쇼핑 생방송 콘텐츠가 보다 구체적인 수용자상을 토대로 제작될 수 있는 기반을 마련하고자 했다. 먼저 TV홈쇼핑을 전통적인 설득 커뮤니케이션 모델에서만 보아왔던 기존의 관점을 벗어나 대화적 모델로 바라보며, 소비자의 필요, 욕구, 취향을 적극적으로 '듣는' 방법으로서 빅데이터 분석을 활용했다. TV홈쇼핑을 대화적 관점으로 본다는 것은, 소비자를 강압적으로 설득하기보다는 소비자의 자발적인 관심과 공감을 이끌어내는 '인게이지먼트' 마케팅으로 이동하는 것을 뜻한다.

TV홈쇼핑 콘텐츠는 정교한 대본과 사전제작을 거치는 기존 매스미디어 콘텐츠와 달리, 골격만 합의한 가운데, 생방송 중 시청자의 반응에 따라 내용을 바꾸어 나가는 피드백(feedback) 지향적이고 유연한 제작 방식으로 이루어진다. 따라서 시청자들과 실시간으로 공감대를 구축할 수 있는 독자적인 포맷을 유지해 왔다. 본 연구에서는 생방송 순간에 시청자와 일시적인 '감성 공동체' 를 형성할 수 있는 '네트워크 감수성' 을 중요한 개념으로 제안했다. '네트워크 감수성' 은 생방송 시간대에 우연히 진입한 시청자를 유사한 취향과 고민과 공유한 일시적 공동체로 묶어낼 수 있는 일련의 내용과 형식을 말한다. 즉, 목표 소비자들이 추구하는 공통적인 가치, 라이프스타일, 선호 스타일, 표현 등이 콘텐츠에 잘 활용되었을 때 '네트워크 감수성' 이 높다고 정의하며, 네트워크 감수성을 높여줄 수 있는 구체적인 언어 자원을 찾아내는 데에 빅데이터 분석을 활용했다.

또한 TV홈쇼핑 콘텐츠의 이야기 특성은 '문제해결형 스토리텔링' 으로 특징지어진다. 상품 정보를 단순히 나열하고 전달하는 것에 그치는 것이 아니라, 가상의 주인공이 어려운 문제에 직면하고, 이 문제를 해결해 나가는 극복의 이야기를 활용하는 것이다. 고전적인 잘 짜여진 스토리텔링에 비하여, TV홈쇼핑의 문제해결형 스토리텔링은 문제상황 제시, 해결책 제시, 해결 후의 만족스러운 상황 제시라는 단순한 구조로 이루어져 있다. 문제해결형 스토리의 핵심 3요소는 주인공, 장애물, 해결(극복)이다. TV홈쇼핑 콘텐츠에서 주인공은 제품을 구입하여 문제를 해결해야 하는 사람들이다. 장애물은 이들이 겪고 있는 문제들이다. 해결(극복)은 제품(의 특장점)을 통해 이루어진다. 즉, 주인공이 겪고 있는 문제를 제품을 통해 극복하는 이야기이다. 이 장에서는 빅데이터 분석을 통해 '문제해결형 스토리텔링' 의 이야기 자원을 얻는 과정을 보여주고자 했다.

실제 분석에서, TV홈쇼핑 히트상품 원액기 H제품을 선정하고, 2009년부터 2013년까지 5년 동안 온라인상에 'H제품' 이란 분석 단어가 언급되는 텍스트 42,043개를 Textom을 통해 수집하여 텍스트마이닝과 의미연결망 분석을 실시했다.

"빅데이터 분석을 통해 네트워크 감수성을 높일 수 있는 언어자원을 얻을 수 있는가?" 라는 질문에 대하여 다음과 같은 결과를 얻어냈다. 첫째, 텍스트마이닝 결과 상위 핵심단어 빈도를 통해 온라인에서 H제품을 언급한 소비자들이 반복 사용한 단어를 확인할 수 있었다. 분석기간인 2009년부터 2013년까지 5년 동안 가장 많이 나온 단어의 빈도를 통해 "주로 '아침' 에 '남편' '건강' 을 위해, '당근' , '토마토' , '즙' , '녹즙' 등을 만들어 주며, '홈쇼핑' , '이벤트' , '공동구매' 를 통해 구입한다" 는 것을 알 수 있다. 상위 주요 단어들만 보아도, 주로 활용하는 시간대(아침), 활용목적(건강, 즙, 맛), 주요 행위자(남편, 어머니), 유통경로(홈쇼핑, 이벤트, 공동구매), 활용 방법 및 재료(당근, 토마토, 녹즙, 과일) 등을 유추해 볼 수 있다. '귀찮음' , '이영애' , 'G 원액기' , '두부' , '두유' , '콩' 등의 단어로 좀더 구체적인 라이프스타일 파악도 충분히 가능하다. 예를 들어, H제품의 (잠재)고객은 건강을 위한 홈메이드 먹거리를 추구하면서도, '귀찮은' 요리는 피하고, CF모델 '이영애' 와 같은 라이프스타일을 희구하는 스마트맘으로 그려질 수 있다. 이로써 '네트워크 감수성' 극대화를 위한 언어자원의 획득은 성공적으로 이루어졌다고 할 수 있다.

둘째, 의미연결망 분석으로 네트워크 전체의 중심화 경향을 의미하는 네트워크 중심도(network centralization : 6.82%)와 H제품 네트워크에서 영향력이 큰 중심 단어들을 확인하기 위한 '연결정도중심성' 을 구해 보았다. 2009~2013년 주요 단어 연결정도중심성이 높은 단어들은 건강, 아침, 당근, 남편, 홈쇼핑, 즙, 토마토, 맛, 어머니, 녹즙 등이었다. 이 단어들을 통해 소비자들이 추구하는 공통적인 가치(건강, 사랑), 라이프스타일(아침, 남편, 어머니, 가족, 공동구매, 요리, 저녁, 주말, 간식, 친구), 취향과 필요(당근, 토마토, 녹즙, 두부, 우유, 이유식, 딸기) 등을 알 수 있다. 이와 같이 빅데이터 분석으로 TV홈쇼핑 콘텐츠의 네트워크 감수성을 높일 수 있는 언어 자원을 얻을 수 있었다.

"빅데이터 분석으로 '문제해결형 스토리텔링' 을 구성하는 이야기 자원들을 찾아낼 수 있는가" 라는 두 번째 질문에 대하여, 2009년부터 2013년까지 H제품의 연도별 데이터군(data set)에 대한 의미연결망 분석과 컨커(CONCOR) 분석으로 다음과 같은 결과를 얻었다.

첫째, 문제해결형 스토리텔링의 요소인 '주인공'에 대한 통찰을 얻을 수 있었다. H제품은 기존 방송에서 '우리 가족의 건강을 위한 제품'으로 뭉뚱그려 소구하는 경향이 강했는데, 분석결과는 단연코 '남편'이 주인공이다. '남편'에게 왜 필요한 제품인지, 남편을 위한 원액으로 어떤 레시피를 소개할 수 있는지 좀더 심도 있고, 디테일한 접근이 필요함을 알 수 있다. 아이나 주부 자신을 주인공으로 설정할 때에 연결하기 적절한 이야기와 레시피도 제공되었다. 아이의 이유식을 만드는 데 휴레를 활용하고, 주부가 주인공일 때는 '해독주스', '다이어트' 등을 연결할 수 있다. 한편, 신혼 주부를 주인공으로 설정하는 또 다른 스토리를 구상해 볼 수 있는 자료도 제시되었다.

둘째, 문제해결형 스토리텔링의 '장애물'로 활용될 수 있는 다양한 예들이 등장했다. '껍질', '귀찮음' 등의 단어를 통해 소비자들이 불편해하는 상황, 해결하고자 하는 문제들을 유추해 볼 수 있다. 또한 즙을 짜내고 생긴 찌꺼기와 건더기에 대한 고민을 스스로 해결하는 '휴레'라는 단어를 통해 실사용자들의 참여 활동을 이야기 자원으로 적극 활용할 수 있음을 알 수 있다.

셋째, 문제해결형 스토리텔링의 '해결'로 활용될 수 있는 방법들이 등장했다. 보통 제품의 속성(기술적 특징 등)이 문제를 해결해 주는 경우가 대부분이지만, H제품의 경우 제품의 속성과 함께, 적절한 레시피 제공이 해결방법으로 활용되었다. 의미연결망 분석을 통해 드러난 다양한 식재료를 통해 목표 소비자들의 관심 영역을 확인할 수 있다. 실제 방송에서 소홀했던 당근, 콩 등을 적극적으로 활용하고, 속 건강을 위협받고 있는 주인공(남편)을 위해 양배추 즙, 감자 즙을 짜주는 사례 등 실사용자의 살아 있는 경험은 '이야기성'을 극대화해 줄 것이다.

넷째, 기타 예기치 않았던 통찰을 제시해 주는 이야기 자원들도 발견되었다. 예를 들어, 아침에 주로 먹는 과일과 저녁에 주로 먹는 과일이 연관 단어들로 연결된 것으로 보아, 생방송 시간대에 활용할 수 있는 레시피 제안이 가능하다. 초반에는 잘 눈에 띄지 않던 '귀찮음'이란 단어가 2011년 이후로 등장했는데, 이를 2011년 이후로 계속해서 네트워크 중심도가 낮아지는 경향과 함께 논의해 볼 수 있다. 즉, 콩으로 두유, 두부 등을 만들어 먹는 (요리를 잘 하는) 매니아 소비자들보다 '귀찮음'을 피하고 싶은, 요리를 잘 못하는 소비자들의 관심이 점차 늘어나고 있는 경향이다. 초반에는 (집에서 직접 두부까지 만들어 먹을 정도로) 요리를 잘하는 주부들, 비슷한 성향을 갖고 있는 주부들이 주로 글을 올렸기 때문에 네트워크 중심도가 높았던 것인데, 후반으로 올수록 다양한 성향의 소비자들이 다양한 글감을 갖고 글을 올리기 때문에 네트워크 중심도는 점점 낮아지고 있었다. 네트워크 중심도가 낮아지면, 상위 단어들에만 주목할 것이 아니라, 롱테일의 단어들에도 주목하여, 보다 다양한 언어들을 활용하는 방법도 생각해 볼 수 있다.

이렇게 빅데이터 분석을 통해 네트워크 감수성을 향상시킬 수 있는 언어자원, 문제해결형 스토리텔링에 구체적으로 활용할 수 있는 이야기 자원을 충분히 확보할 수 있었다. 앞으로 한걸음 더 나아가, 생방송 포맷에 바로 활용할 수 있는 '실시간 리스닝 시스템(live listening system)' 을 구축해 나갈 수 있다면, 고객과의 인게이지먼트(engagement)를 더욱 공고히 해나갈 수 있으리라 기대한다.

이 장에서는 콘텐츠 제작이라는 창의적 영역에 빅데이터 분석을 활용할 수 있는 이론적 틀과 사례를 제시하고자 했다는 점에서 의의를 갖는다. 그럼에도 콘텐츠 제작의 측면에 초점을 맞추다 보니, 제품의 선정, 편성, 매출성과, 경영 예측 등 홈쇼핑 마케팅의 핵심 영역을 다루지 못했다는 점은 한계라 볼 수 있다. 또한 20여 년 동안 축적된 홈쇼핑 고객 데이터를 어떻게 빅데이터와 연동시킬 수 있는지, 실시간 상호작용의 결과를 생방송에 어떻게 활용할 수 있는지, 그리고 빅데이터 분석이 실제 매출에 기여하는 효과의 측면 등 앞으로 더 많은 논의가 이루어지길 바란다.

참고문헌

박동숙 · 전경란(2005). 『디지털/미디어/문화』. 서울 : 한나래.

박연옥(2007). 텔레비전 리얼리티 프로그램의 스토리텔링. 『문화산업과 스토리텔링』. 서울 : 다할미디어. 141～162

박성민 외(2013.4.10.). 기업의 신경쟁력 빅데이터 큐레이션. 『삼성경제연구소 CEO Information』, 891호.

박한우 · 루츠 레이데스도르프(2004). 한국어의 내용분석을 위한 KrKwic 프로그램의 이해와 적용 : Daum.net에서 제공된 지역혁신에 관한 뉴스를 대상으로. *Journal of The Korean Data Analysis Society*, 6(5), 1377～1388.

손동원(2012). 『사회 네트워크 분석』. 서울 : 경문사

송길영 · 천영진(2014). 경험의 관계성과 미래 지향적 미디어 연구의 가능성 : 소셜 빅데이터 마이닝 방법론을 중심으로. 『2014 한국방송학회 봄철정기학술대회 〈빅데이터와 방송〉 세션 발표집』. 한국방송학회.

신원섭 · 박주연(2014). 진행자–청취자 직접 상호작용에 의해 제작된 라디오 프로그램의 특성 연구. 『한국언론학보』, 제58권 제1호, 226～251.

심산(2004). 『한국형 시나리오 쓰기』. 서울 : 해냄.

양윤직(2010). 『디지털 시대의 광고 미디어 전략』. 서울 : 커뮤니케이션북스.

윤명희(2006). 온라인 1인 커뮤니티의 유형과 사회적 의미. 부산대학교 대학원 사회학과 박사논문.

이종혁 외(2012). 『소셜 미디어 PR』. 서울 : 커뮤니케이션북스.

전채남 · 서일원(2013). 빅데이터 분석의 기술마케팅 활용에 관한 연구. 『마케팅 논집』, 제21권 2호, 181～203.

정근하(2011), 『텍스트마이닝과 네트워크분석을 활용한 미래예측 방법 연구』. 한국과학기술기획평가원.

정덕호 · 유대영(2013), 사회연결망법을 이용한 과학영재들의 의사소통 구조 분석. 『한국지구과학회지』, 제34권 제1호, 81～92.

정성훈(2012). 이슈프레임분석을 위한 전통적 내용분석과 언어네트워크분석 방법 비교. 한양대학교 대학원 석사학위 논문.

최순희(2011). Web 2.0과 라디오의 동행 : SBS 라디오 〈2시 탈출 컬투쇼〉의 제작 과정

을 중심으로. 『미디어 경제와 문화』, 제9권 제2호, 85~129.

한국콘텐츠진흥원 미국사무소(2013.7.26.). "넷플릭스, 방송계를 뒤흔들다". 『미국콘텐츠산업동향』.

교이 요시히코 & 애드리치 마케팅전략연구소(2011). 『롱 인게이지먼트』. 서울 : 커뮤니케이션북스.

Borgatti, S. P., Everett, M. G. & Freeman, L. C. (2002). *Ucinet for Windows : Software for Social Network Analysis*. Massachusetts : Analytic Technologies.

Carey, J. (1989). *Communication as Culture : Essays on Media and Society*. London : Unwin Hyman.

Chung, C & Park, H. W. (2010). Textual analysis of a political message : The inaugural addresses of two Korean presidents. *Social Science Information*, 49, 215~239.

Cialdini, Sagarin, and Rice (2001). Training in ethical influence. In J. Darley, D. Messick, and T. Tyler (Eds.). *Social influences on ethical behavior in organizations*. 137~163. Mahwah, NJ : Erlbaum.

Doerfel, M. L., Barnett, G. A. (1999). A semantic network analysis of the International Communication Association. *Human Communication Research*, 25(4), 589~603.

Danowski, J. (1993). Network analysis of message contents, In G. Barnett & W. Richards(Eds.), *Progress in communication sciences*, 12, 197~222. Norwood, NJ : Ablex.

Fiske, J. (1990). 『커뮤니케이션학이란 무엇인가』. 강태완 · 김선남 역(2001). 서울 : 커뮤니케이션북스.

Gantz, J. & Reinsel, D. (2012). *The digital universe in 2020 : Big Data, bigger digital shadows, and biggest growth in the far East*. IDC.

Howard, D. & Mabley, E. (1999). *The Tools of Screenwriting : A writer's Guide to the Craft and Elements of a Screenplay*. 『시나리오 가이드』. 심산 옮김. 서울 : 한겨레 신문사.

Lash, Scott (1998). 성찰성과 그것의 분신들 : 구조, 미학, 공동체. 『성찰적 근대화』. 서울 : 한울.

Lash, Scot & Friedman,Jonathan (1997). 『현대성과 정체성』. 윤호병 외 옮김. 서울 : 현대미학사.

Lasswell, H. D. (1948). The Structure and function of communication in society, in L. Bryson (ed.) (1948). *The Communication of Ideas*. New york : Harper&Row.

Mafesoli, Michel (1997). 『현대를 생각한다』. 박재환 · 이상훈 옮김. 서울 : 문예출판사.

Mische, A. & White, H. (1998). Between conversation and situation : Public switching dynamics across network domains. *Social Research*, 65(3), pp.695～724.

Propp, V. (1987). 『민담형태론』. 유영대 옮김. 서울 : 새문사.

Wasserman, S., Faust, K. (1994). *Social Network Analysis : methods and Applications*. New York, Cambridge University Press.

White, H., Fuhse, J., Thiemann, M. & Buchholz, L. (2007). Networks and Meaning : Styles and Switchings. *Soziale Systeme*, p.13.

제4부

빅데이터를 논(論)하다

빅데이터와 개인정보보호! 어떻게 접근할 것인가?

김지훈 한국법제연구원 연구위원

chapter 11

1. 서론

최근 전 세계적으로—우리나라도 물론 포함하여—빅 브라더가 아닌 빅데이터가 중요한 키워드로 등장하고 있다. 이러한 빅데이터는 사실 새로운 개념이 아니라 1990년 이후 인터넷 이용이 광범위하게 확산됨에 따른 정보의 대량생산을 정보홍수(Information Overload) 또는 정보폭발(Information Explosion)이라는 개념으로 논의하여 오던 것이 최근 들어 한 단계 업그레이드되어 빅데이터 논의로 이어지고 있다는 사실을 인식할 필요가 있다.

디지털 기술의 발전으로 인한 새롭고 많은 정보의 생산과 디지털 기기 또는 웹을 활용한 정보의 저장은 이전과 비교할 수 없을 만큼 다양할 뿐 아니라 그 양 또한 증가했고, 여전히 진행중이다.[1] 다만, 종래의 정보처리는 주로 데이터를 수집하여 저장하는 데 초점을 두고 있었으나, 빅데이터 시대에 들어서는 지금까지 수집이나 저장의 대상으로 생각하지 않았던 종류의 방대한 정보들로부터 새로운 의미 있는 가치를 창출함으로써 이를 기업의 비즈니스에 이용하거나 또는 국가의 정책이나 활동의 기초로 삼기도 한다. 또한 모바일 스마트 기기가 확산되고 개인과 관련한 비정형 데이터가 축적되면서 데이터는 더욱 증가하게 되었고, 최근 소셜미디어의 증가로 인해 공적인 정보뿐만 아니라 사적인 정보까지 교류함으로써 빅데이터 시대[2]의 서막을 알리는 계기가 되었다.[3] 즉, 스마트 혁명과 함께 데이터 생성이 기하급수적으로 늘어나고, 이전과는 차원이 다른 정보유형 · 정보소스 · 정보량이 발생하게 되면서, 이들 정보를 수집 · 축적 · 분석 · 활용하여 새로운 가치를 만들어내려는 자발적인 시장의 움직임이 나타나고 있는 것이다.[4]

1. 김종업 외, 빅데이터(Big Data)의 활용과 개인정보보호, 『한국지방정부학회 2013 하계학술대회 발표논문집』, 229쪽.
2. 심지어 IT분야 리서치 전문기업인 Gartner가 빅데이터를 '21세기의 원유'라고까지 표현할 정도로 전 세계는 빅데이터의 성장 잠재력과 가치에 주목하고 있다.
3. 박원준, '빅데이터(Big Data)' 활용에 대한 기대와 우려, 『방송통신전파저널』, 통권 51호(2012), 29쪽.

그러나 빅데이터에 대한 이와 같은 장밋빛 전망에도 불구하고, 빅데이터는 그 규모의 특성상 이용자 개개인이 데이터의 원천이라는 사실을 크게 인지하지 못한 채 자신의 정보를 제공하게 될 가능성이 크다. 따라서 이러한 데이터의 활용에 있어서 개인정보의 보호 등이 문제가 될 수 있고, 또한 법적인 규제로 인해 새로운 서비스가 제한되기도 한다.[5] 즉, 빅데이터 환경으로 비즈니스에서의 활용이라는 측면에서는 기대감이 높아지는 반면, 프라이버시 침해[6]에 대한 우려도 뿌리 깊게 지적되고 있는 실정이다.[7] 예컨대 기업이 소비자의 구매내역 등 자료를 축적하여, 이를 바탕으로 개인에게 특정 제품을 광고하거나 특정 제품의 구매를 추천하는 등의 행위를 하는 경우 이러한 정보들이 개인정보에 해당하는지의 여부 내지 개인정보보호법의 적용대상이 되는지 등이 문제로 제기될 수 있다.[8]

이러한 빅데이터와 개인정보보호에 관한 논의의 핵심은 현행 법제도를 통해서 빅데이터 시대의 개인정보보호에 공백이 발생할 우려에 대한 인식에서 출발하는 듯하다. 또한 종래의 개인정보보호법제의 해석론을 통하여 새로운 사회현상에 적용하고자 하는 시도에 대한 논란이 발생하는 것으로 볼 수도 있다. 이하에서는 현행 개인정보보호법제의 해석과 적용을 통하여 빅데이터와 관련한 개인정보보호의 문제에 대한 해결 가능성을 검토해 보고 그 한계 및 이에 대한 해결책을 제시해 보고자 한다.

---

4. 배동민 외, 빅데이터 동향 및 정책 시사점, 『방송통신정책』, 제25권 제10호(2013), 37쪽.
5. 신동희 외, 빅데이터 동향 및 시사점, 『인터넷정보학회지』, 14권 2호(2013), 11쪽.
6. 참고로 OECD의 프라이버시 8원칙은 ① 개인정보와 프라이버시를 보호하기 위해서는 정보수집제한의 원칙, ② 개인정보의 위·변조되는 것을 막기 위한 정보정확성의 원칙, ③ 개인정보 요청에 대한 목적을 분명하게 하기 위한 명확성의 원칙, ④ 개인정보의 이용을 요청받았을 경우 유효한 목적에만 이용할 수 있는 이용제한의 원칙, ⑤ 개인정보 노출에 의해 프라이버시 침해 위협에 대응하기 위한 안전확보의 원칙, ⑥ 개인정보와 관련된 정책 절차에 대한 투명성을 보장하기 위한 공개의 원칙, ⑦ 개인정보에 대한 주체가 스스로 직접 통제할 수 있는 개인참여의 원칙, ⑧ 개인정보가 안전하게 활용될 수 있도록 책임을 명시하는 보증의 원칙 등이다. 신영진, 공공분야의 빅데이터 추진과 개인정보보호에 관한 연구, 『Internet and Information Security(IIS)』, 제3권 제3호(2012), 96쪽.
7. 차상육, 빅데이터(Big Data) 환경과 프라이버시의 보호, 『IT와 법 연구』, 제8집(2014), 196쪽.
8. 곽관훈, 기업의 빅데이터(Big Data) 활용과 개인정보의 보호의 조화, 『일감법학』, 제27호(2014), 126쪽.

2. 빅데이터의 개념과 활용

2.1 빅데이터의 개념

빅데이터(Big Data)란 문자 그대로 관리하기 어려운 정도의 대용량 데이터를 의미할 뿐, 명확한 개념정의를 하기는 곤란하다. 다만 후술하는 몇 가지 특징들을 가지고 있으며, 단순한 정보의 취합 · 저장에 그치지 아니하고 그러한 정보들을 통하여 새로운 정보 내지 무엇인가를 창출해내는 일련의 과정을 포함하는 의미로 널리 쓰이고 있는 듯하다. 즉, 과거의 데이터는 단순한 정보의 저장이나 수집만을 의미했으나, 오늘날의 데이터는 저장이나 수집된 정보 그 자체를 뛰어넘어 새로운 의미를 발견하는 것까지를 포함하고 있는 것이다. 이러한 측면에서 빅데이터란 기존의 데이터 수집 · 저장 · 관리 · 분석의 역량을 넘어서는 대량의 정형 또는 비정형 데이터세트 및 이러한 데이터로부터 가치를 추출하고 결과를 분석하는 기술을 의미하는 것으로 정의하기도 한다.[9,10] 한편 빅데이터가 가지는 특징에 주목하여 그 개념정의를 양(volume), 속도(velocity), 다양성(variety), 복잡성(complexity) 등의 특징을 가지는 단순 데이터와 함께 정형 데이터(structured data)[11], 반정형 데이터(semi-structured data)[12] 및 비정형 데이터(unstructured data)[13]의 수집 · 관리 · 분석 · 시각화 · 활용 등을 포함하는 개념이라고 정의하기도 한다.[14]

---

9. 성준호, 빅데이터 환경에서 개인정보보호에 관한 법적 검토, 『법학연구』, 제21권 제2호(2013), 310쪽.
10. 국가정보화전략위원회에서는 대용량 데이터를 활용, 분석하여 가치 있는 정보를 추출하고, 생성된 지식을 바탕으로 능동적으로 대응하거나 변화를 예측하기 위한 정보화 기술을 빅데이터로 개념정의하고 있다. 국가정보화전략위원회, 빅데이터를 활용한 스마트 정부 구현(안), 2011.
11. 정해진 구조로 고정된 필드에 저장되는 데이터로서, 기존 관계형 데이터베이스가 그 예가 될 수 있다고 한다. 오길영, 빅데이터 환경과 개인정보의 보호방안, 『일감법학』, 제27호(2014), 159쪽.
12. 고정된 필드에 저장되지는 않지만 메타데이터나 스키마 등을 포함하는 데이터로 XML 또는 HTMN 문서 등이 그 예가 될 수 있다.
13. 미리 정해진 구조가 없고 고정된 필드에 저장되지 않는 일반 텍스트 문서, 이미지, 동영상, 음성 등을 예로 들 수 있다.

요컨대, 빅데이터의 개념에 관해서는 개념정의 자체에서 이미 몇 가지 특징적인 부분들을 포함하고 있으면서, 특히 일정한 작용을 통하여 그러한 정보들로부터 유의미한 무엇인가를 새롭게 창출해낸다는 기능론적인 시각이 투영되어 있음을 알 수 있다.

2.2 빅데이터의 특징

빅데이터의 특징으로는 통상 크기(Volume), 속도(Velocity), 다양성(Variety)을 언급하는 것이 일반적인 듯하다. 여기서의 '크기'는 데이터 규모의 방대성을 말하고, '속도'는 방대한 양의 데이터를 처리 · 분석하는 속도를 의미하는데, 데이터의 입 · 출력이 빠르게 증가하면서 이를 실시간으로 대응할 수 있는 빠른 처리와 분석의 능력을 말한다. 또한 '다양성'은 분석하는 데이터의 형태 · 종류가 종래의 정형 데이터 뿐만 아니라 반정형 · 비정형 데이터까지 모두 포함하는 것을 일컫는 것이다.[15]

빅데이터의 특징으로서 3Vs에 더하여 다른 특징적 요소를 들기도 한다. 가령 오라클(Oracle)은 빅데이터에 대한 정의와 특징으로서 가치(Value)를 언급하고 있다. 즉, 빅데이터에서 서로 다른 데이터에 대한 경제적 가치가 다르기 때문에 빅데이터 안에 내재된 가치 있는 정보를 파악해야 한다는 것이다. 또한 가트너(Gartner)는 일반적으로 빅데이터에서의 문제가 3Vs 중에 2개 이상이 결합되어 발생한다는 복잡성(Complexity)을 추가하여 빅데이터를 정의하고 있으며, 포레스터(Forrester)는 빅데이터 환경에서 그 데이터의 형태가 점차 증가하고 있음을 의미하는 변동성(Variability)을 그 특징으로 들고 있다.[16]

14. 차상육, 앞의 글, 198쪽.
15. 오길영, 앞의 글, 159쪽.
16. 성준호, 앞의 글, 313쪽에서 재인용.

2.3 빅데이터의 활용

빅데이터는 데이터를 수집하거나 저장할 뿐 아니라, 수많은 데이터 속에서 목적에 부합하는 데이터를 찾아내고, 효과적인 분석과 그에 따른 결과를 제공할 수 있다. 빅데이터 기술을 통해 다양한 패턴을 추출한 후에 상황분석을 통하여 이상현상을 감지하거나 또는 가까운 미래를 예측하는 데 활용할 수 있다.[17] 컨설팅 분야에서 최고로 손꼽히는 맥킨지 앤 컴퍼니(McKinsey & Company)는 빅데이터가 크게 활용될 수 있는 5개 분야로 의료 및 건강, 공공행정, 위치 등의 개인정보 분야, 소매 및 유통업과 제조업을 제시했으며 실제로 현재 각국 정부 및 기업들은 빅데이터를 활용하고 있거나 이를 준비하고 있다.[18] 특히 세계 주요국의 빅데이터 정책은 국가마다 처한 산업여건이나 규제체계에 따라 어느 정도의 차이는 보이고 있으나, 공공부문이 보유하고 있는 데이터를 개방 · 공유하여 민간의 이용을 활성화하는 데에서 한발 더 나아가 일정한 경우에는 정부가 직접 빅데이터를 활용하여 공공서비스의 품질을 향상시키려고 한다는 점에서는 공통점을 보이고 있다.

민간부문에서의 빅데이터 활용의 예를 최근 우리 주변에서 어렵지 않게 찾아볼 수 있다. 기후와 도로의 통행량 등을 분석하여 최적 운전경로 및 다양한 운전자 지원정보를 제공하고, 이를 통해 목적지에 도달하는 데 걸리는 시간을 단축하여 온실가스의 발생 역시 감소시키는 효과를 거두고 있다. 또한 특정 인터넷 포털 사업자들은 빅데이터를 실제 서비스에 적극 활용하여 음악추천기능, 자동완성, 연관어 검색, 실시간 급상승 검색어 등의 서비스를 제공하고 있으며 그 활용범위는 계속 확대될 전망이다.[19] 특히 정부의 빅데이터 시범사례에서도 그 활용의 일면을 확인할 수 있다.[20]

---

17. 윤미림, 빅데이터 비즈니스 활용과 과제, 『한국정보산업연합회 Issue Report』(2012), 10-13쪽.
18. 신동희 외, 앞의 글, 8쪽.
19. 배동민 외, 앞의 글, 62쪽.
20. 방송통신위원회 보도자료, 빅데이터 성과물 한자리에 … 빅데이터 페어 2013 개최, (2013.12.19.).

① **심야버스 노선 정책 지원**(서울시, KT)

야근이 잦은 직장인 A씨는 근래 한시름 덜었다. 12시 넘어 끝나는 일이 많다보니, 택시비도 부담이었지만, 무엇보다 택시를 잡는 것 자체가 큰일이었다. 그러나 심야버스로 문제가 해결되었다. 사람 많은 동네를 두고 먼 곳으로만 다니던 버스가 신기하게도 우리 동네로 들어왔다. 유동인구 빅데이터를 분석한 과학적 노선 수립 덕분이다.

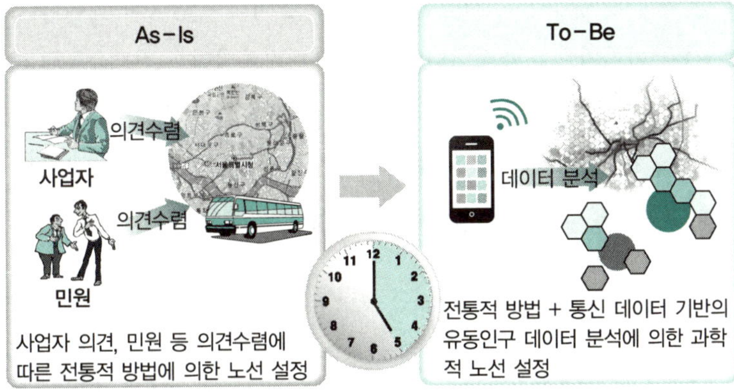

② **점포평가 서비스**(한국감정원, BC카드, 오픈메이트)

최근 명예퇴직한 B씨는 퇴직금을 모두 투자하여 카페를 창업하려고 충분히 알아보고 추진하려 했으나 여의치가 않았다. 프랜차이즈 설명회에도 가보고 부동산도 찾아가 봤지만 객관적인 정보가 부족해 신뢰가 가지 않았다. 그러나 스토어스토리 서비스가 새로운 길을 열어주었다. 점포 개폐업 이력, 주변인구 및 상권정보 등 데이터 분석을 통해 입지분석, 매출예측을 제공해 주었기 때문이다.

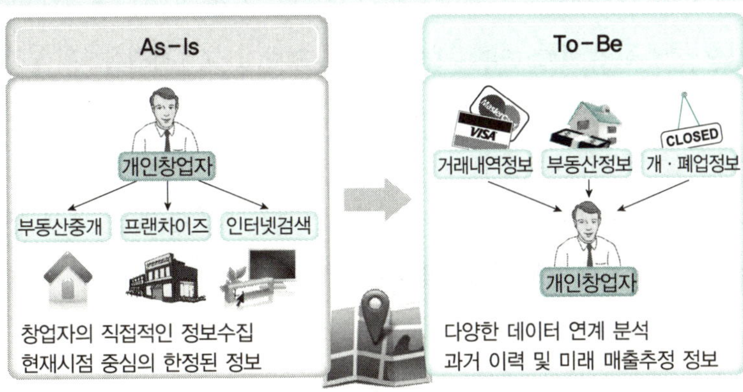

이처럼 빅데이터가 활성화되는 이유로는 크게 다음과 같은 3가지를 들 수 있다.[21] 우선 스마트폰을 비롯한 모바일 스마트 기기 보급의 활성화이다. 모바일 스마트 기기에 탑재된 센서, 원격감지기술, 소프트웨어, 카메라, RFID리더 등을 통해서 비정형화된 데이터를 수집할 수 있게 된 것이 데이터 증가의 원인이라고 할 수 있다. 다음으로는 클라우드 서비스의 정착이다. 클라우드 서비스를 통해서 개인과 조직의 데이터가 한 곳으로 축적되고, 저장된 데이터를 분석하여 활용하고자 하는 요구가 증가하고 있다. 마지막으로 소셜미디어 활용이 보편화되면서 정보유통구조가 새롭게 재편되었다는 점이다. 소셜미디어의 특성상 쌍방향 커뮤니케이션이 활발하게 이루어지면서 상호작용 데이터의 증가를 가져왔고, 이러한 상호작용 데이터를 비즈니스 측면에 활용하려는 관심이 높아졌기 때문이다.

3. 빅데이터와 개인정보보호법제의 한계

3.1 개인정보보호를 위한 법적 규율

우리나라 개인정보보호법제는 일반법과 분야별 개별법으로 구성되어 있다. 즉 일반법으로서의 「개인정보보호법」과 아울러 개별법으로서의 「정보통신망 이용촉진 및 정보보호 등에 관한 법률」(이하 '정보통신망법' 이라 한다), 「위치정보의 보호 및 이용 등에 관한 법률」(이하 '위치정보법' 이라 한다), 「신용정보의 이용 및 보호에 관한 법률」(이하 '신용정보법' 이라 한다) 등이 제정되어 시행중에 있다. 그 밖에도 「통신비밀보호법」, 「주민등록법」, 「금융실명거래 및 비밀보장에 관한 법률」 등에서도 개인정보보호에 관한 내용을 일부 규정하고 있다.

21. 박원준, 앞의 글, 33쪽.

3.1.1 일반법으로서의 개인정보보호법

「개인정보보호법」은 기존의 「공공기관의 개인정보보호에 관한 법률」과 「정보통신망 이용촉진 및 정보보호 등에 관한 법률」의 일부 조항 등을 포괄하여 개인정보보호에 관한 기본법으로서 제정되었다. 종래 다양한 법률에서 산재되어 있던 개인정보보호에 관한 규정을 종합적으로 정리하여 보호의 사각지대를 해소하기 위해 제정된 법이다.[22]

「개인정보보호법」은 개인정보의 보호에 있어 온/오프라인 · 공적/사적 영역을 아우르는 일반법적인 지위를 가진다. 동법 제6조(다른 법률과의 관계)에서 "개인정보보호에 관하여는 다른 법률에 특별한 규정이 있는 경우를 제외하고는 이 법에서 정하는 바에 따른다" 고 규정하고 있는 점이 이를 잘 설명해 준다. 즉, 개별적인 사안에 대하여 원칙적으로는 개별사안을 규율하고 있는 종래의 법률이 적용될 것이지만, 관련 규정이 없거나 당해 영역에 적용될 법률이 없는 경우에는 일반법으로서의 「개인정보보호법」이 적용된다.

동법은 개인정보처리자[23]에게는 일정한 의무를 부여하고,[24] 그에 대응하여 정보

---

22. 곽관훈, 앞의 글, 138쪽.

23. 업무를 목적으로 개인정보파일을 운용하기 위하여 스스로 또는 다른 사람을 통하여 개인정보를 처리하는 공공기관, 법인, 단체 및 개인 등을 말한다(동법 제2조 제5호).

24. 개인정보보호법 제3조(개인정보 보호 원칙)
① 개인정보처리자는 개인정보의 처리 목적을 명확하게 하여야 하고 그 목적에 필요한 범위에서 최소한의 개인정보만을 적법하고 정당하게 수집하여야 한다.
② 개인정보처리자는 개인정보의 처리 목적에 필요한 범위에서 적합하게 개인정보를 처리하여야 하며, 그 목적 외의 용도로 활용하여서는 아니 된다.
③ 개인정보처리자는 개인정보의 처리 목적에 필요한 범위에서 개인정보의 정확성, 완전성 및 최신성이 보장되도록 하여야 한다.
④ 개인정보처리자는 개인정보의 처리 방법 및 종류 등에 따라 정보주체의 권리가 침해받을 가능성과 그 위험 정도를 고려하여 개인정보를 안전하게 관리하여야 한다.
⑤ 개인정보처리자는 개인정보 처리방침 등 개인정보의 처리에 관한 사항을 공개하여야 하며, 열람청구권 등 정보주체의 권리를 보장하여야 한다.
⑥ 개인정보처리자는 정보주체의 사생활 침해를 최소화하는 방법으로 개인정보를 처리하여야 한다.
⑦ 개인정보처리자는 개인정보의 익명처리가 가능한 경우에는 익명에 의하여 처리될 수 있도록 하여야 한다.

주체[25]에게는 ㉠ 개인정보의 처리에 관한 정보를 제공받을 권리, ㉡ 개인정보의 처리에 관한 동의 여부, 동의 범위 등을 선택하고 결정할 권리, ㉢ 개인정보의 처리 여부를 확인하고 개인정보에 대하여 열람(사본의 발급을 포함한다)을 요구할 권리, ㉣ 개인정보의 처리 정지, 정정 · 삭제 및 파기를 요구할 권리, ㉤ 개인정보의 처리로 인하여 발생한 피해를 신속하고 공정한 절차에 따라 구제받을 권리 등을 부여함으로써(동법 제4조) 정보주체의 개인정보자기결정권[26] 보장이라는 측면을 강조하고 있는 것을 확인할 수 있다. 즉, 제15조(개인정보의 수집 · 이용), 제17조(개인정보의 제공), 제18조(개인정보의 이용 · 제공 제한), 제19조(개인정보를 제공받은 자의 이용 · 제공 제한), 제22조(동의를 받는 방법) 등을 통해서 정보의 수집 · 이용 · 제공 등을 위해서는 정보주체의 사전동의원칙(소위 Opt-in 원칙)을 규정하고 있다. 또한 이러한 사전동의원칙을 바탕으로 정보주체가 자신의 개인정보에 대한 열람, 정정, 삭제 및 처리정지 등을 요구할 수 있는 권리도 아울러 부여하고 있다.

3.1.2 정보통신망 이용촉진 및 정보보호 등에 관한 법률

'정보통신망법' 은 정보통신서비스 제공자[27]를 대상으로 「개인정보보호법」과 유사한 개인정보보호에 관한 내용을 포함하고 있다. 즉, 정보통신서비스 제공자는 이용자의 개인정보를 이용하려고 수집하는 경우에는 ㉠ 개인정보의 수집 · 이용 목

⑧ 개인정보처리자는 이 법 및 관계 법령에서 규정하고 있는 책임과 의무를 준수하고 실천함으로써 정보주체의 신뢰를 얻기 위하여 노력하여야 한다.

25. 처리되는 정보에 의하여 알아볼 수 있는 사람으로서 그 정보의 주체가 되는 사람을 말한다(동법 제2조 제3호).

26. 자신에 관한 정보의 흐름을 스스로 결정하거나 자율적으로 통제할 수 있는 권리를 의미한다. 헌법재판소가 개인정보자기결정권을 명시적으로 처음 언급한 99헌마513 결정은 개인정보자기결정권을 헌법 제17조, 제10조 그리고 국민주권원리 또는 민주주의원리를 이념적 기초로 하는 '헌법에 명시되지 아니한 독자적 기본권' 으로 파악했으나, 그 이후의 2003헌마282 결정에서는 그 근거를 헌법 제10조와 제17조에 한정지으려는 태도를 보인 바 있다. 심우민, 스마트 시대의 개인정보보호 입법전략, 『언론과 법』, 제12권 제2호(2013), 153쪽.

27. 「전기통신사업법」 제2조 제8호에 따른 전기통신사업자와 영리를 목적으로 전기통신사업자의 전기통신역무를 이용하여 정보를 제공하거나 정보의 제공을 매개하는 자를 말한다(동법 제2조 제3호).

적, ㉡ 수집하는 개인정보의 항목, ㉢ 개인정보의 보유 · 이용 기간 등을 이용자에게 알리고 동의를 받아야 한다(동법 제22조 제1항). 다만, ㉠ 정보통신서비스의 제공에 관한 계약을 이행하기 위하여 필요한 개인정보로서 경제적 · 기술적인 사유로 통상적인 동의를 받는 것이 뚜렷하게 곤란한 경우, ㉡ 정보통신서비스의 제공에 따른 요금정산을 위하여 필요한 경우, ㉢ 법률에 특별한 규정이 있는 경우에는 동의 없이 이용자의 개인정보를 수집 · 이용할 수 있도록 하고 있다(동법 제22조 제2항). 또한 이용자는 언제든지 정보통신서비스 제공자 등에 대하여 개인정보 수집 · 이용 · 제공 등의 동의를 철회할 수 있으며, 본인에 관한 ㉠ 정보통신서비스 제공자 등이 가지고 있는 이용자의 개인정보, ㉡ 정보통신서비스 제공자 등이 이용자의 개인정보를 이용하거나 제3자에게 제공한 현황, ㉢ 정보통신서비스 제공자 등에게 개인정보 수집 · 이용 · 제공 등의 동의를 한 현황 등에 관한 사항에 대하여 열람이나 제공을 요구할 수 있고 오류가 있는 경우에는 그 정정을 요구할 수 있다(동법 제30조 제1항 및 제2항).

3.2 빅데이터 진흥에 관한 법적 규율

3.2.1 개설

현재로서는 빅데이터를 직접적으로 규율하는 법령은 존재하지 않는다. 다만, 「전자정부법」, 「국가정보화 기본법」, 「통계법」, 「기상산업진흥법」, 「공간정보산업진흥법」등에 관련규정이 산재하여 있는 것을 확인할 수는 있다. 예컨대, 「국가정보화 기본법」 제17조(민간 분야 정보화의 지원)[28] · 제18조(지식 · 정보의 공유 · 유통)[29] · 제20조(정보통신응용서비스 이용 등의 활성화)[30], 「기상산업진흥법」 제13조

28. 제17조(민간 분야 정보화의 지원) 정부는 산업 · 금융 등 민간 분야의 생산성 향상과 부가가치 창출 등을 위하여 기업의 정보화 및 정보통신기반의 구축 · 이용 등 민간 분야의 정보화에 필요한 사항을 지원할 수 있다.

29. 제18조(지식 · 정보의 공유 · 유통) 국가기관등은 국가정보화의 추진을 통하여 창출되는 각종 지식과 정보가 사회 각 분야에 공유 · 유통될 수 있도록 필요한 기반을 마련하여야 한다.

30. 제20조(정보통신응용서비스 이용 등의 활성화) 정부는 인터넷, 원격정보통신서비스 및 전자거래 등 정보통

(기상정보의 활용 촉진 등),[31] 「공간정보산업 진흥법」 제8조(공간정보등의 유통 활성화)[32] · 제9조(융 · 복합 공간정보산업[33] 지원)[34] 등의 규정을 통하여 간접적으로 빅데이터와의 관련성을 찾아볼 수밖에 없는 실정이다. 이러한 규정들에 대해서는 우선 「국가정보화기본법」과 「전자정부법」 등에서 공공데이터 민간제공에 대한 근거 규정을 두고 있으나 선언적인 내용에 그치고 있고, 민간제공 대상 공공데이터의 범위와 제공수단 및 이용자를 제한함으로써 근거 법률로서의 실효성이 미흡할 뿐만 아니라, 「기상산업진흥법」·「공간정보산업진흥법」 등에서는 기상정보, 공간정보 등에 대하여 민간제공을 규정하고 있으나 이 역시 공공데이터의 일부가 제한적으로 민간에 제공되고 있는 등의 한계를 보이고 있다. 특히 최근 스마트폰, 태블릿 PC 시장이 급성장함에 따라 교통정보 앱, 유가정보 앱, 기상정보 앱 등 정부나 공공기관이 보유한 공공데이터를 활용한 생활밀착형 신규서비스 개발이 급증하면서 공공데이터를 활용하고자 하는 수요가 높아지고 있는 추세임을 감안할 때 장래 이에 대한 입법적인 노력이 필요한 대목이라 하겠다.

신망을 활용한 응용서비스의 이용을 활성화하고 우수한 콘텐츠의 개발을 촉진하기 위한 시책을 마련하여야 한다.

31. 제13조(기상정보의 활용 촉진 등) ① 기상청장은 「기상관측표준화법」 제3조 제1항 각 호에 해당하는 기관에 기상정보의 민간 활용이 촉진될 수 있도록 협력을 요청할 수 있다.

32. 제8조(공간정보등의 유통 활성화) ① 정부는 공간정보산업의 진흥을 위하여 공간정보등의 유통 활성화에 노력하여야 한다.
② 국토교통부장관은 공간정보등의 공유와 유통 등을 목적으로 유통망을 설치 · 운영하는 민간사업자(이하 "유통사업자"라고 한다) 또는 유통사업자가 되고자 하는 자에게 유통시스템 구축에 소요되는 자금의 일부를 융자의 방식으로 지원할 수 있다.

33. 공간정보를 생산 · 관리 · 가공 · 유통하거나 다른 산업과 융 · 복합하여 시스템을 구축하거나 서비스 등을 제공하는 산업을 말한다(공간정보산업 진흥법 제2조 제2호).

34. 제9조(융 · 복합 공간정보산업 지원) ① 정부는 연차별계획을 수립하여 재난 · 안전 · 환경 · 복지 · 교육 · 문화 등 공공의 이익을 위한 융 · 복합 공간정보체계를 구축할 수 있다.
② 국토교통부장관은 융 · 복합 공간정보산업의 육성을 위하여 교통, 물류, 실내공간 측위체계, 유비쿼터스 도시 사업 등에 지원할 수 있다.

3.2.2 공공데이터의 제공 및 이용 활성화에 관한 법률[35]

스마트 기기를 기반으로 하는 모바일 서비스의 확산은 개인의 일상생활은 물론 기업의 비즈니스 혁신, 신규시장 창출 등 우리 사회 전반에 일대 변혁을 불러일으키고 있고, 특히 교통 · 기상 · 공간 · 복지 · 보건 · 식품 · 관광 · 환경 등 국민의 생활 전반에 걸쳐 생성된 공공데이터가 다양한 애플리케이션의 개발 소재로 활용되고 있다. 그러나 이러한 민간의 급증하는 활용수요에도 불구하고 공공 영역에 축적되어 있는 데이터의 제공은 수요에 부응하지 못하는 수준에 머물러 있어 공공데이터의 무한한 잠재적 가치가 사장되고 있는 실정이므로 이에 대한 지속적이고 체계적인 민간 제공과 이용을 보장하기 위한 법적 지원기반이 필요하다는 문제의식이 반영된 것으로 평가할 수 있다.

3.3 빅데이터의 활용과 개인정보보호의 충돌[36]

빅데이터는 단순한 데이터의 수집 · 축적에 머물지 않고, 이러한 데이터를 분석 · 가공하여 일정한 목적에 맞는 데이터를 생성하고 이를 기업의 비즈니스 내지 상품화에 활용하는 일련의 과정을 의미한다. 앞서 말한 바와 같이 그 수집의 경로는 온 · 오프라인을 불문하고, 그 형태는 정형 · 반정형 · 비정형을 구분하지 않으며, 심지어 행태분석이나 패턴추출까지 이루어지는 등 다면적 · 다층적 분석을 통해 특정인에 대한 종합적이고 세밀한 결과를 도출하게 된다.[37] 따라서 빅데이터가 상정하는 정보환경은 종래 프라이버시 관련 논의나 개인정보보호법제가 기초로 하고 있던 정보환경과 부합하지 않는 부분이 발생하게 된다.

특히 클라우드 컴퓨팅이나 빅데이터의 활용과 관련하여 중요 쟁점으로 떠오르

35. 2013년 7월 30일 법률 제11956호로 제정되어, 2013년 10월 31일부터 시행중이다.

36. 지면의 제약상 빅데이터에 따른 개인정보보호법제의 다양한 문제점 중에서 주로 개인정보의 개념 및 정보주체의 동의방식에 관한 논의에 한정해서 살펴보기로 한다.

37. 오길영, 앞의 글, 162-163쪽.

고 있는 것이 다름 아닌 정보주체의 동의권 행사방식의 문제이며, 이러한 동의권 행사방식 논의의 전제로서 반드시 해결되어야 하는 것이 바로 개인정보의 개념에 관한 논란이다. 왜냐하면 종래의 개인정보보호 관련 법제가 기본으로 삼고 있는 개인정보 자기결정권은 규범적 의미로서의 개인정보에 해당할 경우에 검토가 시작되는 구조이기 때문이다.

즉, 법적으로 개인정보의 범주에 포함되는 정보에 대해서는 정보주체의 권리를 인정해 줌으로써 이에 대한 통제 및 보호를 강화하도록 하고, 이러한 법적 범주에 포함되지 않는 정보에 대해서는 최소한의 기준으로서 헌법상 보장되는 사생활의 비밀과 자유를 침범하지 않는 수준에서 해당 정보를 활용할 가능성을 보장해 준다는 취지를 현행법이 가지고 있는 것이다.[38] 특히 이용자들은 타인과의 관계형성 및 공동체에서 동질감과 신뢰감을 주기 위한 전제로서 자신에 대한 정보(일상정보 등)를 공개한 것이지, 다른 목적으로 활용되길 원해서 정보를 공개한 것은 아니라는 점도 고려되어야 할 것이다.[39]

3.3.1 개인정보의 개념

현행 법령상 개인정보의 개념은 다음과 같다. 우선 「개인정보보호법」 제2조 제1호는 "개인정보란 살아 있는 개인에 관한 정보로서 성명, 주민등록번호 및 영상 등을 통하여 개인을 알아볼 수 있는 정보(해당 정보만으로는 특정 개인을 알아볼 수 없더라도 다른 정보와 쉽게 결합하여 알아볼 수 있는 것을 포함한다)를 말한다" 고 규정하고 있다. 또한 '정보통신망법' 제2조 제1항 제6호는 "개인정보란 생존하는 개인에 관한 정보로서 성명 · 주민등록번호 등에 의하여 특정한 개인을 알아볼 수 있는 부호 · 문자 · 음성 · 음향 및 영상 등의 정보(해당 정보만으로는 특정 개인을 알아볼 수 없어도 다른 정보와 쉽게 결합하여 알아볼 수 있는 경우에는 그 정보를 포함한다)를 말한다" 고 규정하고 있으며, '위치정보법' 제2조 제2호는 "개인위치정보라 함은 특정 개인의

38. 심우민, 앞의 글, 161쪽.

39. 이규철, 新기술(빅데이터) 등장과 개인정보의 보호, 『과학기술법연구』, 제19집 제1호(2013), 22쪽.

위치정보(위치정보만으로는 특정 개인의 위치를 알 수 없는 경우에도 다른 정보와 용이하게 결합하여 특정 개인의 위치를 알 수 있는 것을 포함한다)를 말한다" 고 규정하고 있다. 이상의 내용을 종합해 보면 현행 개인정보보호 관련 법령체계에서는 개인정보의 개념을 대체로 '식별 가능성'[40]을 기본으로 하고, 보충적으로 '결합 가능성' 을 통하여 판단하고 있는 것으로 정리할 수 있다.[41]

그런데 문제는 빅데이터를 통하여 다양한 정보들의 결합이 발생하는 과정에서 직접적인 식별 가능성 정보뿐만 아니라, 원래는 식별 가능성이 없는 정보들의 조합을 통해 특정한 개인에 대한 식별 가능성이 있는 정보가 생성될 가능성이 있다는 점이다.[42] 즉, 현행 법령상 개인정보에 해당하지 않는 정보를 활용하여 현행 법령상 개인정보에 해당하는 정보를 생성해낼 가능성이 상존한다는 것이다. 이러한 결론에 이르게 되면 현행 개인정보보호 관련 법제들이 빅데이터 활용을 저해하고 있다는 주장으로 이어지게 되고, 따라서 현행 법제가 개인정보 개념의 기본전제로 하고 있는 '식별 가능성' 요건을 완화해야 할 필요성이 제기되고 있다.[43]

한편 빅데이터의 경우 기존의 개인정보와는 여러 가지 면에서 차이가 있다. 종래에는 기업이 소비자의 정보를 수집하고, 소비자도 그 사실을 인지한 상태에서 개인정보를 제공했으나, 빅데이터의 경우는 소비자가 기업에게 제공한다고 인식하지 않는 상태에서 데이터가 형성되거나 또는 클라우드 서비스를 통해 수집됨에 따라 정보제공자의 의사와 관계없이 수집되는 경우가 많으며,[44] 이렇게 수집된 정보를 기업이 특정한 '애널리스틱스(Analytics)' 를 이용하여 분석해서 유용한 정보를 추출하는 것은 기존의 '개인정보' 와는 분명한 차이점을 가지고 있다.[45]

---

40. 식별 가능성은 기술발전에 따라 달라질 수 있는 가변적 · 유동적 성질의 것임에 유의하여야 한다.

41. 같은 취지로는 문재완, 개인정보의 개념에 관한 연구, 『공법연구』, 제42집 제3호(2014), 56쪽 참고. 이에 따르면 다음과 같이 설명하고 있다. "개인정보보호법상 개인정보는 개인에 관한 정보로, ① 개인식별성과 ② 정보성이라는 두 가지 요소로 구성되어 있다. ①의 개인식별성은 살아 있는 개인을 전제로 하여, ⓐ 해당 정보만으로 개인을 알아볼 수 있거나 ⓑ 해당 정보와 다른 정보를 결합하여 개인을 알아볼 수 있는 경우를 말한다. 개인정보보호법은 ②의 정보성과 관련, 정보내용에 대해서 아무런 제한을 두고 있지 않다."

42. 기업이 빅데이터를 활용하여 개인의 식별정보와 행위정보를 결합하여 타겟 마케팅을 운용하거나, 자사의 서비스를 대가로 수집된 데이터를 기반으로 광고에 응용하거나 데이터 자체를 판매할 수도 있다.

43. 심우민, 앞의 글, 163쪽.

44. 신영진, 앞의 글, 97쪽.

빅데이터와 관련하여 그 개인정보에의 해당성이 논의되는 것으로 소위 '행태정보' 내지 '평가정보'의 문제도 고려되어야 할 것이다. 현행법상 개인정보는 그 정보의 내용에는 특별한 제한이 없으므로 특정 개인의 행태에 관한 정보이든, 특정 개인을 평가한 정보이든 모두 개인정보에 해당한다고 보아야 한다. 일반 소비자의 소비행태는 식별 가능성이 없기 때문에 개인정보가 아니지만, 특정 소비자의 소비행태는 개인정보에 해당한다. 또한 평가정보는 평가대상자를 전제로 하고 있기 때문에 개인에 관한 정보이고, 따라서 개인정보라고 해야 할 것이다.[46]

3.3.2 동의권 행사방식(Opt-in 또는 Opt-out)

앞서 설명한 바와 같이 종래 개인정보보호법제에서는 기본권으로서의 개인정보자기결정권을 보장하는 방안으로 정보의 수집 · 이용 등에 대한 정보주체의 사전동의 원칙(소위 Opt-in 원칙)을 규정하고 있다. 그러나 빅데이터와 관련해서 살펴보면 모든 개인정보에 대해서 사전에 동의를 구하는 것이 현실적으로 불가능하다고 할 수 있고, 만약 종래의 개인정보보호법제의 내용을 빅데이터에 그대로 적용한다면 이는 빅데이터를 활용한 사업이나 산업의 발전을 더디게 하는 걸림돌로 작용할 것이라는 주장이 제기되고 있다. 정보를 수집하는 단계뿐만 아니라 이를 활용하여 분석하는 모든 단계마다 동의를 얻어야 하는 문제가 발생하기 때문이다.

빅데이터가 개인정보에 해당한다면 이를 수집 · 이용하기 위해서는 원칙적으로 정보주체의 동의를 얻어야 할 것이고,[47] 동의를 얻은 경우에도 필요한 범위 내에서

45. 곽관훈, 앞의 글, 140쪽.

46. 문재완, 앞의 글, 58-59쪽. 개인정보의 개념에 해당하는지의 여부에 관한 법원의 판결('아이디 및 패스워드 누출사건', '증권통 사건', '휴대전화번호 뒷자리 4개 사건') 참조.

47. 정보주체의 동의를 얻는 경우 외에도 ① 법률에 특별한 규정이 있거나 법령상 의무를 준수하기 위하여 불가피한 경우, ② 공공기관이 법령 등에서 정하는 소관 업무의 수행을 위하여 불가피한 경우, ③ 정보주체와의 계약체결 및 이행을 위하여 불가피한 경우, ④ 정보주체 또는 그 법정대리인이 의사표시를 할 수 없는 상태에 있거나 주소불명 등으로 사전 동의를 받을 수 없는 경우로서 명백히 정보주체 또는 제3자의 급박한 생명, 신체, 재산의 이익을 위하여 필요하다고 인정되는 경우, ⑤ 개인정보처리자의 정당한 이익을 달성하기 위하여 필요한 경우로서 명백하게 정보주체의 권리보다 우선하는 경우(이 경우 개인정보처리자의 정당한 이익과 상당한 관련이 있고 합리적인 범위를 초과하지 아니하는 경우에 한함) 등에는 개인정보를 수집, 이용

최소한의 정보만 수집해야 하며, 수집목적을 넘어 이용하고자 하는 경우 정보주체로부터 별도의 동의를 얻어야 하고, 보유기간이 경과하거나 목적을 달성한 개인정보는 지체 없이 파기하여야 한다.

빅데이터는 단순한 데이터의 양적 측면만을 의미하는 것이 아니라, 그러한 데이터를 통하여 가치 있는 정보를 새롭게 창출하여 활용하는 것이 본질이자 핵심이다. 예를 들어 소비자가 쇼핑몰에서 물건을 구매한 내역 자체가 중요한 것이 아니라, 그 정보를 통해 특정 소비자가 향후 어떠한 물건을 구매할 것인지를 예측하고 이를 마케팅에 활용하는 것이 중요한 것이다. 따라서 단순히 개인정보를 수집하는 것에 그치지 않고 이를 분석하고 활용하여야 한다. 또한 개인정보 수집 당시에는 생각하지 못했던 목적으로 활용할 가능성도 크다.[48] 한편 이용자들에게 법적으로 주어진 동의권 행사방식의 문제(Opt-in 또는 Opt-out)는 앞서 언급한 개인 식별 가능성 문제와도 결부된다. 개인 식별 가능성을 전제로, 특정 정보에 그것이 현실적으로 존재하는 경우 개인정보자기결정권의 구체적 실현 양식에 의하여 법적 보호를 부여하고, 그것이 존재하지 않는 경우 당해 정보를 가능한 한 활용할 수 있도록 해 주는 것이 현행 법제의 취지라고 할 수 있다.[49]

3.4 빅데이터 활용과 개인정보보호의 조화 방안

3.4.1 개인정보의 개념과 관련하여

빅데이터와 관련해서 개인정보보호법의 적용대상에 당연히 포함시켜야 한다는 견해도 있고, 개인정보보호법의 문리적 해석을 통해 적용 가능성 여부를 판단해야 한다는 견해도 있다. 한편 개인정보의 개념정의를 대폭 확대하여 개인정보보호의 사각지대를 제거한다는 차원에서 새롭게 제기되거나 현행 법률이 미처 예상하지 못했

할 수 있다(개인정보보호법 제15조 제1항).

48. 곽관훈, 앞의 글, 141쪽.

49. 심우민, 앞의 글, 164쪽.

던 데이터 활용을 기반으로 하는 빅데이터에도 적용되도록 하여야 한다는 주장도 있는가 하면, 입법론으로 현행 개인정보의 정의가 너무 넓다는 인식하에 해당 정보만으로 개인을 직접 식별할 수 있는 것만을 개인정보로 보자는 주장도 있다. 그럼에도 불구하고 빅데이터에 대해 개인정보보호법을 그대로 적용하는 경우 그 활용에 장애가 있다는 점에 대해서는 어느 정도의 공감대가 형성된 것으로 보인다. 다만 해석을 통한 접근의 경우 혹시 있을지도 모르는 혼란은 법적 안정성이나 예측 가능성의 측면에서 결코 바람직하지는 않을 것으로 보인다.

스마트폰 등 스마트 미디어가 일상적으로 이용되고 있는 오늘날에는 종래의 PC 시대와는 달리 다양한 애플리케이션의 설치 및 사용으로 인하여 자동적으로 기기 내 저장된 개인정보가 추출되어 정보통신서비스 제공자 또는 앱 운영자의 서버로 전송되고 있으며, 이러한 것은 일회성으로 그치는 것이 아니라 주기적 혹은 계속적으로 업데이트가 이루어지는 것이 일반적이다.[50] 또한 개인정보와 관련하여서는 정보로서 원칙적으로 자유로운 유통을 전제로 하면서, 개인의 인격성과 프라이버시가 관계되는 경우에는 그 보호를 위하여 개인정보의 처리과정에 참여하도록 함으로써 유통(이용)과 보호를 조화하도록 할 것이 요청된다.[51]

이러한 점들을 종합적으로 고려하면 결국 빅데이터의 활용을 위해서는 개인정보에 대한 구분이 필요하다. 현행법상의 개인정보 개념을 보다 세분하여 보호의 정도에 차이를 두어야 할 것이고, 그렇게 하기 위해서는 엄격한 보호가 필요한 개인정보와 그보다는 보호의 필요성이 조금 덜한 개인정보로 구분하는 방안의 모색이 필요하다. 인격주체성 정보 중 민감정보는 더욱 강하게 보호되어야 하지만, 인격주체성과 관련 없는 개인정보는 원칙적으로 정보주체의 동의가 없어도 자유롭게 유통되도록 하되, 고유식별정보에 대한 보호는 현행 법제와 같은 수준을 유지하는 것이 타당하다[52]는 주장도 같은 취지로 이해할 수 있다.

예컨대 개인의 신원에 관한 정보는 빅데이터 환경하에서도 엄격하게 보호되어

---

50. 박노형, 모바일 서비스의 개인정보 활용행태 및 보호방안 연구, 방송통신위원회(2011), 1쪽.
51. 함인선, 개인정보 처리와 관련한 법적 문제, 『경제규제와 법』, 제6권 제1호(2013), 155쪽.
52. 문재완, 전게논문, 73–74쪽.

야 할 개인정보에 해당할 것이나, 빅데이터를 활용하여 분석한 결과물로서의 정보는 이와는 구분해서 다루어져야 한다. 왜냐하면 현행법은 '해당 정보만으로 특정 개인을 알아볼 수 없더라도 다른 정보와 쉽게 결합하여 알아볼 수 있는 것' 을 개인정보에 포함하고 있으나, 이때 '쉽게' 결합한다는 것은 각각의 정보 결합의 수단 · 방법이 합리적으로 이루어질 수 있다는 의미이며, 식별을 위해 불합리할 정도의 시간, 노력, 비용이 투입되어야 한다면 그런 단편적인 정보들은 식별성이 있다고 보기 어렵기 때문이다.[53,54]

3.4.2 동의권 행사방식과 관련하여

「개인정보보호법」은 정보주체의 동의의 개념정의 규정을 두고 있지 않으나, EU의 2012년 규칙안(a Proposal for General Data Protection Regulation of 2012 in the EU)에 따르면 '정보주체의 동의' 란 "정보주체가 자신에 관한 개인정보가 처리되는 것에 대해 명백하고 긍정적인 행위에 의하거나 또는 말에 의하여 합의를 나타내는, 자유롭게 주어진 특정되고 정보에 기한 명시적인 의사표시" 라고 규정하고 있다.[55] 따라서 동의는 '이용자로부터 반대의 입장을 듣지 않는 한 간주' 되는 행위가 아니라 이용자로부터의 적극적 행위로서 이루어져야 한다고 하여야 할 것이다.[56] 이러한 개념정의는 「개인정보보호법」의 동의의 해석에 있어서도 타당하다고 본다.

동의는 개인정보의 보호와 관련하여 정보주체가 가지고 있는 가장 강력한 방어수단이다. 그러나 스마트폰 등의 일상적인 사용에서의 동의는 경우에 따라서는 지나치게 형식적이거나 또는 특정한 서비스를 제공받기 위한 절차 내지 반대급부 정도로 인식되고 있는 것도 현실이다. 스마트 미디어의 이용에 있어서 사용되는 애플리케이션의 구입에는 개인정보의 수집 · 이용 · 제3자 제공 등과 관련한 내용에 대한 정보

53. 곽관훈, 앞의 글, 144쪽.
54. 다만 이러한 논의들이 해석론 차원에서 전개되는 것이 아니라 입법론적인 해결이 필요함은 후술한다.
55. 함인선, 앞의 글, 159쪽에서 재인용.
56. 박노형, 앞의 책, 148쪽.

주체의 동의절차가 동의를 하지 아니한 경우에는 그 앱을 구입할 수 없도록 되어 있다거나 개인정보의 수집 · 이용 · 제공의 목적에 대하여 필요 이상으로 이용약관이나 개인정보 수집 · 이용 동의서 등과 함께 그 밖의 잡다한 공지사항 등을 백화점식으로 열거하고 있기 때문에 대부분의 이용자들은 이를 읽지 않고 동의 버튼을 누름으로써 실제에 있어서 형식적인 절차에 머무는 경향이 있는 점은 문제이다.[57]

그럼에도 불구하고 빅데이터 환경에서 개인정보를 보호할 수 있는 가장 효율적인 장치 또한 동의제도임을 부인할 수는 없다. 다만 현행과 같은 엄격한 사전동의의 방식만을 고집할 것이 아니라 앞서 언급한 개인정보의 구분에 상응하여 동의의 방식 역시 구분하여 접근하는 방안을 모색하여야 할 것이다.

신상정보와 같은 개인정보는 빅데이터 환경하에서도 여전히 강력한 보호가 필요한 정보이므로 이에 대해서는 현재와 같이 Opt-in 방식으로 정보주체의 사전동의를 얻도록 하는 것이 필요하다. 그러나 이미 공개되어 있는 정보나 빅데이터의 활용을 통해 새롭게 생성된 정보, 소위 2차 정보의 경우에는 새로운 동의방식이 요청된다. 즉, 개인의 정보보호와 빅데이터의 활용이 적절히 조화를 이룰 수 있는 방안으로서의 Opt-out 형태의 동의를 생각해 볼 수 있다. 즉, 공개정보를 수집하거나 이용하는 경우 및 2차 정보를 생성하여 이용하는 경우는 사후에 이를 정보주체에 알리고, 정보주체가 원하지 않는 경우에만 이를 활용하지 못하도록 하는 것이다.[58]

3.4.3 소결

기존의 개인정보보호 관련 법령체계는 빅데이터의 특성을 고려하여 제정된 것이 아니기 때문에 빅데이터에 따른 정보의 결합과 분석이라고 하는 활용측면의 통제는 취약하다. 즉, 현행 개인정보보호법규는 규율대상으로서의 개인정보의 범위를 식별 가능성을 전제로 정의하고, 수집단계에서 수집 및 활용에 대한 동의요건을 통하여 개인정보보호를 꾀하고 있으며, 이러한 수집통제만 통과하게 되면 상대적으로

57. 함인선, 앞의 글, 161쪽.

58. 곽관훈, 앞의 글, 145쪽.

개인정보의 활용은 용이하다. 반면, 빅데이터는 식별가능성이 없는 정보의 활용이나 정보의 결합 및 고도 분석을 통한 활용에 초점이 맞춰져 있기 때문에 기존의 법체계는 빅데이터에는 효과적이지 못한 측면이 있다.[59] 따라서 기존의 개인정보보호 관련 규범체계에 빅데이터라고 하는 규범현실을 포섭시킬 수 있는 방안을 새롭게 모색해야 하는 시점이다. 다만 이러한 시도는 현행 법령에 대한 해석론의 차원에서 전개되는 것에는 분명히 일정한 한계가 존재할 수밖에 없을 것이다. 법률 제·개정 당시에 전혀 염두에 두지 않았던 사안에 관하여 이를 법령해석을 통하여 억지로 틀에 맞춘다는 느낌을 지울 수 없기 때문이다. 뿐만 아니라 법령해석의 이름으로 새로운 입법을 하게 되는 상황까지 초래되는 상황임을 감안하면 더욱 그러하다. 빅데이터와 개인정보의 문제는 이에 관한 조속한 입법적 방안을 모색하여 해결하는 것이 시급히 요청되는 부분이다.

4. 빅데이터 개인정보보호 가이드라인에 대한 검토

4.1 가이드라인의 주요 내용[60]

4.1.1 목적

동 가이드라인은 공개된 개인정보 또는 이용내역정보 등을 전자적으로 설정된 체계에 의해 수집·저장·조합·분석 등 처리하여 새로운 정보를 생성함에 있어서 이용자의 프라이버시 등을 보호하고 안전한 이용환경을 조성하는 것을 목적으로 한다(제1조).

59. 최경진, 빅데이터와 개인정보, 『성균관법학』, 제25권 제2호(2013), 200쪽.

60. 이하의 내용은 방송통신위원회가 2014년 12월 마련한 '빅데이터 개인정보보호 가이드라인'의 내용이다. 아울러 가이드라인의 주요 내용은 특히 개인정보의 개념 및 동의권 행사방식 부분과 관련이 있는 부분만 언급하기로 한다.

4.1.2 정의

개념정의와 관련하여 기존의 개인정보보호법제에서 규정하고 있지 않은 새로운 개념들을 소개하고 있는데 이를 구체적으로 살펴보면 ㉠ "공개된 개인정보"를 정보주체 및 정당한 권한이 있는 자에 의해 제한 없이 일반 공중에게 공개된 부호·문자·음성·음향 및 영상 등의 정보로서 생존하는 개인을 식별할 수 있는 정보 및 다른 정보와 쉽게 결합하여 개인을 식별할 수 있는 정보(예 : 공개형 SNS 메시지, 인터넷 게시글 등)로 규정하고 있고, ㉡ 정보통신서비스와 관련하여 이용자가 해당 서비스를 이용하는 과정에서 자동으로 발생되는 인터넷 접속 정보파일, 거래기록 등의 정보로서 생존하는 개인을 식별할 수 있는 정보 및 다른 정보와 쉽게 결합하여 개인을 식별할 수 있는 정보(예 : 인터넷 쿠키, 접속기기 정보, 서비스 이용기록 등)를 "이용내역정보"라는 개념을 통해 설명하고 있다. 또한 ㉢ "생성된 개인정보" 개념을 정보 조합·분석·처리시스템 운용을 통해 생성된 정보로서 생존하는 개인을 식별할 수 있는 정보 및 다른 정보와 쉽게 결합하여 개인을 식별할 수 있는 정보(예 : 조합된 개인정보, 개인의 성향, 행태정보 등)로 정의하고 있다(제2조).

4.1.3 공개된 개인정보의 수집

빅데이터와 관련하여 중요한 쟁점 중의 하나인 공개된 개인정보의 수집과 관련해서 정보주체 및 정당한 권한이 있는 자가 공개 대상을 제한하거나 공개 목적을 설정한 경우가 아닌 한 정보통신서비스 제공자가 공개된 개인정보를 수집하고자 하는 경우에는 별도로 정보주체의 동의를 얻지 아니하여도 되는 것으로 규정하고 있다. 이 경우 정보통신서비스 제공자는 공개된 개인정보의 수집 출처, 조합, 분석 또는 처리하는 사실 및 그 목적을 정보주체가 언제든지 쉽게 확인할 수 있도록 전자적 표시방법 등을 통해 공개하여야 하며, 정보주체의 요구가 있으면 즉시 ㉠ 개인정보의 수집 출처, ㉡ 개인정보의 조합, 분석 또는 처리의 목적, ㉢ 해당 개인정보의 처리 정지를 요구할 권리가 있다는 사실 등을 정보주체에게 알려야 한다(제3조).

4.1.4 이용내역정보의 수집

정보통신서비스 제공자가 정보통신서비스와 관련한 계약 체결과 이행을 위하여 필요한 이용내역정보를 수집하여 조합, 분석 또는 처리하는 경우 별도로 정보주체의 동의를 얻지 아니하여도 된다. 다만, 이용내역정보를 수집하지 않으면 해당 정보통신서비스의 제공이 곤란한 경우를 제외하고 정보주체가 이용내역정보의 수집에 대한 거부 의사를 표시한 때에는 이용내역정보를 수집할 수 없다. 이 경우 정보통신서비스 제공자는 해당 정보가 수집, 조합, 분석 또는 처리되는 사실 및 목적을 정보주체가 언제든지 쉽게 확인할 수 있도록 전자적 표시 방법 등을 통해 공개하여야 하며, 이용자의 검색프로그램 등에서 이용자 또는 검색프로그램 등 공급자가 설정해 놓은 이용내역정보의 수집 거부 선택을 이용자의 동의 없이 변경할 수 없도록 하고 있다(제4조).

4.1.5 새로운 개인정보의 생성

정보통신서비스 제공자의 정당한 이익과 상당한 관련이 있고 합리적인 범위를 초과하지 아니하는 경우, 정보주체가 새로운 개인정보의 생성에 대한 거부 의사를 표시하지 않는 한, 정보통신서비스 제공자는 별도로 정보주체의 동의를 얻지 아니하고 정보 조합 · 분석 · 처리시스템을 통해 공개된 개인정보 및 이용내역정보 등을 활용하여 새로운 개인정보를 생성할 수 있다. 이 경우 정보통신서비스 제공자는 개인정보가 생성된다는 사실 및 그 목적을 정보주체가 언제든지 쉽게 확인할 수 있도록 전자적 표시 방법 등을 통해 공개하여야 한다(제5조).

4.1.6 공개된 개인정보 등의 이용

정보통신서비스 제공자는 정보주체가 거부 의사를 표시하지 않는 한 공개된 개인정보 등을 정보주체의 별도 동의 없이 자신의 서비스 제공업무 수행을 위해 내부에서 이용할 수 있다. 이 경우 정보통신서비스 제공자는 해당 정보가 이용된다는 사실 및 그 목적을 정보주체가 언제든지 쉽게 확인할 수 있도록 전자적 표시 방법 등을 통해 공개하여야 한다(제10조).

4.1.7 그 외

공개된 개인정보, 이용내역정보, 생성된 개인정보(이하 "공개된 개인정보등" 이라 한다)는 비식별화 조치를 취한 후 조합, 분석 또는 처리하여야 하고(제6조), 특정한 개인의 사상 · 신념, 노동조합 · 정당의 가입 · 탈퇴, 정치적 견해, 건강, 성생활 등에 관한 정보, 그 밖에 정보주체의 사생활을 현저히 침해할 우려가 있는 정보의 생성을 목적으로 공개된 개인정보 등을 조합, 분석 또는 처리할 수 없도록 하고 있다(제8조). 또한 정보통신서비스 제공자는 전송중인 이메일, 문자메시지 등의 통신내용에 대하여 양 당사자의 동의를 얻은 경우를 제외하고, 통신내용의 전부 또는 일부를 조합, 분석 또는 처리하여서는 아니된다(제9조).

특히 제12조(적용범위)에서는 동 가이드라인에서 규정하지 않은 사항은 '정보통신망법',「개인정보보호법」 등 관련 법률에 따른다고 규정하고 있다.

4.2 문제점과 개선방안

우선 가이드라인의 법적 성격에 관한 부분을 언급하지 않을 수 없다. 즉, 가이드라인은 문자 그대로 상대방의 자발적이고 자율적인 동의에 따른 일정한 행위를 기대하고 만들어지는 안내문에 지나지 않는 것으로서 법규성을 가질 수 없음은 주지의 사실이다. 그런데 빅데이터 활용과 개인정보보호의 조화라는 중대한 문제를 법령의 개정이 아닌 가이드라인을 통해서 해결하겠다는 발상을 비판하지 않을 수 없다. 여기에 더하여 더 큰 문제는 가이드라인이 개인정보보호법령의 체계 · 내용과 상충되고 있다는 점이다. 구체적으로 살펴보면 아래와 같다.

우선 공개된 개인정보를 수집하려는 경우에는 별도의 정보주체의 동의를 얻지 않아도 되는 것으로 하고 있다. 공개된 개인정보는 정보주체가 공개한 목적에 대하여 동의의사가 있다고 인정되므로 수집에 대한 사전동의는 불필요하다는 것이 그 이유이다. 그러나 현행 개인정보 관련 법령체계에서는 공개된 개인정보 역시 개인정보에 해당함을 부인할 수는 없으며, 이러한 개인정보에 대한 동의원칙의 예외를 가이드라인의 형식으로 규정할 수는 없을 것이다.

또한 이용내역정보의 수집과 관련해서 정보통신서비스 제공자가 정보통신서비스와 관련한 계약 체결과 이행을 위하여 필요한 이용내역정보를 수집하여 조합, 분석 또는 처리하는 경우 별도로 정보주체의 동의를 얻지 아니하여도 되도록 하되, (이용내역 정보를 수집하지 않으면 해당 정보통신서비스의 제공이 곤란한 경우를 제외하고) 정보주체가 이용내역정보의 수집에 대한 거부 의사를 표시한 때에는 이용내역정보를 수집할 수 없도록 규정하고 있다. 이는 이용내역정보가 발생되는 시점마다 동의를 받기 어렵고, 정보통신서비스와 직간접으로 관련되어 있어 정보주체가 수집을 예측할 수 있기 때문에 사전동의(Opt-in)방식이 아닌 사후동의(Opt-out)방식을 적용한 것으로 설명하고 있다. 그러나 앞서 설명한 바와 같이 이용내역정보 역시 현행법상의 개인정보의 개념에 포함되므로 이러한 새로운 방식의 도입은 법령의 단계에서 이루어져야 할 것이다.

특히 새로운 개인정보의 생성과 관련해서 동 가이드라인은 정보통신서비스 제공자의 정당한 이익과 상당한 관련이 있고 합리적인 범위를 초과하지 아니하는 경우, 정보주체가 새로운 개인정보의 생성에 대한 거부 의사를 표시하지 않는 한, 정보통신서비스 제공자는 별도로 정보주체의 동의를 얻지 아니하고 정보 조합 · 분석 · 처리시스템을 통해 공개된 개인정보 및 이용내역정보 등을 활용하여 새로운 개인정보를 생성할 수 있도록 규정하고 있다. 이는 보유한 정보들을 조합 · 분석 · 처리하여 새로운 개인정보가 생성된 경우에는 기존의 이용자로부터 개인정보를 수집하는 것이 아니므로 동의를 받기 위한 정보주체를 특정하기 어렵다는 이유를 들고 있다. 빅데이터의 핵심은 사실 이러한 유의미한 새로운 정보의 생성이 될 것이다. 일단 동의 여부와 관련된 문제는 차치하더라도 요건부분에서 사용하고 있는 '정당한 이익', '상당한 관련', '합리적인 범위' 등의 표현은 지나치게 일반적이거나 추상적이어서 구체적인 개인정보보호 관련 사안에 적용하기에는 보다 세밀한 규정이 필요할 것으로 보인다.

이렇듯 동 가이드라인은 내용적인 타당성은 추후에 검토가 필요하겠으나 우선은 통상적으로 가이드라인에서 포함할 수 있는 내용을 훨씬 초과하여 법령(개정)사항을 포함하고 있는바, 이는 입법형식상 쉽사리 용인되기 어려운 부분이다. 결국 가이드라인의 제정을 통해 빅데이터 활용과 관련한 문제를 해결하기는 어려우며, 입법적인 정비를 통해 해결되어야 할 것이다.[61]

5. 결론

빅데이터의 가치와 중요성이 널리 인식되면서 최근 빅데이터를 활용하여 의사결정이나 서비스 제공 등에 대한 성공한 사례를 찾아보는 것은 더 이상 어려운 일이 아니다. 빅데이터를 활용한 사례는 민간부문뿐만 아니라 행정, 의료, 복지, 국방, 교육 등 공공부문에서도 매우 중요한 사회적 가치를 창출 및 공공운영의 효율성 증대의 중요한 원천으로 여기게 되었다.

이는 빅데이터로부터 발견한 지식이 가장 효과적으로 적용될 수 있는 영역이 바로 공공부문이라는 점 때문에, '공공의 이익'을 극대화하기 위한 '공공의 자원'이라는 관점에서 빅데이터의 중요성이 더욱 부각되고 있는 것이라고 할 수 있다.[62]

이러한 빅데이터의 중요성을 강조하는 측면에서는 개인정보보호와 관련한 논의가 빅데이터의 발전을 가로막는 걸림돌로 생각하거나 또는 빅데이터의 활성화를 위해서 개인정보보호는 뒤로 한발짝 물러서야 하는 것처럼 설명하기도 한다. 그러나 아무리 빅데이터가 대세라고 하더라도 개인정보보호는 그 중요성이 간과되어서는 곤란하다. 개발과 보호가 어느 한쪽에만 치우쳐서는 곤란하다는 역사적 경험을 굳이

61. 곽관훈, 앞의 글, 143쪽.
62. 김종업 외, 앞의 글, 237쪽.

언급하지 않더라도 현대사회에서 가지는 개인정보의 중요성과 개인정보보호의 필요성이 그에 못지 않음은 자명하다.

한편 빅데이터와 개인정보보호의 관계를 가이드라인 정도로 해결할 수 있다는 희망도 다시 한 번 생각해 볼 필요가 있다. 개인정보보호와 관련하여 어렵사리 그것도 비교적 최근에 정립한 일반법-개별법 체계 및 동의원칙 등을 하루아침에 허물어버리는 결과를 초래할 수도 있기 때문이다. 그렇다고 빅데이터에 대하여 현행 개인정보보호체계에 따른 엄격한 집행 · 적용이 이루어져야 한다는 것이 아니다. 분명 빅데이터의 활용을 촉진하고 차세대 새로운 성장의 기반으로 삼기 위해서는 어떠한 형태로든지 간에 입법적인 조치가 필요하다는 주장이다. 예컨대 개인정보나 사생활 침해와 관련된 문제를 해결하기 위해서 '빅데이터의 관리 및 활용에 관한 법률' 을 제정하여 기업이나 기관이 저장하고 있는 다양한 데이터를 활용할 때 적정한 기준을 마련해야 한다는 목소리[63] 등에도 귀를 귀울여야 할 것이다. 또한 이러한 입법조치를 고민함에 있어 개인정보보호의 패러다임이 변해야 한다면, 그것은 바로 개인데이터의 '수집' 을 통제하는 것에 많은 배려를 하고 있는 현재의 개인정보보호법 체제가 데이터의 '생산' 이나 '사용' 에 더 많은 초점을 맞추도록 조율하는 작업이 되어야 한다는 점이다.[64]

이러한 작업을 함에 있어서는 구체적으로 동의권 행사와 관련해서는 개인정보를 사전동의가 필요한 정보, 사후동의로 가능한 정보, 자유로운 정보 등으로 구분하는 문제, 개인정보의 개념에서 식별 가능성 요건을 완화하는 문제 및 개인 식별이 필요 없는 정보의 경우 자유로운 생성을 허용하는 문제 등이 심도 있게 논의되어야 할 것으로 본다.

---

63. 박원준, 앞의 글, 43쪽.

64. 오길영, 앞의 글, 180쪽.

참고문헌

곽관훈(2014). 기업의 빅데이터(Big Data) 활용과 개인정보의 보호의 조화. 『일감법학』, 제27호.

국가정보화전략위원회(2011). 빅데이터를 활용한 스마트 정부 구현(안).

김종업 외(2013). 빅데이터(Big Data)의 활용과 개인정보보호. 『한국지방정부학회 2013 하계학술대회 발표논문집』.

김주영 외(2012). 『개인정보 보호법의 이해—이론·판례와 해설—』. 법문사.

문재완(2014). 개인정보의 개념에 관한 연구. 『공법연구』, 제42집 제3호.

박원준(2012). '빅데이터(Big Data)' 활용에 대한 기대와 우려. 『방송통신전파저널』, 통권 51호.

배동민 외(2013). 빅데이터 동향 및 정책 시사점. 『방송통신정책』, 제25권 제10호.

성준호(2013). 빅데이터 환경에서 개인정보보호에 관한 법적 검토. 『법학연구』, 제21권 제2호.

신동희 외(2013). 빅데이터 동향 및 시사점. 『인터넷정보학회지』, 14권 2호.

신영진(2012). 공공분야의 빅데이터 추진과 개인정보보호에 관한 연구. 『Internet and Information Security(IIS)』, 제3권 제3호.

심우민(2013). 스마트 시대의 개인정보보호 입법전략. 『언론과 법』, 제12권 제2호.

오길영(2014). 빅데이터 환경과 개인정보의 보호방안. 『일감법학』, 제27호.

윤미림(2012). 빅데이터 비즈니스 활용과 과제. 『한국정보산업연합회 Issue Report』.

이규철(2013). 新기술(빅데이터) 등장과 개인정보의 보호. 『과학기술법연구』, 제19집 제1호.

차상육(2014). 빅데이터(Big Data) 환경과 프라이버시의 보호. 『IT와 법 연구』, 제8집.

최경진(2013). 빅데이터와 개인정보. 『성균관법학』, 제25권 제2호.

빅데이터를 논하다 : 문화론적 비평과 논의의 확장

김예란 광운대학교 미디어영상학부 교수

생명정치의 권력은 살도록 만들거나 죽도록 내버려두는 권력이다

−미셸 푸코

빅데이터는 생명을 구한다

−쇤버거와 쿠키어

chapter 12

※ 이 장은 『커뮤니케이션 이론』(9권 3호) (2013, 가을호)에 "빅데이터의 문화론적 비판 : 미셸 푸코의 생정치 개념을 중심으로", 『말의 표정들』(2014, 문학과 지성사)에 "빅데이터에 관한 작고 열린 생각들" 의 제목들로 각각 실렸던 내용을 대폭 재구성했다.

1. 시작하며

우선 질문을 던져본다. 빅데이터와 문화라는 결합 어구가 가능할까? 레이몬드 윌리엄즈의 저 유명한 정의에 따르면 문화란 "삶의 방식들"이다. 빅데이터와 문화라는 병렬적 결합을 생각하기 위해서는, 빅데이터의 영역에 삶의 문제를 개입시킬 수 있어야 한다. 빅데이터라는 설정 안에서 고유한 삶의 개념화, 담론화, 역사화가 진행되고 그것에 관련한 인간의 체험과 재현이 일어날 수 있을 때, 우리가 빅데이터를 문화라는 틀로서 고려하는 일이 가능해진다.

이러한 문화의 관점에서 보면 빅데이터 개념은 삶과는 무관한, 매우 피상적인 것으로 느껴진다. 주로 정책 연구서와 시장 분석 자료가 (다소 흥분한 어조로) 제시한 바에 따르면, 빅데이터는 데이터의 3V, 즉 양(volume), 속도(velocity), 다양성(variety)이라는 기본 요소로 정의되며, 종종 네 번째 요소로 가치(value)가 추가되기도 한다. 충분히 미학적인 모양새를 고려한 듯한 인상의 알파벳 V의 서너 개 연속체로 꾸며진 이 용어에 대해 가트너는 "향상된 시사점과 더 나은 의사 결정을 위해 사용되는 비용 효율이 높고, 혁신적이며 대용량, 고속 및 다양성의 특성을 가진 정보 자산"이라고 정의했고, 맥킨지에서는 "일반적 데이터베이스 SW가 저장, 관리, 분석할 수 있는 범위를 초과하는 규모의 데이터"로 설명했으며, IDC(International Data Corporation)는 "다양한 종류의 대규모 데이터로부터 저렴한 비용으로 가치를 추출하고 데이터의 초고속 수집, 발굴, 분석을 지원하도록 고안된 차세대 기술 및 아키텍처"로 규정했다(배동민 · 박현수 · 오기환, 2013, 40쪽에서 재인용).

빅데이터에 대한 이러한 정의들은 오늘날 빅데이터에 관련한 사회적 인식과 태도를 드러낸다. 빅데이터는 인간 일반적인 지각과 인식 능력을 초월한다고 말해진다. 아울러 빅데이터의 활용 가치 역시 인간의 상상의 범위를 월등히 넘어서는 것으로 그려진다. 바로 그 초월성과 불가지성이 빅데이터의 본질로서 정의된다. 그러한 빅데이터의 가치가 시장화의 방향으로 집중되어 있다는 점에도 주의해야 할 것이다.

빅데이터가 21세기의 금맥 또는 원유에 빗대어지는 흔한 비유들에 있어서 빅데이터에 대한 인류의 상상은 또렷하게 나타난다. 요컨대 빅데이터는 인간 주체의 인지와 사고 능력을 넘어서기에 인식불가능한, 그렇기에 무한한 가치가 상상되는 무언가로 예시되고 추구되는 무엇이다. 이런 점에서 빅데이터는 우리의 체험적 삶의 영역의 밖에 있다. 그럼에도 나타나는 역설적인 상황은, 우리의 삶에 외재하는 동시에 바로 그러한 외재성 때문에 우리의 몸과 마음과 행위들에 더욱 치밀하고 정교하게 개입하고 통제하는 힘을 발휘하는 것이 또한 빅데이터이기도 하다는 사실이다. 상황이 이러하기에 빅데이터 현상과 담론에 전적으로 압도되거나 일방적으로 매료되는 대신 비판적인 질문과 성찰이 더욱 필요하리라 생각한다.

보이드와 크로포드(2012)는 '빅데이터에 대한 비판적 질문들' 이라는 제목의 논문에서, 빅데이터 현상을 '문화, 기술, 학문' 의 차원들로 나누어볼 수 있다고 제안한다. 저자들의 시각에서 빅데이터 현상은 '기술, 분석, 신화' 의 상호작용 속에서 만들어진 것이다. 거대한 데이터 세트를 수집, 분석, 연결, 비교하기 위한 전산 능력과 알고리듬의 정확성이 '기술' 의 측면이라면, 그러한 데이터로부터 경제적, 사회적, 기술적, 법적 주장들을 만들기 위해 일정한 패턴들을 분별하는 일이 '분석' 차원에 해당하고, 마지막으로 '신화' 의 차원은 빅데이터가 진실성, 객관성, 정확성과 같은 지식의 아우라와 함께 이전에는 불가능했던 통찰을 제공할 수 있는, 보다 향상된 형태의 지식이라는 맹신이다. 그러나 저자들이 보기에 이러한 상식화된 믿음은 적잖은 오류를 지니고 있다. 실상 빅데이터는 객관성을 담보하지 않는다. 데이터 수집과 처리, 분석에 이르는 전 과정에 있어 분석가 주관의 개입 가능성을 배제할 수 없기 때문이다. 데이터가 어떠한 것이 되었든지 간에 그에 대한 해석 작업은 근본적으로 분석가의 주관적인 통찰에 의해 진행되는 것이다. 또한 빅데이터는, 그것이 아무리 클지라도 호울 데이터(whole data)가 아니다. 가지고 있는 데이터가 얼마나 크거나 작다는 식의 양적인 정도 차이는 있을지언정, 빅데이터가 곧 데이터 전체일 수는 없다. 아무리 클지어도 빅데이터란 전체 데이터의 한 부분을 이루는 샘플일 뿐이기 때문이다. 여기서 저자들이 샘플이 전체보다 항상 열등하다고 주장하려는 것은 물론 아니다. 다만 '빅' 과 '호울' 을 자연스럽게 등치시키는 혼란이 문제시된다. 나아가 타당성에 있어서도 '빅' 데이터가 반드시 항상 좋은 것은 아니다. 연구 문제에 따라 '스몰' 데이터가 더 좋은 답을 가져다줄 수 있다. 또한 빅데이터는 탈맥락화된 정보이다. 해당 데이터가 인간관계 네트워크에 대한 것이든 행위 네트워크에 대한 것이든지 간에, 미디어로 매개된 네트워크로부터 형성된 빅데이터가 해당되는 인물이나 사회적 현상의 전체를 말해 주지는 못한다. 역시나 빅데이터에 포함된 데이터란 단지 실제 현상의 일부분에 해당하는 정보일 따름이다(예를 들어 페이스북이 아무리 발달된 소셜 네트워크의 미디어라고 할지라도, 온라인과 오프라인을 관통하며 형성되는 널따랗고 모호하며 가변적인 인간 사회 모습의 전체를 포괄하지는 못한다). 빅데이터는 미디어로 매개된 인간 사회 모습, 그중에서도 특정한 한 모습만을 가상적으로 보여줄 뿐 현실 세계를 이루는 네트워크 전체를 구성할 수도, 재현할 수도 없다는 뜻이다. 이런 점에서 "맥락으로부터 떨어져 나온 빅데이터란 무의미하다(Boyd & Crawford, 2012, p.670)." 또한 사회윤리적인 차원에서 볼 때 빅데이터에 대한 접근 및 활용 가능성이 제한적이고 차별적으로 구조화되어 있다는 점에서, 빅데이터 현상은 새로운 양상의 디지털 디바이드를 야기할 우려가 있다.

주로 기술-지식의 위상에서 질문을 제기한 보이드와 크로포드의 논의의 범위를 조금 더 확장하여, 이 글은 빅데이터의 사회문화적인 의미와 가치의 문제를 비판적으로 탐구하고자 한다. 빅데이터는 인간들의 몸, 정신, 언어를 관통하고 결합하는 기술 권력 체제, 즉 클로우의 표현을 따른다면, '정동 테크놀로지' (Clough, 2007)의 지배적인 형태이다. 이런 점에서 빅데이터를 인간과 커뮤니케이션의 관점에서 논하는 작업이 가능해진다. 정동 테크놀로지로서 빅데이터의 현상을 이해하기 위해, 우선 빅데이터의 담론 분석을 통해 오늘날 빅데이터에 대해 진행되는 논의의 주된 흐름을 파악한다. 이어 도출된 빅데이터 담론의 속성에 바탕을 두어, 빅데이터의 성격을 커뮤니케이션의 근본 차원이라 할 수 있는 '주체, 사회' 의 차원들에서 분석한다. 이 논의에서 개별의 차원에서 주체 형성 그리고 집합적 차원에서의 인구 발명 및 생명 통치의 문제들을 미셸 푸코 및 후속 연구자들의 생명정치 이론의 관점에서 해석한다. 이 시도는 빅데이터로 상징되는 정보화 상황에서 인간의 감성, 가치, 기억, 역사, 즉 생(生)에 작동하는 통치 권력과 인간의 자유에 관한, 문화정치의 핵심 문제에 접근하기 위한 첫걸음으로 유의미하리라 생각된다(Karatzogianni, 2012).

2. 빅데이터란 무엇인가?

빅데이터의 등장에 "빅데이터 혁명" 이라는, 다분히 센세이셔널한, 그러나 때론 진부한, 구호가 덧붙여지곤 한다(정용찬, 2012). 빅데이터 영역은 기술적 인프라, 공공 정책, 경제산업적 활용, 민간의 이용을 모두 포함하는 거대한 것으로서 "데이터 생태계(data ecosystem)" 의 공간으로 불리기도 한다. 이와 유사한 관점에서 강정수는 빅데이터의 정의로 "① 전례 없이 빠른 속도로 급팽창하는 데이터의 양 ② 이를 저장, 분석, 해석하는 전통 기술 시스템의 한계 ③ 대용량 데이터에 대한 진화된 저장, 분석, 시각화 기술 그리고 ④ 대용량 데이터를 기반으로 컴퓨터과학과 사회과학에서 진행되는 새로운 연구 방법 및 관련 현상을 미디어, 산업계, 학술 영역에서 총칭하는 개념" 을 제시한다(강정수, 2013, 131~132). 이러한 논의들은 공통적으로 빅데이터에 개입하는 힘과 그 효과가 정치, 정책, 경제, 산업, 마케팅, 문화, 학문의 전 영역으로 파급되고 확대되고 있음을 시사한다.

여기에서는 분석의 효율성을 위해 방대한 빅데이터 담론 분야 중에서 주로 한국사회에서 전개된 빅데이터 담론에 집중할 것이다. 이를 위해 국내에 소개된 정책, 산업 보고서와 출간된 관련 서적들을 바탕으로 하여 현재 빅데이터 담론의 특징을 읽어보겠다.

우선, 빅데이터는 "모든 것의 데이터화" (쇤버거와 쿠키어, 2013)이다. 디지털 네트워크 이용자의 '활동' 은 물론이고 이용자의 '존재' 자체가 데이터로서 남겨지며, 이것이 기록, 보존, 분석되면서 빅데이터로 활용되고 있다. 빅데이터 환경에서 세상의 모든 것을 수량화하려는 욕망은 매우 치열하다(쇤버거 · 쿠키어, 2013, 155쪽). 특히나 빅데이터에서 데이터화를 노리는 "신개척지" 는 이전의 데이터화 기술이 미처 접근하지 못했던 "보다 개인적인 영역" 이다. 즉 "인간관계, 경험, 기분" 처럼 무척이나 비밀스럽게 지켜져야 하는 것으로 여겨졌던 사적인 요소들, 아니 때로는 개인 스스로도 파악하거나 이해하는 것이 불가능했던 은밀한 요소들이다(쇤버거 · 쿠키어, 2013, 170). 예를 들어 페이스북은 인간관계를 데이터화하고, 트위터는 사람들의 생각, 기분, 소통을 데이터화하며, 헤지펀드 회사를 비롯한 다수의 기업들은 소비자 반응을 수집하거나 마케팅 전략의 효과를 판단하기 위해 인간의 우울, 희망, 기쁨, 공포, 분노와 같은 정서적 상태를 분석하는 정서 분석(sentiment analysis)의 방법을 즐겨 사용한다(쇤버거 · 쿠키어, 2013, pp.170～176). 정형적인 것(예 : 로그 데이터, 구매기록)과 비정형적인 것(소셜미디어, 위치, 센서 등) 혹은 정신적인 것(생각, 감정, 취향 등)과 물질적인 것(육체, 행동 등) 등 인간의 전(全) 존재가 데이터화되는 것이다.

둘째, 빅데이터는 단지 과학기술적(science-technological)인 영역에 한정되지 않는다. 빅데이터는 데이터를 '사회화' 한다. 맥킨지의 보고서는 빅데이터의 적용 영역을 "의료, 소매, 제조, 개인 위치정보, 공공"으로 제시한 바 있다(McKinsey, 2011, 정용찬, 2012, p.9에서 재인용). 이 항목들에는 개인적인 것/집합적인 것, 사적인 것/공적인 것, 정치적인 것/경제적인 것의 경계가 흐려지고 혼합되어 있다. 거대한 데이터가 정치, 경제, 사회, 문화의 전 영역에서부터 철저하게 추적되고 수집되며 역시 전면적으로 파급, 관리, 활용되고 있음을 알 수 있다. 빅데이터는 목적에 따라 무한히 새로운 얼굴의 데이터 세트로 재생성, 재조합될 수 있는 거대한 사회적 자원이다. 때로는 국민의 안전을 위한 공공 정책으로, 때로는 경제 차원에서 거대한 수익을 창출할 수 있는 시장재화로, 때로는 정치적 차원에서 개인들의 의견과 태도를 여론화할 수 있는 민주주의의 도구로서, 때로는 개인정보를 획책하고 파괴하는 범죄 수단으로, 때로는 대중문화를 이해하고 확산하기 위한 문화적 관심에서, 이처럼 목적과 논리에 따라 빅데이터의 위상과 목표는 정부-공공-민간의 영역을 자유로이 통과하고 포괄하며 변모 · 조정될 수 있다.

셋째, 빅데이터의 목적으로서 이러한 '모든 것의 데이터화' 와 '데이터의 사회화' 는 수익창출이라는 절대적인 목표를 향해 돌진한다. 실제로 빅데이터는 모든 것의 데이터화를 통해 유통, 금융, 제조, 의료, 교통 등 사회 전 분야에서 데이터의 폭증을 예견토록 한다(정용찬, 2012, 5쪽). 이런 점에서 빅데이터는, 2012년 다보스 포럼에서 "위기에 처한 자본주의를 구하기 위해" 제시된 "사회 기술 모델(social and technological models)"의 강력한 해결 도구로 부상했다(정용찬, 2012, 6쪽).

넷째, 시간성과 관련하여 빅데이터는 과거/현재/미래의 시간성을 관통하며 설정된 특수한 목적에 따라 새로운 시간성을 창출한다. 데이터화의 추구목표에 따라 과거 시간이 새롭게 회귀하여 반복될 수 있는가 하면, 아직 오지 않은 미래를 예측하여 특정한 방향으로 미래를 유도하거나 아예 새로운 모습의 미래를 만들어내기도 한다. 예컨대 아마존은 고객들이 자사 웹페이지상에서 구매한 상품 목록과 같은 과거의 일들을 모두 데이터베이스화하여 이용자의 소비 패턴을 분석한 후 다음 구매시 관련 상품을 추천하는 서비스를 제공하는 식으로 특정한 성격의 소비 미래를 유도하고 발생시킨다. 기존의 인터넷 상황에서 주로 실시간 데이터가 정보로서 가치를 지녔다면, 빅데이터는 현재 생산되는 데이터는 물론, 과거 데이터의 잔해와 흔적—'발자국'이라고 불린다—까지도 철저하게 재활용하고자 한다. 과거의 데이터가 새롭게 재조합되고 재분석되어 특정한 방식의 현재와 미래를 창출해낼 것으로 예기되기 때문이다. 이처럼 빅데이터의 시간적 논리는 과거의 흔적과 실시간의 상황 데이터 간의 '순수한 상관성'에 기대어 미래를 향하는, 아니 미래 그 자체를 창조하는 식으로 구성된다. 가치 창출이라는 유일한 목표를 향해 미래를 예측하고 대처하며, 나아가 특정한 미래를 발명하는 것이 빅데이터의 미래지향적인 시간성이다.

다섯째, '빅'이 두드러지게 강조되는 현상에서 느낄 수 있듯이, 빅데이터의 영역에서 개인의 데이터는 거대한 집합적인 수준으로 총체화되는 의미를 지닌다. 이런 점에서 빅데이터는 개별적인 인간과 집단의 모든 것이 거대하게 수량화, 측정, 집결, 분석, 체계화, 관리되는 '장치'이다. 아감벤의 의미에서 '장치'란 살아 있는 존재를 포획, 정향, 결정, 개입, 모형화, 통제할 수 있는 담론적, 물질적 권력 체계이다(Agamben, 2009). 특히 아감벤은 현대 네트워크 상황에서 장치는 주체화 못지않게 탈주체화의 방식으로 작용한다는 점을 강조한다. 혹은 주체화와 탈주체화의 경계를 조정하고 통제하는 일 그 자체가 장치의 권력 효과이기도 하다. 주체화가 주체를 호명하고 형성하는 경로를 취한다면 탈주체화는 주체의 흔적을 지우고 모호한 덩어리로 집체화하는 방식이다. 개인 주체성보다는, 예를 들어 'cloud' 또는 'crowd'의 논리들이 중시된다. 따라서 빅데이터에서는 아감벤이 설명하는, 주체화를 통한 지배 대신 탈주체화를 통한 통제가 일어난다고 볼 수 있다. 나아가 빅데이터 장치가 인구를 다루는 방식에 있어, 그것이 단지 이미 존재하는 인구를 '사후' 기술하는 역할에 멈추지 않는다. 빅데이터의 미래지향적인 시간성에서 드러났듯이 아직 존재하지 않는 인구의 성격을 미리 예측하고 설정함으로써 새로운 인구 집단을 '발명' 한다. 개인들을 탈주체화하고 집단화하여 데이터의 형태로 환원하고 나아가 새로운 성격의 인구를 생성하는 것, 이것이 빅데이터 장치가 인구 차원에서 행사하는 통제력의 성격이다.

여섯째, 빅데이터는 데이터화를 통해 발휘되는 새로운 통치성(governmentality)의 주요한 한 부분을 이룬다. 근대국가 형성 및 운영에 있어 인구, 보건, 노동, 세금에 관한 거대 규모의 데이터 세트는 통치의 필수적인 자원이었다. 이러한 목표는 빅데이터 환경에서도 유지될 뿐 아니라 더욱 정교해지고 광대해진다. 빅데이터의 영역에 정부 통치력은 매우 거대하면서도 정교하게 침투해 있다. 각국 정부가 적극적으로 추구하고 있는 빅데이터의 공공적 영역은 공공정보 개방, 공공서비스 플랫폼 · 기술 기준 등 R&D, 빅데이터 분석 전문 인력 양성 등의 진흥 정책과 개인정보보호 · 보안 등 법제도적 개선 정책 등에 걸쳐 광범하게 펼쳐져 있다(배동민 · 박현수 · 오기환, 2013, 53쪽). 우리나라에서도 2012년이 빅데이터 원년으로 선언되었다. 같은 해에 '빅데이터 마스터플랜' 의 공표를 통해 빅데이터는 국가 정책의 핵심 부분으로 자리 잡았다(배동민 · 박현수 · 오기환, 2013, 41쪽).

이처럼 개인과 집단의 모든 것이 데이터화된 빅데이터에 국가와 자본의 이해관계가 긴밀하게 연동하여 광범한 통치기술을 행사한다. 가상 네트워크로 연결된 인구의 통치를 위한 모든 '앎' 에의 의지, 욕망, 쾌락(Foucault, 1997)이 집결된 구성체가 빅데이터이다. 빅데이터 통치의 원리는 한편으로는 흔히 언급되는 '빅브라더' 감시의 성격도 가지지만 다른 한편으로는 더욱 더 중요한 발명과 창출의 효과를 낳는다. 우선 첫 번째 단계로 빅데이터는 빅브라더 은유에 상응하는 감시의 기능을 갖췄다(홍성태, 2013). 이것은 지금 국제적으로 논쟁이 격화되고 있는 미국 국가안전보장국(National Security Agency ; NSA)의 빅브라더 감시 활동에 대한 사안이 증명한다. 그러나 빅데이터의 영역에서 통치력의 위상과 성격은 단순한 감시 권력 이상의 복잡하고 모호한 성격을 지니는 것으로 생각된다. 왜냐하면 우선 소셜미디어에서 생산되는 데이터 중에서 어느 것이 개인적인 것으로 보장되어야 하고 어느 것이 공공 데이터로 개방되어 마땅한지에 관한, 즉 빅데이터에 있어서 공적인 것과 사적인 것을 구분할 기준이 모호하다는 원론적인 문제가 미해결로 남아 있기 때문이다(Boyd & Crawford, 2012). 나아가 더욱 중요한 문제로 빅데이터 통치 권력의 특수한 성격을 생각할 수 있다. 빅브라더 감시 체계가 은폐와 억압을 기초로 하는 어두운 감시였다면, 빅데이터는 투명성과 공개성을 명시적으로 주장하고 자임한다. 미국 정부가 2012년에 발표한 '빅데이터 R&D 계획(Big Date R&D Initiative)' 에 따르면, 이 계획은 정부가 공공정보를 개방하고 빅데이터를 활용하여 공공서비스를 개혁할 것을 목표로 하며, 이를 위해 "투명하고 효율적이며 혁신적인 정부서비스를 제공" 할 것을 약속하고 있다. 예컨대 '오픈데이터 포털 사이트' 라는 이름의 공공기관 전용 통합 데이터 공개사이트는 정형 · 비정형 데이터를 이용하기 쉬운 형태로 개방할 것을 의도한다(배동민 · 박현수 · 오기환, 2013, 54쪽).

여기서 중요한 점은 폐쇄적인 권력체계의 비밀성과 대립되는 빅데이터의 강조점, 즉 공개성에 있다. 빅데이터에 있어서 공공부문의 데이터는 금융, 유통, 의료 정보 등 다양한 영역에서의 민간정보와 융합되어 공개적으로 활용되기를 추구한다. 민간 테이터와 공공부문 데이터의 공개적인 융합을 통해 "정보의 가치와 활용성은 더욱 향상될 수 있다" 고 주장된다(배동민 · 박현수 · 오기환, 2013, p.67). 이처럼 '음험한' 감시권력으로 숨어 있는 대신 정보의 투명성과 개방성과 공유성의 원칙에 의거함으로써, 데이터 수집 및 분석과 활용의 전권 소유주체로서 빅데이터 통치성은 도덕적 정당성과 지적 합의에 기반을 둔 헤게모니를 구축할 수 있게 된다.

일곱째, 빅데이터는 새로운 통치성 수립을 위한 지식-권력 체계이다. 빅데이터와 관련하여 새로운 '미디어 데이터 생산 패러다임의 전환' 을 위한 지식 생산 및 적용의 방법론들이 활발하고 적극적으로 모색되고 있다. "인터넷 공간에 쌓이는 데이터" 를 "정부승인통계(official statistics)" 로 활용할 가치가 충분하기에 각 정부와 국가기구는 미디어 관련 데이터 통계생산 체계의 재검토와 설계 작업에 주력하고 있다

(정용찬, 2012, 13쪽). 예를 들어 OECD는 통계의 원천이 인터넷 영역으로 전환되고 있음에 주목하여 인터넷 기반 통계에 대한 타당성 연구를 추진중이고, 한국의 통계청 역시 "고용보험, 국민연금, 건강보험, 산재보험 등 기존 정보를 활용한 임금근로 일자리 통계 개발을 계획중이며, 센서스, 경제총조사도 행정자료로 대체할 계획" 인 것으로 알려져 있다(정용찬, 2012, 14). 어원적으로 연결된 사실로도 이해할 수 있듯이 '통계(statistics)' 는 '국가(state)' 통치를 위한 인구산정기술로부터 기인했다. 통계는 근대국가의 인구와 영토를 체계적으로 조사, 분석, 관리하기 위한 통치적 목적 위에서 개발된 방법론인 것이다. 이제 빅데이터 상황에서 전통적인 통계방식은 한계를 드러냈고 방대한 양의 다양한 정보 '트렌드' 를 실시간으로 측정하기 위한 새로운 통계 방법론이 모색되고 있다. 이런 점에서 빅데이터는 새로운 통치성 수립을 위한 첨단의 지식 창출 방법론으로 발전해 가고 있다.

그런데 빅데이터 지식 체계는 국가 중심적인 근대 통계학적 원리와 차별화되는 특징 또한 지니고 있다. 그것은 '총합성' 과 '네트워크성' 이다. 빅데이터를 효과적으로 활용하기 위해 메타데이터(metadata)를 비롯한 여러 수준의 데이터가 집약된 '데이터웨어(dataware)' 의 구축이 필요하다(정용찬, 2012, p.16)는 주장은 빅데이터 상황에서 지식이 총합되는 경향을 보여주는 하나의 예이다. 또한 '소통과 협업에 기초한 지식 창출 기반' 으로서 '크라우드소싱(crowdsourcing)' 전략에 대한 강조 경향은 네트워크성의 특징을 보여준다. 특히 일반 시민의 개입과 참여가 빅데이터 생산의 핵심을 이루는 것으로 강조된다. 예를 들어 스마트폰을 비롯한 모바일 기기의 대중적 활성화는 원격감시기술, 소프트웨어 로그, 카메라, 마이크, RFID 리더 등을 이용한 비정형 데이터 수집 및 데이터의 증가를 가능케 했다. 또한 클라우드 서비스는 사물, 개인, 조직, 환경의 데이터가 한 곳으로 축적되어 분석 · 활용될 수 있도록 이끌었다. 마지막으로 소셜미디어의 활용의 일상화는 데이터 유통 및 소비의 일상화를 이끌었다(유지연, 2012). 이와 같이 첨단 미디어를 매개로 한 대중 참여적 데이터의 증가는 빅데이터 지식의 네트워크화를 강화할 것으로 전망된다. 전 인구의 '총합적인 참여' 와 '네트워크 연결성' 이 필수적으로 동반되는 네트워크형의 지식이라는 점에서 빅데이터는 근대의 폐쇄적이고 일방적인 국가 주도형 통계 체계와 구별되는,

새로운 형태의 지식-권력 체계이다.

마지막으로 빅데이터의 사회적 효력은 새로운 주체 형성에 있다. 이는 앞서 지적한 모든 것의 데이터의 집합화, 즉 이용자 일반을 탈주체화하는 현상과 대비적으로 공존하는 현상이다. 이용자 집단의 탈주체화 경향에 반해 빅데이터를 처리하고 분석하는 인력에 있어서는 전략적이고 적극적인 주체화 작업이 투여된다. 빅데이터 담론에서 빅데이터를 다룰 수 있는― '정확하고 실용적인 데이터 마이닝과 분석' 의 기술과 능력을 갖춘 '인적 자본' 에 대한 강조가 두드러지는 현상은 놀랍지 않다(유지연, 2012, 59쪽). 이에 비해 데이터를 실제로 생산하는 일반인에게 빅데이터 장치란 일종의 블랙박스처럼 불가지의 대상이기에 그들은 빅데이터 체계에 대해 무관심할 수밖에 없다. 반면 빅데이터의 가치를 발견하고 현실화할 수 있는 인력은 빅데이터 생태계의 발전에 필수적인 유형의 '인적 자본' 이다. 이들은 "사회 전반의 생산성 향상과 가치창출"(유지연, 2012, 56쪽)이라는 목표를 위해 전략적으로 육성되고 투자되어야 존재로서 중시된다. 푸코의 생명정치 논의(2008)에 따르면 '인적 자본' 은 신자유주의의 미국적 발현의 한 특유한 양상인 '무정부적 자유주의' 에서 강조된 개념이다. 자유로운 경제적 주체를 합리적으로 통치하기 위한 권력 체계를 신자유주의라고 말할 수 있다면, 그러한 사회 체계 내에서 양성되는, 자율적이고 개인주의적이며 자기 투자에 집중함으로써 미래적 생산성과 경쟁력 창출을 추구하는 '기업가적 주체' 가 바로 인적 자본의 전형이다. 이런 점에서 빅데이터 환경에서 강조되는 인적 자본이란 빅데이터 처리와 분석에 전문적인 능력으로 투신함으로써 최대의 행복과 만족, 그리고 최대의 생산성을 지향하는 인간형의 표상인 것이다. 이리하여 빅데이터 환경에서 주체화와 탈주체화의 양면적인 현상들이 상호보완적으로 연동되어 있다. 한편에서는 빅데이터 생산 주체인 대다수의 일반 이용자들이 데이터의 접근 및 가치 실현의 과정으로부터 소외되는 탈주체화 현상이 진행되는 반면에 다른 한편에서는 빅데이터 전문의 인적 자본이 적극적으로 양성되는 주체화 작용이 촉진되기 때문이다. 예를 들어 우리가 일상적으로 즐겨 사용하는 페이스북은 거대한 개인정보를 수집하고 추적하며 관리하지만, 막상 이것의 사용자인 보통 사람들은 자신의 정보가 어떻게 추적되고 수집되며 보존, 저장되고 활용되는지에 관해 거의 아는 바가 없다.

이것은 데이터 생산자이자 서비스 이용자인 보통 사람들의 개인적인 무지에서 나오는 결과이라기보다는, 대중적 생산 영역과 전문적 관리 영역이 철저하게 분리된 빅데이터 구조가 낳은 탈주체화의 불가피한 결과이다.

이렇게 빅데이터는 소외된 데이터 주체와, 투자 및 육성의 대상으로서의 인적 자본이라는 상반된 유형의 인적 자본들을 차별적으로 양산하고 있다. 이로써 경제-과학의 협력체제 안에서 데이터를 둘러싼 세 범주의 집단들이 차별적으로 구성된다. 마노비치의 구분에 의하면, 1) (의식적으로든 혹은 단순히 이용과정에서 비의도적으로 디지털 발자국의 흔적을 남기는 식으로든) 데이터를 생성하는 자 2) 데이터를 수집할 수단을 가진 자 3) 데이터를 분석할 수 있는 전문성을 가진 자이다. 첫 범주에는 웹/모바일을 이용하는 다수 대중이 포함되고 두 번째 범주는 그보다 적은 수의 관리인 집단이며 세 번째 범주는 가장 소수의 전문가들로 형성된다. 이렇게 피라미드형으로 차별화된 집단들이 "빅데이터 사회(big data society)"에서의 "데이터 계급(data-classes)"을 구성하게 된다(Manovich, 2011).

지금까지 빅데이터 담론의 특징들을, 데이터화, 데이터의 사회화, 데이터의 시장화, 데이터의 미래지향적 시간성, 데이터 집합화 및 탈주체화된 인구 발명, 데이터화의 통치술, 데이터의 지식-권력화, 주체형성의 여덟 가지로 구별했다. 이 여덟 가지 특성들 중에서 앞의 네 개가 빅데이터 산업과 경제의 영역에 속한다면 뒤의 네 개는 통치성과 주체의 문제를 중심으로 하는 빅데이터 정치 영역을 이룬다. 이 글이 주로 살펴볼 영역은 뒤의 네 가지를 아우르는 빅데이터 정치 영역이다. 특히 '장치'(Agamben, 2009)로서 빅데이터가 개인 및 인구 집단을 통치 가능한 대상으로 주체화 동시에 탈주체화하는 측면이 주목된다.[1] 지금까지의 담론분석에서 도출된 빅데이터 정치의 특성은 그것이 폐쇄적, 기술적(descriptive), 국가 중심적으로 행해졌던 근대 데이터 체계와는 구분되는 새롭고 강력한 데이터-통치 연동 체계라는 점이다. 국가가 중심이 되어 통계학적인 지식 체계를 수행하는 식이 과거 통치 권력의 특징이라

1. 이는 빅데이터에 대한 시민의 실천과 저항이라는, 빅데이터 정치의 다른 중요한 측면은 이 글에서는 다루지 않게 되리라는 것을 뜻한다. 이 문제는 별도의 연구에서 본격적으로 논의되어야 할 중요 과제로 남겨두기로 한다.

면, 이와 달리 빅데이터 체제는 연산성(computationality)과 프로그램화(programmability)의 법칙에 따라 운영되며 신자유주의의 통치이념을 실체화한다(Chun, 2014). 즉, 빅데이터 통치 체제는 주체를 틀 짓는 폐쇄성 대신 대중의 전체의 적극적인 참여와 능동적인 연결성을 강조함으로써 새로운 인간 집단성을 창출 · 활용하는, 생성적이고 창발적인 권력 효과를 낳는다. 마지막으로 사회 전 영역에서 산출되고 활용되는 데이터의 궁극 목표는 경제적 가치 창출의 극대화라는 신자유주의적 자본주의의 논리를 강화하는 방향으로 수렴된다.

이처럼 빅데이터 환경에서는 일방적이고 강제적인 근대 규율질서와는 차별화된, 운동적이고 자발적이며 자유로운 주체에 대해 개입 · 자극 · 연결 · 운영하는 힘이 작동한다(Deleuze, 1992). 이 현상은 들뢰즈가 제시한 "통제사회"의 모습과 매우 유사하다. 들뢰즈가 제시한 통제사회에서 인간은 연속적인 네트워크 안에서 계량화된 '코드'로 존재한다. 인간은 더 이상 자율적인 개인으로 살아가는 것이 아니라 "대량, 샘플, 데이터, 시장, 또는 '은행'"(Deleuze, 1992, p.5)이라는 기업적 자본주의 구성 요소로 취급 · 활용된다. 규율사회가 폐쇄적이고 고정적이라면 통제사회는 "조정적(modulation)"이고 운동적이다(Deleuze, 1992). 그렇다면 빅데이터란 바로 통제사회의 핵심적인 매개 · 운영 논리인 것이다.

이와 같은 통제사회의 정보 논리로서 빅데이터의 정치적 특징을 제시하면서, 그 논리의 구체적인 성격을 1) 주체 형성과 2) 인구 집단에 관한 통치라는 문제영역으로 나누어 상술하겠다.

3. 주체 차원 : 정동 테크놀로지로서의 빅데이터

앞서 서술했듯이 빅데이터 기술은 주체의 의식적이거나 무의식적인 잠재, 생각, 의견, 취향, 감정, 태도를 감지하고 측정하고 계산하며 자본화한다—반복한다면 빅데이터는 모든 것을 데이터화한다! 자본의 외부에 있던 모든 것—감정, 인식, 지식,

몸짓, 단순한 행동, 그야말로 존재와 행동 그 자체—을 자본화하는 것이 오늘날 지구화된 디지털 정보화된 자본주의의 속성이다. 오늘날 디지털 네트워크 사회에서 사람들이 일상적으로 스마트 기술, 소셜미디어, 인터넷에서 뿜어내는 지식, 생각, 감정과 같은 요소들—테라노바의 표현을 빌어 온다면 '집합적인 마음' (Terranova, 2000)—은 치밀하고 정교하게 측정 · 평가 · 자본화된다(Pasquinelli, 2013). 그렇다면 빅데이터란 발달된 디지털 네트워크 환경에서 집합적 마음이 거대한 데이터베이스로 전환되는 것에 다름 아니다.

빅데이터가 주체의 삶에 어떻게 개입하고 어떠한 통제의 효과를 미치는가 하는 문제는 정동의 문제와 긴밀히 연관된다. 정동은 인간의 '존재' 와 '행동' 을 낳는 잠재력(affectus)이다(들뢰즈, 1978/2005).[2] 즉 우리의 존재 능력과 행동 능력의 영속적인 변이—그것이 증대되는 기쁨 또는 감소되는 슬픔이 정동이다. 정동은 한 개인 또는 개인의 의식이라는 단위보다 작으면서 개인들의 합보다 크다. 정동은 개인에 앞서거나(pre-individual), 그것을 넘어선다(post-individual).[3] 앞에서 분석한 빅데이터 담론에 대한 논의에 바탕을 두어 나의 결론부터 말한다면, 빅데이터는 우리의 존재 양식과 행동의 양식, 즉 정동을 일정한 방식으로 추적 · 기록 · 관리하고, 이 과정 속에서 특정한 형태와 방향을 유도해냄으로써 주체의 존재를 하나의 미래적인 인구의 구성 요소라는 형식으로 생성 · 전환 · 산출 · 통제한다는 것이다. 이러한 주체의 정동에 대한 빅데이터 권력 효과는 존재의 데이터화의 차원에서 비판될 수 있다.

커뮤니케이션 테크놀로지는 당대 사람들의 마음과 몸의 힘들, 즉 정동을 매개한다. 이런 점에서 커뮤니케이션 테크놀로지는 정동에 대한 통치력을 행사한다

2. 정동(affectus)의 상대적인 용어로 정서(affectio)가 있다. 정동이 능동적이고 확장적이며 개방적인 '잠재력'이라면 정서는 하나의 신체가 다른 신체에 생산하는 효과 혹은 결과로 나타난 신체의 '현실적' 상태이다(들뢰즈, 1978/2005 ; 조정환 외, 2005, 15쪽).

3. 개인보다 낮고 작으면서, 그것이 개인의 단위를 넘어 집합적으로 뭉쳐지는 힘들, 그것을 정동이라고 말할 수 있다. 누군가의 죽음은 그를 추모하는 사람의 말로 표현할 수 없는 슬픔을 낳는다. 반대로 누군가의 탄생은 그를 환영하는 사람들에게 극도의 기쁨을 안겨준다. 슬픔과 기쁨으로 인하여 개인의 마음은 산산이 부서지며 개인이라는 단위는 북받치는 슬픔과 기쁨의 힘으로 파열되고 만다. 동시에 이러한 슬픔과 기쁨의 정념은 집합적으로 감응되고 공유될 수 있는 무엇이 된다. 이때 개인들의 합이 이루어지면서 감정의 공동체라는 집합이 형성된다. 이처럼 슬픔과 기쁨이라는 정념의 작용은 개인보다 미세하고 그에 대해 해체적이지만 동시에 집합적 거대를 이룬다. 정동에 대한 보다 상세한 논의는 김예란(2010)을 참고하시오.

(Clough, 2012, p.24). 클로우의 관점에서 정동의 통치란 주체의 정동적 삶, 역사와 언어를 조정하고 관리하고 생성하는 작용인데 새로운 디지털 정보 테크놀로지는 특히 이 방면에 매우 강력한 힘을 발휘한다고 설명된다. 이런 연유에서 언어, 기술, 주체의 관계를 매개하고 접합하는 디지털 테크놀로지는 '정동 테크놀로지'라 부를 수 있다(Clough, 2012). 디지털 테크놀로지는 인간의 생각과 감정을 기호화하여 표현하고, 사회적으로 매개하고 유통시키는 일을 하기 때문이다. 이처럼 주체의 존재 능력과 행동 능력에 개입하고, 그것을 매개 · 관리한다는 점에서, 디지털 테크놀로지는 현대인의 생(生)의 영역에 내재적으로 작동하고 있다.

존재의 생은 기호화되고 사회적으로 매개되기에 정치적 권력 관계에 연계된다. 푸코의 이론에서 '생명정치(biopolitics)'는 주체의 마음, 인식, 가치, 취향, 좋은 삶에 대한 의지와 열망을 생성하고 정향화하며 관리하는 권력 체계이다(Foucault, 2008). 생명정치는 인간의 존재론과 권력 사이에 새로운 관계와 긴장을 낳는다(Parisi, 2009, p.157). 생명정치적 통치(biopolitical governance)는 자유가 발휘될 수 있도록 자원을 제공하는 방식으로, 자유가 발현될 수 있는 조건과 맥락을 구성해 주는 식으로 주체를 구성하고 관리한다(Arvidsson, 2005, p.246). 이런 점에서 생명정치의 권력은 주체를 침묵토록 하고 억압하는 규율 권력과 대비된다. 생명정치는 말하도록 하고, 활동하도록 자극하며, 참여와 경쟁을 촉발한다. 주체의 존재와 담론적 활동을 적극적으로 촉발하고 결합시킨다는 점에서 "정보학, 권력, 지식"은 현대 생명정치 통치에 내재적이며 핵심적이다(Parisi, p.157). 정보학, 권력, 지식이 결합한 "새로운 권력 장치"인 생명정치 안에서 주체의 "자기 조직적인 에너지가 질서의 개연성들, 즉 유용한 정보들의 세트들로 환원"(필자의 강조)되기 때문이다(Parisi, 2009). 따라서 파리시가 지적하듯, 현대의 생명정치는 첨단 정보테크놀로지에 대해 의존하는 정도가 매우 크다.

예컨대 첨단 바이오 디지털 테크놀로지는 생(生)을 정보로 변형하는 식으로 우리의 몸과 정신을 통치한다(Parisi, 2009, p.158). 개인의 "흔적"은 제도화된 통계 프로파일의 데이터베이스로 저장, 분석, 관리, 활용되는 식이다(Clough, 2012, pp.27~28). 이제 개인, 가정, 사회집단은 데이터를 생산하고 그에 따라 관리 · 활용되는 대상으로서 유의미해진다. 인간이 데이터화 · 코드화된다는 점에서, 우리는 여기서 들뢰즈가 제시한 통제사회의 현실을 재확인할 수 있다.

디지털 테크놀로지의 생명정치적 작용에 대한 인식을 바탕으로 할 때, 본질적으로 측정 불가능한(immeasurable) 역능인 정동(Clough, 2012, 29)을 치열하고 철저하게 추적, 예측, 관리, 활용하는 기술로서 빅데이터를 이해할 수 있다. 정보화된 금융자본주의는 다수 사람들의 정동을 거대 데이터화하고 자본화하여 활용함으로써 인구를 통치한다. 또한 가시화되지 않은 정동의 작용을 면밀히 추적, 측정, 기록화, 범주화함으로써 미래의 정동을 미리 예측하고 궁극에는 특정한 속성의 정동을 창출한다. 정동 테크놀로지로서 빅데이터는 특정한 방식으로 과거의 기억을 배치 · 조직하고, 잠재하는 것을 현재화하고, 그것을 장차 실현한다는 점에서 과거–현재–미래를 관통하는 '시간–기억' 통제 기술이다(Clough, 2012 ; Stiegler, 2010).

4. 집단적 차원 : 빅데이터 환경에서의 인구 발명

미셸 푸코는 그의 콜레주 드 프랑스 강의록인 「안전, 영토, 인구」(2007)에서, 18세기 이후 유럽에서 진행된 생명정치의 정립과 인구 탄생의 과정을 논하고 있다. 인구는 단지 한 영토에 거주하는 생물학적 인간 집단이 아니다. 국가 통치를 위해 발명, 개념화, 관리, 조정된 대상이다.

푸코는 인구의 속성을 세 가지 관점에서 설명한다. 첫째, 인구는 국가의 모든 복잡한 자원 및 가능성들을 변수로 하여 계산, 분석, 사유되고 그 적용의 효과가 산출되어 나타난 산물이다. 국가의 통치력은 이러한 기준에 따라 구성된 인구를 조직화하고 합리화한다. 둘째, 인구는 자율적인 사적 욕망들의 집합이다. 국가는 경제주체로서 개인의 사적 욕망들이 자발적으로 발산될 수 있도록 하면서도 이들이 자연스럽게 사회적인 조화를 이룰 수 있도록 조정 · 조율한다. 이것은 억압적이고 통합적인 지배체제와 달리 개인의 이해관계, 욕망, 선호가 자연스럽고 자유롭게 표출되고 충족될 수 있도록 하는 방식으로 사회질서가 운용됨을 의미한다. 마지막으로 사적 개인의 자유와 이해관계를 보장한다고 하더라도, 이것이 인구의 개별 욕망과 활동이 무한정하게 산포되도록 내버려 두는 식이 되어서는 곤란하다. 다수의 이질적인 인구 집단 속에서 끊임없이 변화와 유동을 낳는 가변적인 변수가 작동함에도 불구하고, 그 안에서도 일정한 일관성과 정규성이 확보될 수 있어야 한다. 갖가지 사고와 사건 안에서 온갖 변인들이 작용하지만 만인의 수혜를 규칙적이고 정규적으로 창출하는 규정성과 항상성이 마치 보편적 욕망으로 확보되어야 함을 뜻한다. 인구의 출생률 · 사망률과 같은 통계는 개별자들의 변칙성을 일관되게 관통하는 경향성과 규칙성을 발견하려는 대표적인 사례이다. 푸코는 이러한 인구의 생성이 바로 "자연이 권력 기술의 영역으로 포섭" 됨을 보여주는 중요한 현상이라고 지적한다(Foucault, 2007, pp.70~75). 이제 사회 구성원은 단지 사법적인 공민으로 일률적으로 다루어질 수 없다. 대신 개별적인 욕망을 가진 경제적 인간(homo oeconomicus)으로 고려되고 통치된다. 이는 푸코가 '인간의 경제화' 라고 이름붙인 현상, 즉 군주권력의 신민이 자유로운 경제적 주체로 '통치 가능하도록(governmentalizable)' 변환 · 접합되는 과정을 통해 그 의미를 이해할 수 있다(Foucault, 2008, p.254). 이는 "모든 사회적인 분야의 경제화, 그리고 경제가 모든 사회적인 분야로 확장되는 것" 을 뜻한다.

푸코의 생명정치에 대한 인식은 빅데이터의 상황을 이해하는 데에 중요한 인식을 준다. 권력이 '생적인(vitalised)' 것이 될수록 생은 '매개화' 된다(Lash, 2007). 디지털 정보 테크놀로지가 인간의 생에 관여하는 정도가 커질수록 인간의 생은 정보화되고, 기술화되며, 데이터화된다. 그렇다면 첫째, 빅데이터는 생명정치 권력의 디지털화된 형태이다. 빅데이터는 가상공동체 혹은 가상사회 구성원들을 데이터화하고 네트워크로 매개함으로써 자연스럽게 응집되거나 산포되어 있던 디지털 이용자들을 '가상 인구' (virtual population)로 '발명' 한다. 이 과정에서 디지털 자연인들은 디지털 네트워크 구성 요소로서 체계적으로 포섭된다. 또한 푸코의 생명정치에 대한 논의에서 등장하는 "살아 있는 존재로서의 인간(man-as-living-being)" 이란 단순한 다수 생물체의 집단으로서의 인구가 아니라, 인구의 정동의 측면을 염두에 둔 것이다. 단순한 다수 집단이 대량(mass)에 상응하며 규율권력의 성격이 강한 대상이라면, 정동적 인구는—푸코의 인구의 정동화된 형태로서의 시민(public)의 논의가 시사하듯이—정동을 가하고 정동을 받아들이는 능력이 추가된 사회적이고 문화적인 존재들이다(Anderson, 2010, p.165). 특히 빅데이터는 인구의 감정, 생각, 의견, 지식을 체계적으로 수집 · 분석하기에 정동화된 인구집단에 대한 통치기술로서 유용하게 활용된다. 셋째, 푸코가 말한 생명정치와 빅데이터 상황에는 큰 차이점이 있는데, 그것은 후자의 빅데이터 생명정치는 가상적 네트워크와 데이터를 기반으로 한다는 점이다. 따라서 이 글 초반의 빅데이터 담론분석에서 밝혀졌듯이, 빅데이터 생명정치는 이전의 그것에 비해 더욱 대중의 자발적이며 능동적인 참여와 다방향적으로 생산-유통-소비되는 네트워크의 총체성을 동원하게 된다. 우리는 앞서 빅데이터에 의해 형성된 가상 인구는 '통제사회' (Deleuze, 1992)의 권력 구조 안에 있음을 확인했다. 빅데이터의 인구는 폐쇄적이고 종속적인 집단으로 억압되지 않는다. 그들이 자발적으로 참여하고 적극적으로 활동함으로써, 마치 스스로 협력의 사회적 관계와 커뮤니케이션을 생성해내는 자유롭고 능동적인 존재들로 여겨진다(Hardt and Negri, 2005, p.339). 이 통계 과정 속에서 네트워크의 구성원들은 디지털 자본주의에 의해 통치가능한 존재들로 조정되는 것이다. 마지막으로 빅데이터가 발명한 가상 인구의 주체들은 네트워크 경제화의 산물이다. 빅데이터로 매개된 네트워크에서 데이터 주체들은 그들이 산출한 데이터의 가치에 따라 평가, 측정, 활용된다. 그러나 푸코가 분석한 경제적 인간에 비교할 때, 빅데이터의 경제적 인간으로서 데이터 주체들은 한층 더 소외된 위치에 던져지는 것을 알 수 있다. 왜냐하면 자유주의 에토스 안에서 배양된 기업가적 주체와 달리 빅데이터라는 가상화된 '사회적 공장' 에서 일반인은 빅데이터의 작은 일부를 생산하고 이용하는 적극적 소비자로서의 '비물질 노동자' 로 길들여질 뿐 자신의 이해관계와 욕망을 주장하거나 추구할 수 있는 아무런 도구와 방법을, 적어도 지금까지는 거의 허락받지 못하고 있기 때문이다.

5. 결론을 대신하여 : 통제사회와 문화

빅데이터는 통제사회의 통치기술로 나날이 발전하고 있다. 푸코는 자신이 생명정치 개념을 통해 의미하고자 했던 바를, 인구에 연관된 특정한 현상들(건강, 위생, 출생률, 수명, 인종)에 주목하여 여기에서 진행된 통치성 합리화의 과정을 설명하는 기획으로 밝히고 있다(Foucault, 2008). 그렇다면 빅데이터 현상은 가상의 네트워크를 매개로 발달한 통제사회에서 인구 구성을 통한 생명정치의 현상이라고 말할 수 있을 것이다.

우리는 데이터 성격, 통제사회, 생명정치의 관점에서 각각 빅데이터의 지식-권력 체계, 주체화의 효과, 인구의 문제를 살펴보았다. 이 세 영역에서 나타난 현상을 정리하면, 첫째, 지식-권력의 차원에서 빅데이터는 가상 사회 구성원들의 모든 것, 그들의 존재와 행동을 데이터로 환원한다. 외형적으로 자율적이며 능동적인 디지털 네트워크 이용자들에 대한 새로운 통제 양식으로서, 빅데이터는 구성원들을 억압하거나 폐쇄적으로 감시하지 않는다. 순수하고 투명한 지식임을 자임하고, 참여자들로 하여금 지식의 공개성과 협력 및 연결성을 강조하면서, 자발적 혹은 무의식적으로 산출된 이용자 데이터를 치밀하게 수집, 처리, 활용하는 통치력을 발휘한다. 이 과정에서, 둘째, 주체성의 차원에서 데이터 주체는 그들의 시간과 기억이 통제되며 자신의 비물질 노동 결과 산출된 데이터에 대해서도 접근과 활용이 구조적으로 제한받게 된다. 그럼에도 그들은 자발적이고 자율적으로 빅데이터 환경에 참여함으로써 자기계발 욕망과 필요를 충족시키고 경쟁력을 강화하는 기업가적 열망-야망을 추구해 나간다. 만인의 데이터화, 그럼에도 데이터 주체의 소외, 착취, 전유가 동시에 작용하는 모순 상황이 곧 빅데이터 현실이다. 셋째, 인구의 집합적인 차원에서 볼 때 빅데이터 상황에서는 현실 질서로부터 비교적 자유롭게, 일종의 무정부상태에 있었던 가상 공동체 및 가상 사회 구성원들이 거대하고 정교한 자본과 국가의 데이터베이스 안에 포섭된다. 이 현상은 가상 인구의 탄생을 의미한다. 디지털 인구는 신자유주의적 디지털 자본주의의 경제 질서 안에서, 그 지배적 논리에 최적화된 경제적 인간을 배양하고 통치한다.

인간의 근본적인 존재적·행동적 요소, 즉 정동이 빅데이터 체제 안에 포섭되고 관리되는 현상은 무엇을 뜻하는가? 무엇을 해야 함을 알려주는가? 들뢰즈가 통제사회에 관해 단언했듯, "두려워할 필요도, 희망할 필요도 없다. 단지 새로운 무기를 찾을 뿐"(Deleuze, 1992, p.4)일까? 그렇다면 어떠한 새로운 무기가 가능하고 필요할까?

이 글의 서두에 던졌던 질문으로 돌아가 보자. 문화는 삶의 방식들이다. 모든 삶의 방식들이 거대하게 정보화된 지식-권력 체계에 전적으로 종속되기만 한다면 우리의 다양한 삶의 잠재력과 의미들은 질식되고 상실될 것이다. 나의 네트워크 활동이 통제적인 데이터 시스템에 의해 잠식되지 않도록, 우리의 사회적 관계와 세계가 지배적인 통치의 질서와 경제적 가치에 의해 포섭되지 않도록 하는 문화적 상상력이 더욱 절실하게 요청된다. 물론 현재에도 우리는 대중이 디지털 테크놀로지와 네트워크를 활용하여 벌이는 문화 실천과 그것이 발현하는 정치적 효과를 경험하고 있다. 세계 각 지역에서 벌어지는 크고 작은 도발과 혁명의 사례들을 쉽게 상기할 수 있을 것이다. 이렇게 본다면 모든 것이 거대자본 및 정치적 통제권력에 전적으로 종속된 것은 아니라고 말할 수 있다. 그러나 이러한 사례들은 여전히 스몰 데이터와 개별 네트워크의 차원에서, 그리고 대체로 일국 한 사회의 범위에서 시도된 정치적 실험이다. 이에 비해 초국적 미디어 기업들에 의해 경영되는 빅데이터 차원에서 일반 이용자들이 자유롭게 운신할 수 있는 가능성은, 적어도 현재까지는 지극히 낮다. 빅데이터 기술자본과 통치권력을 고발하고 이에 저항하는 행위는—미국 NSA의 감시체제를 고발한 에드워드 스노든이나 페이스북의 사적 정보 침탈 행위에 반대하는 운동의 사례들처럼(Brustein, 2010)—'탈데이터화' 된 인간 육성의 발언의 힘에 의존한다. 이런 점에서 데이터화된 삶의 조건과 디지털 네트워크에 종속된 활동 양식을 살아있는 목소리와 대안정치적인 언어들로 재전유하고 그 생의 잠재력을 피워 나가야 할 필요가 더욱 절실해진다. 그것이 데이터화되는 삶의 조건에서의 새로운 윤리의 창출, 다름 아닌 저 오래된 문화의 정의인, 삶의 방식의 창발이다.

참고문헌

강정수(2013). 혁신과 위험의 빅데이터, 긴장과 균형. 조현석 엮음. 『빅데이터와 위험 정보사회』, pp. 130~157. 커뮤니케이션북스.

김예란(2010). 감성공론장 : 여성 커뮤니티, 느끼고 말하고 행하다. 『언론과사회』, 제18권 3호, 146~191.

배동민 · 박현수 · 오기환(2013). 빅데이터 동향 및 정책 시사점. 『방송통신정책』, 제25권 10호, 통권 555, 37~74.

유지연(2012). 세계경제포럼(WEF)을 통해 본 빅데이터 논의 동향과 함의. 『동향』, 제24권 4호, 통권 526호, 55~62.

정용찬(2012). 빅데이터 혁명과 미디어 정책 이슈. 『KISDI Premium report. 12-02』.

홍성태(2013). 정보위험사회와 빅데이터 : 현실 정보사회의 관점에서. 『빅데이터와 위험 정보사회』, pp. 3~32. 커뮤니케이션북스.

Agamben, G, (2009). *What is apparatus*. Stanford University Press.

Anderson, B. (2010). Modulating the excess of affect : morale in a state of "Total War." M. Gregg and G. Seigworth (Eds.). *The affect theory reader*. Duke University Press. 162~185.

Andrejevic, M. (2013). Estranged free labor. T. Schotz (Ed.). *Digital labor : the internet as playground and factory*. Routledge. 149~164.

Boyd, D. & Crawford, K. (2012). Critical questions for big data. *Information, communication & society*, 15(5), 662~679.

Brustein, J. (2010). Is There Life After Facebook?. The New York Times (2010.5.12). URL : http://bits.blogs.nytimes.com/2010/05/12/is-there-life-after-facebook/?_r=0

Chun, W. (2014). *Programmed visions : software and memory*. The MIT Press.

Clough, P. T. (2007). Biotechnology and digital information. *Theory, culture & society*, 24(7-8), 312~313.

Clough, P. T. (2012). War by other means : what difference do(es) the graphic(s) make?. A. Karatzogianni, and A, Kuntsman (Eds.). *Digital cultures and the politics of emotion : feelings, affect and technological change*, (pp.21∼32). Palgrave macmillan.

Deleuze, G. (1992). Postscript on the societies of control. *October*, vol. 59. 3∼7.

Foucault, M. (1997). Will to knowledge. In P. Rabinow (Ed.). *Ethics : subjectivity and truth*, (pp. 11∼16). The New Press.

Foucault, M. (2007). *Security, territory, population : Lectures at the Collège de France* 1978–1979. trans. Graham Burchelle. New York : Palgrave Macmillan.

Foucault, M. (2008). *The birth of biopolitics : Lectures at the Collège de France* 1978–1979. trans. Graham Burchell. New York : Palgrave Macmillan.

Gartner (2012). *The importance of 'big data' : a definition*.

Hardt, M. and Negri, A. (2005). *Multitude : war and democracy in the age of empire*. New York : Penguin.

International Data Corporation (IDC) (2011). *Extracting value from chaos*.

Karatzogianni, A. (2012). WikiLeaks affects. A. Karatzogianni, and A, Kuntsman (Eds.) *Digital cultures and the politics of emotion : feelings, affect and technological change*, (pp.52–73). Palgrave macmillan.

Lash, S. (2007). Power after hegemony : cultural studies in mutation? *Theory, culture & society*, 24(3), 55–78.

Manovich, L. (2011). Trending : the promises and the challenges of big social data. http://www.manovich.net/DOCS/Manovich_trending_paper.pdf

McKinsey Global Institute (2011). *Big data : the next frontier for innovation, competition, and productivity*. McKinsey & Company.

Parisi, L. (2009). What can biotechnology do? : process–events vs the bio–logic of life : the global genome : biotechnology, politics, and culture by Eugene Thacker Cambridge, MA : MIT Press, 2005. *Theory, culture & society*, 26(4), 155∼163.

Pasquinelli, M. (2013). The number of the collective beast : on the substance of value in the age of the institutions of ranking and rating.
http://matteopasquinelli.com/number–of–the–collective–beast/

Schönberger, V. and Cukier, K. (2013). *Big data : a revolution that will transform how we live, work, and think*. 이지연 옮김(2013). 『빅데이터가 만드는 세상』. 서울 : 21세기북스.

Stiegler, B. (2010). *For a New critique of political economy*. Polity Press.

Terranova, T. (2000). Free labor : producing culture for the digital economy. *Social text*, 18(2), 33～58.

지은이 소개

김성태 고려대학교 미디어학부 교수

현재 고려대학교 정보문화연구소장을 맡고 있으며, 인터넷과 소셜미디어를 포함한 뉴미디어의 영향, 정치 커뮤니케이션 그리고 사회과학 패러다임에서의 빅데이터의 이해와 적용에 대하여 연구를 진행해 오고 있다. 미국 드폴(DePaul) 대학교 교수와 캘리포니아 주립대(UCSD)의 교환교수를 역임했으며, 국제인명사전 마퀴스 후즈후에 등재되어 있다.

이메일 sutkim@korea.ac.kr

권상희 성균관대학교 신문방송학과 교수

성균관대학교 신문방송학과 교수로 재직하고 있으며, 디지털미디어, 사이버커뮤니케이션, 텔레커뮤니케이션, 이론 방법론을 주로 연구하고 있다. (주)삼성전자 홍보실과 아칸사스 주립대 신문방송학과에 조교수로 재직했으며, 캠브리지 클레어홀 방문교수를 거쳤다. 미디어 관련 분야에서 다수의 국내 그리고 국제 SSCI급 저널과 역 · 저서가 있다.

이메일 skweon@skku.edu

김예란 광운대학교 미디어영상학부 교수

서울대학교 언론정보학과를 졸업하고 런던대학교 골드스미스 컬리지에서 수학했다. 현재 광운대학교 미디어영상학부 교수이며 현대 미디어 환경에서 진행되는 커뮤니케이션 문화와 사회 현상에 대해 연구하고 가르치고 있다. 저서로 『말의 표정들』이 있고 「우리-사람 : 생명들의 더불어 있음에 관해서」를 비롯한 다수의 논문을 발표했다.

이메일 yeran@kw.ac.kr

김지훈 한국법제연구원 연구위원

고려대학교에서 법학박사 학위를 취득하고 한국법제연구원에서 기획평가실장, 법제분석지원실장을 거쳤다. 주로 방송통신 분야의 법제도를 연구하고 있다.

이메일 jhkim@klri.re.kr

김해원 이화여자대학교 커뮤니케이션 미디어 연구소 연구위원

CJ오쇼핑, 아우라 필름 등 다양한 콘텐츠 제작 경험을 바탕으로, 콘텐츠 제작, 사용자 참여문화 등을 연구한다. 「빅데이터를 활용한 콘텐츠 제작방안에 관한 탐색적 연구」, 「소셜 네트워크 거주민으로 살아가기 : SNS사용자 경험에 관한 통시적 접근」, 『소셜미디어 연구』(공저) 등을 썼다. 이화여대에서 「SNS 거주민의 일상과 네트워크 실천」으로 박사학위를 받고, 한양대 에리카 정보사회학과 겸임교수로 디지털 스토리텔링, 콘텐츠 설계방법론을 가르친다. 이메일 namuhosu@gmail.com

박대근 KAIST 대우교수

연세대학교와 KAIST에서 경제학(학사)과 경영공학(석사/박사)을 전공했으며, NICE, KPMG 및 Accenture에서 신용평가, 리스크 및 비즈니스 애널리틱스 분야 컨설턴트로 활동했고, 현재는 KAIST와 서울과학기술대학에서 대우교수로서 계량 및 데이터 사이언스 과목을 강의하고 있다. 대용량 데이터 처리와 시스템 기반의 예측 방법, 그리고 거시, 재무 및 마케팅 분야에의 응용 관련 연구를 수행하고 있다.

이메일 sdkpark@business.kaist.ac.kr

박지영 영남대 동아시아문화학과 박사과정

영남대 언론정보학과에서 석사학위를 받은 뒤 대구경북과학기술원 IT융합부에서 오픈이노베이션 연구를 수행했으며, 학부 시절부터 대구방송 등에서 외주PD로 활동했다. 지금은 영남대 동아시아문화학과 박사과정에 있으며 아시아 대중문화, 웹보메트릭스, 빅데이터, 공공데이터 등을 연구하고 있다. 이메일 heytreee@gmail.com

박한우 영남대 언론정보학 · 동아시아문화콘텐츠학 · 디지털융합비즈니스학과 교수

뉴욕주립대, 네덜란드왕립아카데미, 옥스퍼드인터넷연구소에서 융복합 연구를 일찍부터 시작했다. 과학동아 "세상을 바꿀 빅데이터"에 소개되고, 중앙일보 SSCI 논문 전국 2위로 선정됐다. ESI 2002–2011년판 한국 논문들 가운데 피인용 기준 세계 1%에 포함되었으며, '박한우의 소통비타민'에서 신선한 아이디어와 도전적 방향을 제시했다. 사이버감성연구소와 세계트리플헬릭스미래전략학회를 설립하여 학계의 국제화에 앞장서고 있다.

이메일 hanpark@ynu.ac.kr, 웹사이트 http://www.hanpark.net

송길영 (주)다음소프트 부사장

고려대학교 컴퓨터학과에서 박사학위를 받았으며, 현재 한국BI데이터마이닝학회 이사 및 이화여자대학교 경영학과 겸임교수이다. 또한 오피니언 마이닝 워킹그룹(Opinion Mining Working Group)을 개설하여 기업에서의 데이터 마이닝 활용 연구를 이끌고 있다. 활자를 끊임없이 읽는 잡식성 독자이며, 이종(異種)의 사람들을 만나서 대화하는 것을 즐긴다. 저서로 『여기에 당신의 욕망이 보인다—빅데이터에서 찾아낸 70억 욕망의 지도』(2012, 쌤앤파커스)와 『상상하지 말라—그들이 말하지 않는 진짜 욕망을 보는 법』(2015, 북스톤)이 있다. 이메일 kysong@daumsoft.com

이완수 동서대학교 미디어커뮤니케이션학부 교수

고려대학교 정치외교학과를 졸업하고, 같은 대학에서 언론학 석사와 박사 학위를 받았다. 미국 미주리대학교 저널리즘 스쿨에서 수학했다. 헤럴드경제 청와대 출입기자와 국제부장을 지냈다. 현재 동서대학교 미디어커뮤니케이션학부 교수로 재직중이다. 주요 논문과 책으로 「메멘토 모리의 정치학」, 「경기국면에 따른 경제커뮤니케이션 효과연구」, 「미디어 이벤트유형 연구」, 『경제와 커뮤니케이션』 등이 있다. 경제커뮤니케이션 연구와 죽음에 대한 사회적 기억연구에 관심을 갖고 있다. 이메일 wsl@gdsu.dongseo.ac.kr

이정기 한양대학교 교수학습지원팀 책임연구원

한양대학교 교수학습지원팀 책임연구원이다. 로컬콘텐츠연구원 연구위원을 겸하고 있다. 융합이론과 방법론을 활용한 데이터 수집, 데이터 기반한 과학적 언론정책 연구를 지향한다. 공공저널리즘 연구와 공익적 관점에서 접근한 온라인 뉴스 유료화 연구, 미디어 법제(표현의 자유, 저작권) 연구에 많은 관심을 가지고 있다. NIE를 포함한 미디어 교육, 미디어 수용자, 정치커뮤니케이션 등 언론학이 포괄하는 다양한 영역에도 학술적 호기심을 가지고 있다. 이메일 jkl8181@hanyang.ac.kr

이준환 서울대학교 언론정보학과 교수

휴먼-컴퓨터 인터랙션 분야(HCI)의 전문가로 미국 카네기멜론대학에서 컴퓨터공학(HCI 전공)으로 박사학위를 받았다. (주)네오위즈인터넷의 CIO를 역임했으며 현재, 서울대학교 언론정보학과에 재직하며 소셜컴퓨팅과 로봇 저널리즘 분야의 다양한 연구를 수행하고 있다. 이메일 joonhwan@snu.ac.kr

전채남 더아이엠씨 CEO
더아이엠씨 CEO로 재직하고 있으며 한국데이터사이언스학회 부회장을 맡고 있다. 영남대학교 대학원에서 마케팅 전공으로 박사학위를 받은 뒤 빅데이터 분석과 SW 개발, 소셜미디어 마케팅 및 홍보, 광고 등을 주로 연구하고 있다. 비정형 빅데이터 분석 프로그램인 '텍스톰' 개발을 주도했으며 다수의 빅데이터 관련 R&D 프로젝트를 총괄하고 있고 관련 논문을 발표했다. 이메일 cnjun@theimc.co.kr

최윤정 성균관대학교 미디어문화콘텐츠연구소 연구원
이화여대 정치외교학과를 졸업한 후 15년간 신문사 기자로 활동했으며, 지금은 성균관대학교 신문방송학과에서 박사학위를 받은 뒤 방송과 수용자 경험, 빅데이터, 미디어 문화 등을 연구하면서 대학에 출강하고 있다. 이메일 emily0717@gmail.com

최홍규 한국교육방송공사(EBS) 연구위원
서울과학기술대학교 전자IT미디어공학과를 졸업하고 고려대학교 일반대학원 언론학과에서 석·박사학위를 받았다. 박사학위 논문은 「정보화 정책 이슈의 확산 과정에 관한 연구 : 소셜텍스트 빅데이터 분석을 중심으로」이다. 현재는 한국교육방송공사(EBS) 연구위원으로 재직하고 있다. 관심 있는 연구분야는 방송·통신 정책, 빅데이터, 미디어 생태학 등이며, 관련 논문 및 저서를 집필하고 다수의 연구 프로젝트를 수행한 바 있다. 한국인터넷진흥원(KISA)의 선임연구원을 지냈으며, 현재 서울특별시 소위원회 위원, 고려대학교 《커뮤니케이션과학》 편집위원 등으로도 활발히 활동하고 있다. 이메일 think.bc399@gmail.com

Weiai Wayne Xu 노스이스턴대학 커뮤니케이션 박사 후 과정
미국뉴욕주립대에서 박사학위를 받은 소셜미디어 분석이 전문인 컴퓨터 소셜사이언티스트이다. 지금은 노스이스턴대학에서 커뮤니케이션학과 박사 후 과정으로 재직중이며, 온라인 커뮤니케이션에 나타난 소셜 네트워크와 네트워크 영향력에 관해 연구중이다. 다양한 정부기관으로부터 지원받은 연구 프로젝트에 참여한 바 있으며, 현재 Journal of Contemporary Eastern Asia의 부 에디터, Technological Forecasting and Social Change 스페셜 이슈의 게스트 에디터 등으로 참여하고 있다. 이메일 weiai.wayne.xu@gmail.com, 웹사이트 http://www.curiositybits.com/publications/

빅데이터 시대의 커뮤니케이션 연구

초판 1쇄 발행 2015년 8월 25일
초판 2쇄 발행 2016년 1월 29일

지은이 김성태 외
펴낸이 박기남
펴낸곳 **율곡출판사**
08590 서울시 금천구 가산디지털1로 84, 803호
전화 (代) 02) 718-9872/3
팩스 02) 718-9874
홈페이지 www.yulgokbooks.co.kr
이메일 yulgokbook@naver.com
등록 1989.11.10. 제2014-000031호
ISBN 978-89-97428-71-7 93070

정가 25,000원